공영방송과 정책갈등

■ 황근

선문대학교 미디어커뮤니케이션학과 교수다. 한국외국어대학교 신문방송학과를 졸업하고 고려대학교 대학원에서 언론학 석·박사 학위를 받았다. 학위취득 후 한국방송개발원(현재 한국콘텐츠진흥원) 정책연구실 책임연구원으로 근무하면서 방송정책과 법제에 관해 연구하였고 실제 정부정책들을 수립하기도 했다. 대학으로 옮긴 후에도 여러 정부정책들에 직접 참여하거나 자문활동을 했다. 한국방송학회·방송법제연구회 회장과 한국언론학회·정치커뮤니케이션연구회 회장, KBS이사를 역임했다.

주요 저서로 '방송재원(2015)' '디지털방송법제론(공저, 2007)' '정보통신과 디지털법제(공저 2004)' '방송위원회의 정책과제와 방향(2000)' 등이 있다. 연구논문으로 '미디어 융합시대 방송사업 인수·합병 심사제도 개선방안 연구 : '공익성 심사'제도를 중심으로(2016)', '지상파 다채널 방송 정책 평가 연구(2016)' '공영방송 수신료 개선방안 연구 : '절차적 정당성' 확보방안을 중심으로(2014)', '미디어컨버전스 시대 공영방송의 역할과 규제체계(2010)', '방송통신위원회의 구조와 역할에 대한 평가 연구(2008)' 등이 있다.

공영방송과 정책갈등

초판 인쇄 2018년 10월 23일
초판 발행 2018년 11월 01일

지은이 황 근
펴낸이 신학태
펴낸곳 도서출판 온샘

등 록 제2018-000042호
주 소 서울시 용산구 한강대로 208-6 1층
전 화 (02) 6338-1608   팩스 (02) 6455-1601
이메일 book1608@naver.com

ISBN 979-11-964308-0-1 93300
값 33,000원

공영방송과 정책갈등

황 근

도서출판 온샘

머리말

이 책을 써야겠다고 마음먹은 지 1년이 훌쩍 지나버렸다. 처음 공영방송과 관련된 책을 써야겠다고 생각한 이유는 언제나 그랬던 것처럼 정권이 바뀌면 공영방송을 둘러싼 볼썽사나운 갈등이 다시 재연될 것이 분명하고, 그 과정에서 그 동안 수없이 제기되어왔던 우리 공영방송 구조와 현실을 두고 또 논쟁이 벌어질 것이라 생각했기 때문이다. 실제로 정권교체 이후에 공영방송 주도권을 쥐기 위한 정치적 갈등은 내 예상을 빗나가지 않았다. 하지만 과거와 달리 공영방송의 본질과 문제점을 둘러싼 학술적·이론적 논쟁은 거의 벌어지지 않았다. 왜 그럴까 생각해보니 가장 먼저 떠오른 답은 이제 공영방송은 더 이상 전 국민적 관심사가 아니라 정치인들과 공영방송 종사자들만의 이른바 '그들만의 리그'가 된 것 아닌가 하는 것이었다. 실제 급감하고 있는 공영방송사들의 매출이나 시청률 등을 보면 이런 생각이 전혀 틀린 것은 아닌 것 같다. 솔직히 내 주위의 가족들이나 학생들을 보아도 공영방송 넓게는 지상파방송과 관련된 대화 주제가 거의 사라진 것 같다. 그 보다는 '벤쯔'가 어제는 뭘 먹었는지 '캐통령 캐리 언니'가 기존 소속사를 떠나 '키즈 웍스'로 이적한 것이 더 큰 화제 거리가 되고 있다.

이런 분위기에서 공영방송과 관련된 책을 저술한다는 것은 어쩌면 '흘러간 옛 노래'가 아닌가하는 생각이 들지 않을 수 없었다. 혹시 지금 젊은 세대들은 '공영방송 그게 뭐야?'라고 반문할지도 모른다. 필자가 대학시절 전공 수업시간에 귀가 닳도록 들었던 '공영방송'이라는 용어가 요즘 수업시간에 나오는 일이 거의 없는 것 같다. 심지어 방송정책과 산업을 가르치는 필자마저도 그렇다. 그런데 책까지 쓸 필요가 있나 하는 생각에서 내내 벗어날 수 없었다. 물론 별로 관심을 끌만한 주제도 아니고 팔릴 가능성도 높지 않은 책을 출간해 줄 출판사도 없을 것 같았다. 다행히 이 문제는 온샘 출판 대표님의 사려 깊은 배려로 해결되기는 했다. 이 책이 점점 어려워지고 있는 출판사 경영을 더 힘들게 할 것 같기는 하지만 말이다.

　또 다른 문제는 책 내용이 아니라 책까지 쓸 필요가 있는가 하는 의구심이었다. 공영방송의 이상과 본질, 실태 그리고 문제점들에 대해서는 그 동안 수도 없이 많은 논문과 책에서 지적되어 왔고, 수많은 세미나와 토론회가 있어왔다. 아마 이 분야에 종사하거나 학자들이라면 이런 내용을 모를 리가 없다. 어쩌면 수백 페이지 책이 아니라 몇 십 페이지 논문이나 아니 몇 쪽의 개조식으로 작성된 요약문이면 충분할 지도 모른다. 때문에 책을 쓰다보면 같은 말이 수없이 중언부언 반복될 것이 분명했다. 이런 생각은 저술을 시작하면서도 내 머리 속에 여전히 맴돌고 있었다. 하지만 이 문제는 의외로 책을 쓰기 시작하면서 자연스럽게 해결되었다. 도리어 저술이 거의 끝나 갈 무렵에는 공영방송 관련 책을 쓰길 잘했다는 확신마저 들게 되었다. 그것은 누차 반복되는 '공영방송의 정치적 독립'이라는 용어였다. 아마 독자들은 이 용어가 책 전반에 걸쳐 수 없이 반복되고 있는 것을 볼 수 있을 것이다. 바로 이것이 우리 공영방송 문제의 진원지였고 또 해결하는 열쇠이기도 했던 것이다. 물론 이 문제를 어떻게 해결할 것인가는 여전히 논쟁거리이고 실제 칼자루를 쥔 정치권은 그럴 생각이 별로 없는 것이 문제이기는 하다.

　이처럼 책을 쓴다는 것에 확신이 없기는 했지만 지난 몇 년 동안 공영방송과 관련된 논문들도 몇 편 있고, KBS 이사를 하면서 경험한 것들과 모아 둔 자료들도 적지 않아 쉽게 쓸 수 있을 것이라는 자신감도 있었다. 실제로 4장 공영방송의 편성권과 공정성, 5장 공영방송 수신료 인상 갈등, 8장 지상파다채널방송 갈등은 필자가 전문학술지에 발표한 논문을 수정·보완해서 작성한 것임을 밝혀 둔다. 처음에는 1~2개월이면 충분히 저술이 끝날 수 있을 것이란 무모한 자신감도 가지고 있었다. 하지만 책을 쓰기 시작하다보니 작성되었던 논문은 수정하는 것이 아니라 아예 새로 쓰는 것이 쉬울 것 같다는 후회가 들지 않을 수 없었다. 3~4년 전에 발표된 논문이지만 이후에 공영방송을 둘러싼 방송환경이 크게 변화되었고, 공영방송의 위기론이 더 팽배해진 것이다. 공교롭게도 책을 쓰기 시작한 그 시점에 많은 학자들에 의해 이상적으로 인식되어 온 영국 BBC의 거버넌스가 바뀌었다. 완벽하다고까지는 할 수 없지만 비교적 바람직한 공영방송 경영·감독기구로 생각되었던 'BBC트러스트'가 해체되고 방송시장 전체를 규제하는 Ofcom이 BBC도 규제하게 된 것이다. 그러니 그 동안 영국의 'BBC트러스트' 규제방식을 인용해 적지 않은 대안들을 제시했던 필자의 논문들도 무용지물이 될 것 같았다. 물론 내용을 살펴보니, 제도가 바뀌었다고 BBC를 지탱해 온 영국의 성숙한 정치문화와 공영방송 이념이나 목표가 변한 것은 아니었다. 하지만 어찌되었든 이 같은 방송환경변화는 책 쓰는 것을 더 힘들게 만들었던 것이 사실이다.

그렇지만 학교 일이 바쁘다는 핑계로 또 건강이 별로 안 좋다는 이유로 속도를 내지 못하고 사실상 지지부진했다. 이 과정에서 출판사 대표님의 인내심과 인자함이 도리어 부담으로 돌아왔다. 그래서 역사상 최고로 더웠다는 올 여름 방학하자마자 만사를 제쳐놓고 책을 마무리하고자 결심하였다. 전기세 폭탄 맞을까봐 에어컨도 많이 못 틀고 자료가 땀으로 범벅이 되면서도 어찌되었든 저술을 끝내게 되었다. 하지만 다시 점검해보니 여전히 보완해야할 것들이 적지 않았다. 자료들을 더 찾아보고 수정하다보니 마치 교정이 교정이 아니라 새로 쓰는 것 같았다. 하긴 그래도 여전히 부족해보이기는 마찬가지다. 한마디로 이 책은 온샘출판 신학태 대표님의 인내심으로

만들어진 것 같다. 또 원래도 그랬지만 책 쓴다는 핑계로 집 안팎일
에 더 소홀했던 것 같아 가족들에게 미안함이 앞선다. 또 바쁜 와중
에도 꼼꼼하게 교정·교열을 봐준 '한국가상증강현실산업협회' 김군
주 부장에게 감사드린다. 끝으로 이 책이 한국 공영방송의 문제를
진단하고 해소하는데 조금이라도 일조하게 되었으면 좋겠다.

2018. 10. 21
황　근

〈목 차〉

프롤로그

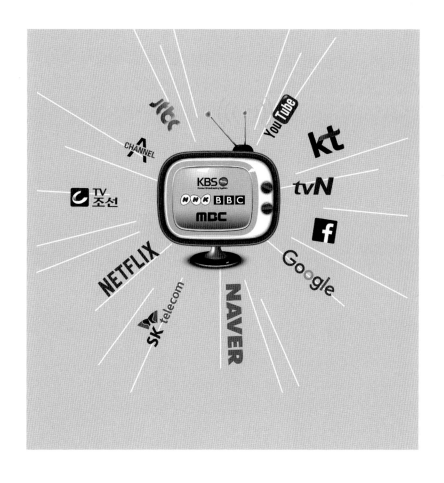

우리나라에서 공영방송 이슈는 가장 뜨거운 감자 중에 하나다. 선거에서 승리해 새로 집권했던 모든 정권들은 집권초기에 진정한 공영방송을 만들겠다고 장담했었다. 그 때마다 선거에서 패배해 권력을 내준 정파들은 방송 장악 시도라고 반발하면서 극심한 정치적 갈등이 반복되어 왔다. 특히 이전 정권에서 임명 혹은 추천되었던 공영방송 이사들과 사장을 이런 저런 방법으로 교체하는 볼썽사나운 모습들이 재연되어 왔다. 그렇지만 그 어느 정권도 공영방송 거버넌스를 개편하고 재원구조를 개선하는 진정성 있는 개혁을 추진한 적은 없었다. 아직까지도 우리들이 일상적으로 사용하고 있는 '공영방송'이라는 용어의 법적 근거조차 없는 상태다. 이 때문에 공영방송이라고 생각하고 있는 KBS와 MBC는 물론이고 교육방송인 EBS 조차 상업방송과 차별화된 법적 책무와 권한을 부여받고 있지 않다. 한마디로 공영방송의 독립성과 위상을 담보할 수 있는 법적 토대가 매우 취약하다고 할 수 있다.

그 중에서도 불안정한 재원구조는 우리 공영방송의 위상 즉, 공익성을 위협하고 있는 가장 큰 문제라고 할 수 있다. 1980년 신군부에 의해 만들어진 지금의 공영방송 체제는 30년 넘게 상업적 재원인 광고수입에 거의 전적으로 의존해 왔고 아직까지도 크게 변화되지 않았다. 광고수입을 포함한 상업적 재원에 100% 의존하고 있는 MBC는 물론이고 많이 낮아졌다고 하지만 KBS 역시 광고수입이 전체 재원의 40% 수준을 차지하고 있다. 심지어 교육 방송인 EBS까지 광고를 통한 수익을 창출하고 있다. 그렇다고 이들 공영방송사들의 재원구조가 그렇게 좋은 상태는 아니다. 2000년대 들어 디지털 다채널 방송들이 급성장하면서 위축되기 시작한 공영방송사들의 경영 압박은 최근 인터넷과 모바일 기반의 스마트 미디어들이 급성장하면서 더욱 심각해지고 있다. 그럼에도 KBS 수신료는 1980년에 정해진 월 2,500원에 그대로 머물러 있다. 어쩌면 지금 우리 공영방송의 독립성과 공정성을 가장 위협하고 있는 것은 정치권력이 아니라 광고 매출 감소 같은 경영압박일 수 있다.

우리 공영방송이 정치적·경제적 위기를 맞고 있는 것이 분명한 사실이다. 30년 넘게 정치적 민주화가 진전되어 왔다고 하지만 공영방송은 여전히 정치권력으로부터 완전히 독립되었다고 보기 어렵고, 공익성을 담보할 수 있는 재원 구조가 구축되어 있다고 보기도 어렵다. 때문에 공영방송 체제에 대한 근본적인 개혁이 필요하다는 주장들이 오래전부터 수없이 제기되어 왔다. 특히 새 정권이 들어설 때마다 공영방송 구조 개편 논의들이 항상 재연되었다. 그렇지만 어떤 정권에서도 공영방송 체제에 대한 근본적인 개혁이 추진된 적이 거의 없는 것이 사실이다. 정파 간 이해득실에 의해 만들어진 왜곡된 공영방송 거버넌스와 불안정한 재원구조가 견고하게 고착되어버린 것이다.

흥미로운 것은 어떤 정파든 야당이 되면 공영방송 개혁 아니 공영방송 거버넌스 개편을 요구해왔다는 것이다. 이 때 제기되었던 방안들은 '거버넌스' 개편이라기보다 KBS나 MBC 방송문화진흥회 이사 구성에서 야당 몫을 조금 늘리고, KBS와 MBC 사장을 정부 여당이 일방적으로 추천·임명하지 못하게 하자는 내용이 주를 이루고 있다. 노무현 정부 시절 당시 야당이었던 한나라당은 '국가기간방송법' 제정을 요구했고, 현재 집권당인 더불어민주당도 야당이었던 2016년에 공영방송 사장선출 같은 주요 의제에 대한 '특별다수제' 도입과 공영방송 이사 구성방식에서 여·야 비율을 조정하는 방송법 개정안을 발의한 바 있다. 그 때마다 집권 여당은 언제나 기존의 제도를 그대로 유지해야한다는 입장을 강하게 견지했다. 현재 집권당인 더불어민주당 역시 야당 시절 발의했던 법안에 대해 소극적인 입장으로 변화되었다.

그 대신 역대 정부·여당들은 모두 집권 직후 공영방송 경영진을 교체하고 나면 KBS 수신료 인상을 추진하는 수순을 그대로 밟았다. 노무현 정부는 디지털 전환, 이명박 정부는 공영성 강화, 박근혜 정부는 공영방송 경영악화 등을 KBS 수신료 인상 명분으로 내세웠다. 그 때마다 야당은 KBS의 방만한 조직과 불합리한 경영, 공정성 문제 등을 이유로 강력히 반대하였다. 이처럼 정권교체에 따라 공·수가 뒤바뀌어 대립하는 정치권의 행태는 우리 공영방송의 왜곡된 현실을 극명하게 보여주는 것이라 할 수 있다. 이는 그동안 정치권에서 제기했던 공영방송 구조개편론이나 KBS 수신료 인상 시도가 공영방송 정상화를 위한 것이 아니라 각 정파들의 정치적 이해득실에서 나온 것이었다는 것을 보여주는 것이다. 이러한 현상은 2017년 6월 대통령 탄핵 이후 집권한 문재인 정권에서도 그대로 재현되었다. 이전 정권과 거의 똑같이 이전 정부에서 선출되었던 공영방송 사장이나 경영진을 밀어내는 일이 또다시 반복된 것이다. '공정성 침해'나 '편파 보도' 같이 제기된 명분들도 이전 정부들이 내걸었던 것들과 거의 대동소이하다.

지금 우리의 공영방송 지배구조 아래서 공영방송에 대한 집권 여당의 통제 메커니즘이 작동할 수밖에 없다는 사실을 부인하기는 어렵다. 때문에 현행 거버넌스 구조에서 KBS나 MBC가 정치적으로 완전하게 공정할 수 있기를 바라는 것 자체가 어불성설일수도 있다. 문제는 이러한 구조에서 공영방송은 더욱 정치화하고 정쟁의 대상이 될 수밖에 없다는 것이다. 정권교체 때마다 공영방송을 둘러싼 갈등이 재연되는 근본 원인은 공영방송을 바라보는 정치권과 정치인들의 인식 때문이라 할 수 있다. 정치권에서 공영방송을 정치적으로 이용하려는 의지가 높지 않거나, 공영방송의 정치적 영향력이 생각보다 그렇게 크지 않다면, 어쩌면 정권교체기마다 반복되고 있는 이 같은 추악한 행태들이 벌어지지 않을 수도 있다. 한마디로 공영방송을 둘러싼 정파 간 갈등의 근본 원인은 공영방송을 정치적으로 통제하고 싶어하는 정치권과 정치인들의 집착에서 기인하는 것이라 할 수 있다. 지금 KBS와 MBC의 거버넌스 구조는 그러한 정치권과 정치인들의 집착이 만들어낸 왜곡된 안배구조라 할 수 있다.

그렇지만 지금 우리 공영방송의 존립을 가장 크게 위협하고 있는 것은 정치적 영향력보다 미디어 시장변화에 따른 영향력 감소와 경영 압박이다. 최근 들어 인터넷 포털과 모바일 매체의 급성장으로 지상파방송사들의 수익구조는 하염없이 추락하고 있다. 특히 다양한 매체들이 늘어나 경쟁이 심화되면서 공영방송의 차별화된 콘텐츠가 설 자리도 좁아지고 있고, 이로 인한 시청률 하락은 공영방송의 존재 자체를 위태롭게 만들고 있다. 여기에 지속적인 경영악화로 오랜 기간 독과점구조 아래 누려왔던 꿈같은 호시절은 기억조차하기 힘든 먼 옛일이 되어 버린 듯하다. 이와 더불어 오랜 기간 막강한 정치·사회적 위력을 발휘했던 뉴스마저 인터넷·모바일 특히 SNS 매체들에 의해 그 위력이 급속히 약화되고 있다. 실제 방송매체를 통해 뉴스를 접촉하는 시청자들이 급격히 줄어들고 있는 것이 현실이다.

그럼에도 불구하고 한국사회에서 벌어지고 있는 공영방송을 둘러싼 정치적 갈등을 보면 우리 정치권은 여전히 공영방송이 정치적으로 엄청난 영향력을 지니고 있고 또 사장을 비롯한 경영진만 바꾸면 공영방송을 통제할 수 있을 것이라는 착각에 빠져있는 것은 아닌가하는 의문이 들지 않을 수 없다. 재정적으로도 점점 불안정해지고 정치·사회적 영향력도 축소되고 있는 상황에서, 정치적 이해득실에 따라 반복적으로 자행되고 있는 공영방송 경영진 교체가 진정 공영방송의 독립성과 공정성을 회복하는 올바른 방법인가에 대한 근본적인 성찰이 필요해 보인다. 또 이렇게 정치적 이전투구를 거쳐 교체된 공영방송 사장이나 경영진이 정치적으로 공정할 수 있을지도 지극히 의문이다. 혹시 우리 정치권은 KBS·MBC를 전혀 보지 않은 시청자가 이미 전체 인구의 절반이 훨씬 넘는다는 냉혹한 사실을 모르는 것은 아닌지 아니 모르는 척 하는 것인지 정말 궁금하다.

결국 우리 공영방송 문제를 해결하는 시발점은 정치적 예속구조에서 벗어나는 것이라 할 수 있다. 즉, 정치권의 영향력을 원천적으로 배제하는 공영방송 거버넌스를 구축하는 것이다. 물론 이는 이상적이기는 하지만 사실상 불가능한 일이다. 솔직히 어떤 나라의 공영방송 제도도 정치적 영향력에서 완전히 독립적일 수는 없다. 그렇지만 최소한 지금처럼 지나치게 정치지향적인 아니 정치예속적인 공영방송 구조는 개혁되어야만 할 것이다. 더구나 '제왕적 대통령제'라고까지 비판받고 있는 우리 정치문화 현실에서 결코 쉽지 않은 일이다. 하지만 어느 정도 시행착오나 부작용을 감수하더라도 바람직한 공영방송 정착을 위해 아주 오래 전에 한 말이지만 사무엘 헌팅톤(Samuel Huntington)이 주장했던 '제도화(institutionalization)'가 한번 이루어질 필요는 있어 보인다. 제도화란 완전하지는 않지만 한번 만들어진 제도를 정치권력 변동 이후에도 지속적으로 유지하는 것이다. 이 같은 제도화를 출발점으로 공영방송 현황과 문제점에 대한 객관적인 분석과 다양한 방안들이 종합적으로 검토되면서 개선해나가야 할 것이다. 예를 들면, 정부 규제기구가 공영방송에 대한 다양한 의견들을 수렴한 '백서(white paper)' 같은 것을 주기적으로 발표하고, 정치권과 국회에서 대안을 모색하는 형태 같은 것이다. 이러한 방안들도 결국은 헤게모니를 쥐고 있는 집권 정파의 대승적 태도 아래서 가능한 일이다. 그래야만 정권 바뀔 때마다 '리바이벌(revival)'되고 있는 공영방송 패권을 장악하기 위한 '악순환의 고리'를 끊을 수 있을 것이다. 그것은 KBS수신료처럼 정치적 이해득실 때문에 돌파구를 찾지 못하고 있는 공영방송을 둘러싼 문제들을 해결할 수 있는 실마리를 찾게 할 수도 있다.

그런 배경에서 본 책은 우리 공영방송과 관련된 쟁점들을 정리하고 바람직한 개선 방향을 모색할 수 있는 조그마한 단초가 되기를 기대하면서 서술하였다. 1부는 공영방송의 이념, 구조, 재원, 공정성 같은 우리 공영방송의 현실을 평가·분석하였고, 2부는 불안정하고 왜곡된 공영방송체제로 인해 발생하고 있는 정책갈등 현상들과 문제점 등을 분석하였다.

1부
공영방송의 본질과 현실

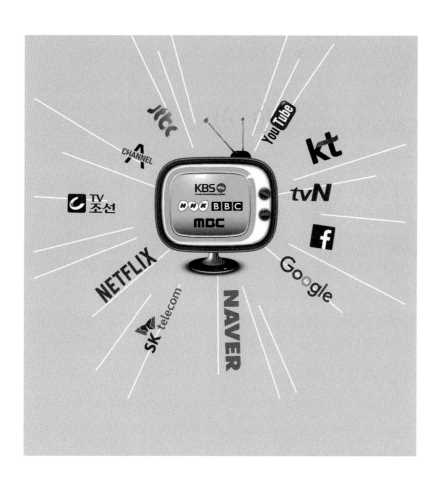

1장

공영방송의 이상과 위기

I. 공영방송 이념과 도전

1. 공영방송의 기원과 이념

공영방송의 기원에 대해서는 매우 다양한 주장들이 있다. 19세기 서구의 자유민주주의 발달과정에서 자연스럽게 성장한 '공공영역(public sphere)'의 한 형태로 보는 시각에서부터 주파수 희소성 개념에 근거한 '공공독점 방송(public monopoly broadcasting)'에서 기원을 찾기도 한다. 반면에 미국에서는 1965년 '카네기 위원회'에서 '재정이 독립된 비상업적 방송'이라는 의미로 '공영방송(public broadcasting)'이라는 용어를 사용하였다(Witherspoon et al., 2000). 그 이전까지 미국에서는 비상업적 교육방송을 공영방송으로 인식했었는데, 그 이유는 방송 등장 초기에 비상업적 방송들은 대부분 원격교육 수단으로 운영되었기 때문이다. 물론 그 후에도 'Sesame Street'나 'PBS 위성강좌'처럼 공영방송의 적지 않은 부분이 교육 프로그램에 할당되고 있는 것이 사실이다. 이처럼 교육과 공익성을 유사하게 간주하는 인식은 다채널 유료방송(MVPD)들은 전체 제공 채널의 2% 이상을 교육·정보 채널로 편성'하도록 하고 있는 FCC 규정에서도 찾아 볼 수 있다. 한마디로 미국에서는 상업적 이유로 소외될 가능성이 높지만 시청자들에게 필요한 정보들을 제공하는 방송들을 모두 '공영 방송(public broadcasting)'으로 인식하고 있는 것으로 보인다.

이처럼 공영방송의 기원이나 개념은 각 나라의 역사적 배경과 정치적 환경에 따라 크게 다르다. 앞에서 설명한 바와 같이. 미국의 공영방송 시스템이 상업적 영향으로부터의 독립해 교육적 프로그램을 제공하는 것을 강조하는 반면 독일의 공영방송은 나치 독일의 방송

통제에 대한 반작용으로 정치적 독립과 사회적 다양성을 반영하는 것을 중시하고 있다. 영국의 공영방송 BBC는 공공영역 이론에 근거해 정치적 공정성과 상업적 이해로부터의 자유를 모두 추구하고 있는 것으로 보인다. BBC의 이념은 초대 총국장이었던 존 리스(John Reith)가 표방한 이른바 '리스주의적 윤리(Reithian Ethic)'에서 찾아 볼 수 있다. '공영방송이 시청자에게 정보를 제공하고, 교육하고, 오락을 제공하여 사회통합에 기여하고 민주주의의 기능을 향상시킬 뿐 아니라 문화와 학습을 증진시키는 것을 목적으로 한다'는 것이다 (Born, 2003:64). 이를 보면 공영방송은 교육적 목적에서부터 문화, 정치적 목적까지 매우 포괄적이고 다양한 목적들을 지니고 있음을 알 수 있다.

이처럼 다의적인 공영방송 개념 때문에 단순하게 '상업적이지 않은 방송'을 공영방송으로 정의하는 경우도 적지 않다. 또 추상적이기는 하지만 '공익(public interest)을 추구하는 방송'으로 규정하기도 한다. 최근에는 공적 소유(public ownership) 형태를 기준으로 한 '공영(公營)' 개념에서 '공익(公益)을 추구'하는 목적 지향적 개념으로 변화하고 있는 추세다.[1] 하지만 '공익을 추구'하는 공영방송 정의 역시 '공익' 개념이 가진 추상성과 다의성 때문에 애매하기는 여전히 마찬가지다. 더구나 디지털 융합 미디어의 등장으로 '공익' 개념 자체가 크게 변화되고 있는 상황에서 공익을 추구하는 방송으로서 공영방송 개념은 어쩌면 영원한 논쟁거리가 될 수도 있다.

이렇게 다양한 관점들을 종합하여 최세경(2005)은 공영방송의 특

---

1) 영국의 BBC가 '공영방송'이라는 개념을 벗어나 '공공서비스 방송(public service publisher)' 개념으로 변화되는 것도 바로 이러한 맥락이라 할 수 있다. 이는 '수정된 경쟁적 재정확보 모델(refined competitive funding model)'로 모든 공적 서비스들을 제공하는 모든 방송매체들에 대해 정부의 추가지원을 강화하고 어떤 플랫폼으로도 모든 국민들이 서비스를 제공받을 수 있도록 하는 형태를 말한다(Ofcom, 2009).

성으로 다음과 같은 세 가지 조건들을 정리하고 있다. 첫째, 방송행위의 공공 역할과 기능을 표현한 차별과제(differential remit) 또는 특수임무(obligation)(Witherspoon, Kovitz, Avery & Stavitsky, 2000) 둘째, 조직을 자유롭게 독립하여 운영할 수 있도록 보장하는 재정 특권(financial privilege)(Syversten, 1992) 셋째, 시장과 정치집단이 아닌 공중을 위해 헌신할 수 있는 '공공 거버넌스(public governance)'(Eberle, 2002; Jakubowics, 2003; Syversten, 2003) 등이다. 이러한 조건들을 종합하면, 공영방송은 공익에 봉사하는 특수 목적을 성취하기 위하여 구조적·재정적으로 특별한 권한을 다양한 이해를 대표하는 사회통제 구조아래 행사하는 방송이라고 정의할 할 수 있을 것이다.

흔히 공영방송의 이론적 기원을 하버마스(J. Habermas)의 '공공영역(public sphere)' 개념에서 찾는 경우가 많다. 자본주의와 민주주의가 성장하면서 국가권력과 자본으로부터 독립된 시민들 간의 합리적 의사소통공간으로서 '공공영역' 개념은 BBC를 비롯한 유럽의 공영방송 체제를 형성하는데 이론적 토대가 되었다고 할 수 있다. 특히 자본주의가 발달하고 신흥 자본가 계급이 성장하면서 공공영역이 상업화되자 상업적 이해로부터 독립된 미디어 영역의 필요성이 제기되었고 이를 바탕으로 공영방송이 탄생하게 되었다는 것이다. 하버마스 스스로도 '(공영방송이 설립되지 않으면) 방송의 공론기능이 자본주의적 기능에 의해 잠식당하는 것을 충분히 막을 수 없을 것'이라고 말한 바 있다(Habermas, 1989:188). 한마디로 공영방송을 '상업 및 정치적 통제로부터 보호된 중간지대'라고 보고 있는 것이다. 공영방송의 이념이나 기원을 하버마스에서 찾는 대표적인 학자인 커런(Currun, 2002/2005)은 공영방송은 국민이 필요로 하는 최소한의 정보를 제공한다는 점에서 공공 영역 역할을 수행하며, 이는 민주주의 발전에 기여하게 될 것임을 강조하고 있다. 웹스터(Webster, 1995/1997) 역시 공영방송이 '정부나 시장으로부터 독립' '평등한 서비스 제공'이라는 측면에서 하버마스의 공공영역과 같은 역할을 수행해야 한다고 보고 있다. 결국 국민이 필요로 하는 양질의 정보를 제공해 커뮤니케이션 품질을 증대시킨다는 점에서 하버마스의 공공영역 이론과 일치한다는 것이다(Dowes, 2014).

결국 공영방송은 '정치권력과 상업적 자본(시장)으로부터 독립된 방송'이라고 정의하는 것이 가장 보편적이라고 할 수 있다. 그렇지만 이 같은 이념적 지향성에도 불구하고 이를 실천하기 위한 방법들이 동일한 것은 아니다. 이 때문에 공영방송의 이념은 어쩌면 매우 가변적이고 시·공간적 환경에 의해 다양한 의미로 해석될 수 있다. 결국 각 나라마다 공영방송이 추구하는 목표와 존립방식 등이 다를 수 있다는 것이다.

2. 공영방송 이념의 위기

이러한 공영방송의 개념에서 보면 현재의 공영방송은 심각한 존립위기에 봉착해 있다고 할 수 있다. 다양한 상업적 매체들이 급증하고 있는 디지털 융합 상황에서 공영방송을 어떻게 유지·발전시키고 새로운 진로를 모색해야 하는가를 고민해야할 시점인 것이다. 최근 공영방송 논의들을 보면 '공영방송이 위기를 맞이하고 있고 적어도 멀지 않은 장래에 존립 위기를 맞게 될 것이다'라는 점에는 거의 대부분 동의하고 있는 것 같다. 사실 공영방송 위기론은 1990년대 후반부터 제기되어 왔다. 우리나라에서도 2000년대 들어 다양한 신규 방송매체가 도입되고 시장 경쟁이 심화되면서 공영방송 위기론이 등장하게 된다. 디지털 융합이 가속화되면서 오랜 기간 고수해왔던 공영방송의 이념과 목표가 부적합하거나 변화될 필요성이 있음이 지적되기 시작한 것이다. 정용준(2002)은 '다채널 경쟁시대에 들어서면서 기득권층을 목표로 한 편성과 추상적인 다양성 개념이 시청자들로부터 소외되고 있다'고 지적한바 있다. 김대호(2002)는 '방송을 더 이상 공공재로 보지 않는 신자유주의 분위기, 수용자 개개인의 통제력 강화, 상업방송으로부터의 도전 등이 공영방송의 정체성을 위협하고 있다'고 주장하였다. 한마디로 시장분화와 경쟁심화 같은 공영방송을 둘러싼 외부 환경 요인들이 공영방송의 정체성 위기, 경영 위기, 시청자 동의 확보 위기 등을 야기하고 있다는 것이다(박은희, 2002). 즉, 공영방송만 보편적 서비스를 제공할 수 있다는 혹은 제공해야만 한다는 명분이 위축되면서 시청점유율 하락 현상이 더욱 심화되고 있다는 것이다.

이러한 위기를 극복하기 위해 재정적·조직적으로 안정된 기반을 구축해 경쟁구도에서 공영방송이 생존할 수 있도록 해야 한다는 주장이 제기되게 된다. 상업방송과 경쟁할 수 있는 시청자확보 전략, 사업 다각화 등 적극적인 시장전략이 필요하다는 주장이다. 이러한 공영방송의 시장접근전략을 주장하는 대표적인 학자가 자빅(Jarvik, 1997)이다. 그는 기존의 공영방송정책은 매우 비효율적이고 모순덩어리라고 비판한다. 하지만 이러한 주장은 공영방송을 상업화시켜 전통적인 공영방송의 이념과 위상을 더욱 약화시킬 수 있다는 비판을 받고 있다. 도리어 방송의 상업적 경쟁이 심화될수록 공영방송의 역할과 위상을 더욱 강화해야한다는 반대 주장도 제기되고 있다. 이렇게 상반된 주장을 쉬인 등(Suine et al., 1998)은 '융합가설(convergence hypothesis)'과 '분산가설(divergence hypothesis)'로 나누어 설명하고 있다.

융합가설이란 공영방송과 상업방송이 경쟁하다보면 서로 모방하면서 점점 유사한 내용을 제공하게 되고 결국 융합되게 된다는 것이다. 여기에는 상업방송도 공영방송과 경쟁하다보면 질 높은 공익적 프로그램들을 제공할 수 있을 것이라는 낙관적 전망도 포함된다. 하지만 실제로는 방송시장에서 경쟁은 프로그램 질 향상보다 대중 영합적인 상업화를 부추길 가능성이 훨씬 크다. 때문에 쉬인 등(Siune et. al., 1998)은 융합가설은 '생존을 위한 순응전략(adaptation strategy)'으로 공영방송의 상업화전략을 정당화하는 논리가 될 수 있다고 지적하고 있다. 때문에 레드베터(Ledbetter, 1997)는 '공영방송 재정을 지원하고 (공익적) 프로그램을 공급하기 위해 상업적 미디어 기업 방식을 이용하는 것이 과연 공공적(public)일 수 있을까'라는 의문을 제기하면서 '상업적 프로그램의 마케팅 수단으로 공영방송을 이용하는 것'이라고 주장한다. 그러면서 1967년 미국의 공영방송 관련 법 제정 정신인 '위대한 사회 건설'과는 거리가 먼 공영방송과 상업적 프로그램 제작·공급업자들 간의 '안락한 유대관계'라고 강하게 비판하고 있다. 반 데 불프와 퀼렌버그(van der Wurff & van Cuillenberg, 2001)는 경쟁상황에서 방송사업자들은 위험을 감소하려는 유인이 커져 콘텐츠 동질화가 가속화된다고 주장하고 있다. 그러므로 공영방송은 경쟁상황에서 차별화된 콘텐츠를 제공하기 위해 더 노력해야 한다는 것이다.

반대로 공영방송과 상업방송이 서로 차별화된 프로그램을 가지고 경쟁하면서 공생한다는 '분산가설(divergence hypothesis)'도 있다. 공영방송과 상업방송은 본질적으로 서로 다른 목표를 갖고 있으므로 상호 경쟁하게 되면 더욱 차별화된 프로그램을 제공하게 된다는 주장이다. 실제로 방송 상업화가 가속화되었던 1990년대 유럽에서 공영방송의 전문 뉴스, 시사 관련 프로그램들이 더 늘어난 것으로 나타났다. 경쟁이 심화될수록 비상업적인 프로그램들이 더 늘어났다는 것이다. 하지만 방송시장에서의 경쟁은 분산가설에서 가정하는 것 같은 바람직한 차별화가 아니라 상업적 프로그램의 세분화가 이루어질 가능성이 더 크다. 때문에 분산가설에서 제기하는 공·민영 방송 간의 프로그램 차별화는 시장에서 자연적으로 형성되기보다 정책을 통해 인위적으로 조성되어야 할 목표에 가깝다. 엄격하게 말하면 분산가설은 디지털 융합시대 상업방송과 차별화된 공영방송 체계를 구축하는 국가의 정책적 개입을 정당화하는 논리가 될 수 있다.

이러한 상반된 주장은 디지털 융합시대 공영방송 대응전략에 있어 다른 것 같지만 최종적인 지향점에서 사실상 같다고 할 수 있다. 융합가설에 따르면 양적·질적으로 급성장하고 있는 디지털 융합매체들과 경쟁하는 것은 공영방송의 공적 성격을 위축시키게 될 것이므로 차별화전략을 모색해야 한다는 결론에 이르게 된다. 분산가설 역시 공영방송이 상업적 매체들과 경쟁을 통해 공적 책무를 구현해야 한다는 논리를 가능하게 한다. 실제로 이 두 입장은 현재 공영방송이 처한 딜레마를 잘 보여주고 있는 것 같다. 2017년 BBC트러스트 대신 영국의 BBC 규제를 담당하게 된 Ofcom이 발표한 '2018/2019 BBC Annual Plan'에서 향후 BBC는 Netflix나 Google 같은 인터넷 플랫폼과 경쟁하게 될 것이라고 선언하고 있다. 하지만 BBC는 상업적 프로그램이 아닌 공익적 콘텐츠로 경쟁하게 될 것이라고 하고 있다. 이는 현재 공영방송이 처한 전략적 딜레마를 잘 보여주는 것이라고 할 수 있다. 우리나라에서도 최근 공영방송의 경쟁력 강화를 위한 정책들을 둘러싸고 갈등이 유발되고 있는 것도 바로 이 때문이라 하겠다. 광고규제 완화, 지상파방송 다채널방송, 재송신 대가 같은 공영방송의 상업화 혹은 경쟁력 강화 전략들을 둘러싸고 벌어지고 있는 갈등은 사업자간 이해충돌 성격뿐 아니라 디지털 미디어 시대 공영방송의 지향점을 둘러싼 상반된 시각을 반영하는 것이라 할 수 있다.

3. 디지털 융합과 공익성 개념 변화

미디어 환경변화에 따라 공영방송이 공익적 역할을 더 충실히 이행해나갈 것인지 아니면 디지털 다채널 환경에서 생존하기 위해 새로운 이념과 역할을 모색해야 하는 것인지를 결정하는 것은 매우 시급하고 중요한 방송 정책 과제라 할 수 있다. 이 때문에 상업화 추세

속에 더욱 확고한 공영방송체제를 구축하기 위해서는 전통적인 공익개념에서 벗어나 '보편성(universality)' 같은 새로운 이념이 모색되어야 한다는 주장들이 많이 제기되고 있다. 전통적으로 공영방송의 공익성은 다양하고 질적 완성도 높은 '좋은 프로그램'을 제공하는 데 초점이 맞추어져 왔다. 이에 맞추어 공영방송의 정책 목표 역시 프로그램의 다양성과 완성도에 집중되었고, 이는 '시청자 선택권 확대'라는 일종의 정치적 상징어(political symbol)처럼 사용되어 왔다(이수영·박은희, 2002). 한마디로 다양한 공익적 채널과 완성도 높은 프로그램 제공을 통해 시청자 선택권을 확대해 주어야 한다는 것이다.[2] 그렇지만 이 같은 논리를 바탕으로 우리 공영방송사들이 지속적으로 추진해 온 플랫폼 확대 정책에도 불구하고 실질적으로 시청자들이 선택할 수 있는 채널이나 프로그램들이 늘어났는가에 대해 의문이 제기되고 있는 것이 사실이다. 즉, 공영방송의 채널 확대가 시청자 선택권 확대로 이어졌는가에 대한 논란이 항상 있어 왔다. 반대로 공영방송의 채널 확대가 상업방송과의 경쟁을 심화시켜 공영방송의 입지를 더욱 취약하게 만들고 궁극적으로는 프로그램 다양성을 도리어 약화시키고 있다는 우려가 적지 않았다.

---

2) 이러한 주장은 KBS를 비롯한 지상파방송사들이 지속적으로 요구하거나 추진하고 있는 플랫폼 확장 전략에서도 그대로 나타나고 있다. 2000년대 이후 지상파방송사들이 케이블TV 같은 다채널플랫폼 프로그램 공급업(PP)에 진출해 KBS를 비롯한 모든 지상파방송사들이 각각 7~8개의 유료방송채널들을 운영하고 있다. 여기에 그치지 않고 10년 넘게 지속적으로 추진해온 지상파다채널방송(MMS)도 본격적으로 상용화단계에 들어섰다. 이때마다 지상파방송사들은 시청자들의 시청선택권 강화와 다양한 프로그램 서비스 제공을 명분으로 내세웠다. 하지만 이러한 공익적 목표를 표방하는 것과 달리 공영방송사들의 유료방송 채널들은 지상파방송에서 방송되었던 상업적 인기프로그램들을 재활용해 수익을 올리고 있고, 다채널방송 역시 공익적 목표를 표방하고 있지만 실질적으로 광고방송 허용을 요구하는 등 상업적 전략 성격을 강하게 보여주고 있다.

이처럼 방송·통신 융합과 디지털 미디어 환경에서 이제까지 견지해왔던 공영방송의 공익이념이 근본적으로 도전 받고 있는 것이 사실이다. 윤석민(1999:315)은 공익이념을 벗어나 보편적 서비스(universal service) 이념이 적용되어야 한다고 주장한다. 전통적인 공익이념은 태생적으로 시장 경쟁원리와 충돌할 수밖에 없으므로 불확실한 시장상황과 새로운 미디어 등장에 유연하게 적용할 수 있는 보편적 서비스 개념이 필요하다는 것이다. 통신서비스에서 태동된 보편적 서비스 개념은 모든 사람들에게 평등한 접근 기회를 보장한다는 '일반전송체(common carrier)' 개념에 바탕을 두고 있다. 하지만 디지털 융합에 따라 통신 기반의 다양한 융합형 서비스들이 보편화되면서 방송 영역에까지 이 개념이 확대 적용되게 된 것이다. 이는 공영방송이 무엇을 제공해야 하고 누가 비용을 지불해야 하는 것과 같은 처방적 차원을 벗어나, 방송과 통신을 모두 포함하는 포괄적이고 적극적인 공익 개념으로 확대될 수 있다는 것이다(안민호, 1997). 즉, 전통적인 방송 공익이념을 벗어나 다양한 수용자 계층에게 적극적인 방송 접근권을 제공하는 개념으로의 변화되어야 한다는 것이다. 더 나아가 윤석민(1999)은 '보편적 서비스' 개념을 변형한 '공공서비스' 개념을 제안하고 있다([표 1-1] 참조). 공공서비스 개념에 따르면 디지털 융합시대 공영방송의 보편성 개념은 다음 요소들을 포함하고 있다. ① 이념적 보편성으로 공영방송은 시장에서의 목표와 다른 공익적 목표를 가지고 있어야 한다. ② 공영방송의 장르는 전통적인 정보 전달이나 교육 뿐 아니라 오락 제공 등 다양한 분야로 확장될 수 있다. ③ 모두가 무료로 최소한 저가로 이용할 수 있어야 한다는 것 등이다. 이러한 요소들을 실천하기 위해서는 정부의 적극적인 정책적 개입이 요구되고 이를 구현할 수 있는 공영방송 체제 구축이 필요하다는 논리다.

[표 1-1] 보편적 서비스와 공공서비스의 개념

구분	보편적 서비스	공공서비스
목 적	상업적 이해 속의 기본적 서비스 구현	공익을 우선하는 평등한 서비스 제공
정책적 초점	형식적 불평등 해소 (고른 접근기회)	실질적 불평등 해소 (서비스의 고른 향유)
수 단	간접적, 우회적 개입 (가격과 비용보조, 법적 의무화)	직접적 개입 (국가정책, 국영기업, 소유/법적 규제)

이외에도 디지털 융합시대 공영방송 이념과 목표에 대해서는 다양한 주장들이 제기되어 왔다. 조금 오래된 주장이기는 하지만 키인(Keane, 1995)은 자본주의 사회에서 공영방송 존립 근거가 되었던 공공영역에 대해 의문이 제기되고 있는 것은 사실이지만 공공문제를 다루는 채널이나 프로그램은 여전히 필요하다고 주장한다. 그는 공공영역을 미시적·중범위적·거시적 영역으로 분리하고, 중범위적 공공영역을 형성하는 데 공영방송의 역할이 더욱 중요해졌다고 주장한다(윤영철, 2001). 같은 맥락에서 간햄(Garnham, 1992) 역시 인터넷 공간처럼 미시적 공공영역에서 이루어지는 지역·인종집단들 간의 담론이 사회 전체적으로 공론화되기 위해서는 매스미디어를 통한 중범위 공공영역의 도움이 필요하다고 지적하고 있다. 니센(Nissen, 2006) 역시 디지털 미디어 시대 공공서비스를 제공하는 공영방송의 역할이 더 커질 것이라고 전망하고 있다. 정치·경제·사회·문화 등 다양한 영역에서 유대감을 강화하고 문화다양성을 보호하기 위해 공영방송이 기능이 더 강화되어야 한다는 것이다. 유사하게 탐비니(Tambini, 2004)는 디지털 공간에서 공영방송이 공유지(commmons)를 형성하는 역할을 해야 한다고 제안하고 있다.

이러한 논리를 바탕으로 키인(Keane, 1995)은 '복수 공공영역론'을 제안하고 있다. 하나의 공영방송이 전체 공공영역을 독점하게 되면 비민주적·독선적일 수 있으므로 복수 공영방송이 필요하다는 것이다. 다양한 의견들이 표출되고 사회적 합의를 도출해내는 민주적 절차에서 복수의 공영방송 채널이 존재해야 한다는 것이다. 2000년도 'BBC백서'에서도 ① 공적 영역에서의 경쟁은 민간영역에서 만큼이나 중요하다. ② '경주마 이론(horses for courses)'에 의해 차별화된 목표를 갖는 여러 공영방송이 필요할 수 있다. ③ 부분적으로 중복되지만 구별될 수 있는 정체성을 지닌 분화된 집단들을 위해 하나 이상의 공영방송사가 필요할 수 있다는 점 등을 강조하고 있다. 실제로 1990년대 이후 유럽의 상업방송 숫자가 급증했지만 공영방송이 민영화된 경우는 거의 없으며 도리어 조금 늘어난 것이 이러한 주장들을 뒷받침하고 있다(Siune & Hulten, 1998). 또한 1980년대까지 이탈리아와 영국 두 나라에 불과했던 공·민영 이원 방송체제가 2000년대 들어 대다수 유럽국가에서 보편화되었다는 것도 이러한 주장을 뒷받침해주고 있다. 그렇지만 수신료나 세금으로만 운영되는 '공공독점(public monopoly)' 공영방송은 크게 줄어들고 상업광고나 프로그램 판매 같은 복합적 재정기반을 가진 공영방송들이 크게 늘어난 것도 사실이다. 이는 환경변화에 따라 공영방송의 존립근거는 여전히 유지되고 있지만 전통적인 공영방송 운영방식이 변화되고 있음을 보여주는 것이라고 할 수 있다.

그럼에도 불구하고 디지털 융합시대 공영방송 존립 가능성에 대해서는 비관론과 낙관론이 교차되고 있다(김호석, 2000). 그 이유는 새로운 매체 환경에서 공영방송이 정치·경제적으로 독립성과 자율성을 유지하면서 상업방송과 차별성을 유지한다는 것이 결코 쉬운 일은 아니기 때문이다. 위더스푼(Witherspoon, 2000)은 디지털 미디어시대 공영방송의 역할로 ① 대중이 아닌 특정 수용자에 봉사할 것 ② 어린이·노인 같은 특정 소외 계층 수용자들의 요구를 인지할 것 ③ 교육적 목표에 관심을 가질 것 ④ 상업방송과 차별화된 대안적 편성 등을 제시한 바 있다. 이 목표들은 공영방송 초기부터 제기되어 온 것들이지만, 이러한 목표들이 재삼 강조되고 있는 것은 디지털 융합시대 이러한 역할이 위협받고 있음을 보여주는 것이라 하겠다.

4. 디지털 융합시대 공영방송 개혁을 위한 과제

이처럼 디지털 융합 환경에서 전통적인 공영방송의 역할과 존재근거들이 크게 위협받고 있는 것이 사실이다. 우리 역시 예외일 수 없다. 그렇지만 공영방송은 한 나라가 가진 정치·사회적 속성들과 밀접히 연관되어 있다. 때문에 우리 공영방송은 우리만의 독특한 정치·사회적 특성들이 크게 반영될 수밖에 없다. 우리나라 공영방송의 특수한 구조는 해방이후 굴절된 정치사가 큰 영향을 미쳤다고 할 수 있다. 특히 지금의 공영방송 틀은 1980년 무렵으로 집권한 신군부와 제5공화국의 정치적 통제 목적에 의해 만들어진 것이다. 그 결과 명목상으로는 공영방송, 내용적으로는 국영방송, 재정적으로는 상업방송에 가까운 기형적 구조를 가지고 있다. 여기에 1991년 노태우 정부 시절 상업적 지상파방송 SBS를 추가 허가함으로써 형식상으로는 공·민영 이원체제가 복원되었다. 이 같은 불완전한 이원구조 형태 때문에 정책 목표의 혼선을 물론이고 정책 효율성 차원에서도 많은 문제들이 야기되고 있는 것이다(황근, 2003).

특히 불투명한 공·민영 이원체제는 우리 방송정책의 일관성과 체계성을 저해하는 주된 원인이 되어왔다. 공영·민영 차이에도 불구하고 모든 지상파방송사들이 공공성과 산업성을 동시에 추구해야하기 때문이다. 무엇보다 공영방송이라는 명분으로 제도·정책적으로 보호받으면서 이를 바탕으로 상업적 이익을 추구하는 이율배반적 현상이 오랫동안 고착되어 온 것이다. 때문에 '공익'이나 '공익성' '공영

성' 같은 공영방송 목표들은 자신들의 상업적 행위들을 정당화하는
수단으로 이용되어 온 측면이 강하다.[3] 공영방송의 공익논리는 독점
사업자의 시장 지배력을 바탕으로 공익적 목적을 구현한다는 '공공
독점(public monopoly)'에 바탕을 두고 있다. 이 같은 공공독점 구조는
필연적으로 조직·경영의 비효율성을 유발할 가능성이 높다. 오랜 기
간 KBS와 MBC가 공익성을 표방하면서도 경영적으로도 풍족할 수 있
었던 이유는 이러한 독점구조 때문이었다. 하지만 방송시장에서의
경쟁이 심화되게 되면 광고 같은 상업적 재원을 기반으로 하는 방송
사가 '공익성'을 담보한다는 것이 쉽지 않다. 시장에서의 경쟁력 즉,
'상업성'을 기반으로 '공익성'을 추구한다는 것은 그럴듯해 보이지만
이론적으로나 실질적으로 모순될 수밖에 없다. '공익적 민영' 같은
구호들이 독과점구조에서나 가능한 일이지 경쟁체제에서는 매우 비
현실적 목표인 것이다. 더구나 디지털 융합으로 다채널 방송플랫폼

---

3) 실제 2000년 지상파방송사들이 추진했던 정책들을 보면 이 같은 성향을 잘
볼 수 있다. 2000년대 초반 상업적 유료방송채널 확장, 지상파DMB, 지상파
다채널방송 등을 추진하면서 공익적 서비스 제공과 공영방송의 보편적 접
근 같은 목표들을 내세웠다. 그렇지만 실제로는 상업적 이익을 확대하기
위한 전략이었다. 유료방송채널들은 대부분 지상파방송의 오락·예능 프로
그램들을 재활용하여 콘텐츠 수익을 확대하기 위한 목적으로 지금은 지상
파방송의 주요한 재원확보 수단이 되고 있다. 반면에 지상파DMB는 스마트
폰 등장이후 목표로 했던 광고수익 창출이 어려워지자 사실상 명목적으로
만 운영되고 있다. 또한 KBS와 MBC의 다채널방송은 정부가 광고를 배제하
고 공익적 목적으로 운영할 것을 권고하자 시험방송 조차 실시하지 않고
있다. 또한 국민들의 시청권확대를 명분으로 2009년 종일방송이 허용되었
지만 광고수익이 기대하기 힘든 심야시간대에는 거의 방송되지 않고 있다.
특히 상업적 광고재원을 늘리기 위한 광고총량제와 중간광고 허용을 요구
할 때도, 방송의 공익성 강화, 공적 책무 수행처럼 공익적 목표를 내세우고
있다. 이는 우리 방송정책에서 공익성과 상업성이라는 이율배반적 목표가
혼재되면서 많은 혼란과 갈등이 야기되고 있음을 잘 보여주는 사례들이라
할 수 있다.

들이 급성장하고 인터넷·모바일 기반의 유사 방송서비스들이 폭발 적으로 늘어나고 있는 상황에서 공영방송이 상반된 두 목표를 동시 에 성취한다는 것은 사실상 불가능한 일이다.

실제로 1990년대 이후 시장과 경쟁을 중시하는 탈규제 정책 환경 에서 상업성을 기반으로 공익성을 수행하는 방송이 존속하기 쉽지 않다는 것은 현실을 통해 입증되었다. 견고한 산업적 토대 위에 안 정적으로 공공서비스를 제공할 수 있다는 탈규제 논리들이 실패한 것으로 나타났기 때문이다. 때문에 방송의 공공성을 담보하는 가장 바람직한 방법은 공익을 추구하는 방송과 상업적 이익을 추구하는 방송을 분명하게 구분하는 것이라는 의견이 지배적이다. 1998년 미 국 정부가 추진했던 '디지털 전환을 통한 방송의 공익적 활용계획 (Advisory Committee on Public Interest Obligation of Digital Television)'은 한 사업자가 상업적 이익의 일부분을 공익성에 활용하는 방안이 얼마 나 비현실적인지를 잘 보여주고 있다. 솔직히 한 사업자에게 상업성 과 공익성을 모두 요구하는 것은 상업적 경쟁력과 공익성 두 마리 토끼를 모두 놓칠 가능성이 훨씬 더 높다. 더욱이 우리나라처럼 불 분명한 공·민영 이원방송체제에서는 공영방송의 경쟁력은 물론이고 최소한의 공영성조차 위축시킬 가능성이 있다.[4]

때문에 관념적으로 공영방송으로 인식되고 있는 KBS와 MBC 그리 고 EBS의 위상정립과 구조개혁 문제는 디지털 방송시대 공영 방송의

---

4) 다매체·다채널 경쟁체제에서 우리 공영방송사들이 추구해 온 상업화와 공 영성을 동시에 추구하는 전략은 그렇게 성공적이었다고 평가하기는 어려 워 보인다. 우선 유료방송시장이나 인터넷에서 콘텐츠 추가 수익을 극대 화하기 위해서는 본 방송 프로그램의 상업성이 절대 요구된다는 점이다. 또한 상업적 이익을 고려한다면 오락이나 예능 프로그램의 비중이 커질 수밖에 없고, 내용 역시 오락적 재미를 추구할 수밖에 없다. 반면에 공익성 을 강화한다고 했지만 KBS와 MBC의 공익성이나 공정성 등에 대한 평가나 영향력에 있어 상업 방송들에 비해 크게 높지 않은 것이 사실이다.

미래를 결정하는 중요한 출발점이라고 할 수 있다. 특히 공영방송 구도를 정상화한다는 것은 공영성 확보 이상의 의미를 지니고 있다. 그것은 우리 방송시장에서 이들 공영방송사들이 차지하고 있는 비중이 여전히 매우 높기 때문이다. 그러므로 공영방송 정상화는 디지털 융합 환경에서 우리 방송 전체를 재구조화(restructuring)하는 출발점이라고 할 수 있다.

특히 지금처럼 관념 혹은 명목상의 공영방송 형태에서는 진정한 공익적 역할을 기대할 수 없을 것이다. 이론적으로 공영방송은 헤겔(Hegel)의 '절대 정신'과 유사한 '자기 완성체' 같은 것이어야 한다. 스스로 지향성과 목표를 결정하고 그 결과에 대해 스스로 책임지는 자율적 존재이어야 한다. 이를 위해 공영방송은 어떤 외부 압력부터도 보호되어야 하고 동시에 사회 전체에 책임을 지는 방송으로서 법·제도적으로 독립성을 보장받아야 한다. 하지만 현재 KBS나 MBC는 정치적·상업적 이해로부터 완전한 독립성도 보장받지 못하고 있고, 실제 방송행위에 대해서도 자율적으로 책임질 수 있는 구조가 정착되어 있지 못하다. 물론 이러한 현상은 우리만의 문제는 아니다. 가장 이상적인 공영방송으로 정치·경제적으로 독립성을 유지하고 있다고 평가받고 있는 영국의 BBC 조차 자율적 존재로서 의문이 제기되고 있다. 최근 영국 BBC의 거버넌스 변화는 공영방송의 이러한 속성을 잘 보여주고 있다. 2007년 BBC경영위원회를 대신해 설립된 BBC트러스트가 2017년에 폐지된 것이다.[5] BBC의 경영과 감독을 모두 담당했

---

5) 공식적으로 BBC 트러스트가 폐지된 것은 2016년 12월 15일 BBC에 대한 왕실 칙허장이 발부되면서 부터다. 그렇지만 준비 등을 이유로 2017년 4월까지 유보되었다. 이처럼 BBC의 규제·감독권이 Ofcom으로 이관되었다는 것은 BBC를 ITV 같은 상업방송사들과 통합해 균형있게 규제하겠다는 것을 의미한다. 샤론 화이트(Sharon White) Ofcom 의장은 'BBC와 다른 방송사간의 공정경쟁과 차별화'에 규제 초점을 맞추겠다고 밝히고 있다. 이는 전통적인 BBC의 공적 책무는 물론이고 시장 행위들을 규제하겠다는 것으로 보인

던 독립기구 BBC트러스트를 해산하고, 경영은 BBC이사회, 규제·감독은 Ofcom이 나누어서 맡게 된 것이다. BBC를 감독하는 기구가 BBC의 의사결정도 같이 하는 것이 바람직하지 않다는 이유 때문이다. 이는 공영방송의 역할과 책임에 대한 규제방식의 변화추세를 보여주는 것이라 할 수 있다.

우리나라의 경우 1988년 방송법 부활 당시 '공적 소유형태'의 지상파방송사들을 다른 방송사업자들과 구별하기 위해 만들어진 불분명한 공영방송 개념을 그대로 유지해오고 있다. 2000년 '통합방송법'이 제정되면서 KBS를 국가기간방송으로 규정하는 조항들이 추가되었지만 공영방송에 대한 명확한 개념규정은 여전히 존재하고 있지 않다. 국가가 소유하고 있는 KBS만 국가기간방송으로 규정하고 있을 뿐 MBC와 EBS와 관련된 별도 규정은 없다. 오직 이들 방송사에 대해 지분제한 규정 등에서 차별적인 규제를 받고 있을 뿐이다. 엄격하게 보면 방송법상 MBC와 SBS는 방송목적이나 위상·책무 등에 있어 차이가 없는 동일한 성격의 방송사라 해도 틀리지 않다.[6] 이는 현재의 공·민영 이원체제가 법적 근거에서 나온 것이 아니라 사회적 통념상의 공영방송이라는 것을 보여준다. 특이하게도 공영방송에 대한 법적 근거는 '공직선거 및 선거부정방지법' 제82조 2항 대통령 등의 선거에서 텔레비전 대담·토론회 개최의무 조항에 '공영방송사(한국방

다. 이는 역설적으로 BBC의 시청자 확대를 위한 서비스 및 플랫폼 다각화를 모색한다는 의미로도 읽힌다(김지현, 2017). 실제로 거버넌스 개편이후 처음 발표된 '2018/2019 BBC Annual Plan'에서는 BBC의 온라인 서비스 강화를 주된 내용으로 하고 있다.

6) MBC의 법적 근거인 '방송문화진흥회법'은 조직법이지 MBC의 목적과 방송활동을 규율할 수 있는 법이 아니다. 때문에 MBC가 법적으로 공영방송임을 인정받기 위해서는 방송법상에 분명히 공영방송임이 규정되어야 하고 거기에 따르는 책임을 부여받고 독립성과 자율성을 보장받을 수 있어야 한다.

송공사와 방송문화진흥법에 의한 방송문화진흥회가 출자한 방송법
인을 말한다)'라는 용어에서 찾을 수 있다.[7] 때문에 KBS, MBC, EBS를
공영방송이라고 지칭하는 것은 일상적으로 공유하고 있는 관념상의
개념일 뿐이다. 이처럼 공영방송에 대한 별도의 법적 근거가 없다는
것은 우리 공영방송 정책 난맥상을 야기하게 되는 근본 원인이 되고
있다. 어쩌면 이 같은 공영방송에 대한 불분명한 법 규정은 오랜 기
간 정치권력의 통치도구로서 이용되어온 역사적 속성을 반영하는
것일 수도 있다. 그러므로 공영방송 정상화를 위해 가장 먼저 해결
해야할 과제는 법적으로 공영방송의 개념과 범주 그리고 목표를 분
명히 규정하고 여기에 걸 맞는 재정과 운영방식을 법률적으로 구조
화하는 것이라 할 것이다.

II. 공영방송 위기론과 우리 공영방송

1. 공영방송 위기 논쟁

'공영방송 위기'라는 말이 처음 등장한 것은 1990년대 후반 새로운
방송 미디어들이 급증하면서 부터다. 새로운 기술발달로 수많은 매
체들이 등장하고 있는 상황에서 영국의 BBC나 독일의 ZDF, ARD 처
럼 국가가 제도적으로 독립성을 보장하고 공적 재원을 통해 운영하
는 '공공독점(public monopoly)' 형태의 공영방송이 왜 필요한가에 대

---

7) '공직선거 및 선거부정방지법' 제82조 2항의 규정을 공영방송의 법적 근거
　로 제시하는 경우가 있다. 하지만 이는 모법인 방송법에 규정되어 있지 않
　은 내용을 다른 법에서 규정한 것으로 법체계상으로도 맞지 않는다는 점
　에서 타당하다고 보기 어렵다.

한 의문을 제기되기 시작한 것이다. 경쟁매체들이 급증하면서 시청률도 낮아지고 이를 만회하기 위해 상업방송들과 경쟁하면서 공영방송만의 차별화된 프로그램들도 사라지기 시작했기 때문이다. 이로 인해 상업방송과 큰 차이가 없는 공영방송에게 별도의 수신료까지 지불하면서 존립시켜야할 명분이 크게 약화된 것이다. 때문에 많은 공영방송들이 광고 같은 상업적 재원에 대한 의존도가 높아지는 '재정적 위기'를 겪게 되었고, 이는 결국 '공영방송이 왜 필요한가' 하는 '정당성 위기'에까지 이르게 된 것이다. 여기에 독과점 구조아래 비대해진 공영방송의 '비효율적인 조직'에 대한 비판의 목소리도 커지게 되었다.

2000년 이후 이러한 '공영방송 위기론'은 우리나라에서도 제기되기 시작하였다. 케이블TV, 위성방송, IPTV 그리고 스마트미디어에 이르기까지 수많은 경쟁매체들이 등장하면서, 오랜 기간 방송시장을 독점하면서 정치·사회적·경제적 특권을 누려왔던 공영방송을 포함한 지상파방송사들의 경영압박이 커지게 된 것이다. 이 때문에 광고재원에 전적으로 의존하고 있는 MBC는 물론이고 수신료 지원을 받는 KBS까지 무한경쟁체제에 돌입하게 된다. 때문에 공영방송사들은 '경쟁력 제고를 통한 공영성 강화'라는 논리를 내세워 적극적인 상업화전략을 추구하게 된다. 특히 1980년 제5공화국에 의해 만들어진 견고한 독과점구조는 이러한 공영방송의 상업화전략을 더욱 용이하게 만들어 준 측면도 있다. 때문에 공영방송사들은 독과점구조를 유지·확대하기 위해 정치권력과의 유착이 불가피하게 되고 이는 공영방송 구조를 더 왜곡시키는 결과로 이어지게 된다. 우리나라의 현재 방송 구도는 1980년 신군부가 언론 통제를 목적으로 추진했던 '언론통폐합'의 유산이라 할 수 있다. 정치권력이 방송을 통치수단화하면서 반대급부로 방송사들의 경제적 독점구조를 제도적으로 보호해주는 이른바 '후견인주의(clientalism)' 형태가 고착되어 있는 것이다. 이런 이유로 우리 공영방송은 정치권력이 변화될 때마다 심한 정치적 갈등양상을 반복해왔다. 특히 여·야간 정권 교체기에는 그 갈등이 더욱 심하게 나타났다. 2000년 이후 집권했던 김대중·노무현·이명박·박근혜 정부까지 정권 교체 직후 KBS·MBC를 둘러싼 정치적 갈등이 없었던 적이 없고 현재 문재인 정부 출범 이후에도 그대로 재연되고 있다. 그때마다 새로 집권한 정파는 공영방송 정상화와 정치적 독립 같은 명분을 내세웠고 반대로 야당은 정권의 방송장악이라며 강하게 저항하였다. 이처럼 새 정권 출범 때마다 갈등이 반복되는 상황에서 제대로 된 공영방송이 어떤 것이고 또 무엇이 문제인가에 대한 합리적 판단조차 매우 혼돈스러울 수밖에 없다. 공영방송 문제가 정파적 이해와 연계됨으로써 우리나라에서 공영방송 논의는 언제나 정쟁의 수준을 벗어날 수 없었다.

한마디로 우리나라에서의 공영방송 위기론은 정치적 이해득실에 따라 철저하게 '정치 의제(political agenda)화' 되면서 정파적으로 문제를 제기하고 해결방안을 모색하는 파행적 정쟁 양상에서 벗어나지 못하고 있다. 공영방송의 위기 현상을 보는 시각도 정치적 입지에 따라 전혀 달라지고 해결 방법을 두고도 정파 간에 극단적인 대립양상을 벗어나지 못하고 있다. 때문에 공영방송 개혁 문제는 30년 이상 지속적으로 제기되어 온 문제지만 한 번도 해결된 적이 없다. 정인숙(2002)의 표현대로 오래 되어 이제 해결점을 모색하면 되는 '숙성형 방송정책'일 수도 있다. 그렇지만 오래되었음에도 불구하고 별다른 해결책도 찾을 수 없는 난제로 남아있는 것이다.

이처럼 오래기간 쟁점이 되면서 공영방송 관련 쟁점들도 많은 변화를 겪었다. 1980년 언론 통폐합 이후 1990년대 초반까지는 공영방송의 정치권력으로부터의 독립이 핵심 논제였다면, 1990년대 SBS 등장이후에는 공영방송의 상업화 문제가 주요 논제로 부각되었다. 이후 디지털화와 방송·통신 융합이 본격화된 2000년대 들어서는 공영방송의 존립 근거와 생존전략에 대한 논의가 주를 이루고 있다. 이 같은 쟁점 변화에도 불구하고 우리나라에서 공영방송 논쟁은 '정치권력으로부터 독립'이라는 본질로부터 크게 벗어나지 않았다. 다만 시기적으로 어떤 점이 강조되느냐에 따른 차이가 있었을 뿐 정쟁에서 근본적으로 벗어난 적은 없었다.[8]

여기서 짚고 넘어가야 할 부분은 공영방송을 보는 시각에 있어 정치권과 다양한 이해집단들이 자신에게 유리한 논거들만 제시하는 전형적인 '쓰레기통 정책모델' 양상을 띠어 공영방송 구조 논의 자체가 거의 진척되지 못하고 있다는 점이다.[9] 이 때문에 바람직한 공영

---

8) 이를 극명하게 보여주는 사례가 KBS 수신료 인상과 관련된 논쟁이다. 2005년 노무현 정부에서 추진된 KBS 수신료 인상은 '대통령 탄핵보도', 2010년 이명박 정부가 추진했던 수신료인상은 KBS의 '이승만 특집' 등 일부 다큐멘터리 프로그램의 공정성 문제, 2013년 박근혜 정부에서 추진되었던 수신료 인상은 '세월호 보도'와 관련된 정치적 압력 등을 둘러싼 공방전을 벌이다 결국 실패로 돌아갔다. 물론 수신료를 추진하는 외형적 이유는 디지털 전환비용(2005년), 공적 책무 강화(2010년), UHD TV 같은 디지털방송체계 구축(2013년) 등 다양했지만 결국 쟁점은 KBS 보도공정성 및 독립성, KBS의 경영합리화 문제에 집중되었다. 결국 수신료인상은 표면적으로 내세운 명분과 달리 쟁점은 항상 보도공정성을 둘러싼 갈등이 핵심이었다. 흥미로운 것은 공영방송의 공정성 및 독립성에 대한 입장이 여·야간 정권교체이후에 완전히 뒤바뀐다는 것이다. 집권정파는 공영방송 공정성에 문제가 없다는 입장이지만 집권에 실패한 정파는 매우 불공정하고 정치적 통제가 심하다는 시각을 가지고 있는 것이다.
9) 우리나라 외국 공영방송에 대한 현황 및 논리 인용은 다분히 아전인수적이다. 대표적인 경우가 지금의 애매한 공영방송 위상을 정당화하기 위해 국가나 자본으로부터 독립된 영국의 BBC모델을 가장 많이 인용하면서도 재원과 관련해서는 수신료와 광고에 함께 의존하는 다양한 공영방송 모델들을 언급하고 있는 것이다. 또한 공영방송 본연의 위치를 고수하고 나라들도 많은데, 적극적으로 사업다각화를 통해 상업화하고 있는 외국 사례들만 골라서 강조하는 경우도 많다. 이는 우리 공영방송체제의 기형적인 위상을 역설적으로 보여 주는 것이라고 할 수도 있다. 세계적 추세가 우리의 현실과 전혀 무관할 수는 없지만, 공영방송 개념 자체가 상대적 성격이 강

방송 체제를 구축하기 위한 사회적 합의를 도출하는 것이 쉽지 않은 상태에서 정치적 이해득실에 바탕을 둔 정치적 해법이 논의를 주도해왔고 갈등만 증폭시켜 왔다. 한마디로 공영방송 구조 개혁이나 재원 정상화 같은 합리적 논의구조는 실종되고 기존에 가지고 있는 구조적 병폐들만 더욱 고착시켜왔다고 할 수 있다. 이러한 맥락에서 2000년대 이후 제기되어 온 공영방송 위기론들을 살펴보고, 우리 공영방송 위기론의 실태를 검토해 볼 필요가 있다.

2. 공영방송 위기론과 평가

인터넷, 스마트 폰 등이 급성장하면서 공영방송의 위기가 더욱 극심해지고 있다는 것에 대해서는 이견이 있을 수 없다. 때문에 오래 전 트레이시(Tracey, 1998)가 지적했던 것처럼, '공익(public interest)' 혹은 '공공재(public good)' 같은 추상적 목표들의 가진 의미가 크게 약화된 상태에서 공영방송 서비스를 지속할 필요가 있는가에 대한 의문이 다시 제기되고 있다. 이런 맥락에서 공영방송의 위기론을 루미스(Loomis, 2001)가 제기했던 ① 존립목적의 위기 ② 재정적 위기 ③ 조직적 위기로 나누어 살펴보고자 한다.

하고 정치적 프레임에서 완전히 벗어날 수 없다는 점을 인정한다면, 우리 공영방송 문제를 해결하는데 이렇게 의도를 가지고 선별된 다른 나라의 공영방송 현실과 대응책에 의존하는 것은 본질을 벗어나 당사자들의 이해득실에 근거한 궤변이 될 가능성이 높다. 앞에서도 설명한 바와 같이, 우리 공영방송은 발생배경, 방송 철학적 지향점, 방송구조, 정치적 관계, 재정 능력, 시장점유 상황 등에서 다른 나라들과는 판이하다. 그러한 차이점을 고려한 범위 내에서 외국 사례분석을 벤치마킹하는 것은 나름대로 의미가 있지만, 이해당사자들이 자신들에게 유리한 점만 골라 제시하는 외국 공영방송사들의 사례에 의존하는 것은 결코 바람직하다고 볼 수 없다.

1) 존립목적의 위기

공영방송 역사가 일천하지 않음에도 불구하고 공영방송의 정의와 목표가 무엇인가에 대해서는 여전히 의견이 분분하다. 그나마 가장 보편적으로 받아들여지고 있는 공영방송 목표는 '대중 시청자(mass audience)가 아닌 분화된 공중(differentiated publics)에게 봉사하는 것' 정도일 것이다. 즉, 다수 시청자들이 원하는(want) 것이 아닌 다양한 선호를 지닌 시청자들에게 필요한(need) 내용을 제공한다는 것이다. 이는 공영방송이 다분히 계몽적이고 가부장적(paternalism) 목표를 지니고 있다는 것을 보여주는 것이라 할 수 있다. 바렌트(Barendt, E., 1993:51~56)는 공영방송 책무로 ① 지리적·계층적으로 다양한 사람들이 이용하고 접근할 수 있는 보편성 ② 정치권력을 비롯한 여러 이익집단들로부터 독립되어 공익에 봉사할 수 있는 독립성 ③ 상업적 경쟁으로부터 독립되어 시청률이 아닌 프로그램의 질을 추구할 수 있는 경제적 독립성 ④ 국가정체성, 문화적 주권, 공공교육 등의 포함하는 문화적 정체성 ⑤ 다양한 계층의 취향을 만족시키고 소수 계층을 보호하는 다양성 ⑥ 상업적 방송들과는 차별화된 공공성 서비스를 제공하는 차별성 등을 들고 있다.

하지만 디지털 융합시대에 들어서면서 이처럼 추상적이고 관념적인 공영방송 목적 자체가 크게 위협받고 있다. 소수 독점형태의 공영방송이 다양한 계층을 모두 포괄하는 계몽적 역할이 사실상 불가능해진 것이다. 수백 개가 넘는 방송채널들과 유사방송 서비스들이 경쟁하고 있는 상태에서 과거처럼 다수 시청자를 만족시킬 수 있는 독점적 방송 자체가 불가능하게 되었고, 계몽적이고 도덕적인 프로그램을 내보내는 전통적 의미의 공영방송들이 시청자들로부터 외면 받고 있는 것이다. 때문에 많은 공영방송들이 상업방송과의 경쟁에서 우위를 확보해 존립 근거를 찾는 '안전하고 화려한 전략(safely splendid strategy)'에 빠지는 경우가 많다(Witherspoon et al. 2000). 이러한 상업화 전략은 결국 전통적인 공영방송의 존재이유를 약화시키는 원인이 되고 있다.[10] 때문에 공영방송이 전통적인 공익적 프로그램을 고수하게 되면 시청자들로부터 외면 받아 기능이 위축될 수 있고, 반대로 상업적 프로그램을 강화해 시장에서 경쟁하게 되면 공익성을 포기하게 되는 딜레마에 빠질 수밖에 없는 상태다.

우리 공영방송사들 역시 이러한 딜레마로부터 자유롭지 않다. 실제로 KBS와 MBC가 상업화 전략을 추구한 2000년대 들어서 '공영성평가지수(PSI: Public Service Index)'를 비롯한 각종 평가에서 KBS와 MBC의 공영성 지수는 크게 낮아져 상업방송들과 거의 차이가 없고 심지어 일부 조사에서는 상업방송들보다 낮은 경우도 자주 있다. 특히 KBS 2채널의 경우에는 지상파방송 채널 중에 공영성 정도가 가장 낮은 것으로 평가되고 있다. 때문에 공영방송으로서 KBS와 MBC의 역할에 대해 의문이 제기되고 있고 심지어 민영화 주장까지 나오고 있다. 이들 공영방송사들은 '경영적으로 안정되어야 공익적 역할도 할수 있다'는 주장을 펴고 있지만, 이는 현재 우리 공영방송들이 존립근거부터 흔들리고 있다는 것을 보여주는 것이라 할 수 있다.

이처럼 이념적으로 우리 공영방송사들의 위상이 불안정 하다는 것은 앞에서 언급한 것처럼 제5공화국에서 정치적 의도에서 만들어

---

10) 실제 공영방송이라고 생각하는 KBS와 MBC 프로그램들을 보면 상업방송인 SBS는 물론이고 유료방송의 오락채널들과 거의 유사한 프로그램들을 경쟁적으로 편성하고 있는 것을 볼 수 있다. 이는 시장에서 경쟁하게 되면 공영방송과 상업방송의 프로그램이 동질화된다는 융합가설(convergence hypothesis)을 증명해주는 것이라 할 수 있다. 더구나 최근에는 광고시장에서의 경쟁이 심화되면서 상업방송 뿐 아니라 인터넷 기반의 다양한 유사방송매체들과도 경쟁해야만 한다. 이 때문에 공영방송사들은 본방송에서 제작·편성한 프로그램들을 자회사인 다채널 유료방송 오락채널들을 통해 재활용해야하므로 전반적인 방송 프로그램은 더욱 상업화될 수밖에 없다.

진 공영방송 체제를 유지하고 있기 때문이다. 공영방송사들이 표방하고 있는 공익적 목표들이 없는 것은 아니지만 솔직히 상업방송들과 큰 차이가 있다고 보기 어렵다. 이러한 정체성 위기는 공영방송의 역할과 책임, 재원구조 등과 관련된 명확한 법 규정이 없음으로 인해 더욱 심화되고 있다. 당연히 방송법 어디에도 공영방송 개념이나 공영방송에 대한 차별화된 책임규정도 없다. 앞에서 언급한 것처럼 오직 '공직선거 및 선거부정 방지법' 제82조2항(대통령 등의 선거에서 텔레비전 대담·토론회 개최의무)에 '텔레비전 토론 주관은 공영방송(한국방송공사와 방송문화진흥법에 의한 방송문화진흥회가 출자한 방송법인을 말한다) 주관한다'라는 규정에서 공영방송이라는 용어들 볼 수 있을 뿐이다.[11] 사실상 KBS와 MBC는 정부와 방송문화진흥회라는 국가 혹은 공적 소유형태라는 것 이외에 상업방송과 법적으로 아무런 차이를 발견할 수 없다. 더구나 MBC는 법률적으로 상법에 근거한 사기업 형태인 '주식회사 문화방송'으로 되어 있다.

물론 법적 근거가 미비하더라도 공영방송 구성원들의 공적 인식이 분명하다면 나름 공영방송의 역할을 기대할 수 있을 것이다. 사실상 현존하는 어떤 공영방송도 법제도적으로 완벽한 형태를 갖추고 있는 경우는 거의 없다. 지금은 폐지되었지만 영국의 BBC트러스트도 법률적으로는 집권 정당이 모든 위원을 독식할 수도 있고,[12] 사

---

11) 흔히 KBS와 MBC가 자신들이 공영방송이라는 근거로 내세우고 있는 방송법 제8조 2항 소유규제조항은 KBS, MBC, EBS에 대해 지분제한, 겸영제한 등에서 예외를 인정하는 조항이다. 이는 공영방송의 독립적 위상을 분명하게하기 위한 것이 아니라 제5공화국 이후 역대 정권이 지상파방송사들을 정치적으로 통제하고 반면에 독과점을 보호해주기 위한 목적에서 만들어진 규정이라고 할 수 있다.

12) 그런 맥락에서 공영방송 거버넌스가 개편되면서 새로 구성된 영국의 BBC 이사회는 의미하는 바가 크다. BBC이사회 의장으로 BBC트러스트 폐지를 주장했던 데이비드 클레멘티(David Clementi)경이 위촉됐다. 상임이사로는 40년 방송계 경력을 지닌 스티븐 모리슨(Steve Morrisn) 전 그라나다 PLC 사

회 대표성이 강조되는 독일의 방송위원회가 공영방송을 효율적 혹은 실질적으로 규제할 수 있는가에 대하여 비판도 있을 수 있다. 어쩌면 결국 공영방송이 제대로 작동하기 위해서 가장 중요한 것은 종사자들의 의식구조라 할 수 있다. 공영방송 종사자들이 단순히 공익적 프로그램을 제공하는 수준이 아니라 한 사회가 지향하는 문화적·사회적 목표를 실천하는 선도자로서 갖추어야 할 프론티어 정신 즉, '특이체질(idiosyncrasies)'이 요구되는 것이다. 그런 의미에서 본다면 지금 우리 공영방송에게 필요한 것은 '정치적 독립'을 보장하는 법제도보다 공익을 위해 봉사한다는 공영방송 종사자들의 의식이 아닌가 싶다.

하지만 KBS나 MBC 종사자들의 태도들은 이러한 의식과는 다소 거리가 있어 보인다. 디지털 융합시대에 들어 매체 간 경쟁이 심화되면서 공영방송 종사자들의 공익적 의식은 더욱 약화되고 생존논리에 바탕을 둔 조직 이기주의가 팽배해지고 있는 느낌이다. 2000년대 이후 KBS, MBC를 비롯한 지상파방송사들이 강력하게 요구 또는 추진해온 방송시간 확대, 광고규제완화, 상업적 다채널플랫폼 등을 보면 공영방송 기본 이념과는 배치되는 내용들이 적지 않다. 표면적으로는 공영방송의 공익적 책무를 강화하기 위한 재정적 안정과 경쟁력 강화라는 명분을 내걸고 있지만 내용을 살펴보면 공영방송의 상업화를 가속화시키는 것들이라는 점을 부인하기 어렵다. 이 때문에 시청자들 입장에서는 상업방송 혹은 유료방송과 별 차이 없는 공영방송이 왜 필요하며, 이를 위해 별도의 수신료를 납부해야 하는

장과 금융회사인 KPMG 부회장을 지낸 애슐리 스틸(Ashley Caroline Steel)이 임명되었다. 9명의 비상임 이사 중에 문화부가 4인, BBC 사장을 포함한 5명은 BBC가 선임 권한을 갖고 있다. 이는 BBC가 역사상 최초로 절반에 가까운 이사진을 독립적으로 구성하게 됐다는 점에서 독립성이 강화되었다는 평가를 받고 있다.

것인가에 대한 의문을 제기할 수밖에 없다. 여기에 정치권력으로부터 완전히 독립되지 않은 불안정한 구조 역시 공영방송의 존립 근거를 위협하고 있다. 결국 우리 공영방송은 법·제도적으로도 불완전하지만 공영방송의 지향점에 있어 구성원들의 의식 결여가 더 큰 문제일 수도 있다.

2) 재정적 위기

공영방송 이념에 비추어 볼 때, 공영방송은 공적 재원 즉, 상업적이지 않은 재원으로 운영되는 것이 가장 이상적이다. 그렇다고 정부가 직접 공영방송을 운영하거나 지원하는 것도 바람직하지 않다. 공영방송이 정부 직접 지원에 의존하는 것은 도리어 정치적 독립성을 위협할 수 있기 때문이다. 때문에 이론적으로 국민들이 직접 지불하는 수신료 재원이 가장 바람직하다. [표 1-2]에서 보는 것처럼, 수신료로 운영되는 공영방송이 방송문화건전성 정도에서 가장 높은 수준을 유지하고 있는 것을 알 수 있다. 반면에 정부보조나 광고 혹은 기부금으로 운영되는 공영방송의 건전성이 가장 낮은 것으로 평가되고 있다. 실제로 기부금과 정부보조금으로 운영되는 미국의 PBS는 공영성을 유지하는데 큰 어려움을 겪고 있는 것이 사실이다.[13] 국가가 공영방송의 재정적 독립성을 보장해주어야 한다는 독일 헌법재

---

13) 미국 PBS의 재정은 의회에서 승인하는 정부예산을 주재원으로 한다. 물론 콘텐츠 관련 판매수익과 기부금 등이 있지만 매우 미미하다. 때문에 어느 정당이 의회 다수당이 되는가에 큰 영향을 받고 있다. 실제 민주당이 집권했던 클린턴 정부나 오마바 정부 시절에는 비교적 안정적인 재정 상태를 유지했다. 하지만 보수성향의 부시정부가 집권할 당시에는 PBS에 대한 예산을 대폭 삭감하면서 재정구조도 매우 취약해졌다. 이는 정부예산과 같은 직접 지원(subsidy) 방식은 공영방송을 책무수행이나 정치적 독립성 등에서 바람직하지 않은 경우가 많이 발생한다는 것을 보여준다.

판소의 판결은 공영방송의 공익성을 담보하는 데 수신료가 가장 바람직하다는 것을 분명히 한 것이라 할 수 있다.

[표 1-2] 재원구조 유형별 방송문화건전성 정도

재원 구조	국가	방송문화건전성지수
수신료	영국	100
	스웨덴	96
수신료 +광고	독일	87
	이탈리아	75
	프랑스	61
정부보조 + 광고	포르투갈	50
기부금 + 정부보조금	미국	35

* 문화 건전성 지수는 공, 민영 구분 없이 한 사회 내 전체 방송 프로그램 시간 중 보도 및 시사, 교양, 어린이 프로그램 편성 시간 비율로, 영국을 100으로 한 상대적 수치임.
** McKinsey & Company(1999), Public Service Broadcasting Around the World, London, KBS(2007), 「수신료의 가치를 생각합니다」에서 재인용.

그렇지만 순수하게 수신료 위주로 운영되는 공영방송은 영국의 BBC, 일본의 NHK, 독일의 ARD, ZDF 정도라 할 수 있다. 거의 대다수 공영방송사들은 수신료 이외에 광고나 정부지원 등 복합적인 재원 구조를 가지고 있다. 특히 방송시장에서의 경쟁이 격화되면서 많은 공영방송들이 부족한 재원을 충당하기 위해 '준 상업방송 시스템 (quasi-commercial system)'으로 이전해 가고 있다. 이러한 추세는 인터넷 기반의 다양한 스마트 미디어나 플랫폼들이 급증하면서 더욱 가속화되고 있다. 이 같은 공영방송 재원구조 변화에 대해 유럽 상업 텔레비전방송연맹(ACT)은 '공적 재원으로 운영되는 공영방송은 사회적 결속과 민주주의 가치관에 공헌하는 것이 주된 사명이므로, 상업방송 프로그램과 차별화되지 않는 것은 그 사명을 무시하는 것'이라고 우려한 바 있다. 실제로 상업적 재원 의존도 증가가 공영방송을 위협하고 있는 것이 사실이고 많은 나라에서 공영방송 재원 문제는 중요한 정책 쟁점이 되고 있다. 2008년 사르코지(Nocolas Sarkozy) 대통령 재임 시 프랑스는 공영방송 광고폐지 문제로 극심한 갈등을 겪은 바 있고,[14] 일본에서는 시청자들의 NHK에 대한 불신으로 수신료를 인하하였고 심지어 뉴질랜드는 수신료 자체가 폐지되기도 하였다. 때문에 많은 나라들이 공영방송 본질에 충실하기 위해 공적 재원을 유지·확대할 것인지 아니면 부분적으로 상업적 재원을 허용해 재정적 안정을 통해 공영성을 유지할 것인지를 놓고 심각한 딜레마에 빠져 있는 것이 사실이다.

우리 공영방송 역시 똑같은 재원문제에 당면하고 있다. 외형적으로는 다른 나라의 공영방송과 유사한 복합형 재원구조를 가지고 있다. KBS는 공적 재원인 수신료와 상업 광고 수입이 각각 40%를 차지하고 있고, MBC는 전적으로 상업적 재원인 광고와 콘텐츠 판매 수익으로 운영되고 있다. 교육방송인 EBS는 정부지원과 방송통신발전기금 그리고 교재판매비와 상업광고 등 다양한 재원으로 운영되고 있다. 하지만 상업적 재원이 주된 재원이라는 점에서 다른 나라의 공영방송들과는 큰 차이가 있다.

이는 앞에서 언급한 불안정한 법적 위상과 함께 우리 공영방송의 제도적 취약점을 보여 주는 부분이라 할 수 있다. 상업적 재원에 전적으로 의존하고 있는 MBC는 논외로 하더라도 국가기간방송으로서 수신료 지원을 받고 있는 KBS조차 공적 재원 비중이 매우 낮다는 점이다(표 1-3) 참조). 일단 수신료 총액 면에서 가구당 월 수신료 2,500원, 연 30,000원으로 주요 국가들의 공영방송과 큰 차이를 보이고 있

---

14) 공영방송 광고폐지에 대해 반대하는 주된 논리는 공영방송광고를 축소해 보수적인 신문사들을 지원하려고 한다는 주장이었다. 이는 같은 시기에 추진되었던 이명박 정부의 KBS수신료 인상이 보수성향의 종합편성채널을 지원하기 위한 것이라는 주장과 맞물려 우리나라에서도 관심이 된 바 있다.

다. 총액이 아니라 실질구매력 환율을 적용하면 우리나라 공영방송 수신료는 선진국의 1/10 수준이라 할 수 있다(이종관. 2015). 1인당 국민소득(GNI) 대비 수신료부담율도 0.12.%로 일본의 1/3, 독일과 영국의 1/5 수준이다. 때문에 KBS의 연간 예산에서 수신료가 차지하는 비중은 40% 수준으로 다른 나라 주요 공영방송사들의 70%~80% 수준에 크게 못 미치고 있다. 반면 상업광고 의존도는 40.9%로 5% 내외인 독일의 ARD, ZDF와는 물론이고 유럽 공영방송 중에 광고의존도가 비교적 높은 프랑스 TF2의 28.1%보다도 높다. 상업적 재원이 30%이내 이어야 공영방송의 공익성을 담보할 수 있을 것이라는 일반적인 척도를 감안하면 현재 KBS의 재원구조를 분명 개선될 필요성이 있다.

[표 1-3] 주요 공영방송사들의 수신료 수준과 재원구조 비교

구분		한국 KBS	영국 BBC	독일		프랑스 TF2	일본 NHK
				ARD	ZDF		
연간 수신료		30,000원	270,491원	386,112원		219,124원	221,414원
비중	수신료	41.9%	75.9% (100%)**	79.1%	86.0%	64.2%	96.6%
	광고	40.9%	-	5.4%	6.1%	28.1%	-
	기타	17.2%	24.1%	15.5%	7.8%	7.7%	3.4%
1인당 GNI		22,670달러	38,250달러	44,010달러		41,750달러	47,870달러
GNI 대비 수신료부담율		0.12%	0.61%	0.65%		0.41%	0.37%

* 2008년 기준. 수신료비중은 영국 2009년, 독일 ARD와 프랑스 FR2 2007년 통계치.
** 영국의 BBC는 국내방송의 경우에는 100% 수신료로 해외방송만 별도 기타수입으로 충당.

이렇게 수신료 비중이 낮고 상업광고 의존도가 높다는 것은 공영방송으로서 KBS가 본질적으로 한계가 있음을 보여주는 것이다. 이처럼 KBS 수신료 비중이 낮아진 원인은 1980년대 정치적 통제목적으로

형성된 지상파방송 독과점 구조를 바탕으로 오랜 기간 안정적인 광고수익 구조를 유지해 올 수 있었기 때문이다. 굳이 수신료를 인상하지 않더라도 막대한 광고수익으로 매우 안정적인 운영이 가능할 수 있었다. 이 때문에 비효율적이고 방만한 경영구조가 고착되었다는 비판도 받고 있다. 실제 2000년 이후 KBS 수신료 인상 시도 때마다 KBS의 비대해진 조직구조와 방만한 경영상태가 항상 문제되어 왔고 경영합리화와 구조개혁이 선행되어야 한다는 요구가 끊이지 않았다.

이처럼 상업적 재원에 크게 의존해 온 우리 공영방송사들은 인터넷·모바일 같은 경쟁 매체들이 급성장하면서 심각한 재정적 위기에 봉착하고 있다. KBS가 지속적으로 수신료인상을 요구하고 있는 이유도 바로 여기에 있다. 노창희 등(2017) 등은 디지털환경에서 공영방송의 재정위기 대응 전략으로 ① 공영방송의 책무성(accountability)을 구현하기 위한 재정 투명성 강화 ② 디지털 미디어시대에 대응하기 위한 공영방송의 새로운 플랫폼과 채널 확대 전략을 들고 있다. 전자가 공영방송의 책무입증과 투명성 강화를 통해 공적 재원을 확보하겠다는 전략이라면 후자는 디지털 환경에 부합하는 공적 서비스 확대 전략으로 공영방송으로서의 존립근거를 높여 재정지원의 정당성을 확보하겠다는 것으로 보인다.

그런 맥락에서 KBS가 과연 재정적 위기를 맞고 있는가를 면밀히 살펴 볼 필요가 있다. 외형적으로 KBS 재정위기의 가장 큰 원인은 광고수입 감소에 있다. 우리 지상파방송사들의 광고매출은 2002년 최고점을 찍은 이후 지속적으로 감소해왔다. 2002년 2조5천억 원에 육박했던 지상파방송 광고 매출액은 2016년 1조9천억 원 이하로 떨어졌다. 특히 2008년 글로벌 금융위기 때 보여준 것처럼 경제상황이 나쁘면 광고매출이 급감하는 구조적으로 매우 취약한 상태라 할 수 있다. 실제 2004년 이후 광고수익이 감소되다 2008년에 급감하고 2009년부터 바로 흑자로 돌아서고 2010년에 사상최대 흑자를 기록하는

일이 교차되고 있는 것이다. 하지만 2010년 이후에는 인터넷 광고와
종합편성 채널, 초고속으로 성장한 모바일 매체 때문에 지상파방송
광고매출은 지속적으로 하락하고 있다([그림 1-1] 참조).

  2004년 이후 KBS가 수신료 인상을 지속적으로 추진해오고 있는
이유도 여기에 있다할 것이다. 그렇지만 수신료 인상이 정치적 이유
등으로 쉽지 않은 상태에서, 광고 수입을 유지·확대하기 위한 '광고
총량제'와 '중간광고 허용' 같은 광고규제완화를 강력히 요구해오고
있다. 뿐만 아니라 경쟁력 높은 콘텐츠를 기반으로 상업적 유료채널
확장, 지상파방송 재송신 대가 인상, 콘텐츠 요금 인상 및 배타적 공
급 등 적극적인 상업화 전략을 추진하고 있다. 이는 공영방송의 상
업적 재원 증가라는 외형적 문제점 뿐 아니라 콘텐츠 재활용 수익을
극대화하기 위해 지상파방송 스스로 상업적인 오락·예능 프로그램

[그림 1-1] 매체별 광고매출 변화 추이

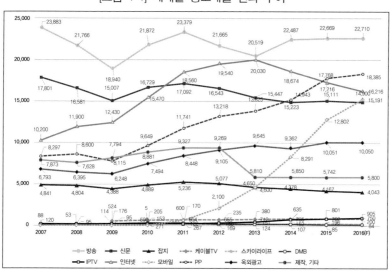

에 치중하는 것 같은 공익성 퇴색에 대한 우려를 갖게 만들고 있다.

하지만 이 같은 상업화 전략과 수신료 요구의 명분이 되고 있는 KBS의 재정 및 경영 위기에 대해 비판적인 시각도 적지 않다. KBS가 봉착하고 있는 경영압박은 외부 방송환경변화 때문이 아니라 방만한 경영, 불투명한 회계, 과도한 인력구조와 같은 내부적 원인이 더 크다는 지적이다. 2011년 2월18일 국회에 제출된 'KBS수신료인상안에 대한 방송통신위원회의견서'를 보면, 이러한 시각을 잘 엿볼 수 있다.

> "KBS는 '수신료 금액 동결, 광고수입 하락, 재원소요 급증'으로 인해 중기 수지전망 시 막대한 누적손실이 예상된다고 밝히고 있으며, 재원소요가 급증하고 있는 주요 사유로는 방송제작비의 급상승과 디지털 전환 비용의 압박이 가중되고 있기 때문이라고 언급하고 있습니다 … 그러나, KBS가 제시한 인원감축에 따른 인건비 절감('14년 말까지 4, 204명) 및 사업경비 10% 절감 등의 자구노력 방안은 수신료 인상과 관계없이 추진되어야 하며, 오히려 선행해서 추진해 나가야 할 사안입니다 … 기본운영에 따른 중기 수지전망에 KBS가 제시한 자구노력 방안을 반영하고, 수입 및 비용을 '10년 실적을 토대로 합리적인 방법으로 재추정할 경우, '10년부터 '14년까지의 중기 수지전망 상 누적손익은 종전 459억 원 적자에서 548억 원 흑자로 전환됩니다 … 광고수입, 협찬수입 및 콘텐츠수입 등은 '10년도 실적치를 사용하여 재추정 하였으며, 여기에 앞서 언급한 수신료수입 재추정 분을 합산한 결과, '11~'14년까지 총 601억 원의 수입 증가효과가 발생하는 것으로 재추정됩니다 … 이를 '10년 실적을 기준으로 하여 방송제작비 등을 재산정한 후 KBS가 제시한 자구노력 방안을 반영한 결과, '11~'14년까지 총 4,414억 원의 비용 절감이 가능한 것으로 분석됩니다 … 이러한 결과는 KBS가 자구노력 방안을 시행할 경우, 수신료 인상 없이도 디지털 전환 등을 포함한 기본적인 방송사 운영이 가능하다는 것을 의미하는 것으로 해석할 수 있습니다."

이 보고서의 요지는 한마디로 KBS 재정위기는 경영합리화나 구조조정 같은 내재적 해법을 통해 충분히 극복 가능하다는 것이다. 즉, KBS의 재정위기는 구성원들의 경제적 이익 혹은 조직 이기주의 때문이라는 지적이다.[15] 우리 공영방송의 재정 위기는 다른 나라와 같이 디지털 융합으로 인한 시장경쟁의 심화라는 외적 요인에도 기인하지만 오랜 기간 독과점 구조아래 안정적인 상업적 재원에서 비롯된 비효율적 조직과 경영구조에 원인이 있다는 것이다. 한마디로 현재 우리 공영방송의 위기가 더욱 심각해진 것은 공영방송의 재정구조가 불확실하다는데 그 원인이 있다 할 것이다. 이는 앞서 설명한 공영방송의 목표나 책무가 불분명한 것과도 관련되어 있다고 할 수 있다.

결국 스마트 미디어시대에 들어서면서 공영방송의 광고재원은 점점 감소하고 있지만 조세 성격의 수신료를 무한정 늘릴 수도 없는 딜레마 상황에 직면해있는 것이다. 하지만 공영방송이 광고수익을 늘리거나 프로그램 판매 같은 상업적 수익을 확대하는 것에는 한계가 있을 수밖에 없다. 때문에 영국의 Ofcom은 몇 가지 공적 영역 구축과 재원 확보 방안을 제시한 바 있다(Ofcom, 2009). 첫째, '확장된 진화모델(extended evolution model)'로 ITV와 BBC 4채널의 공적책무를 줄이고 상업적 재원인 광고를 확대를 통해 공적서비스를 강화해나가는 방안 둘째, '수정된 BBC/4채널 모델(refined BBC/4channel model)'로서 BBC와 4채널을 공적책무를 강화하고 정부의 직접지원과 같은 공적지원을 확대하는 방안 셋째, '수정된 경쟁적 재정확보 모델(refined competitive funding model)'로 모든 공적 서비스를 제공하는 모

15) 오래전부터 감사원, 국회 등으로부터 지속적으로 개선요구를 받아왔던 과도한 인력구조, 성과급 지급과 같은 방만하고 비효율적인 경영문제가 2013년과 2017년 감사원 감사에서 다시 지적된 것이 대표적 사례라고 할 수 있다. 반면 수신료 인상논의에서 KBS 구성원들은 광고현행유지/수신료인상을 강력히 원했고, 이는 결국 KBS 수신료인상요구가 KBS구성원들만의 잔치라는 비판을 받게 되는 원인이 되고 있다.

든 방송매체들에 대해 정부의 추가지원을 강화하고 어떤 플랫폼으로도 모든 국민들이 서비스를 제공받을 수 있도록 하는 PSP(Public Service Publisher)모델 전략이다. 이를 위해 영국 정부는 BBC 면허세 감면 등 다양한 방법을 검토하고 있다. 우리 역시 공영방송의 재원 압박을 근시안적 처방으로 해결하기 보다는 공영방송의 재원구조를 본질적으로 개혁하는 방안이 모색되어야 할 필요가 있다. 물론 공영방송 범주설정이나 역할·책무 등과 연계해야하는 것은 당연하다.

3) 공영방송의 조직위기

공영방송의 소유구조는 매우 다양하다. 국가가 직접 소유하는 경우도 있고 국가로부터 독립된 공적 소유 형태로 운영되기도 한다. 그렇지만 분명한 것은 국가권력을 포함한 어떤 외부 압력으로부터도 독립된 조직이어야 한다는 점이다. 이처럼 독립된 조직형태는 공영방송의 독립성을 담보할 수 있다는 장점도 있지만 견제 받지 않는 조직으로서 부정적인 결과를 야기할 수도 있다. 실제로 공공 소유형태로 운영되는 공영방송 조직의 비대화와 비효율성, 조직 이기주의 같은 병폐들이 항상 논란이 되고 있다. 특히 20세기 후반 몰아닥친 '민영화', '탈규제', '경쟁' 같은 신자유주의적 기조로 인해 '작은 정부', '민간영역과 경쟁하는 공공 영역' 등의 정책 환경이 일반화되면서 공영방송의 비효율성은 더 중요한 정책 현안이 되고 있다. [표 1-4]의 각국의 공영방송 인력구조와 재원규모를 보면, 공영방송의 조직 비효율성이 우리만의 문제가 아님을 알 수 있다.

그렇지만 공영방송 조직과 경영 합리화 문제는 '동전의 양면' 혹은 '닭과 달걀' 논쟁처럼 끝없이 이어지고 있는 것이 현실이다. 특히 디지털 스마트 미디어 시대에 들어 경영압박이 커지면서 본질적인 구조개혁 요구가 점점 더 커지고 있다.

[표 1-4] 주요국가의 공영방송 인력비교

구분	한국 KBS('12년)	영국 BBC('12년)	독일 ARD,ZDF('10년)	프랑스 FT,RF('11년)	일본 NHK('11년)
채널	9개 (TV2/R7)	20개 (TV9/R11)	21개 (TV13/R8)	10개 (TV6/R4)	10개 (TV6/R4)
인력	4,812명	21,940명	23,450명	9,698명	10,354명
	-	(4.6배)	(4.9배)	(2.0배)	(2.2배)
채널당 인력	535명	1,097명	1,117명	970명	1,035명
(한국대비)	-	(2.1배)	(2.1배)	(1.8배)	(1.9배)
재원규모 (한국대비)	1조 5,680억원	8조 7,368억원 (50억860만 파운드)	11조 8,877억원 (84억8,110만 유로)	4조483억원 (28억8,820만 유로)	8조 6,416억원 (6,997억엔)
	-	(5.6배)	(7.6배)	(2.6배)	(5.5배)
채널당 재원	1,742억원	4,368억원	5,661억원	4,408억원	8,642억원
(한국대비)	-	(2.5배)	(3.2배)	(2.3배)	(5.0배)

물론 이는 공영방송의 필요성이나 존립근거 혹은 영향력 같은 문제들과도 연관되어 있다. 오랜 기간 공적 소유구조 아래 고착된 비효율적 조직과 관료적 운영에서 기인한 창의성 결여 같은 문제점들이 매체 간 경쟁이 심화되면서 더욱 표면화되고 있는 것이다. 특히 우리나라처럼 정치권력과 공영방송이 공생하면서 정치·경제적 유착관계를 통해 제도적·경제적으로 안정적 지위를 보장받는 구조에서는 이러한 문제가 더욱 심각하다고 할 수 있다.

2014년과 2017년 두 차례 KBS에 대한 감사원 감사결과는 우리 공영방송이 얼마나 통제받지 않은 비효율적인 조직인가를 극명하게 보여주고 있다. 특히 2014년 감사에서 지적되었던 퇴직금 누적제도, 휴가축소 같은 문제들이 부분적으로 개선되었지만, 자의적 성과급 지급, 고위직 인력 과다, 고임금 구조 등이 도리어 더 심화된 것으로 2017년 감사에서 나타났다. 그럼에도 불구하고 이사회를 비롯한 최고의결 기관들의 내·외부 감시 기능들이 미흡하고,[16] 국회예산결산위원회 심의 같은 외부감시기능은 사실상 유명무실하거나 형식적인 것이 현실이다. 심지어 MBC는 감사원이나 국회의 감사 대상조차 되지 않아 사실상 거의 감시·견제를 받지 않고 있다.

　KBS의 조직 이기주의를 가장 잘 보여주는 부분이 '광고재원'에 대한 엄청난 집착이다. 2004년 이후 KBS가 추진 혹은 요구했던 네 차례 수신료 인상안에서 한 번도 광고재원을 완전히 포기하거나 대폭 줄이겠다고 한 적이 거의 없다. 도리어 2011년과 2013년 수신료 인상(안)은 광고수입은 그대로 두고 수신료만 인상하도록 하고 있다. 이는 KBS가 수신료인상 명분으로 내세운 공영성 강화와 정면으로 배치된다는 비판을 받고 있음에도 여전히 고수하고 있다. 물론 수신료가 파격적으로 인상되지 않는 한 수신료만으로 부족한 재원을 충당할 수 없고, 수신료에 전적으로 의존할 경우 이를 근거로 정부의 공영방송에 대한 통제력이 강화될 것이라는 우려가 있는 것도 사실이다. 하지만 광고수익을 집착하는 실제 이유가 종사자들의 '성과급'이나 '급여인상' 같은 후생복지와 밀접히 연관되어 있다는 지적이 많다. 100% 수신료로 운영되게 되면, 광고 매출을 통한 추가수익이 없어져 성과급 지급근거와 임금인상 근거가 사라지게 되기 때문이다. 이는 광고 유지·확대가 공기업(법적으로 KBS는 공기업에서 제외되어 있

---

16) 이 문제는 다른 나라와 달리 우리나라의 공영방송이 가진 특수한 문제점이라 할 수 있다. 정파적으로 안배한 이사회구성 및 비상임 이사들의 한계로 인해 공영방송의 경영실태를 감시해야 할 이사회가 역할을 제대로 수행할 수 없는 구조라는 것이다. 때문에 KBS를 비롯한 공영방송사들의 거버넌스 구조 개편이 공영방송의 정치적 독립이나 공정성을 확보하는 것뿐만 아니라 실효성을 담보할 수 있는 감시기능을 강화해 경영합리화를 추진할 수 있는 방안이 모색되어야 할 것이다.

음) 조직 혹은 종사자 이기주의에서 기인한 것이라는 점을 보여주고 있는 것이다.

더구나 공영방송 이익금은 차기년도로 이월 축적되지 않고 국고로 환수된다는 규정[17]으로 인해 공영방송 조직구성원들의 도덕적 해이는 더욱 커질 수밖에 없었다. 때문에 광고판매 수익이 늘어나면 성과급을 대폭 늘리거나 과도한 비용지출이 일반화되어 왔다. 반대로 경기가 나빠져 광고수입이 줄어들면 합의된 임금인상률을 보전하기 위해 차입을 늘려야 하는 악순환이 반복되어 온 것이다. 이로 인해 KBS 부채규모는 광고매출 부침과 무관하게 지속적으로 증가해 왔다. 2010년도에 434억 원의 흑자를 기록했음에도 불구하고, 2011년도에 부채는 전년대비 2,000억 원 늘어 6,300억 원 수준에 달했다. 그

---

17) 원래 '한국방송공사법'에 의하면 KBS가 이익을 내게 되면 '이익금의 처분' 조항에 따라 1. 국고납입 2. 결손보전 3. 회사적립금으로 적립 등의 원칙에 따라 처분하도록 되어 있었다. 하지만 2007년까지 KBS는 다른 정부 출자기관들과 달리 이익잉여금을 국고에 납입하지 않아왔다. 이 역시 국가와 공영방송이 상호 이익에 따라 협력관계를 유지하는 '후견인적 성향'을 보여주는 것이라 할 수 있다. 때문에 노무현 정부 시절 방송위원회와 국회, 재정경제부, 감사원 등에서 여러 차례 이 문제를 지적해 논란이 된 바 있다. 이를 개선하기 위해 2005년 당시 방송위원회는 KBS가 정부투자기관 대상으로 규정해 정부투자기관 예산 편성 지침을 준용하게 한다는 방송법 개정안을 추진하였지만 KBS노조와 구성원들의 반대로 이루어지지 못했다. 그렇지만 2007년 8월 정관변경을 통해 이익잉여금의 국고 납입 근거를 새롭게 설정했다. 이에 따르면 KBS 이익잉여금은 이월 손실금 보전, 자본전입, 자본금의 2분의 1에 달할 때까지 이익금의 10분의 2 이상의 이익 준비금으로 적립, 기타 법정 적립금으로 적립, 사업 확장 적립금 등으로 쓰일 수 있도록 하였다. 이렇게 되면 사실상 큰 흑자가 나지 않는 한 이익잉여금을 국고에 환수할 필요가 없어졌다. 더구나 2008년에 큰 적자를 기록하면서 별문제가 되지 않았다. 하지만 2009년에 총 1조2930억 원 매출에 693억 원의 당기순이익을 내면서 문제가 발생하였다. 그러자 KBS는 급여인상, 설비 및 장비구입, 성과급 지급 등을 통해 이익금을 줄이는 조직이기주의 성향을 보여주었던 것이다.

이유는 2010년도 흑자 분을 전년도에 합의된 노사협약에 따라 성과급으로 지급하고, 임금인상 역시 2010년 흑자규모에 근거해 노사간 합의가 이루어졌기 때문이다. 이 때문에 2011년도에 48억 원 흑자가 나자 급여인상분을 보전하기 위해 차액금을 늘려야만 했다(이 부분에 대해서는 3장 공영방송 경영과 재원에서 자세히 다룰 것이다). 이는 KBS를 비롯한 공영방송 조직의 도덕적 해이와 조직이기주의로 인한 경영 실태를 잘 보여주는 것이라 할 수 있다.

그럼에도 불구하고 공영방송의 불합리한 조직 구조가 개선되지 않는 이유는 무엇인가? 그것은 KBS를 비롯한 우리나라의 공영방송이 공기업 구조와 유사한 구조지만 언론의 자유와 독립을 이유로 정부를 비롯한 어떤 외부 감시기구로부터도 견제 받지 않는 '무소불위의 종사자 조직'이기 때문이다. 때문에 누가 경영책임자가 되더라도 종사자들과 '계약을 통한 공생구조'를 회피할 수 없는 구조다. 특히 현행 공영방송의 거버넌스 특성상 정파적 이해로부터 자유로운 개혁적 인물이 경영책임자로 선출되는 것이 쉽지 않고, 설사 그런 인물이 책임자로 선출된다고 하더라도 종사자들의 강력한 저항에 부딪칠 가능성이 높다. 때문에 종사자들과 노사협약 등을 통해 그들의 이해를 보장해주는 '계약동거' 관계가 될 수밖에 없다. 이처럼 우리 공영방송의 방만한 구조는 정치와 공영방송사간의 오랜 공생관계가 누적되어 형성된 것이라 할 수 있다. 특히 최근 들어 해당 공영방송사 출신들이 사장이나 이사로 취임하는 경우가 늘어나면서 이러한 공생관계가 더욱 심화되고 있다. 더구나 비상임제도로 되어 있는 KBS이사회나 방송문화진흥회, 결산승인권을 지닌 국회가 모두 상설 감시기구가 아니라는 점에서 공영방송 조직의 불투명성과 불합리성을 획기적으로 개선할 가능성은 높지 않다는 것도 문제다.

이와 더불어 우리 공영방송 조직의 또 다른 특성은 종사자들의 '정치 지형화'다. 그동안 KBS나 MBC의 방만한 경영, 고임금구조, 비효율성, 자사이기주의 등과 더불어 많은 비판을 받아온 부분이 구성원들의 정치적 독립성에 대한 것이다. 앞서 언급한 바와 같이 공영방송의 가장 큰 목표는 정치권력으로부터의 독립이다. 그렇지만 우리 공영방송의 정치적 독립성은 아직도 미완성의 상태라 할 수 있다. 아니 지난 20년간 몇 차례 정권교체를 거치면서 공영방송 내부구성원들이 특정 정파와 함께 부침하는 '정치 지형화'되어 버렸다고 할 수 있다. 그 시작은 1998년 집권한 김대중·노무현 정부에서 시작되었다. 이들 정권은 오랜 기간 보수정권에 경도되어 있던 KBS 내부조직을 재구조하고자 우호적인 내·외부 인사들을 수혈하게 된다. 노무현 정부 시절 KBS 정연주 사장은 조직효율화를 이유로 '수직적 직급제'를 폐지하고 '직급과 관계없는 순환보직형태의 팀장제'를 도입해 기존 간부직원들의 책임성과 수직적 통제력을 크게 약화시키고자 하였다. 이를 통해 정권과 친화적이지 않은 간부급 직원들의 권한과 위상을 획기적으로 약화시킬 수 있었다.[18] 대신 '말', '한겨레신문',

---

18) 역설적인 것은 바로 이렇게 팀제를 통해 한직으로 밀려난 간부급 직원들이 많아지면서, 정연주사장의 '창가족' 발언이 나오게 된다는 것이다. 2004년 정연주 사장은 '오마이뉴스'와의 인터뷰에서 "우리 사회에는 사다리형 위계질서에서 승진이 인생의 목표가 되는 문화가 있다. 승진이 안 되면 인생의 낙오자로 여겨진다. 정년퇴임까지 강제로 쫓아내는 퇴출구조도 없다. 부장, 국장하던 사람들에게 예우차원에서 '위원' 자리를 준다. 일선으로 가도 선배대접 하느라 일을 맡기지 않는다. 그러면서 부·국장 때 누렸던 기득권이나 직책수당을 그대로 유지한다. 일은 하지 않으면서 햇볕 좋은데 자리 잡고 퇴임까지 가는 '창가족'이 생긴 것이다. 잘못된 조직문화의 상징이다. 팀제 도입 이후 없어졌지만 이전에는 76명쯤 됐다. 그분들이 방만한 KBS 운영의 상징처럼 알려졌다. 다 노는 것은 아니지만 전체분위기가 놀고먹는 것으로 알고 있고, 또 상당수는 놀고먹었다. 이제는 위원제가 없어졌고 그분들이 팀장, 팀원이 됐다. 팀장 발령을 받지 못하면 현장에서 팀원으로 일하게 됐다. 이렇게 되면 '머리 허연' 기자도 나오고, 정년까지 일선 PD로 일하는 큰 PD가 나오고, 전문가들이 나오게 된다." 이 발언으로 KBS가 방만한 조직구조와 경영 상태를 유지해왔음이 대외적으로 드러나

'시사저널' 같은 진보적 언론 출신의 경력직 직원을 대폭 충원하여 정권 친화적인 조직체계를 형성하였던 것이다.[19]

2008년 집권한 보수정권 역시 공영방송사의 정치 지형을 다시 원상 복귀하려는 시도가 이루어졌다.[20] 때문에 이명박 정부와 박근혜 정부 내내 진보성향의 노조는 사장퇴진 투쟁, 프로그램 투쟁 같은 정치적 갈등이 지속되었다.[21] 문재인 정부 집권이후에 벌어진 노조

게 된 것이다.

19) 이렇게 경력직으로 채용된 직원들은 KBS 내의 '사원행동'과 '언론노동조합 KBS지부'의 핵심구성원으로 노조의 정치화를 주도하는 역할을 하고 있다는 평가받고 있다.

20) 이명박 정부 들어 공영방송 사장과 경영진을 정권 친화적 인물로 교체했지만 실제 하위 조직까지 장악했는가는 매우 의문이다. 많은 진보적 성향의 연구들이 이명박·박근혜 정부의 언론통제가 매우 심했고 언론의 자유가 크게 위축되었다고 평가하지만(조항제, 2017; 정용준, 2017; 김연식, 2014), 실제로 하위에 있는 언론종사자들이 얼마나 강한 통제를 받았는지는 면밀한 재평가가 필요해 보인다. 그 이유는 보수정권은 언론사 책임자 혹은 경영자만 교체하면 자연스럽게 방송 전체를 장악할 수 있다는 순진한 '기계론적 인과론'에 빠져있었기 때문이다. 실제 보수정권 내내 공영방송사들은 지속적인 파업과 노사갈등이 이어졌다. 어쩌면 김대중·노무현 정부 시절에 KBS나 MBC에서 강력한 파업이나 심각한 노사갈등이 훨씬 적었다는 점이 도리어 더 강한 정치적 통제가 이루어졌다는 것을 의미하는 것은 아닌지 모르겠다.

21) 이명박 정부 시절 KBS 노조와 일부 진보적 성향의 구성원들은 '이승만 대통령 다큐멘터리' 방송을 지속적으로 문제 삼고 '인민해방군가 작곡가인 정율성'을 미화한 다큐멘터리를 방송하는 등 지속적인 정치 투쟁을 전개해 왔다. 이러한 정치 투쟁의 백미는 2012년 총선을 앞두고 야당과 연대해 장기파업에 돌입한 것이다. 당시 야당지도부까지 참석한 파업출정식에서 노조위원장이 '야당과 손잡고 정권을 교체하자'고 선언하고, 노조간부가 야당 선거공조대책회의에 참석하는 일까지 벌어졌다. 이는 KBS 내부 구성원들이 철저히 정치 지형화 되어서 정치적으로 독립된 공정하고 객관적인 보도자체가 쉽지 않음을 보여주는 것이라 할 수 있다. '문창극 후보관련 보도'는 이러한 공영방송 조직의 정치화로 인해 보도시스템이 붕괴되었음을 보여주는 전형적인 사례라 할 수 있다.

의 KBS와 MBC 사장과 일부 이사 퇴진 투쟁은 이러한 공영방송 내부의 정치적 갈등구조를 잘 보여주는 것이라 할 수 있다. 결론적으로 내부 구성원들의 정치화와 자사 이기주의가 결합된 왜곡된 공영방송구조가 현재 우리나라 공영방송 조직 문제의 핵심이라 할 수 있다. 때문에 정치권력이 바뀌고 정치지형도가 변화될 때마다 공영방송의 정치적 독립성과 보도공정성 문제는 필연적으로 불거져 나올 수밖에 없는 상황이라 할 수 있다. 결국 우리 공영방송 조직의 위기는 공공 조직 수준의 문제가 아니라 불투명한 공영방송 이념과 구조, 상업적 재원의존에 따른 구성원들의 경제적 이익 그리고 정치적 이해관계가 복잡하게 얽힌 정치·경제적 문제라 할 수 있다.

III. 디지털 미디어 시대 공영방송의 전략

이러한 공영방송 위기론을 바탕으로 디지털 융합시대 공영방송이 어떤 전략을 취할 것인가를 고민할 필요가 있다. [그림 1-2]는 '공영방송의 공익적 가치'와 '방송시장에서의 주도권'이라는 두 변수를 가지고 미디어 환경변화 따른 공영방송의 전략들을 도식화한 것이다. 첫째, '공영방송의 공익적 가치'는 공영방송이 지금까지 유지해 온 위상과 공익적 가치를 향후에도 지속적으로 유지해 나갈 것인지 아니면 전략적으로 공익적 가치보다 상업적 가치에 더 비중을 둘 것인지에 대한 판단이다. 둘째, '방송시장에서의 주도권'으로 다양한 미디어들이 급증하고 또 시장을 잠식하고 있는 상태에서 공영방송이 플랫폼 다변화 및 콘텐츠 우월성 등을 통해 지속적으로 방송시장을 주도해 나갈 것인지 아니면 수용자들의 매체 이용행태 변화에 부합되는 새로운 매체들이 방송시장을 주도해 나갈 것인지에 대한 판단이다.

[그림 1-2] 미디어 환경변화에 따른 공영방송의 전략

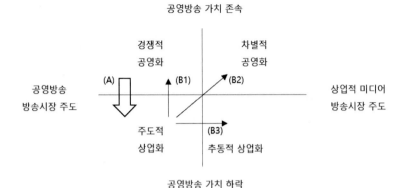

이 같은 두 변수에 근거해 향후 공영방송의 대응 전략을 크게 4가지 유형으로 나눌 수 있을 것이다. 첫째, 좌측 상단의 '경쟁적 공영화 전략'은 공영방송의 공익적 서비스를 근간으로 다양한 상업 미디어들과 차별화된 콘텐츠를 통해 경쟁력을 유지해나가는 전략이다. 대표적으로 영국의 BBC를 들 수 있다. 영국의 BBC는 2017년에 발표된 '2018/2019 계획보고서'에서 급성장하고 있는 Netflix나 Youtube, Amazon 같은 온라인 같은 매체들을 향후 주된 경쟁 대상을 설정하고 적극적으로 경쟁해 나가겠다고 밝히고 있다. 그렇지만 상업적 프로그램이 아닌 공익적 프로그램을 통해 차별화 전략을 통해 경쟁하겠다는 BBC의 기조는 그대로 유지한다는 것이다. 둘째, 우측 상단의 '차별적 공영화 전략'은 매체 간 경쟁으로 상업화되고 있는 미디어 시장변화에도 불구하고 전통적인 공익적 가치에 충실한 차별화된 서비스를 제공하는 것이다. 지금을 조금 변질되었지만 대표적인 사례가 미국의 PBS 방송을 들 수 있을 것이다. 상업방송과 경쟁하지 않고 공익적 프로그램을 제공한다는 점에서 어찌 보면 가장 이상적인 공영방송 전략이라고 할 수 있다. 하지만 아주 제한된 소수 취향의 시청자들

을 대상으로 한다는 점에서 이 전략은 공영방송의 존립 근거 자체가 위협받을 수 있고 정부지원이나 공공재원에 의존한다는 점에서 지속가능성 측면에서 위험요소가 많은 전략이라 할 수 있다. 셋째, 좌측 하단의 '주도적 상업화 전략'은 공영방송이 새로운 미디어들과 적극적으로 경쟁하면서 방송시장에서의 주도권을 유지해나간다는 전략이다. 경쟁과정에서 전통적으로 유지해 온 공영방송의 공익적 목표나 지향점이 다소 위축되는 것은 충분히 감수할 수 있는 것으로 본다. 그 배경에는 시청자들에게 소외받는 공영방송은 공익적 책무를 제대로 수행할 수 없다는 인식이 깔려 있다. 때문에 이 같은 전략을 정당화하기 위해 공영방송의 공익적 책무를 차별화된 콘텐츠나 서비스 제공에 두기보다 '시장경쟁력을 바탕으로 한 안정적 서비스 제공'이나 '보편적 서비스의 실현' 등에 초점을 맞추는 성향이 두드러질 수밖에 없다. 2000년 이후 KBS와 MBC의 대응 전략은 이 유형에 가깝다고 볼 수 있다. 물론 전통적인 공익성이나 공적 서비스를 전적으로 부정하고 있지는 않지만 상업방송과 적극적으로 경쟁하면서 시장에서의 우월성을 유지하고자 하는 성향을 강하게 보여주었던 것이다. 하지만 이 전략은 공영방송의 상업화를 가속화시킬 수 있는 위험성을 내포하고 있다. 때문에 시청자들로부터 소외받으면서 나타나는 정당성 위기는 피할 수 있지만 상업화로 인한 '공영방송 무용론'이나 '민영화론' 같은 비판으로부터 자유로울 수 없다. 마지막으로 우측 하단의 '추동적 상업화 전략'은 공영방송으로서의 위상도 미약하고 시장 경쟁력도 가지지 못한 경우에 나타나는 유형이다. 때문에 전략이라기보다는 제도적으로나 재정적으로 취약한 구조를 가진 공영방송들이 처할 수 있는 결과적 성격이 강하다고 할 수 있다. 그렇지만 가속화되고 있는 디지털 융합 환경에 적응하지 못하게 된다면 생각보다 이 유형에 속하는 공영방송들이 적지 않을 것으로 전망된다.

이러한 공영방송의 전략 유형에 비추어 보면, 우리나라의 공영방송 즉, KBS와 MBC는 2000년 이후 지속적으로 '경쟁적 공영화 전략'에서 벗어나 '주도적 상업화 전략'을 추구해왔다고 평가할 수 있다. 1980년 형성된 공공독점(public monopoly) 구조아래 안정적 재원을 바탕으로 방송시장을 주도해왔다. 하지만 2000년 이후 새로운 경쟁 매체들이 등장하면서 이에 대응하기 위한 상업화 전략이 지속적으로 추진되어 온 것이다. 상업적 유료방송 채널 및 플랫폼 확장, 이를 뒷받침하는 상업적 콘텐츠의 확대 생산, 상업적 재원 확대를 위한 광고 및 콘텐츠 재활용 전략 등 전반적으로 상업화 전략이 강화되어 왔던 게 사실이다. 물론 전통적으로 이어져온 공영방송의 공적 책무를 전혀 도외시 했다고 할 수는 없다. 특히 공영방송의 공적 책무에 대한 사회적 요구가 커지면서 이에 대한 대응도 상업화보다는 약하지만 지속적으로 이루어져왔다고 할 수 있다. 그렇지만 전체적으로 볼 때, '경쟁적 공영화 전략'을 유지하기보다 '주도적 상업화' 성향이 더 컸다고 할 수 있다.

하지만 이 같은 '주도적 상업화 전략'은 공영방송의 정체성을 위협하고 있는 것이 사실이다. 실제로 지난 20년 넘게 우리 공영방송들의 이 같은 전략에 대한 비판이 꾸준히 지속되어 왔다. 만약 이러한 전략이 향후에도 지속된다면 '민영화'나 '공영방송 무용론'으로부터 자유롭지 못할 가능성이 높다. 그나마 상업화 전략을 통해 미디어 시장에서 주도권을 유지할 수 있으면 다행이지만, 만일 시장에서조차 소외된다면 [그림 1-2] 우측 하단의 '추동적 상업화(B3)'라는 최악의 결과를 초래할 수도 있다. 실제 최근 지상파방송의 평균 시청률이나 광고수입 감소추세를 감안하면 이 같은 우려가 전혀 근거가 없는 것은 아니다. 결국 양방향성을 갖춘 개인화된 온라인 디지털 매체 특히 모바일 기반의 플랫폼들의 급성장 추세를 감안하면, 공영방송에게 '경쟁적 공영화 전략(B1)'이나 '차별적 공영화 전략(B2)' 두 선택지만 있어 보인다. 하지만 '차별적 공영화 전략(B2)'은 앞서 지적한 것처럼, 공영방송이 시장에서 소외된다는 것을 전제로 하고 있어 지속가능성에 있어 매우 취약하다. 더구나 KBS와 MBC가 소수계층을 목표시청자로 하는 방송이 아니라 편성 다양성을 통해 모든 국민들을 대상으로 하는 방송이라는 점에서 급격한 성격 전환이 쉽지 않다. 도리어 '차별적 공영화'는 소수의 특화된 계층에게 서비스를 제공하는 공공채널이나 공익채널들을 통해 구현하는 것이 현실적이라 하겠다.

그렇다면 디지털 융합시대 우리 공영방송사들의 전략은 다시 '경쟁적 공영화 전략(B1)'으로의 복귀가 될 수밖에 없을 것이다. 공영방송에 충실한 공적 서비스를 통해 상업방송과 경쟁하고 또 차별화를 모색하는 전략이 필요한 것이다. 물론 2000년 이전까지 우리 공영방송들이 이상적인 '경쟁적 공영' 형태였던가에 대해서는 상반된 평가가 있을 수 있다. 영국의 BBC 같은 이상적이라고 인식되고 있는 공영방송에는 미치지 못하지만 외형적으로는 '경쟁적 공영'이라는 목표를 표방하고 그 기조에 의해 운영되어 왔다고 할 수 있다. 물론 '경쟁적 공영성'에서 의미하는 공익성은 소수계층을 대상으로 하는 특수한 프로그램들이 아니라 다양한 계층을 아우를 수 있는 보편성을 지닌 프로그램들로서 공영방송의 경쟁력을 전적으로 부정하는 것은 아니다. 이렇게 디지털 미디어 시대 공영방송의 전략이 설정되면, 앞서 설명한 공영방송 위기와 관련된 문제들을 해결하는 정책방향을 정할 수 있을 것이다. 우선 공영방송이 공적 서비스를 통한 경쟁력을 기반으로 방송시장에서의 위상을 확보한다는 목표가 분명해진다. 여기에서 공적 서비스란 공익적 프로그램이라는 콘텐츠 유형이나 성격에 한정된 것이 아니고 공정성·객관적 같은 것들도 포함된다. 이를 위해서는 정치권력의 압력으로부터 독립된 거버넌스와 운영체계가 구축되어야 할 것이다. 지금처럼 공영방송의 시장에서의

경쟁력이 정치적 관계나 정책적 지원에 의해 결정되어서는 이러한
목표를 성취할 수도 없고 도리어 방송시장만 더욱 왜곡시킬 가능성
이 있다. 특히 무엇보다도 공영방송은 기본적으로 공적 재원에 바탕
을 두어야 하고 상업적 재원은 경쟁력을 담보하기 위한 수준에서 최
소화되어야 할 것이다. 영국의 BBC가 그나마 아직까지도 '경쟁적 공
영성'을 담보할 수 있는 이유도 이에 걸 맞는 구조적·재정적 토대가
비교적 견고하게 구축되어 있기 때문이라 할 수 있다. 결국 우리 공
영방송이 디지털 미디어시대에 생존하고 또 존립근거를 담보하기 위
해서는 공영방송 본래의 목적과 구조에 충실해야만 할 것이다.

I. 지루한 게임 : 공영방송 구조개혁

1. 공영방송의 정치경제적 구조

우리나라 공영방송은 정치권력의 '지배구조'와 방송사의 '경제적 이해'가 견고하게 결탁되어 구조화된 '정치경제학적' 토대에 바탕을 두고 있다. 이렇게 왜곡된 형태로 고착된 원인은 우리 방송의 역사적 질곡 때문이다. 미 군정이후 정치권력의 직접 통제를 받던 국영방송에서 탈피하여 지금처럼 종사자들이 주도하고 있는 이른바 '노영방송'이라고 일컬어지는 형태로 변화되어 온 것은 우리나라의 정치사를 반영하고 있는 것이다. 외형적으로 현재의 공영방송 구조로 전환된 것은 1980년 제5공화국 신군부가 단행했던 언론 통폐합에 의해서다. 이후 1988년 '언론기본법'이 폐지되고 방송법이 부활되었지만 통폐합 이전에 있었던 상업방송 TBC나 MBC를 다시 민영화하지 않고 기존의 공영방송 틀은 그대로 유지하게 된다. '방송법'에 국가가 소유하고 있는 KBS를 그대로 두고 MBC는 방송문화진흥회라는 공익 법인이 소유하게 하여 소유형태에 근거한 공영 방송 형태를 구축하게 된 것이다. 물론 형식적으로는 정부의 직접 통제에서 벗어나 자율적으로 운영하는 공영방송 형태를 갖추게 된다. 그 과정에서 제5공화국 시절에 있었던 1985년 총선 편파보도에 대한 시청거부운동, 1990년 KBS와 MBC의 장기파업 같은 방송 민주화를 공영방송 종사자들이 주도하면서 공영방송 노조가 주요 행위자로 위치하게 된 것이다. 그렇지만 정권의 실질적 통제를 완전히 배제할 수 없는 상태에서 정치권력과 종사자들 간에 공생관계가 형성될 수밖에 없었다.

이렇게 정치·경제적 공생관계를 잘 보여주는 부분이 소수 공영적 지상파방송 독과점구조를 위협하는 경쟁 매체나 새로운 미디어들이 등장할 때마다 위력을 발휘하였던 이른바 '공익적 진입장벽'이다. 1990년 상업방송인 SBS, 1993년 지역민방, 1995년 케이블TV, 2000년 위성방송, 2004년 위성DMB 등 새로운 경쟁매체들이 방송시장에 진입할 때마다 강력한 법제도적 진입장벽을 형성하였던 것이다. 이때 공영적 지상파방송사들이 제기한 명분은 '방송의 공익성 침해'였다. [표 2-1]를 보면, 1990년대 이후 도입되었거나 추진되었던 거의 모든 신규 매체들이 이러한 공익적 진입장벽에 고전했거나 도태한 것을 볼 수 있다. 물론 가장 강력하게 반대했던 것은 공영방송을 중심으로 한 지상파방송 사업자들이다. 이러한 진입저항은 단순한 반대 운동에 그치지 않고 상당 부분 정부의 인·허가 절차를 통해 수용되었다(황근, 2016). 신규 매체들이 진입할 때마다 공익성 구현을 위한 소유제한 및 공적 소유구조, 지상파방송 동시 재전송, 콘텐츠 공급 제한 등 다양한 진입장벽 수단들이 시차를 두고 작동해 왔다. 실제 위성DMB는 지상파방송 재전송의 높은 벽을 넘지 못하고 중도 퇴출되었다. 이 같은 진입장벽을 염두에 둔 IPTV는 2008년 별도의 특별법 제정을 통해 우회·진입하기도 하였고(황근, 2008), 최근 급성장하고 있는 OTT 서비스들은 아예 방송 허가 없이 방송시장에 진입하고 있다.

[표 2-1] 방송시장 진입장벽 사례

매체	년도	진입 장벽 주도 매체	내용	원인	결과
케이블 TV	1995	정보통신부 (중계유선 방송)	정보통신부, 중계유선방송 이시재전송 허용 정보통신부, 망 구축 방해	규제기구의 지대추구	2000년 통합방송법 제정

위성 방송	2001	지상파 방송	위성방송 지분참여	경쟁사업자 지분참여	지상파방송 참여
		케이블TV 지역방송	지상파재전송 반대	기존 사업자 선점 기득권 활용	2010년 지상파 재송신대가 요구 전환
	2005	케이블TV (MSP)	공시청안테나 /SMATV 갈등	기존 사업자의 기술적/법적 선점	SMATV 법률 수용
	2007		주요 MPP이탈 (콘텐츠 배타적 공급)	케이블TV(MSP) 사업자의 위성방송 견제	Program Access Rule 요구
	2012	케이블TV 경쟁 IPTV	DCS	기술적·법적 진입장벽	2013년 ICT 촉진법 제정
위성 DMB	2004	케이블TV	위성DMB 관련 법규정 반대	경쟁사업자 진입 억제	위성DMB 관련 법규정 도입
		지상파 방송	지상파DMB 도입	경쟁매체도입	2010년 퇴출
		케이블TV 지역방송	지상파재전송 반대	기존사업자의 선점 기득권 활용	
IPTV	2007	지상파 방송	지상파다채널방송 도입 추진	경쟁 다채널 플랫폼 도입	2014년 허용
			지상파방송 재전송 대가 요구	기존 사업자의 콘텐츠 우위에 기반한 전략적 억제전략	CPS 대가 지불
		케이블TV	케이블TV 권역별 가입자 제한	시장점유율 규제를 통한 초기 진입 억제	인터넷 멀티미디어 방송사업법 제정
		방송 규제기관 (방송사업자)	통신사업자 방송시장 진입 반대	규제기구의 지대추구 기존사업자 기득권 유지	
KT 계열 (IPTV/ 위성 방송)	2014	경쟁 IPTV 케이블TV	유료방송 합산 규제	법규제를 통한 진입장애	유료방송 합산규제 1/3 시장점유율
모바일 매체	2015	지상파방송	지상파방송 재송신 대가요구	경쟁사업자 콘텐츠 공급 제한	재송신 중단

* 황근(2008)을 기준으로 재작성

이렇게 진입장벽을 형성하는 명분은 '방송의 공익성'이라는 공영방송의 가치였다. 그렇지만 최근 들어 정치·경제적 토대에 바탕을 둔 공적 독과점 체제는 디지털 융합으로 새로운 매체들이 급속히 증가하고 수용자들의 매체수용 행태가 변화하면서 급속히 붕괴될 위기에 봉착하고 있다. 이에 대응하기 위해 공영적 지상파방송 즉, 공영방송사들은 시장에서 경쟁하기보다 정권과의 친화력을 통해 독점적 지위를 유지하는 전략에 더욱 치중하고 있다. 특히 선거를 통해 몇 차례 정권교체가 이루어지면서 공영방송사들은 자신들의 기득권을 유지·보장해줄 수 있는 정파에 대한 정치적 편향성을 심화시켜왔다.[1] 더 큰 문제는 과거에는 공영방송의 정치적 편향성이 정치권력의 압력 같은 타율적인 것이었다면 최근 들어서는 방송사들의 자발적 편향성으로 그 성격이 변화되고 있다는 것이다(황근, 2018).[2] 현재

---

1) 가장 대표적인 사례가 KBS수신료와 관련된 여·야간의 현격한 입장 차이를 들 수 있다. 어떤 정파든지 새 정권이 들어설 때마다 KBS 수신료 인상을 추진한 반면 야당은 반대하는 악순환이 되풀이되어왔다. 반대로 정권이 교체되고 여·야가 뒤바뀌면 서로 입장이 바뀌어서 찬성 혹은 반대해 온 것이다. 반대로 KBS를 비롯한 공영방송 거버넌스 개편에 대해서는 집권 여당은 반대하고 야당은 요구하는 일이 반복해서 벌어졌다. 최근 집권한 정부가 야당 시절 제출했던 공영방송 이사 여·야 균형 분배, 사장 선출 등에 있어 특별다수제 법안을 포기하고 현행 방송법을 그대로 고수하겠다고 하고 여당시절 반대했던 자유한국당이 법안 통과를 요구하는 것도 같은 맥락이다. 주목해야 할 것은 2000년대까지 초반까지 항상 제기되어왔던 MBC 민영화 안은 그 이후 어떤 정파도 제기하거나 요구하지 않는다는 것이다. 이는 우리 정치권이 여전히 공영방송을 정치적 시각에서 접근하고 있음을 보여주는 것이라 할 수 있다.

2) 최근 정치권력의 언론통제방식은 ① '직접 통제'에서 '간접 통제'로 ② '강압적 통제'에서 '자발적 통제'로 ③ '경성(hard) 통제'에서 '연성(soft) 통제'로 전환되고 있다. 여기서 간접적 통제는 드러난 통제조치를 하지 않으면서도 통제대상 스스로가 자발적으로 통제하는 형태로서 국가가 언론에 관여하지 않는다는 인식을 심어주고, 그리고 법 개정 같은 논쟁의 여지가 많고 갈등이 증폭될 수 있는 공개적인 방법이 아니라 법 개정이 필요 없는 실질

공영방송 구도는 '정치권력과 경제적 이득 간의 계약결혼' 같은 형태라 할 수 있다.

이렇게 왜곡된 공영방송 구도는 아래와 같은 문제점들을 내포하고 있다. ① 어떤 외부 견제도 받지 않는 공영방송의 권력기구화 ② 공익성을 명분으로 독과점을 유지하기 위한 다양한 진입장벽 형성 ③ 방송시장에서의 경쟁으로 상업 방송들과 차별화되지 못한 목표 ④ 정치역학적 거버넌스와 상업적 운영으로 인한 기형적 구조 ⑤ 조직이기주의에 의한 무책임하고 불분명한 경영구조 등이다. 한마디로 현재 우리 공영방송은 정치적으로 독립적이지도 못하고 동시에 공기업과 유사한 조직·경영적 병폐를 함께 가지고 있다고 할 수 있다. 그렇지만 시청점유율이 급속히 하락하고 있고 광고수입도 줄어들고 있는 상황에서 공영방송의 정치적 영향력이 얼마나 지속될 수 있을지는 지극히 의문이다. 또한 언제까지 정치적 이해득실에서 정치권력이 공영방송을 법·제도적으로 보호해줄 수 있을지도 알 수 없다.

2. 공영방송 구조 개혁 논의의 한계

이처럼 태생적으로 구조적 문제를 안고 성장해 온 우리 공영방송에 대한 개혁 요구가 없었던 것은 아니다. 지금의 공영방송 체제 원형을 구축했던 제5공화국이 막을 내린 1980년대 후반부터 2000년대

적 방법들을 사용하는 것을 말한다. 그러면서 강한 통제와 약한 통제를 적절히 조화하고 통제대상에 따라 적합한 통제 방법을 적용하는 등의 유연한 전략을 고수하고 있다. 특히 공영방송의 경우에는 외형적으로 정부 통제로부터 완전히 독립되어 있는 것 같지만 사실상 정부의 공영방송 집행부 혹은 종사자조직이 강력한 조합주의 형태로 결합하는 방식이 사용되고 있다. 이러한 조합주의적 자발적 통제가 효력을 발휘하기 위해서는 정부가 피후견인인 공영방송에 대하여 확실한 보호·지원 정책이 추진되어야만 한다.

초반까지 적지 않은 공영방송 구조 개혁 방안들이 제기되었다. [표 2-2]는 그 동안 제기되었던 공영방송 구조 개편 방안들을 정리해 놓은 것이다. 흥미로운 것은 공영방송을 포함한 지상파방송 구조개편 논의는 여·야 정권이 교차되는 권력구도 변화기 때 주로 제기되었다는 것이다. 물론 그때마다 항상 여·야간에 극심한 갈등을 유발하였던 것도 사실이다. 한마디로 우리나라에서 공영방송 구조개편 논의는 본질을 벗어난 정치적 쟁점이 되어 왔다고 할 수 있다.

[표 2-2] 1990년대 이후 방송구조 개편 논의 개요

	방송제도연구위원회 (1990)	2000년 방송정책연구위원회 (1994)	공영방송 발전연구위원회 (1994)
주도 집단	공보처	방송개발원	방송위원회
주요 정책 방향	정치적 독립 보편적 서비스	산업화정책 뉴미디어 활성화	방송의 정치적 독립 공영적 소유규제
방송 구도	공영적 방송제도	민영적 다채널제도	공공적 방송제도
KBS	■소유구조 ·경영위원회 신설 ■재원 ·광고비율축소 ■채널 편성 ·K1:지역네트워크채널 ·K2:종합방송 채널	·K1: 중상위계층 위주 종합 편성채널 ·K2: 대중적 종합편성채널	■소유구조 ·경영위원회신설 ■채널 편성 ·K1: 정보교양 채널 ·K2: 문화채널
MBC	■소유구조 : 단계적민영화 1안) 민영가맹사 체제 2안) 서울중심 공영 네트워크 유지 : 2000년 이후 지역방송 민영화	·단계적 민영화 ·오락위주의 종합편성채널	■소유구조 ·소유구조의 공영성 강화(방문진이 정수장학회 주식 흡수) ·오락성 지양하는 종합채널

EBS	·평생교육채널	·독립공화를 통한 평생 교육채널	·독립공사화를 통한 평생교육채널
	선진방송 정책자문위원회 (1994)	방송개혁위원회 (1999)	방송정책 기획위원회 (2001)
주도 집단	공보처	국민회의	방송위원회
주요 정책 방향	지상파 공영화 뉴미디어 산업화	방송의 정치적 독립 시청자 주권강화	방송통신위원회
방송 구도	민영위주의 공민영 이원방송제도	지상파/뉴미디어 공영/민영 이원방송제도	지상파/뉴미디어 공영/민영 이원방송제도
KBS	■재원 ·수신료 인상과 수신료 단독 운영 ■편성 ·K1: 시사정보채널 ·K2: 문화예술, 지역연계채널	■재원 ·2TV광고전면 폐지 ·수신료 조정 ■편성 ·K1:보도시사채널 ·K2:문화예술, 지역연계채널	·광고 축소 ·K2: 가족문화 채널
MBC	·단계적 민영화	■소유구조: 단계적 민영화 1단계 ·정수장학회 지분을 방송문화진흥회 인수. ·본사 소유 지방 계열사 주식 방문진 인수 2단계 ·지방계열사 민영화 3단계 ·본사 민영화 ■재원 ·공적기여금으로 총매출액 대비 7/100 사회환원 ■편성 편성협의를 통한 차별화	소유구조의 공익성 강화 ·방송문화진흥회 자금으로 EBS지원 ·방문진이 정수장학회 주식과 본사 보유 지방 계열사 지분 인수
EBS	·독립공사화를 통한 평생교육 채널	■소유구조: 독립공사화 ■재원: 방송발전자금 ■편성: 공익적 교육방송	·KBS와의 장기적 통합

* 정용준(2002)에서 발췌인용

공영방송 구조개편에 대한 논의는 노태우 정부 시절 '방송제도연구위원회(1990)'를 시작으로 김영삼 정부의 '공영방송발전위원회(1994)'와 '2000년 방송정책연구위원회(1994)', 김대중 정부의 '방송개혁위원회(1999)'와 '방송정책기획위원회(2001)' 등 주로 집권 초기에 방송개혁을 명목으로 추진되었다. 그렇지만 거창한 목표를 내걸고 출범했던 이들 위원회에서 제안한 공영방송 관련 정책들이 실현된 적이 거의 없는 것도 사실이다.[3] 역설적으로 1990년 '방송제도연구위원회' 보고서 내용 중에 '시청자 선택의 폭을 강화한다'는 목적으로 상업방송인 SBS를 허가한 것이 공영방송 제도와 관련해서 기념비적(?) 실천 사례라면 사례라 할 수 있을 것이다. 반대로 '2000년 방송정책연구위원회'에서 제안한 'KBS 1, 2채널 특성화'나 'MBC 단계적 민영화' 그리고 김대중 정부의 '방송개혁위원회'에서 최종보고서에는 빠졌지만 제안된 바 있던 'MBC민영화안' 등은 노조의 강력한 저항에 부딪쳐 시도조차 못해보고 흐지부지 되었다. 이외에도 비록 집권여당은 아니지만 2004년에 한나라당이 발의한 '국가기간방송법'은 국회에서 계류되었다가 결국 폐기되었고, 이명박 정부 초기에 추진하고자 했던 '공영방송법'은 입법시도조차 못해보고 중단되었다.

그렇지만 이들 공영방송 구조개편 방안들에서 공통적으로 찾아

---

3) 그나마 공영방송에 대한 법제도적 개선이 이루어진 것은 1999년 '방송개혁위원회' 보고서에 따라 제정된 '통합방송법'에 KBS관련 규정들이 보완된 것이다. 하지만 이 역시 별도의 공영방송 개념을 도입하지 않고 기존의 관념적으로 공영방송으로 인정받아온 KBS와 MBC에 대한 소유 및 매출제한 예외규정을 인정한 수준을 넘어서지 못하고 있다. 또한 KBS에 관한 별도의 장을 두었다고 하지만, 공영방송관련 규정이라기보다는 기존에 있었던 KBS조직법을 방송법안에 포함시킨 정도라고 할 수 있다. 실제로 공영방송에 대한 법제도적 개선을 시도한 것은 2004년 당시 야당이던 한나라당이 입법 발의한 '국가기간방송법(안)'이 처음이라고 할 수 있다. 이 법안은 2008년 한나라당 집권초기에 입법논의가 있었지만 구체적인 법제화가 이루어지지는 못했다.

볼 수 있는 방안은 '공익성을 제고하기 위해 상업성을 제한한다'는 것이다. 이를 위해 KBS의 광고 비중을 줄이고 수신료를 늘리는 방안들이 일관되게 제기되어 왔다. 또 KBS 1채널은 공공성이 높은 시사보도·교양 위주채널, 2채널은 문화·오락 채널로 차별화시킬 것을 대다수 안에서 제안하고 있다. 한편 MBC와 관련해서는 초기에는 상업적 성격이 강한 MBC의 민영화 방안 등이 제기되었지만, 2000년 이후에 민영화 안은 거의 보이지 않는다. 이렇게 공익성을 강화한다는 논리나 개혁방안들이 후퇴하면서 MBC는 물론이고 KBS의 상업화가 가속화되고 있는 것을 볼 수 있다. 이렇게 공영방송의 상업화 경향이 커지게 된 이유는 2000년 이후 공영방송 정책 기조가 대부분 현행 방송구도를 유지하면서 공·민영 이원체제를 모색한다는 애매한 대안에 그쳤기 때문이다. 2001년 당시 방송위원회는 '공·민영 이원체제를 그대로 유지하면서 프로그램 내용 차별화를 통해 공영방송을 정상화'하는 기능적 해결 방안(방송정책기획위원회, 2001)을 제시하였는데, 이후 아직까지도 우리나라의 공영방송 정책기조는 이 틀을 벗어나지 않고 있다. 때문에 MBC나 KBS 2채널에 대해서는 거의 어떤 대안을 제시되지 않고 있다. 아마 그 이유는 명목상으로는 공영방송이지만 MBC나 KBS 2채널처럼 전적으로 광고수입에 의해 운영되는 채널에게 공익성을 담보하거나 문화채널로의 전환이 사실상 쉽지 않기 때문이라고 생각된다.

공영방송 구조개혁 방안들의 또 다른 특징은 2000년대 초반까지만 해도 이사회 구성이나 사장 임명방식 같은 공영방송 거버넌스와 관련된 논의들이 거의 보이지 않았다는 것이다. 하지만 2000년 독립규제기구인 방송위원회가 출범하면서 공영방송 이사구성에 있어 여·야가 지분을 나누어갖는 방식이 도입되면서 이에 대한 논의들이 등장하고 있다. 2000년 제정된 '통합방송법'에서는 방송위원회 위원 구성에 여·야 분배방식이 도입되었고, 이에 따라 방송위원회가 추천하는 KBS와 MBC 대주주인 방송문화진흥회 이사 역시 사실상 여·야가 추천하는 형식으로 전환되게 된다.[4] 이때부터 사실상 집권정당의 일방적인 독점구조였던 공영방송 거버넌스가 여·야가 정치적으로 안배하는 구조로 변화되었다. 이 같은 공영방송 이사구성에 있어 정치적 안배 방식은 2008년 규제기구가 방송통신위원회로 변화된 이후에도 그대로 이어져 오고 있다. 이렇게 공영방송 거버넌스가 정치구도화되면서 공영방송 개혁 프레임은 공영성 확보가 아니라 정치적 균형에 초점이 맞추어지게 된다. 결과적으로 공영방송개혁과 관련된 논의들의 초점이 공익성 제고가 아니라 공영방송 이사구성과 사장선출 같은 거버넌스 개편에 집중되게 된다.[5] 2008년 이후 제기되었던 공영방송 거버넌스 개선방안들은 주로 KBS와 방송문화진흥회 이사추천에서 여·야간 균형안배를 요구하는 정확하게는 야당 추천 이사 숫자를 늘리는데 초점이 맞추어져 있다. 2016년에는 현 집권당인 '더불어민주

---

4) 방송위원회 위원과 KBS와 MBC방송문화진흥회 이사 구성에서 여·야가 안배해고 추천하는 방식은 법적으로 규정된 것이 아니다. 다만 법적으로 방송위원 추천은 대통령, 국회의장, 국회상임위원회가 각각 3인씩 추천하게 되었다. 이에 따라 국회의장과 상임위원회 추천 6인을 여·야가 안배하면서 자연스럽게 6 : 3의 구조가 형성될 수 있었다. 하지만 당시 김대중 정부가 자민련과 공동정권으로 자민련 몫 1인을 포함해 사실상 7 : 2의 구도가 되었다. 하지만 KBS와 방송문화진흥회 이사를 여·야가 안배해서 추천한다는 규정은 방송법 어디에도 없다. 여·야가 내부적으로 합의하여 KBS는 8 : 3, 방송문화진흥회는 6 : 3으로 각각 추천하기로 한 것이다. 특히 이명박 정부 들어서 KBS이사 추천에 있어 야당에게 1인을 더 양보해 7 : 4 구도로 지금까지 운영되고 있다.
5) 공영방송 거버넌스 개편이라고 하지만 엄격하게 말하면 공영방송 이사나 사장을 어떤 정파가 얼마나 확보할 수 있게 하는가 하는 정치적 안배 논의라고 할 수 있다. 엄격하게 말하면 '거버넌스'란 한 국가내의 다양한 영역들이 공영방송을 비롯한 공적 기구들을 균형 있게 다원적으로 규제할 수 있는 규제패러다임을 의미한다. 그런 맥락에서 본다면 지금 정치권에서 논의되고 있는 거버넌스 개편 논의는 본질을 크게 벗어난 것이다. 이 부분에 대해서는 '4장 공영방송 공정성'의 민주적 거버넌스 부분에서 상세히 서술하고자 한다.

당'과 당시 '국민의당'이 공동으로 공영방송 이사를 정당이 직접 추천
하고 야당의 추천지분을 늘리는 것과 공영사장 선출에 필요한 의결
요건을 재적이사 2/3로 하는 '특별다수제' 도입을 내용으로 하는 방송
법 개정안이 발의되어 현재 국회에 계류되어 있다. 이처럼 거버넌스
관련 논의가 정파들의 공영방송 이사 지분에 집중되고 있는 것은 우
리나라의 공영방송 개혁논의가 정치적 이해득실에 따른 정치 프레임
에 빠져있음을 보여주는 것이라고 할 수 있다.[6]

결국 2005년 이후 공영방송에 대한 합리적인 구조 개혁 논의는 사
실상 실종되게 된다. 2004년 당시 야당이던 한나라당이 '국가기간방
송법(안)'을 발의한 후 공영방송 개편논의 자체가 사라졌다고 해도
크게 틀리지 않는다.[7] 또 2008년 집권한 이명박 정부는 대선 공약처
럼 별도의 '공영방송법(혹은 방송공사법)'을 제정해 상업방송과 공영
방송을 분리해 규율하고 수신료 재원을 강화하겠다고 했지만 당시
야당의 반대로 아예 추진조차 되지 못했다. 특히 박근혜 정부 이후
에는 집권정당이 주도하는 공영방송 개혁논의는 완전히 실종되었다.
2012년 대선후보 시절 "공영방송의 지배구조 개선을 심도 있게 논의

---

6) 이처럼 방송통신위원회와 공영방송 그리고 방송통신심의위원회 위원 구성
   에서 여·야가 안배하는 방식은 여·야 모두에게 아주 싫지 않은 방법이다.
   집권하게 되면 다수 이사진을 확보해 공영방송 경영권을 장악할 수 있고,
   설사 야당이 되더라도 최소한의 자리를 확보할 수 있기 때문이다. 이 때문
   에 방송규제기구와 공영방송은 선거에서 이긴 집권정당에게는 전리품이
   되고 야당에게는 탈환해야 할 목표가 될 밖에 없다. 이 때문에 현재 여당
   이 야당시절 강력하게 요구했던 공영방송 이사를 여·야가 균형 되게 안배
   하고, 특별다수제 같은 사장선임 제도를 도입하는 것은 집권 여당에게 불
   리한 조건이므로 집권 이후 소극적일 수밖에 없다. 결과적으로 현행 제도
   아래서 공영방송이나 방송규제기구 논의는 항상 정쟁의 대상에서 벗어날
   수 없다고 할 수 있다.
7) 이 법은 공영방송인 KBS와 EBS 이사회 구조를 여·야 균등하게 만들고, 공
   영방송의 재원 중에 광고수입이 30%를 넘지 못하도록 하는 등의 내용을 담
   고 있다.

할 공론의 장을 마련하고 그 결과를 받아들이겠다. 공영방송 이사회가 우리 사회의 다양성을 균형 있게 반영하고, 공영방송 사장 선출도 국민이 납득할 수 있도록 투명하게 하겠다"는 공약을 내놓았지만, 집권이후 공영방송개혁 관련 정책들은 전혀 찾아 볼 수 없다.[8] 그나마 2013년 국회에서 한시적으로 운영되었던 '방송공정성특별위원회'가 공영방송 제도개선과 관련된 유일한 논의의 장이라고 할 수 있을 것이다. 하지만 이 역시 여·야 합의에 실패하면서 공영방송을 둘러싼 정쟁만 또 다시 반복되었을 뿐이다.[9]

특히 보수 정권에서 공영방송 개혁 논의 자체를 회피했던 이유는 KBS를 비롯한 공영방송 문제가 정치쟁점화되는 것이 정치적으로 이로울 것이 없다는 인식이 작용했던 것으로 보인다. 특히 공영방송 경영합리화, 재원 정상화, 채널 정체성 확립 같은 제도적 개혁이 보수정권에 부정적인 공영방송 종사자들의 저항을 우려했기 때문일 가능성이 높다. 이는 우리나라의 공영방송 자체가 정치화되어 개혁 논의 자체가 더 힘들어졌음을 보여주는 것이라 할 수 있다. 이 때문

---

8) 박근혜 정부는 집권이후 방송제도 특히 공영방송 거버넌스와 관련된 어떤 정책도 시도하지 않았다. 도리어 이 문제를 정쟁화하지 않는 방향을 선호하고 있는 듯했다. 미래창조과학부와 방송통신위원회 간에 역무를 분담하는 과정에서 정치적 독립성이 요구되는 공영방송에 대한 규제권한을 방송통신위원회에 그대로 존치시킨 것이다. 하지만 박근혜 정부의 방송정책은 '창조경제'라는 용어로 치환되어 주로 산업적 관점에서 접근하게 되고 미래창조과학부가 방송정책 주도권을 가지게 된다. 결과적으로 박근혜 정부의 공영방송 정책은 정책 논의 자체를 기피하거나 지연하는 전형적인 '비의제화 정책' 성향을 보였다고 할 수 있다(황근, 2015).

9) 2013년 국회 '방송공정성특별위원회'는 약 3개월간 운영해, KBS 뿐만 아니라 MBC를 포함한 공영방송 거버넌스 문제를 집중적으로 논의하였다. 여기서 야당이 KBS이사회구성에서 야당 몫 확대, 사장선출 등의 안건에 있어 특별다수제 도입 등을 제안했지만 여·야간에 합의되지 않았다. 다만, KBS 사장 선출자에 대한 국회인사청문회 방안만 여·야간에 합의되었고, 방송법이 개정되어 지금 시행되고 있다.

에 공영방송과 관련해서는 보수정권은 물론이고 진보정권에서도 정책 자체를 의제화 시키지 않는 전형적인 '무효화정책(undo policy)' 양상을 보이고 있다. 이런 상태에서 KBS를 비롯한 공영방송사들은 어떤 외부 견제도 받지 않는 규제공백 상태에서 사실상 권력기구화된 측면이 있다. 공영방송에 대한 견제 시스템이 실종되면서 경영비효율성이나 방만한 경영, 구성원들의 도덕적 해이 그리고 조직을 유지하기 위한 내부 구성원들의 정치의존성이 점점 더 심화되어 왔다고 할 수 있다.

II. 공영방송 거버넌스 개편

1. 공영방송 거버넌스 개편 논의들

앞서 설명한 것처럼 우리나라에서 공영방송 거버넌스 관련 논의는 오랜 역사를 가지고 있다. 어쩌면 1980년 신군부에 의해 단행된 언론 통폐합부터라고 할 수도 있다. 그렇지만 최근 들어 공영방송 구조개편 문제가 다시 제기되고 있는 이유는 다음과 같다. 첫째, 몇 차례 여·야 정권교체를 거치면서 지금 같은 거버넌스 시스템 아래서는 공영방송이 집권 여당의 정치적 통제로부터 결코 자유로울 수 없을 것이라는 인식이 팽배해졌고 둘째, 2008년 미디어법 개정과정에서 방송정책을 둘러싼 여·야 간 갈등을 보면서, 여·야 안배구조로 되어 있는 KBS이사회와 방송문화진흥회를 정쟁의 장에서 벗어나게 해야 한다는 여론이 커졌다는 것이다. 이러한 문제의식은 2012년 말 대통령선거 기간 중에 쟁점이 된 바 있고, 당시 박근혜 후보는 공영방송 거버넌스 개혁을 약속하기도 하였다. 셋째, 2010년부터 2013년까지 보수 정권에서 추진했던 KBS 수신료 인상을 둘러싼 KBS이사회와 국회에서 벌어진 정치적 갈등 과정을 보면서 KBS이사회 나아가 공영 방송 전반에 걸친 거버넌스 개편을 내용으로 하는 다수의 법 개정안 들이 국회에 발의된 것이다([표 2-3] 참조). 이 법안들은 제18대 국회 가 종료되면서 모두 자동 폐기되었지만 공영방송 거버넌스 개선이 필요하다는 인식이 정치권을 중심으로 팽배해진 것은 사실이다.

그렇지만 공영방송 거버넌스 개편 논의가 본격적으로 진척되지는 않았다. 그 이유는 앞에서 설명한 것처럼, 보수정권 특히 언론관련 정 책 자체를 본질적으로 회피했던 박근혜 정부의 정책기조와 관련되어 있다. 하지만 2016년 제20대 국회가 구성되고 '세월호 참사보도'와 관 련해 KBS사장이 해임 교체되고, MBC 내부갈등이 장기화되면서 공영 방송 거버넌스를 개편해야 한다는 당시 야당의 요구가 커지면서 다 시 재개된다. 이러한 배경에서 당시 야당인 '더불어민주당'과 '국민의 당'은 거의 유사한 2개 방송법 개정안을 발의하게 된다. '더불어민주 당'의 노웅래 의원 발의안과 '국민의당' 박홍근 의원이 발의한 법안의 주요 내용을 살펴보면, ① KBS이사를 현행 11명에서 13명으로 확대하 고 여당 7인, 야당 6인으로, 방송문화진흥회 이사는 여·야간 5:4로 해 야당 몫을 늘리는 것 ② KBS 사장 선임 같은 중요한 안건에 대해 이사 2/3의 동의를 필요로 하는 특별다수제 도입(박홍근 의원 발의안) ③ 방송법상의 편성위원회 구성 및 편성규약을 개정해 현재 공영방송 (지상파방송)만 하도록 되어 있는 편성위원회를 종편·보도채널까지 확대하고 노사동수(노웅래 의원 발의안) 혹은 방송사업자 추천 5인과 취재·제작·편성 종사자대표 5인(박홍근 의원 발의안)으로 구성 ④ 보 도공정성 확보를 위해 노사동수 공정방송위원회 구성(박홍근 의원 발의안), 보도·제작·편성 간부의 직선제·임명동의제·추천제 선택 의 무화(노웅래의원 발의안), 재허가 심사 시 편성위원회/편성규약 관련 의무이행여부 반영(박홍근의원 발의안) 등이 포함되어 있다.

[표 2-3] 제18대 국회 공영방송거버넌스 관련 입법안

발의자/ 개정대상	개정 요지	상반된 관점
진성호 (2008.10.14.) 방문진법	- MBC를 감사원 감사 대상에 포함	찬: MBC 경영통제 반: 경영진 설명책임 강화
김재윤 (2008.11.6.) 방송법	- 공영방송사 이사 및 임원 정치인(당원, 선거 사무원, 선거후보자 및 선거운동활동 후 5년 이내인 자 등) 배제	찬: 정치적 독립성 보장 반: 비현실적 정치배제론
이계진 (2009.9.14.) 방송법	- 이사회 심의와 의결로 사장추천위원회 구성 (15~20) - 사장은 사장추천위원회가 제청하는 1명(2/3 이상 찬성으로 의결)을 이사회가 제청하고, 대통령이 임명	찬: 경영진 전횡 사전방지 및 독립성 강화 반: 실효성 의문시되는 비효율적 위원회 운영
최문순 (2010.3.19.) 방문진법	- 방문진 이사회에 MBC 노사가 추천하는 인사 (노1사1) 포함 - 이사장 포함 이사전원 비상임 운영	찬: 방문진 대표성 강화 반: 이사회 감독권한 약화
정장선 (2010.11.29.) 방송법	- KBS 이사회 구성 변경 (여당 4, 야당 4, 방통위 4 추천, 대통령 임명) - 이사 결격사유 강화 (당원 신분 상실 후 2년 이내인 자) - 사장은 임기 중 본인의사에 반해 해임되지 않음 (이사회 재직이사 2/3이상의 찬성으로 해임을 건의하거나 그밖에 정당한 사유가 있는 경우 가능)	찬: 이사회 정치적 독립성 및 책임 경영강화 반: 효과의 실효성 의문
정장선 (2011.2.7.) 방문진법	- 이사회 구성 변경 (여당 3, 야당 3, 방통위 3 추천, 방통위 임명) - MBC관련사항은 이사회 재적이사 2/3 이상 찬성의결 - 임원 결격사유 강화(정당 탈당 후 2년 이내)	찬: 이사회 정치적 독립성 반: 효과 실효성 의문
남경필 (2012.2.20.) 방송법	- KBS, MBC, 보도 PP 임원 결격사유 강화 (정당 탈당 후 3년 이내, 선거대책기구 활동 후 3년 이내, 정부기관, 공기업, 공공기관 임원 퇴임 후 3년 이내인 자)	찬: 이사회와 임원 정치적 독립성 반: 효과 실효성 의문
허원제 (2012.4.19.) 방송법	- 이사회가 사장 임명 제청 시 재적이사 3/4이상 찬성으로 의결	찬: 초당파적 경영진 선정 유도 반: 과도한 인선 보수주의

* 이준웅(2012)에서 발췌

그렇지만 두 법안은 공영방송 거버넌스를 개혁한다는 취지를 표방하고 있지만 도리어 공영방송을 더욱 정치화시킬 수 있다는 비판을 받고 있는 것도 사실이다. KBS와 MBC 방송문화진흥회 이사 구성에서 야당의 몫을 늘리도록 한 것과 공영방송 사장을 집권 여당이 일방적으로 선출하지 못하도록 '특별다수제'를 도입하는 방안은 공영방송을 더욱 정치화시키게 될 것이라는 지적을 받고 있다. 공영방송의 정치적 독립성을 보장한다고 하면서 공영방송 이사를 정당이 직접 추천하고 정파간 균형을 유지하게 한다는 것 자체가 이율배반적이라는 것이다. KBS 이사를 13인으로 늘리는 것도 실제로는 여·야가 자기 지분을 늘리기 위한 목적이라는 비판도 받고 있다. 이사회의 감시기능을 강화하고 효율성을 제고하기 위해서 소수 상임이사회를 구성하는 방식이나 독일의 방송위원회처럼 다양한 직능사회단체대표로 구성된 비상임 이사회 같은 다원주의적 공영방송 거버넌스에 대한 원칙이나 철학이 전혀 반영되어 있지 못하고 있는 것이다. 도리어 지금처럼 실질적 규율시스템이나 감시 능력이 없는 비상임 이사제도를 그대로 유지하면서 숫자만 늘리는 것은 정파들의 '밥그릇 늘리기' 성격이 강하고 도리어 '공영방송의 정치적 독립성'을 도리어 약화시키는 결과를 초래할 수 있기 때문이다. 또한 사장 선출에 있어 특별다수제 도입은 특정 정파가 일방적으로 사장을 선출할 없다는 장점은 있지만 정치적 갈등이 심할 경우 여·야 합의를 통해 사장을 추천해야 한다는 점에서 더욱 정치화될 수 있다.

어쩌면 우리 공영방송 문제는 법제도 같은 거버넌스 문제가 아니라 모든 사회영역들에서 나타나는 것처럼 '정치 과잉구조', '비타협적인 후진적 정치문화' 그리고 '역사적으로 왜곡된 공영방송 지배구조'가 얽혀서 발생하는 문제들이라고 할 수 있다. 재삼 강조하지만 과거나 지금이나 정치권에서 제기하고 있는 공영방송 거버넌스 개편 방안들은 진정한 거버넌스 개혁보다 각 정파들의 정치적 이득을 목적으로 하고 있다는 비판을 받을 수밖에 없다.[10] 때문에 공영방송 이사진의 정치적 균형/안배와 특별다수제가 공영방송의 정치적 독립성을 제고하는 데 도움이 되기보다 도리어 공영방송을 정쟁의 장으로 만들 가능성이 높아 보인다. 공영방송의 정치적 독립성을 위해서는 정치적 지분을 아예 없애거나 최소화해 '사회적 다양성'을 반영할 수 있는 방안들이 모색되어야 할 필요가 있다. 물론 우리가 처한 정치적 현실을 무시하고 각 분야의 대표성을 감안해 공영방송 이사를 선출하는 것은 사실상 집권 정파의 공영방송 거버넌스 독점을 포장하는 수단으로 이용될 가능성도 있다. 공영방송에 대한 정치권의

---

10) 2016년 국회의원 선거에서 승리한 '더불어민주당'이 차기 대통령선거에서 집권할 가능성이 높은데도 불구하고 특별다수제를 요구한 이유에 대해서는 의문이 있을 수 있다. 때문에 '더불어민주당'이 공영방송의 정치적 독립성에 대한 진정성을 보여주는 것으로 생각될 수도 있다. 하지만 2000년 김대중 정부 당시 독립규제기구인 방송위원회 구성 사례를 보면 꼭 그렇게 보지 않을 수도 있다. 당시 방송위원은 법률적으로 대통령 추천 3인, 국회 교섭단체 6인 총 9인으로 구성하도록 되어 있었다. 따라서 형식논리로는 여당 6인(대통령추천 3인 + 국회교섭단체 3인), 야당 3인으로 구성되는 것이 상식적이었다. 그렇지만 실제 '새천년민주당' 5인, '자유민주연합' 2인, '한나라당' 2인으로 7:2로 구성되었다. 원내 다수당인 '한나라당'이 가장 적은 방송위원을 갖게 된 것이다. 그 이유는 대통령 추천 3인과 국회교섭단체 추천 인사 중 공동여당인 '자유민주연합'을 야당으로 간주해 '새천년민주당', '자유민주연합', '한나라당'에게 각각 2인씩 분배한 것이다. 결과적으로 상임위원인 위원장/부위원장(자민련)/상임위원을 모두 여당이 독식하였다. 마찬가지로 개정법(안)은 외형적으로 야당 몫이 6인으로 여·야 균형을 확대한 것처럼 보여 집권여당이 사장을 일방적으로 선출하지 못하도록 한 것으로 보인다. 하지만 당시 '더불어민주당'과 '국민의당'이 차기 정권에서 공동여당이 되거나 최소한 연합을 모색할 가능성이 높았다. 그렇다면 2000년 방송위원회 방식으로 생각한다면, 차기 KBS이사는 여당 7인 + 공동여당 3인 + 야당 3인 으로 10 : 3이 되게 된다. 따라서 특별다수제를 도입해도 사장선출 요건인 9명을 충분히 넘길 수 있고, 만약 집권하지 못한다고 해도 집권여당이 일방적으로 사장을 선출하지 못하게 할 수 있을 것이라는 계산이 가능하다.

대승적 태도나 사회적 공감대 그리고 종사자들의 공적 의식 등이 부재한 상태에서 형식적 개선논의는 자칫 정치적 이해득실에 바탕을 둔 타협의 대상이 될 위험성이 있는 것이다. '더불어민주당'이 자신들이 발의했던 법안에 대해 집권이후 매우 소극적이거나 부정적인 태도를 보이고 있는 것도 우리 공영방송 거버넌스의 정략적 속성을 보여주는 것이라 할 수 있다.

2. 공영방송 거버넌스 개편 방향

정치적 이해득실로 접근하는 정치권과 마찬가지로 공영방송 거버넌스에 대한 전문가들의 의견 역시 매우 다양하고 상반되는 경우가 많다. 학계, 규제기관, 시민단체, 공영방송 이해당사자 등 전문가 30명을 대상으로 실시한 공영방송 거버넌스 개선방안과 관련된 의견조사[11] 결과는 이러한 현실을 잘 보여 주고 있다.

[표 2-4] 공영방송 거버넌스 개선방안

	이해당사자	학계	규제기관 (시민단체)	합계
방송법 개정	3(27.3%)	4(30.8%)	3(60.0%)	10(34.5%)
KBS이사회 구성 개선	3(27.3%)	4(30.8%)	1(20.0%)	8(27.6%)
별도 공영방송규제기구 설립	3(27.3%)	5(35.8%)	0(0%)	8(27.6%)
사장선출 등 특별다수제	1(9.0%)	0(0%)	0(0%)	1(3.4%)
기타	1(9.0%)	0(0%)	1(20.1%)	2(6.9%)
합계	11(100%)	13(100%)	5(17.2%)	29(100%)

---

11) 저자가 '전파진흥원'의 지원을 받아 수행한 연구 보고서(한국전파진흥원, 2012) 작성을 위해 2012년 11월에 전문가 30명을 대상으로 조사한 결과이다. 때문에 통계적으로 유의미하지는 않지만 질적인 측면에서 전문가들의 의견을 살펴 볼 수는 있을 것이다.

우선 응답자들 거의 모두가 '우리나라의 공영방송 법체계가 미비하여 시급히 개선되어야 한다'는 것에는 공감하는 것으로 나타났다. 하지만 구체적인 개선방안에 대해서는 의견들이 분산되었다. '현행 방송법을 개정하는 방안(10명)'을 가장 선호하였고, 다음으로 'KBS이사회 구성방식 개선(8명)', '별도의 공영방송규제기구 설립(8명)' 순이었다. 새로운 공영방송규제기구가 필요하다는 의견도 있었지만 현행 방송법 개정을 통해 공영방송 개념, 범주, 책무 등을 보완해서 공영방송 역할을 강화하는 방안을 가장 선호하고 있었다. 하지만 정치권이나 시민단체 등에서 요구하는 '특별다수제 도입'에 대해서는 동의하는 정도가 높지는 않았다.[12]

개선방안을 응답자 유형별로 살펴보면, 규제기관 소속 응답자들은 현행 방송법을 개정하는 방안을 가장 선호하고 있었고, 학계 전문가들은 별도의 공영방송규제체계에 대한 선호가 상대적으로 높은 것으로 나타났다. 현행 규제체계를 유지하는 것을 선호하는 규제기구의 입장과 새로운 공영방송규제체계가 구축되어야 한다고 보는 학계의 시각에 인식차이가 있는 것으로 보인다. 이러한 결과는 공영방송 거버넌스 개선 방안이 다양한 이해당사자들 간 합의를 도출해내기가 쉽지 않음을 보여주는 것이라 생각된다.

전반적으로 현행법 개정을 통해 공영방송규제체계를 개선해야 한다는 의견이 가장 많기는 했지만 정치권이나 학계에서 제기되고 있는 별도의 공영방송규제기구도입에 대한 의견을 추가로 물어 보았다. 그 결과 '매우 혹은 대체로 바람직하지 않다'고 응답한 사람이

---

12) 비록 조사방법이나 응답자에 있어 문제점이 있었지만 2017년 3월에 국회의장실에 조사한 공영방송 관련 여론조사 결과를 보면, '여·야가 합의해서 공영방송 사장을 선출해야 한다'는 의견이 85.6%라는 결과와는 차이가 있다. 이는 전문가들이 보기에는 특별다수제나 여·야합의 방식이 비현실적이고 도리고 공영방송의 정치화시킬 가능성이 높다는 점을 우려한 것으로 보인다.

12명, '매우 혹은 대체로 바람직하다'고 응답한 사람이 13명으로, 긍정적인 응답과 부정적인 응답이 팽팽하게 맞서고 있는 것으로 나타났다. 하지만 응답자 유형별로 분명한 차이가 보였는데, 규제기구 관련 응답자들은 모두가 부정적인 태도를 보였다는 것이다. 이는 별도의 공영방송 규제체계 분산에 대한 규제기구 구성원들의 우려가 반영된 것으로 보인다. 하지만 이해 당사자들이나 학계응답은 긍정적인 의견이 부정적인 의견보다 두 배나 되어 큰 차이를 보였다. 반면에 전문가들은 지금처럼 공영방송과 상업방송의 구별이 애매하고, 책무와 권한 등이 차별화되지 않는 상태에서 규제기구를 독립시키더라도 공영방송 역할을 크게 기대할 수 없다는 비판적 인식을 가지고 있는 것으로 나타났다.

[표 2-5] 공영방송규제기구 도입에 대한 전문가 의견

	이해당사자	학계	규제기구	합계
매우 바람직하지 않다.	0(0%)	3(23.0%)	2(40.0%)	5(17.2%)
대체로 바람직하지 않다.	3(27.3%)	1(7.7%)	3(60.0%)	7(24.1%)
보통이다.	2(18.2%)	2(15.4%)	0(0%)	4(13.8%)
대체로 바람직하다.	3(27.3%)	5(38.5%)	0(0%)	8(27.6%)
매우 바람직하다.	3(27.3%)	2(15.4%)	0(0%)	5(17.2%)
합계	11(100%)	13(100%)	5(100%)	29(100%)

한편 공영방송규제기구가 필요하다고 보는 이유로는 '공영방송은 상업방송과 차별화된 책무를 부여하고 별도 기준에 의해 규제되어야 한다'는 이상론적 의견이 가장 많았다. 이는 디지털 융합 시대에 공영방송이 상업적 경쟁체제에 돌입하고 있다는 우려가 크게 작용한 것으로 생각된다. 또 지금처럼 정치적 안배에 의해 구성된 공영

방송규제기구의 틀을 벗어나야 정치적 독립성이 확보될 수 있을 것이라는 주장과 행정부처 성격의 방송통신위원회가 아닌 별도의 독립규제기구가 규제해야 한다는 이유도 있었다. 이외에도 KBS이사회 같은 공영방송 감독규제기구의 실효성을 강화하기 위해 별도의 공영방송 규제기구가 필요하다는 의견도 있었다.

반면 별도의 공영방송 규제기구 도입을 반대하는 가장 큰 이유로는 '현행 방송법을 개정해 공영방송 개념과 역할을 부여하면 충분하므로 별도의 공영방송규제기구가 필요 없다'는 것이었다. 또 '공영방송 개념정립과 범주설정도 쉽지 않은데, 별도의 규제기구 설립이 가능하겠는가' 하는 현실적인 이유도 제기되었다. 다른 이유로 공영방송규제기구를 설립하게 되면 규제기구만 늘어나 도리어 공영방송의 독립성과 자율성을 더 위축시킬 가능성이 있다는 지적도 있었다. 또한 공영방송을 별도로 규제하게 되면 상업방송과의 규제 일관성 등에 문제를 발생할 수 있다는 의견도 나왔다. 방송시장을 지배하고 있는 공영방송을 별도 규제대상으로 분리될 경우, 공정경쟁, 시장규제 등에 있어 문제가 발생할 것이라는 것이다. 무엇보다 별도의 공영방송규제기구는 공영방송의 정치적 갈등을 완화시키는 것이 아니라 오히려 증폭시켜 정치적 소모전만 야기할 것이라는 우려가 가장 컸다.

결론적으로 공영방송 거버넌스 개편은 우리 방송구조 전체를 뒤흔들 수 있는 중요한 문제이므로 사회적 합의를 통해 신중하게 추진되어야 한다는 것을 이 조사결과는 극명하게 보여주고 있다. 때문에 이상론에 근거한 혹은 정치적 이해득실에서 나온 공영방송 거버넌스 개편론은 도리어 정쟁만 증폭시킬 뿐 생산적 대안이 도출될 수 없다는 것을 알 수 있다. 그렇지만 지나친 현실론에 바탕을 둔 무기력한 냉소주의 역시 바람직하지 않기는 마찬가지다.

[표 2-6] 공영방송 규제기구 설립에 대한 전문가 의견

긍정적 의견	부정적 의견
·공영방송은 민영방송과 다른 목적으로 운영되어야 하기 때문에 별도의 규제기구가 필요함 ·현재의 차별화되지 않은 규제체계로는 방송의 공영성 확보가 불가능함 ·시장원리로부터 분리된 공익성 개념이 구현되어야 함	·별도의 규제기구 도입보다는 공영방송의 성격과 범주를 규정 하는 것이 우선 ·현재의 분산된 규제들을 통합하고 개선하는 것이 더 바람직함
·방송과 통신이 융합되고 있는 상황에서 방송의 공익성을 확보하기 위한 별도의 공영방송을 규율하는 기구가 필요함	·공영방송의 범주/성격규정도 쉽지 않은 상태에서 도리어 혼란만 야기할 가능성
·공영방송의 정치적 중립성을 위해서 별도의 규제기구가 필요함 ·공영방송에 대해서는 독립적인 거버넌스와 의사결정구조가 가능해야 함	·공영방송의 독립성을 위해 외부적 규제는 최소화 할 필요 ·별도의 외부규제기구설립은 옥상옥이 될 가능성 ·공영방송의 독립성, 주체성, 제작자율성을 저해할 가능성
·지금과 같은 행정부에서 공영방송을 규제해서는 안 되고 별도의 독립된 합의제 미디어정책기구가 필요함	·공영방송만 담당하는 기구가 만들어지면 공영방송과 민영방송과의 관계, 유료방송과의 관계 등 민감한 현안을 놓고 규제기관들 간의 충돌 가능성 ·공영방송 분리로 상업방송을 더욱 황폐화시킬 수 있음.
·현행 KBS이사회 같은 기구로는 공영방송에 대한 실질적인 감독규제기능을 할 수 없음	·도리어 지금의 정치적 갈등을 더 확대시킬 수도 있고, 정치적 기구로 변질될 가능성도 있다 ·또 다른 정치적 소모전을 유발할 수도 있다.

3. 공영방송 거버넌스 개편 논의에 대한 평가

공영방송 거버넌스를 개혁해야 한다는 당위성에도 불구하고 현실적으로 결코 쉬운 일은 아니다. 자칫 공영방송 거버넌스 개편 논

의는 방송을 더욱 정쟁의 장으로 만들기만 하지 현실적으로 가능하
지 않은 문제라는 냉소적인 시각도 나름 일리가 있다. 하지만 지금
우리 공영방송이 정치적 예속구조로 인해 공영방송 본연의 위상을
벗어나고 있는 것만은 분명하다. 공영방송 이념이 무엇인가에 대해
서는 다양한 시각이 있을 수 있지만, 공영방송 구조와 재원이 공익
성과 공공성을 구현하는데 맞추어져야 한다는 것에 대해서는 이론
이 있을 수 없다. 그러므로 공영방송 거버넌스 개편 역시 공익성과
공공성을 어떻게 담보할 수 있는가에 초점이 맞추어져야 할 것이다.
하지만 최근 정치권을 중심으로 전개되고 있는 공영방송 거버넌스
개편론들은 공익성을 담보하기 위한 목적보다 다분히 정략적이고
정치적 이해득실에 경도되어있는 것이 사실이다. 이 때문에 많은 구
조개편 논의에도 불구하고 어떤 결과를 만들지 못했다고 할 수 있
다. 그런 의미에서 우선 공영방송 거버넌스 개편 논의의 문제점들을
검토해 볼 필요가 있다.

1) 공적 소유구조에 대한 집착

우리나라 공영방송 구조개혁 논의에서 가장 두드러진 특징은 '공
영론 대 산업론'이라는 이분법 구도다. 1990년대 이후 우리 방송정책
논쟁은 이른바 '시장주의와 공익주의'의 대립구도가 지배해왔다. 방
송정책패러다임을 '공익적 패러다임'과 '산업적 패러다임'으로 분류
한 윤석민(2011)은 두 패러다임은 상호 갈등하기도 하고 조화를 이루
기도 하면서 방송정책을 구성하는 이데올로기 축이라고 설명하고
있다. 이 같은 이분법적 시각으로 본다면 공영방송 정책은 공익적
패러다임에 기반하고 있다고 할 수 있다. 그런데 이러한 공익적 시
각이 우리나라에서는 공영방송은 '공영적 소유구조'를 기반으로 해
야 한다는 논리로 정착되어 있다. 즉, 상업적 이익을 목적으로 하는

민간기업이나 조직 혹은 개인이 아닌 공적 기구에 의해 소유되는 것이 공익적 목적을 수행하는 데 적합하다는 논리다. 이같은 공적 소유 구조를 강조하는 것 자체는 큰 문제가 없다. 문제는 이러한 공적 소유구조가 법적으로는 정부, 지방자치단체, 공익 법인 등이 소유하는 것으로 규정하고 있다는 것이다. 이는 '관(官)'과 '공(公)'이 엄격하게 구분되지 않는 우리 정치문화 속성을 반영하는 것이라고 할 수도 있다. 이처럼 국가가 직간접적으로 소유하고 있는 공영방송이 국가권력으로부터 본질적으로 독립적일 수 있는가는 항상 논란거리가 될 수밖에 없다. 이는 우리 공영방송들이 '정치병행성' 혹은 '정치 예속적'일 수밖에 없는 이유가 되고 있다.

더구나 이 같은 공적 소유형태가 반드시 공익적 서비스나 프로그램 제작·공급으로 이어진다는 보장은 없다. 실제로 공적 소유 형태로 되어 있는 공영방송사들이 상업 방송들과 차별화된 공익적 서비스와 프로그램을 제공하고 있는 것에 대해서는 긍정적인 시각보다 부정적인 시각이 더 많다. '방송법'에 국가기간방송으로 규정된 KBS의 2채널과 공익 법인인 방송문화진흥회가 소유하고 있는 MBC의 프로그램들이 상업방송인 SBS와 큰 차이를 발견할 수 없고 일부는 더 오락적이고 선정적인 경우도 적지 않다. 또 광고매출을 놓고 상업방송들과 치열하게 경쟁하고 있고, 다채널 방송시장과 모바일 플랫폼 등으로의 진출을 놓고 상업적 매체들과 갈등도 커지고 있다. 실제로 급속하게 늘어나고 있는 미디어 플랫폼들에 비해 절대 부족한 경쟁력있는 콘텐츠 때문에 공영방송의 시장지배력은 여전히 만만치 않다. 최근 일부 유료방송 채널들이 경쟁력 있는 콘텐츠들을 생산하고 있고 인터넷 방송들이 우후죽순처럼 늘어나고 있지만 여전히 우리 방송시장에서 콘텐츠를 주도하고 있는 것은 공영방송사들이라고 해도 지나치지 않다. 이 때문에 공영방송을 포함한 지상파방송사들이 다채널유료방송과 지상파방송재전송, 콘텐츠 배타적 제공, 광고규제

완화 등을 놓고 상업적 매체들과 갈등이 커지고 있는 것이다.[13]

이는 공영적 소유 형태가 반드시 공영방송의 공적 책무로 귀결되지 않고 있다는 것을 보여주는 것이다. 어쩌면 우리 공영방송의 문제는 제도적·정치적으로 형성된 소유구조를 바탕으로 상업적 이윤을 추구하는 정치경제학적 역학관계라고 할 수 있다. 공적 소유구조가 공영방송의 공영성을 더욱 견고히 할 수 있다는 논리의 타당성 여부를 떠나 '공영성 대 산업성'이라는 대립적 이원구도로 공영방송의 성패를 결정지을 수 없는 문제라는 것을 인식할 필요가 있다. 어쩌면 공영방송의 공익성은 소유형태의 문제가 아니라 독립성과 공익성을 보장할 수 있는 사회적 합의와 제도적 장치 그리고 구성원들의 소명의식을 통해 성취 가능한 것일 수도 있다.

2) 정치적 편견

우리 공영방송 거버넌스 구조 개편 논의와 관련해 또 다른 특징은 이른바 정치적 편견이다. 진보 정권은 공영방송의 공익성을 보존·강화하려는 목표를 가진 반면 보수 정권은 공영방송을 구조조정하거나 민영화하려고 한다는 것이다. [표 2-7]에서 보는 것처럼, 진보

---

13) 케이블TV나 IPTV, 위성방송 같은 유료방송플랫폼에 대한 지상파방송 재송신 갈등은 2010년까지는 제공여부를 둘러싼 갈등이었다면, 그 이후에는 재송신 대가 산정으로 변질되어 심각한 갈등상황에 빠져있다. 위성방송이나 케이블TV와는 실제 방송중단 사태가 발생했고 모바일 플랫폼은 지상파방송 동시재송신을 중단한 상태다. 또한 VOD 콘텐츠 가격산정을 둘러싸고도 지속적인 갈등이 이어지고 있고, 인터넷 포털인 구글과는 광고가격 산정방식의 입장차이로 2014년 11월부터 지상파방송 콘텐츠가 제공되지 않고 있다. 이러한 갈등은 경쟁력 있는 콘텐츠를 생산하고 있는 공영방송사들이 방송시장에서도 핵심적인 플레이어라는 것을 보여주는 것이다. 이러한 상황에서 공영방송이 상업방송과 차별화된 프로그램을 제공한다는 이분법이 적용되기 어렵다.

정권의 방송정책기조는 기본적으로 공영방송을 포함한 모든 방송의 공적 책무를 강화하는 데 초점을 맞추고 있는 것이 사실이다. 이를 위해서 정부가 공영방송의 다양한 공적 사업이나 행위들을 직·간접적으로 지원한다는 것이다. 반면 우파 정권은 방송사업자들이 시장에서 경쟁을 통해 시청자들의 선택을 받아 한다고 생각한다. 공영방송 역시 이러한 원칙에서 스스로 시청자들이 필요로 하는 공적 서비스를 제공해야한다는 원칙을 지니고 있다. 때문에 공영방송을 포함해서 방송사업자에 대한 지원은 제한적이어야 한다는 지향성을 지니고 있다. 이는 진보 정권이 집권하게 되면 공영방송은 국가 보호·지원 아래 안정적 체제를 유지할 수 있는 있다는 인식을 주고 있다.[14] 반면에 보수 정권은 항상 공영방송을 구조 조정할 가능성이 높고 정부의 직·간접적 지원이나 제도적 보호가 축소될 수밖에 없을 것이라고 생각하고 있다.

이러한 선입견 때문에 보수정권은 공영방송 정책에 소극적이라는 생각이 지배하고 있고, 결과적으로 공영방송 혹은 공영방송 의제는 진보진영의 아성이 되어버린 측면이 있다. 실제로 우리나라에서 공영방송은 항상 진보정파의 전유물이었고, 공영방송을 개혁해야 한다는 보수정파의 구조개편 주장들은 공영방송의 정치적 독립성을 위협할 수 있다는 이유로 공영방송 종사자들의 강력한 저항에 부딪쳐왔다. 한마디로 보수 정권의 공영방송 정책은 민영화나 공공영역 붕괴 같은 의미로 인식되어 왔다고 할 수 있다. 하지만 이러한 편견

---

14) 이러한 공영방송에 대한 접근은 언론의 정치적 이데올로기적 역할을 중시하는 좌파의 정치이념과 무관하지 않은 것으로 보인다. 마르크스·레닌주의는 기본적으로 언론이란 정치선전의 도구이고 사회주의 이념을 전파하는 이데올로기 도구이다. 레닌은 언론을 '사회주의 건설을 위한 선전자, 선동자이자 조직자'라고 했고, 사회주의이념가인 그람시(Gramsci)나 알튀세르(Althusser)는 미디어를 '이데올로기 국가기구(ideological state apparatus)'라고 정의한 바 있다.

은 공영방송 종사자들로 하여금 정치적 지형변화나 권력구조 변동
에 민감하게 반응하는 '정치병행성(political parallelism)'을 유발하는 원
인이 되었다고 할 수 있다. 또 방송 독립성을 명분으로 어떤 외부 견
제나 감시는 받지 않지만 국가의 적극적인 지원을 받겠다는 조직 이
기주의 성향을 고착시켜왔다 할 수 있다.

[표 2-7] 좌·우파의 공영방송 정책 비교

시기	좌파 미디어 정책		우파 미디어 정책	
독점	공공서비스 미디어만 허가 기본적으로 수신료 재원			
상업화	일부 탈규제된 시장에서 '복합(hybrid)' 방식에 의한 공공서비스방송 보호 (예, 공영방송의 광고, 상업방송에 대한 공적 의무 부여)		시장에서 공영방송은 상업미디어와 광고와 수용자를 놓고 경쟁하거나 고품질의 '니치' 채널이 됨	
디지털화	인터넷에서의 공공재원을 투입하여 뉴미디어 운영에 추가적 지원함 (공영방송사의 입장)	인터넷에서의 공공서비스에 대해 공공재원을 투입하며 새로운 미디어 영역진출은 공영방송 자율적 결정 (정부 입장)	인터넷에서의 공공서비스에 대해 공공재원을 투입하되, 이는 특정한 분야에 한정함 (EU의 입장)	인터넷에서의 공공서비스는 상업적 방식으로 재원이 충당될 경우에 한해 허용됨 (상업미디어사업자 입장)

* Nord, 2009, What is Public Service on the Internet? : Digital Challangies for Media Policy in Europe, Observatorio Journal, 9, 24-39.

이처럼 보수 정파의 공영방송 구조개혁을 민영화 같은 공공 영역
붕괴와 동일시하는 선입견은 학계에서도 발견할 수 있다. 윤석민·이
현우(2010)는 1990년대 이후 보수 정권에서 추진된 방송구조개편 논
의들 상당수가 KBS 2TV와 MBC 민영화를 목적으로 하고 있다고 지적
하고 있다. 그러면서 이 같은 공영방송 민영화론은 첫째, 민영화가
방송의 정치적 독립을 확신할 수 없고 도리어 상업화를 통한 길들이

기가 도리어 용이하다는 점 둘째, 민영화론은 공영방송 효율성을 상업적 이윤창출 관점에서 보는 오류를 범하고 있다는 점 셋째, 우리나라의 공영방송이 과도하게 많다는 주장은 우후죽순처럼 늘어나는 상업적 미디어들에 비해 결코 많다고 보기 어렵다는 점 넷째, 공영방송 상업방송과 차별화되지 않으므로 민영화한다는 것은 논리적으로 비약이라는 점 다섯째, 이미 많은 나라에서 혼합 재정을 통한 공영방송 모델이 나름대로 유효하다는 점 여섯째, 민영화를 통해 공영방송 공익성이 제고될 수 있다는 보장이 없다는 점 등에서 문제가 있다고 지적하고 있다.

이러한 지적에 일부 동의하지만 몇 가지 오류를 범하고 있는 것도 있다. 우선 그 동안 제기되었던 공영방송 구조개편론들 중에 KBS 2채널이나 MBC를 민영화해야 한다고 명확하게 밝힌 경우는 그렇게 많지 않다는 것이다. 실제 김영삼 정부시절 만들었던 '2000년 방송정책연구위원회'나 김대중 정부의 '방송개혁위원회' 같이 민영화를 제안했던 보고서들도 MBC의 단계적 민영화를 제안했지 KBS 2채널의 민영화는 언급하지 않고 있다. 더구나 '방송개혁위원회'의 MBC 민영화 안은 노조의 반대로 최종보고서에는 아예 빠졌다. 때문에 대부분의 공영방송 거버넌스 개편 논의가 민영화를 기조로 하고 있다는 주장은 다분히 과장되고 편향된 시각이라 할 수 있다. 더 중요한 것은 우리 공영방송사들의 방만한 경영과 비효율성 문제는 민영화가 아니더라도 분명 개선되어야만 한다는 것이다. 더구나 앞에서도 지적한 바와 같이 공영방송에 대한 외부 견제·감시 장치가 매우 취약하다는 것은 우리 공영방송의 결정적인 문제점일 수 있다. KBS의 감독·규제 권한을 지닌 이사회에게 실질적인 역할을 기대할 수 없는 상황이고 KBS 예·결산 등에 대한 국회의 감독 권한 역시 다분히 형식적이고 절차적 성격이 짙다. 그럼에도 불구하고 공영방송 이사회나 외부 감시 장치를 강화하는 거버넌스 개편안에 대해서는 공영방송의 정치적 독립을 해치는 것이라는 이유로 구성원들이 크게 반발하고 있다.

현재 우리 공영방송 거버넌스는 보수·진보를 불문하고 정치권의 이해득실에 바탕을 두고 만들어진 제도다. 때문에 특정 정파 혹은 정파들이 지닌 이념에 따라 공영방송의 위상과 독립성이 달라질 것이라는 선입견 자체가 오류를 범하고 있는 것이다. 한마디로 공영방송 거버넌스 개편 논의에서 여·야 모두 정치적으로 어떻게 분배할 것인가에 초점을 두는 것에 있어서는 대동소이하다. 그러므로 공영방송 거버넌스 개편을 논의하는 데 있어 정치적 이념과 연계된 선입견을 가지고 접근하는 것은 자칫 논의 자체를 정파적으로 흐르게 할 가능성이 있다고 하겠다.

3) 순진한 형식주의

이제까지 수많은 공영방송 구조개편 방안들이 제시되었고 논의되었지만 별다른 성과를 거두지 못한 결정적인 이유 중에 하나는 제시된 대안들이 매우 비현실적이라는 것이다. 실제 다양성이나 다원성을 전제로 하는 공영방송 거버넌스 개편방안 들을 보면 지나치게 이상론에 맞추어져 있고 우리 정치문화나 사회·문화적 환경을 전혀 감안하지 못한 것들이 다수를 차지하고 있는 것이 사실이다. 일례로 학계와 시민단체들을 중심으로 제기되고 있는 다양한 사회 대표성을 보장하기 위해 공영방송 이사 선임방식을 변경하고 사장선임에 있어 특별다수제를 도입하자는 것을 들 수 있다. KBS와 MBC 방송문화진흥회 이사구성에 있어 정치권의 영향력을 배제하고 전문성과 각계 대표성을 강화하자는 것이다.[15] 또 공영방송 사장선임절차에

---

15) 2017년 부임한 방송통신위원회 이효성 위원장은 지금 같은 정파 간에 이사를 나누어 추천하는 방식은 결국 공영방송의 정치적 영향력에서 벗어날

있어 후보 요건을 강화하고 이사회 의결정족수를 재적 이사 2/3로 높여야 한다는 것이다. 물론 이 방안들은 집권 정당이 지배하고 있는 왜곡된 공영방송 거버넌스를 개선하고, 공영방송에 대한 다원적 규제체제를 가능하게 해 줄 것이라는 기대를 갖게 한다. 하지만 조금 면밀히 살펴보면 특히 우리 정치문화를 감안하지 못한 환상에 근거하고 있음을 알 수 있다.

첫째, '탈정치화의 환상'이다. 시민단체나 학계에서 제기되고 있는 KBS이사회와 방송문화진흥회 이사구성에서 사회 대표성 혹은 지역 대표성을 강화해 정쟁의 장이 되는 것을 예방하자는 주장이다. 이 주장은 매우 이상적이지만 현실적으로 우리 사회에서 국민 대표성을 법적으로 보장 받을 수 있는 기관이 국회밖에 없다는 현실을 부정할 수 없다는 점에서 근본적인 한계를 지니고 있다. 때문에 다양한 분야를 대표하는 인사들을 추천한다 하더라도 결국은 정당 혹은 정부의 추천 형식을 거쳐야만 한다. 이로 인해 사회 대표성이라는 명분으로 실제로는 각 정파의 정치적 성향을 대변하는 인사들을 추천하는 것을 근본적으로 막을 수 없다.

일부에서는 정치적 추천을 완전히 배제하고 대통령이 사회 대표성 등을 감안해 모두 추천하는 영국의 'BBC트러스트' 모델을 주장하기도 한다. 지금은 폐지되었지만 'BBC트러스트'는 집권당이 임명하는 12명의 위원으로 임명되지만 사회 각계대표, 지역 대표 등을 고려하는 다양성을 원칙으로 한다. 물론 새롭게 구성된 BBC이사회 역시 'BBC트러스트'와 마찬가지로 지역을 대표하는 이사들이 포함되어 있

수 없다는 점에서 정파성을 약화시킬 수 있는 방안을 모색하겠다고 하였다. 이와 관련해서 시민단체들은 공영방송 이사숫자를 대폭 늘려 정치권의 지분을 줄이고 다양한 분야에서의 추천을 늘려야 한다고 요구하고 있다. 마치 독일을 방송위원회처럼 정치·경제·사회·노동 등 다양한 분야에서 추천하자는 것이다.

고, 실제로 선출된 이사들을 보면 정치적 성향을 대표하는 인물들은 많지 않다. 또한 위원들의 정치적 성향도 다양하고 정권교체가 빈번히 일어나는 내각제 특성을 고려해 위원들의 임기를 보장해주고, 후임자 선출시 전문 영역이나 정치적 성향을 고려한다는 점에서 우리와 크게 다르다. 더구나 새로 설립된 BBC이사회는 정치적 추천 대상을 크게 줄였다. 의장을 포함한 3인의 상임이사는 Ofcom이 추천하고, 비상임 이사 9인 중에 4인은 문화부, 5인은 BBC가 자체적으로 추천하도록 하고 있다. 이러한 구성 방식은 다원성을 반영할 수 있는 성숙된 정치문화가 기반이 되어야 가능한 것이다. 만약 우리나라에서 이 방식을 적용할 경우 공영방송 이사들이 외형적으로는 다양한 영역을 대표하는 형태로 추천되겠지만 집권 정부와 친화력이 강한 인사들로 모두 채워질 가능성이 높다.[16] 그렇게 되면 공영방송의 이사회는 정치적 성향의 명사집단이 되거나 사실상 집권 정파가 통제하는 기구로 전락할 가능성이 높다.

　이 때문에 독일의 방송위원회처럼 공영방송 이사 숫자를 대폭 늘리고 추천기관을 법으로 명시하자는 주장도 있다. 공영방송을 규율하는 독일의 방송위원회는 각 주마다 대표를 추천하는 다양한 분야의 단체를 법으로 정해 놓고, 40~70명의 위원으로 구성하고 있다. 비상임 위원들로 구성된 이 기구는 지역별 방송 사장 선출과 방송방향설정, 편성 정책 같은 중요한 사안들을 의결하는 역할을 하고 있다. 엄밀히 말하면 공영방송 이사회와 시청자위원회의 중간 형태에 가깝다고 볼 수 있다. 이는 국가가 일방적으로 공영방송을 장악하지

---

16) 우리나라에 존재하고 있는 수없이 많은 정부 산하 혹은 독립 위원회 구성이 방송통신위원회처럼 추천기구 혹은 추천자가 법에 명시되지 않는 한 집권 여당이 위원구성을 독식하고 있는 것이 사실이다. 때문에 정권교체기마다 사회 각 분야에서 인물교체를 두고 심각한 갈등이 유발되는 것을 수 없이 보아왔다. 최근 KBS와 방송문화진흥회 이사교체를 놓고 이전 정권과 똑같은 볼썽사나운 추태들이 발생하는 것도 같은 맥락이라 할 수 있다.

못하게 하기 위하려는 독일의 역사를 반영하고 있는 것이다. 때문에 독일처럼 추천 분야별 기구를 법에 명시하거나 숫자를 대폭 늘려 사회 대표성을 강화하자는 주장이 나올 수 있다. 하지만 입법추진 주체가 정치권이라는 점에서 추천기관을 법으로 규정하는 단계에서부터 심각한 정치적 갈등이 유발될 가능성이 높다. 더욱 심각한 것은 그렇게 다양한 영역을 대표하는 인사들로 구성된 공영방송 거버넌스 체계는 실질적인 규제감독보다 형식적인 명사기구화처럼 될 가능성이 높다는 것이다.

이처럼 바람직한 것으로 평가되고 있는 다른 나라의 공영방송 거버넌스 형태들이 우리나라에 적합하지 않은 근본 이유는 우리 정치문화가 다원성을 보장할 수 있는 구조가 아니기 때문이다. 특히 '제왕적 대통령제'라고까지 비판받고 있는 중앙집권적 승자독식 구조의 정치문화를 가진 우리나라에서 이 같은 다원주의(pluralism) 정치철학 토대 위에 구축된 제도들은 도리어 부작용만 야기할 가능성이 높다. 이처럼 정치·사회적으로 합리적 행위를 전제로 한 이상주의는 공영방송 거버넌스 논의 자체를 공허하게 만들 수 있다.

둘째, 사장 선출과 관련해 집권 집권여당의 일방적 결정을 막자는 '특별다수제' 같은 예외적 의사결정방식에 대한 환상이다. 집권정당이 지명하거나 선호하는 인사가 공영방송 사장으로 선임되는 것을 예방하자는 의미에서 현재 집권여당이 야당시절에 시민단체들과 함께 강하게 요구하고 입법발의까지 한 방안이다. 다수결을 원칙으로 하는 민주주의 국가에서 이러한 '특별다수제'를 채택하는 경우는 거의 없다. 예외적으로 일본의 NHK 사장선출 방식에서 2/3 '특별다수제'를 적용하고 있다. 물론 형식적으로는 여·야 정치권이 모두 동의할 수 있는 인물을 공영방송 사장으로 선출할 수 있다는 점에서 이상적인 방안일 수 있다. 그렇지만 실제로는 '특별다수제' 도입은 더 많은 문제점을 야기할 수 있다는 것이다. 우선 보편적으로 적용되고 있는 다수결에 의한 민주주의 의사결정 방식에 반하는 것으로 공영방송 사장 선출이 개헌이나 위헌 판단, 대통령 탄핵처럼 중대한 사안인가에 대해 논란이 있을 수 있다. 또한 여·야 안배구조로 되어 있는 현행 이사회구조에서 2/3이상 이사들이 동의해야 한다는 것은 사장 선출과 같은 중요한 결정이 지연될 가능성이 매우 높다는 것이다. 때문에 여·야간에 갈등이 심할 경우 오랜 기간 사장을 선출하지 못할 수도 있다. 무엇보다 한국의 정치문화 특성을 감안한다면 '특별다수제'를 통해 사장으로 선출될 수 있는 인물은 여·야가 정치적으로 합의할 수 있거나 아니면 무색무취한 인물이어야 한다. 하지만 여·야가 합의해서 선출될 수 있는 인사를 발굴하기도 쉽지 않을 가능성이 높다.[17] 때문에 사장 선출에 합의되지 못한 채 정치적 상태가 지속될 수 있고, 이를 해결하기 위해 또 여·야간에 정치적 합의가 필요하게 될 것이다. 또한 설사 정치적으로 합의된 인물이 선출된다고 해도 유능하고 전문성 높은 인사보다 여·야가 모두 반대하지 않을 무색무취한 인사가 선출될 가능성이 높다. 결국 '특별다수제'는 공영방송 이사회에서의 정쟁을 도리어 더 증폭시키고 경영공백만 야기하게 될 폐해가 발생할 수도 있다.[18] 결과적으로 '특별다수제'는 취지와 달리 공영방송을 더욱 정치화시키게 될 것이다. 결과적으로 사장선출을 두고 공백 기간이 늘어나고 전문성과 통제력이 약한 사

---

17) 실제 대통령이 사회 모든 영역에 대한 통치권을 행사하는 한국사회에서 정치적으로 무색무취한 전문가를 찾기란 쉽지 않다. 실제 대통령 선거 기간 중에 주요 후보자들의 캠프에 수백, 수천의 교수·전문가·전직공무원과 언론인들이 이런 저런 직함으로 참여하고, 집권 이후에 그들을 위주로 주요 공직을 배분하는 구조에서 정치적으로 무색무취한 인물은 자칫 무능한 인사일 가능성도 높다.

18) 이는 여·야가 합의하여 만든 '국회선진화법'과 유사한 병폐를 야기할 가능성이 있다. 여·야 합의를 도출해 합리적인 의사결정을 통해 입법을 추진하자는 취지의 법안이 여·야간 갈등으로 제대로 된 입법행위조차 전혀 하지 못하고 있는 것과 비슷한 결과를 낳을 수 있다.

장이 선출될 경우 공영방송 조직이기주의 같은 병폐를 만연시킬 수도 있다.

셋째, '구성주의(constructivism)'의 환상이다. 정책학에서 구성주의는 특정 정책을 추진하는데 있어 이를 관장하는 기구나 조직을 설립하여 해결하는 방법을 말한다. 이는 모든 영역에 설치되어 있는 각종 위원회들에서 쉽게 찾아 볼 수 있다. 실제 위원회란 해당 업무와 관련해 결정권은 있지만 책임성은 약한 조직형태다. 마찬가지로 방송영역에도 구성주의 형태의 기구들이 매우 많다. 비상임 이사들로 구성된 KBS이사회나 방송문화진흥회 역시 이 형태에서 크게 벗어나지 않는다고 볼 수 있다. 때문에 법적 권한과 역할을 부여하고 있지도 않지만 설사 부여하고 있다고 해도 이를 제대로 수행할 능력이 없다. 특히 KBS와 MBC 같은 공영방송사들의 폐쇄적이고 불투명한 경영 구조는 외부 규제기관은 물론이고 비상임 이사회조차 실효성 있는 규제·감독을 불가능하게 만들고 있다. 더구나 지금 같은 비상임 체제로는 방송·경영과 관련된 철저한 자료 분석을 통한 감시나 의사결정이 제대로 이루어질 수 없다. 2004년 한나라당이 발의한 '국가기간방송법'에서 제기되었던 독립적인 (가칭)공영방송위원회 설립에 대해 공영방송 종사자들이 '규제기관의 옥상옥(屋上屋)' 문제가 발생한다는 이유로 반대했던 것도 상설 규제기구에 대한 저항이었던 것을 생각된다.

그럼에도 불구하고 지금 정치권에서 제기되고 있는 공영방송 거버넌스 개편방안은 주로 공영방송 이사 배분과 의사결정 과정 개선에 초점이 맞추어져 있지 공영방송을 제대로 규율할 수 있는 책임과 역할에 대한 구체적인 대안이 전혀 없다. 지금은 폐지되었지만 지난 10년간 BBC를 경영·감독해온 영국의 'BBC트러스트'는 방송·통신규제 기구인 Ofcom을 대신해 15년 기한의 '왕실칙허장(Royal Charter)'을 근거로 BBC의 경영·편성·예산 등을 5년 단위로 평가하고 각 채널별로 매년 편성계획을 승인해 허가장을 부여하는 '책임입증(accountability)' 방식을 사용하였다(정수영, 2009). 여기서 Ofcom이 부여하는 허가장이란 '각 채널이 방송할 수 있는 예산을 부여해주는 계약서' 형태다. 따라서 'BBC트러스트'는 국민이 지불한 공영방송 수신료의 가치를 실현하고 이를 감시한다는 '수신료의 가치(value for money)' 원칙을 적용하고 있다. 여기에 그치지 않고 2017년 'BBC트러스트'를 해체한 이유도 규제·감독과 경영을 함께 책임지는 'BBC트러스트' 형태는 BBC에 대한 감독기능을 약화시킬 수 있다는 문제점 때문이었다. 그러므로 우리도 공영방송 거버넌스 개편 논의에 있어 이사구성 안배 같은 형식론 혹은 정치적 이해득실에 치중할 것이 아니라 실질적으로 공영방송을 감시·규율할 수 있는 제도를 구축하는데 초점을 맞추어져야 할 것이다.

넷째, 정치적 독립성 혹은 정치적 균형분배가 공영방송의 모든 문제를 해결하는 최선의 해결책은 아니라는 것이다. 공영방송은 정치적 영향력 뿐 아니라 방송시장에서 차지하는 위상이나 비중이 매우 크다. 때문에 공영방송 이사들의 경우 정치적 대표성이나 정치적 성향보다 전문성에 대한 요구가 점점 커지고 있다. 실제 최근 쟁점이 되고 있는 수신료 인상이나 지상파재전송 대가, 다채널방송 등은 공영방송 논의구조가 정치적 프레임을 벗어나 방송시장과 미래방송 환경에 대한 전문성 문제로 이전해야 한다는 것을 잘 보여주고 있다. 앞에서 설명한 것처럼, 새롭게 구성된 영국 BBC이사회가 경제·경영 인사들이 주를 이루고 있는 것도 이러한 변화를 반영하는 것이라고 할 수 있다. 그럼에도 우리 정치권에서 보여주고 있는 정치 편향적 거버넌스 구조개편 논의는 결코 바람직하다고 볼 수 없다.

4) 조직이기주의적 편향성

방송의 공익성을 보는 시각은 매우 다양하며 심지어 각자의 이해에 따라 편의적으로 해석하는 경우도 많다. 이는 공익성 개념의 매우 추상적이고 다의적이라는데도 원인이 있다(황근, 2017). 특히 가장 직접적인 이해당사자라 할 수 있는 종사자들의 경우에는 더욱 그럴 가능성이 높다. 실제 공영방송 종사자들은 자신들에게 유리한 제도적 환경을 조성하기 위한 명분으로 공익성을 강하게 표방해온 측면이 강하다. 2000년 이후 공영방송사들의 공익논리는 기득권을 지키고 신규 매체 혹은 경쟁 사업자의 방송시장 진입을 막는 논리로 많이 이용되어 왔다고 할 수 있다(정용준, 2011). 정윤식(2006)은 한국 사회에서 방송 공익성 이념은 '전두환 정권의 언론 통폐합 조치를 정당화하는 수단으로 처음 도입되어 정치권력의 개입 정당화 수단, 사기업 방송시장 진입배제 논리, 반 오락성과 도덕적 보수주의 등의 다양한 목적을 위한 도구적 의미로 사용되었고, 다른 한편으로 시민단체와 노동조합의 권력 강화수단과 명분으로 변질되었다'고 지적하고 있다. 실제로 한국 방송시장에서 '공익론' 과 '공익적 소유구조론' 은 강력한 진입장벽으로 작용해 온 것이 사실이다. 특히 공익 논리는 공영방송 구조개편 논의 때마다 현행 구조나 거버넌스를 정당화하는 논리로 적극 사용되어 왔다(황근, 2008/2010). 이렇게 공익논리가 기득권 유지논리로 활용되면서 지상파방송사들이 독과점시장에 안주할 수 있었다는 비판을 받고 있는 것이다(정용준, 2011).

이처럼 공영방송 종사자들이 주도하는 공익논리가 공영방송 구조개혁 논의를 주도하면서 합리적 논의구조가 형성될 수 없었던 것이 사실이다. 이러한 논리는 정치적 이해득실에서 공영방송 문제를 접근하는 정치권의 시각과 함께 공영방송 개편 논의를 왜곡시키는 주된 원인이 되었다고 할 수 있다. 물론 공영방송 종사자들의 공익

논리가 전적으로 조직이기주의만 반영하고 있다고 볼 수 없고, 시청자 주권이나 국민 이익을 대변하고 있는 측면도 있다. 하지만 실제 정치적 독립성을 강조하는 공영방송 종사자들의 논리가 시청자의 이익을 대변하고 있는지에 대해서는 부정적인 평가가 더 많다. 더구나 최근 들어 공영방송의 시청률이 급속히 떨어지고 있고 아예 텔레비전이 없는 'Zero-TV' 가구들도 점점 늘어나고 있다. 더구나 공영방송 주시청자 층이 50대 후반 이후 세대로 이전하면서, 정치적·사회적 영향력도 과거에 비해 현격히 약화되고 있다. 때문에 공영방송의 정치적 영향력 때문에 정치적 독립성이 중요하다는 공영방송 종사자들의 주장은 실제 국민들이 느끼는 정서와 차이가 있는 것이 사실이다. 실제 많은 국민들에게 공영방송의 정치적 편향성이 문제가 아니라 관심의 대상에서 멀어지고 있는 것이 문제라 할 수 있다. 때문에 공영방송 패권을 놓고 벌어지고 있는 여·야 정치권과 공영방송 종사자들 간의 갈등은 혹시 '그들만의 헤게모니 쟁탈전'은 아닌지 고민해 볼 일이다.[19]

---

19) 최근 몇 년 간 벌어졌던 공영방송사들의 파업은 이전과 크게 다른 양상을 보이고 있다. 과거와 달리 KBS, MBC 파업에 대해 국민들이 느끼는 불편함이 거의 없어 보인다는 것이다. 2017 정권 교체이후 사장 퇴진 등을 요구하며 벌어진 공영방송 파업으로 MBC 아침 종합뉴스가 대폭 축소되고 일부 재방프로그램들이 두 달 넘게 이어지고 있는데도 불구하고, 시청자들의 불편하다는 의견이 거의 없다. 실제 지금 미디어 환경은 뉴스는 포털이나 보도·종합편성 채널이 24시간 제공하고 있고 수없이 많은 오락콘텐츠들이 유료방송채널이 인터넷 매체들을 통해 시간·장소를 불문하고 접근할 수 있는 구조다. 과거 1990년 방송파업 당시 모든 국민이 마치 고립된 섬에 갇혀 외부와 단절된 느낌을 가졌던 것과는 천지차이다. 그런 의미에서 공영방송의 정치적 영향력을 논하는 것은 어쩌면 정치권과 공영방송사들만의 착각이라는 생각도 든다.

Ⅲ. 공영방송 거버넌스 개편 방향

문재인 정부 들어서도 이전과 거의 똑같은 양상으로 벌어지고 있는 KBS와 MBC를 둘러싼 갈등들은 공영방송 구조개혁에 대한 진정한 논의가 필요함을 역설적으로 보여주고 있다. 정치적 이해득실 때문에 공영방송 정책이 실종되고, 진정한 구조개혁 논의조차 사라진 암울한 상황을 벗어나야만 하는 것이다. 특히 공영방송 개편 논의는 공영방송만의 문제가 아니라 다른 방송 더 나아가 우리 방송구조 전반에 대한 구조 개편 논의와 무관하지 않다. 그런 의미에서 몇 가지 공영방송과 관련된 정책 의제들은 제시해 보고자 한다.[20]

1. 공영방송 범주 재정립

앞서 여러 번 지적한 것처럼 우리 방송법에는 공영방송에 대한 개념규정 자체가 없다. 공영방송의 역할이나 책임을 규정하는 법적 근거가 없다는 것은 우리 공영방송정책 난맥상의 근원이 되고 있다. 현행 방송법에는 국가가 전체 지분을 소유하고 있는 KBS만 국가기간방송으로 규정하고 있을 뿐 다른 지상파방송인 MBC나 상업방송인 SBS 간에 차별화된 아무런 별도의 규정도 두고 있지 않다. 다만, MBC만 특별 법인에 의해 설립된 방송사로서 지분제한 규정 등에서 차별적 특혜를 주고 있을 뿐이다. 결국 방송법상으로는 KBS와 MBC, SBS 모두 방송목적이나 위상에 있어 차이가 없는 같은 지상파방송일 뿐이다.[21] 한마디로 우리나라의 공·민영 이원체제가 법적으로 규정된

---

20) 공영방송 전반에 걸친 구조개선 방안들에 대해서는 '미디어컨버전스 시대 공영방송의 역할과 규제체계, 경제규제와 법(황근, 2010)'에서 구체적 대안들을 제시하고 있으므로 참고하기 바람.

이원체제가 아니라 사회적 통념상의 공영방송체제인 것이다.

그러므로 공영방송 제도를 정상화하는 시발점은 어느 방송까지 공영방송 범주에 포함시킬 것인가를 결정하는 문제라 할 수 있다. 그래야 공영방송의 법적 근거와 지원 그리고 책무를 분명히 할 수 있기 때문이다. 현재 우리나라에서 공익적 목적으로 설립된 방송들은 국가기간방송인 KBS 1,2채널을 비롯해 방송문화진흥회 소유로 되어있는 MBC, 교육방송 EBS 그리고 문화체육관광부 산하의 KTV와 아리랑TV 같은 국책방송들이 있다. 또한 국회 산하의 국회방송과 방송통신대학이 운영하는 OUN은 공공기관이 공익적 목적으로 운영하는 공공채널로 지정되어 있다. 여기에 국가가 직·간접적으로 지원하고 있는 다양한 형태의 공익 채널들도 적지 않다([표 2-8]). 재정적으로도 이들 방송사들은 수신료와 광고수입은 물론이고 국가 예산, 방송발전기금 등 다양한 형태의 정부지원에 의존하고 있다. 물론 이처럼 공익적 목적으로 설립·운영되고 있는 공적 성격의 방송사들을 합리적으로 재정비할 필요가 있는 것이 사실이다. 하지만 이들 방송사들은 각각 다양한 공익적 목표들을 추구하고 있어 획일적으로 구조 조정해서는 안 될 것이다. 그렇다고 모든 공익적 성격의 방송들을 모두 공영방송 범주에 포함시키기는 어렵다. 때문에 공익적 성격의 방송들을 총체적으로 재정비해 각각의 성격에 충실할 수 있도록 제도적 위상과 재정적 안정성을 도모하여야 할 것이다.

공영방송의 범주를 설정한다는 것은 상업 방송들과 다른 프로그램을 제공하는 공영방송의 존재의미를 분명히 하는 것이다. 그것은

21) MBC가 방송문화진흥회법에 의해 규율 받고 있다고 하지만 '방송문화진흥회법'은 기본적으로 조직법이지 MBC의 목적과 방송활동을 규율하고 있는 법이 아니다. 그러므로 MBC가 법적으로 공영방송임을 인정받기 위해서는 방송법상에 분명히 공영방송임이 규정되어야 하고 거기에 따르는 책임을 부여받고 자유와 독립성을 보장받는 것이 절대 필요하다.

정치적·경제적 독립을 기반으로 사람들이 원하는(want) 프로그램이 아니라 필요한(need) 프로그램을 제공하도록 하는 것이다. 이러한 역할을 제대로 할 수 없다면 모든 국민들이 지불하는 세금이나 수신료를 통해 공영방송을 유지할 필요가 없을 것이다. 내용적으로 상업방송과 차별화된 공익적 서비스를 제공받을 수 있다는 전제에서 수신료제도도 가능한 것이다. 앞에서 살펴본 바와 같이, 정치적으로도 완전히 자유롭지 못하고 상업방송과도 차이가 없는 방송사에 대한 조세 성격의 수신료제도는 절대 정당성을 담보할 수 없다. 그러므로 공영방송의 범주를 분명히 한다는 것은 공영방송이 상업적 방송들과 차별화된 목표와 역할을 한다는 것을 의미하는 것이다.

[표 2-8] 공공·공익 성격의 방송사업자 현황

유형	방송사	소유형태	재원
지상파 방송	KBS (한국방송공사)	정부 (기획재정부 100%)	수신료(35%) + 광고수입(40%) + 기타 상업적 수입
	EBS (한국교육방송공사)	정부(교육부 + @)	재원 : 수신료 + 방송통신발전기금 + 국고 + 상업광고
	MBC (주식회사 문화방송)	방송문화진흥회(70%) + 정수장학회(30%)	100% 상업재원 (광고 + 기타 상업적 수입)
공공 채널	KTV (정책방송)	문화체육관광부	국가·지방자치단체들이 공공의 이익을 목적으로 소유·운영(government access channel) 의무송신(must carry)
	NATV (국회방송)	국회	
	OUN (방송대학TV)	방송통신대학 (교육부)	
공익 채널	과학채널 등	민간 소유	정부가 민간채널들 중에 공공 이익에 필요한 채널들을 매년 지정, 의무송신 (must carry)에 포함

2. KBS 위상 재정립

공익적 목적을 지닌 방송사들의 범주를 분명히 한 다음에는 그 중심에 위치하고 있는 KBS 위상을 어떻게 할 것인가를 심각하게 고민해야만 할 것이다. 앞서 살펴본 바와 같이, 공영방송 제도는 나라마다 다양한 형태로 운영되고 있다. 영국의 BBC처럼 국가와 시장으로부터 독립된 가부장주의(paternalism)에 바탕을 둔 공영방송이 있는가 하면, 정치적 다원성과 국민들의 참여를 중시하는 독일 그리고 스웨덴, 네덜란드처럼 사회민주주의 형태의 공영방송도 있다. 반면에 프랑스나 일본처럼 국가 영향력과 지원이 상대적으로 강한 국가주의형태의 공영방송도 있다. 또한 미국의 PBS처럼 소수 계층을 대상으로 한 대안방송 형태의 공영방송도 있다. KBS는 내용적으로는 프랑스나 일본에 가까운 국가주의적 형태가 강한 공영방송으로 볼 수 있지만, 제도상으로는 영국의 BBC나 독일의 ARD나 ZDF 같은 다원주의적 통제 형태를 가지고 있다. 이러한 이중적 구조는 오랜 기간 정치권력의 통제를 받아 온 역사와 시청자 주권 같은 이념들이 복합되어 구조화된 것으로 볼 수 있다. 이 때문에 KBS는 제도적 불안정성도 문제지만 확고한 이념적 지향성도 갖지 못하고 있는 느낌이다. 여기에 수신료와 상업광고가 섞인 복합적 재원 때문에 시장과 국가 모두로부터 완전히 독립되지 못한 애매한 위상을 가지고 있다.

강형철·양승찬(2003)은 공영방송을 사회적 비중과 영향력, 상업방송과의 차별화 정도를 기준으로 [표 2-9]와 같이 분류하고 있다. 이를 기준으로 볼 때, KBS는 '이상지향적'인 1TV와 '시장지향적'인 2TV를 동시에 가지고 있다 할 수 있다. 이 때문에 KBS는 정체성에 있어 항상 국가와 시장 사이에서 딜레마에 시달릴 수밖에 없다. 그렇지만 KBS가 어떤 공영방송 형태를 지향할 것인가는 매우 중요하다. 이상적으로는 1, 2채널 모두 동일한 지향점으로 통합하는 것이 가장 바람직하다. 또한 수신료로 운영되는 '이상지향형' 공영방송으로 두 채널을 모두 운영하거나 아니면 '시장지향형' 채널을 시장으로 환원시키는 방안이 있다. 하지만 '시장지향적' 채널 즉, 2채널을 시장으로 환원시키는 방법은 이미 시장에 과도하게 많은 상업적 채널들을 늘리는 것으로서 정책적으로 큰 의미를 찾을 수 없다. 그러므로 '이상지향적' 공영방송을 원칙으로 하되 상업적이지 않은 상태에서 두 채널이 경쟁하게 하는 이른바 '경주마 이론'을 적용하는 것이 그나마 바람직하다 할 수 있다.

[표 2-9] 공영방송의 유형 분류

	상업방송과의 프로그램 차별성 높음	상업방송과의 프로그램 차별성 낮음
시청점유율 높음	이상지향형 (BBC, ARD/ZDF, CBC)	시장지향형 (FR2, RAI)
시청점유율 낮음	다원주의형 (PBS)	축소형 (RTVE)

* 강형철·양승찬(2003). 공영방송의 위기- 한국의 대응. 언론정보학보 통권 8호. 13쪽에서 인용

3. '공영방송법'과 독립규제위원회

공영방송 규제형태는 크게 여러 공영방송들을 포괄하는 규제형태와 각각의 공영방송들을 별개로 규제하는 형태로 나누어 볼 수 있다. 현재 우리나라의 공영방송 규제형태는 포괄적인 규제형태도 아니고 그렇다고 각각의 방송사를 별도로 규제하는 형태도 아니다. 이상적으로 본다면 전체 공영방송을 체계적으로 운영할 수 있는 별도의 공영방송 규율체계를 도입하는 것이 가장 바람직하나 다양한 매체들이 증가하면서 방송시장에서의 경쟁이 심화되고 공정경쟁 문제가 부각되면서 방송 매체 전체를 아우르는 규제체계에 대한 필요성

도 커지고 있다. 2017년 'BBC트러스트'를 해체하고 Ofcom이 규제하게 된 것이 이러한 필요성을 반영하는 것이라 할 수 있다.[22] 그렇지만 지배적인 형태는 공영방송은 독립된 별도 규제기구가 규율하고 나머지 방송들은 방송규제기관이 통합 규율하는 것이다.

우리나라의 공영방송 규제체제는 분리된 규제체계가 아니라 방송통신위원회가 다른 매체들을 포괄해 규제하는 형태다. 그 이유는 공영방송 별도로 규율할 수 있는 법률적 근거를 갖고 있지 않기 때문일 수 있다. 현재 규제기구인 방송통신위원회는 공영방송을 포함한 지상파방송 뿐 아니라 보도·종합편성 채널도 함께 규율하고 있고, 통신 서비스까지 규제대상으로 하고 있다. 때문에 공영방송의 독립성을 보장하고 규율하는 독립된 규제가 불가능한 상태다. 여기에 공영방송과 관련된 많은 방송정책 사안들과 관련해 유료방송 매체들을 규율하는 과학기술정보통신부와 협의·공조해야만 한다.

무엇보다 방송통신위원회는 여·야가 추천한 위원으로 구성되어 있어 정치권력으로부터 독립성이 강조되는 공영방송 규율기구로서 적합한 형태라고 보기 어렵다. 더구나 공영방송을 별도로 규율할 수 있는 법률적 근거도 부족해 차별화된 정책을 추진할 수도 없다. 또한 사회적 기대수준이나 평가 기준이 다른 공영방송과 상업방송을 동일한 잣대로 규율하는데서 오는 문제점도 야기될 수 있다. 실제

---

22) 이렇게 공영방송과 전체 방송·통신영역을 두 기관이 분리해 규제하는 방식에 대해서는 'BBC트러스트' 설립 초기부터 논란이 되어 왔다. 때문에 Ofcom이 BBC에 대한 심의·규제를 지속적으로 요구해 왔고, 'BBC트러스트'는 이에 대해 공영방송의 독립성을 위협하는 것이라고 반발하였다. 하지만 결국 2017년 Ofcom의 의견이 받아져 'BBC트러스트'가 해산되고, 경영을 담당하는 BBC이사회를 다시 부활하고 규제는 Ofcom이 담당하게 되었다. 때문에 외형적으로는 공영방송 경영기구로 KBS이사회와 방송문화진흥회를 두고 규제는 방송통신위원회가 관할하는 우리나라와 유사한 형태가 되었다고 할 수 있다.

공영방송을 둘러싼 많은 갈등들이 공영방송과 상업방송을 차별화하지 못하는데 기인하는 경우가 많다.

그러므로 공영방송만 별도 규제기구에 의해 운영되는 '이원적 규제 모델'을 모색할 필요가 있다고 생각된다. 이를 위해 방송법에 공영방송 관련 부분을 별도로 규정하는 방법과 별도의 '공영방송법(혹은 방송공사법)'을 제정해 공영방송을 규율하는 방법이 있을 수 있다. 후자의 경우에는 공영방송을 독립적으로 규제하는 별도의 공영방송 규제기구를 설립하는 것이 바람직할 것이다. 별도의 규제기구는 독임제 정부부처나 정부부처 산하 위원회 형태가 아니라 공영방송의 속성을 고려해 정치적·사회적 다원성을 반영할 수 있는 민주적 거버넌스 체제가 되어야할 필요성이 있다. 현재 KBS이사회처럼 이사회가 추천하고 대통령이 임명한 사장이 집행기관이면서 동시에 사실상 최고결정자로 경영을 독점하고 있는 형태는 바람직하다고 볼 수 없다. 아울러 지금처럼 정파들이 나누어먹기 식으로 이사를 추천방식도 개선되어야 한다. 대표성 문제에 과도하게 집착해 현행 방식을 고수하게 된다면 공영방송 규제기구의 정치적 독립은 영원히 담보될 수 없을 것이다. 집권 여당의 대승적 자세가 요구되겠지만 선진국들의 공영방송 규제기구들처럼 공영방송 거버넌스의 다원성을 국가가 적극 보장해주어야만 한다. 한 예로 지금처럼 정권이 교체되면 임기 도중에 전 정부 추천 이사들의 사퇴를 압박하는 병폐를 개선하기 위해 임기를 법적으로 보장하는 장치도 필요할 것이다.

이러한 현실적 문제도 중요하지만 공영방송 규제기구의 정치화를 최소화하기 위해 정치권에서 추천하는 인사를 최소화하고 사회 대표성 인사를 늘리는 방안이 절대 필요하다. 1961년 독일 연방헌법 재판소 제1차 방송판결[23]에 따라 설립된 '방송평의회(Rundfunkrat)' 모

---

23) "모든 영향력 있는 단체들이 공영방송에 대한 규제기구의 운영에 영향력을 행사할 수 있도록 구체적 절차와 기구의 구성 등이 법으로 보장되어야

델처럼 다양한 사회 대표성을 법적으로 보장하는 것은 도입 초기에 상당한 갈등과 부작용이 예상되지만 반드시 추진되어야 할 것이다. 또한 여러 사회영역을 반영하기 위해 피추천 인사의 자격요건을 강화하고 법에 구체적으로 명시하는 방안도 필요하다. 이를 위해 독일의 '방송평의회'처럼 법으로 추천기구를 규정하는 것이 가장 바람직하겠지만 우리 정치문화 속성상 추천기구를 선정하는 것이 결코 쉽지 않을 것이다. 하지만 모든 인사를 국회나 대통령이 추천하지 않고 국회추천 숫자를 제한하고, 정부추천 인사 중에 전문성과 지역성 등을 고려해 의무적으로 할당하는 방식이 그나마 가능할 것으로 생각된다. 그렇지만 이렇게 대표성만 강조하다보면 공영방송에 대한 실효성 있는 규율능력이 결여될 수 있다. 그런 의미에서 5인 이내의 상임위원과 다수의 비상임위원으로 구성하는 이원구조도 고려해 볼 필요가 있다고 생각된다.

4. 수신료제도의 합리화

공영방송의 목표와 개념 설정과 함께 재원구조 개선 역시 매우 중요하다. 정치적·상업적 압력으로 부터 독립된 공영방송 체제를 구축하는 토대는 역시 재원구조에 있기 때문이다. 그런 의미에서 공영방송은 공적재원인 수신료로 운영되는 것이 가장 바람직하다. 모든 공영방송이 그런 것은 아니지만 국가기간방송인 KBS는 수신료 지원을 받고 있다. 그렇지만 우리나라의 수신료제도는 법적 근거가 취약한 것이 사실이다. 방송법에 KBS는 수신료를 주 재원으로 한다고 규정하고 있지만, 수신료의 법적 성격, 징수주체, 징수방법, 분배, 수신료사용 감독 등과 관련해서 법적 근거들이 매우 취약하다. 특히 KBS

───────────

한다"는 내용이다.

수신료는 강제성이 약한 특별부담금 형태로 되어 있어 공영방송의
재정 안정성을 위협하는 요소다. 물론 가장 바람직한 것은 영국이나
독일처럼 '조세' 혹은 '수신 허가료' 형태로 전환하는 것이다. 일부에
서 제기되고 있는 공영방송을 이용하기를 원하는 시청자들을 대상
으로 수신료를 징수하는 계약형태도 있지만,[24] 이는 공영방송의 위
상을 근본적으로 위협할 수 있고, 공영방송의 상업화를 부추길 가능
성도 있어 바람직하다고 할 수 없다.

때문에 지금의 애매한 수신료제도는 분명 개선될 필요가 있다.
KBS가 여러 차례 수신료 인상을 추진했음에도 불구하고 결국 실패한
이유는 수신료 인상에 대한 국민적 거부감도 있지만 다른 한편으로
는 수신료제도의 불합리성과 적정 수신료에 대한 사회적 합의가 부
족했기 때문이라고 할 수 있다. 그러므로 수신료를 합리적으로 운영
하기 위해서 공영방송 수신료를 산정·징수·분배 그리고 수신료 사용

24) 스마트 미디어시대에 들어서면서 공영방송은 광고재원은 점점 줄어들고
   있는 반면 조세성격의 수신료를 무한정 늘릴 수도 없는 상황이다. 그렇다
   고 공영방송이 별도의 프로그램 판매와 같은 상업적 수익을 확대하는 방
   안에는 한계가 있을 수밖에 없다. 때문에 영국정부는 공적 영역 재구성을
   토대로 몇 가지 재원 개선 방안을 고려하고 있다(Ofcom, 2009). 첫째, '확장
   된 진화모델(extended evolution model)'로서 이는 ITV와 BBC 4채널의 공적책
   무를 줄이고 상업적 재원인 광고를 확대를 통해 공적서비스를 강화해나가
   는 방안이다. 둘째, '수정된 BBC/4채널 모델(refined BBC/4channel model)로서
   BBC와 4채널을 공적책무를 강화하고 정부의 직접지원과 같은 공적지원을
   확대하는 방안이다. 셋째, '수정된 경쟁적 재정확보 모델(refined competitive
   funding model)'로 모든 공적 서비스들을 제공하는 모든 방송매체들에 대해
   정부의 추가지원을 강화하고 어떤 플랫폼으로도 모든 국민들이 서비스를
   제공받을 수 있도록 하는 PSP(Public Service Publisher)모델 전략이다. 이를 위
   해 영국은 BBC 면허세 감면 등 다양한 방법을 모색하고 있다. 이처럼 공영
   방송 재정확보방안은 공영방송 범주설정이나 역할 등과 매우 밀접하게 관
   련되어 있다. 아울러 광고나 수신료 같은 전통적인 재원구조가 점점 압박
   받는 상황에서 정부의 재정지원과 같은 문제들이 모색되고 있다는 것은
   우리에게 시사 하는바가 크다.

을 상시 감시할 수 있는 전문기구를 설립할 필요가 있다. 독일의 수신료산정위원회(KEF) 사례에서처럼, KBS가 독단적으로 수신료를 징수하고 사용하는 방식을 벗어나 수신료 지불주체인 국민들이 공영방송의 수신료 징수·운영 실태를 감시하고 통제할 수 있는 형태로 제도적 전환이 요구된다. 그렇게 되면 '수신료의 가치(value for money)'라는 슬로건을 내걸고 BBC 경영을 감시·규제했던 'BBC트러스트'처럼 수신료로 운영되는 공영방송에 대한 시청자 주권 역시 제고할 수 있을 것이다. 이러한 맥락에서 (가칭)수신료위원회[25] 같은 독립된 기구는 공영방송규제기구 설립이 쉽지 않은 상황에서 실질적으로 공영방송을 규율하고 투명성을 제고할 수 있는 대안이 될 수도 있을 것이다.

5. 맺음말

공영방송 문제를 해결하는 가장 이상적인 방법은 결국 공영방송을 국민 품으로 다시 돌려주는 것이다. 지금처럼 정치권력이 통제하

---

[25] 수신료위원회는 위원회의 결정이 국회의결에 상당한 구속력을 가질 수 있도록 구성과 운영방안에 대한 구체적 법제도적 장치들이 마련되어야 만할 것이다. 우선 수신료위원회의 구성에 있어 실질적인 전문성과 사회적 대표성을 담보할 수 있는 추천제도의 법제화가 필요하다. 즉, 명목상의 전문성과 대표성이 아니라 실질적으로 그런 인사들이 추천될 수 있도록 규정하는 것이다. 한 가지 방안으로 위원회 정수는 두 가지 요건을 갖추기 위해서는 다소 많은 11명으로 구성하되, 독일의 KEF처럼 전문성을 담보하기 위해 경영회계 전문가 5명 그리고 대표성을 담보하기 위한 위원 6명은 국회 추천 3명, 방송통신위원회 추천 3명으로 구성한다. 단, 전문가 추천은 정치적 영향력을 배제하기 위해 법적으로 추천단체나 기구를 구체적으로 명시하는 것이 바람직할 것이다. 예를 들면, 대표성을 가진 경영/회계 관련 학회, 방송/언론관련 학회를 법에 명시해 추천받도록 하고, 방송협회나 공인회계사협회 등을 지정하는 방법이다. 그리고 국회나 방송통신위원회에서 추천하는 위원들의 대표성을 담보하기 위해서 추천사유에서 구체적으로 어떤 분야를 대표하는가를 명기하도록 할 필요가 있다.

는 '통치도구'나 내부구성원들의 정치적·경제적 이익을 도모하는 '사유화된 도구'로부터 벗어나야만 한다. 그런 의미에서 공영방송 거버넌스 개혁이 절대 필요한 것이 사실이다. 하지만 정치권을 중심으로 논의되고 있는 공영방송 거버넌스 개편은 주로 '이사구성에 있어 여·야 안배 비율'과 '사장선출 방식 개선'과 같은 정파들의 이해득실에 초점이 맞추어져 있다. 때문에 여·야 정파 간 이해득실이 충돌하면서 바람직한 방안이 도출되기보다 허무한 정쟁에 그치는 일이 반복되어 왔다. 결국 핵심은 공영방송을 실질적으로 감시하고 견제할 수 있는 거버넌스 체계를 구축하는 것이다. 지금의 공영방송 이사회처럼 비상임 형태로 간헐적으로 보고받고 형식적으로 의결하는 방식으로는 공영방송 내부에 착근되어 있는 구조적 문제들을 알 수도 해결할 수도 없다. 물론 공영방송의 장기적 발전목표와 방안들도 도출될 수 없다. 결국 '실효성 있는 민주적 거버넌스'를 구축하기 위해서는 대표성과 다양성 그리고 전문성을 담보한 상시 기구 형태가 절대 필요하다 하겠다.

규제자와 피규제자의 관계는 너무 멀어서도 안 되고 가까워서도 안 되는 '불가근 불가원(不可近 不可遠)'이어야 한다. 하지만 지금의 공영방송 규제체계는 공영방송을 감시하기에는 현실적으로 한계가 많은 반면 공영방송사들의 이익과 관련해서는 정치적 이해득실과 연계되면서 지나치게 가까운 모습을 보여주고 있다. 어쩌면 필요한 부분에서는 매우 멀고 바람직하지 않은 부분에서는 너무나 가까운 이율배반적 상태라 할 수 있다. 이를 개선하기 위해서는 정파를 대신한 정쟁의 장으로 변질된 명목적인 이사회 형태를 벗어나 공영방송을 제대로 감시하고 규율할 수 있는 독립규제기구 설립이 필요하다. 물론 이 같은 제도가 가능하기 위해서는 정치권에 참여·공유·합의의 정치문화가 절대 필요하다.

'한 나라의 정치 수준이 곧 방송 수준'이라 할 수 있다. 그렇게 보면 우리 정치 수준에서 제대로 된 공영방송 제도가 정착되기를 기대하기는 쉽지 않아 보인다. 공영방송은 한 나라의 정치적·사회적·문화적 수준을 반영하는 제도라 할 수 있다. 더구나 지금 우리가 살고 있는 스마트미디어시대는 누구도 짧은 미래조차 내다볼 수 없을 정도로 미지의 시대다. 불과 20년 전 만해도 인터넷이 모든 매체들이 주도하고, 모바일 폰이 모든 방송영역을 지배하는 상황을 상상조차 할 수 없었다. '미디어벤처그룹'의 총책임자인 셸리 파머(Shelly Palmer)는 '텔레비전 붕괴(Television Disrupted)'라는 책에서 새로운 기술들에 대해 몇 가지 빗나간 예측들을 소개하고 있다. 1865년 당시 유력지인 Boston Post의 편집자가 '유선으로 목소리를 전달할 수 있다는 생각은 상식 있는 사람이라면 불가능하다는 것을 쉽게 알 수 있다'라고 했던 말과 1927년 '워너브러더스' 설립자가 '누가 배우들의 소리를 들으려고 하겠는가'라고 했던 일화를 소개하고 있다. 또 1977년 미국의 디지털장비회사 대표가 '누구도 각자 자기 집에 컴퓨터를 둘 이유가 없다'라고 했다든지, 1981년 빌 게이츠(Bill Gates)가 '누구에게나 640K 메모리만 있으면 충분하다'고 했던 말도 인용하고 있다. 그는 이 모든 빗나간 전망들은 미래의 기술을 패러다임 변화가 아닌 당시 봉착하고 있는 문제를 해결하기 위한 시각에서 보았기 때문이라고 지적하고 있다. 어쩌면 우리는 지금 낡은 아날로그 시대의 방송패러다임으로 미래의 공영방송을 논하고 있는 것은 아닌지 모르겠다.

3장
공영방송 재원과 경영

Ⅰ. 공영방송의 재원구조와 현황

1. 공영방송과 공적 재원

공영방송이 상업방송이 제공할 수 없는 공중이 필요로 하는 프로그램을 제공하기 위해서는 비상업적 재원이 가장 바람직하다. 그렇다고 국가예산처럼 정부로부터 직접 지원받는 것은 공영방송의 정치적 독립성이 위협받을 수 있다. 때문에 정치권력과 상업적 압력으로부터 독립된 공적 재원은 공영방송을 지탱하는 축이라고 할 수 있다. 그럼에도 불구하고 공영방송의 형태와 목적이 매우 다양한 것처럼 공영방송의 재원구조 역시 매우 복잡하고 다양한 것이 현실이다. 재원 형태를 가지고 공영방송을 구분하면, 순수하게 수신료를 재원으로 하는 '공공재원 방송(public-funded broadcasting)', 광고수입 같은 상업적 재원으로 운영되는 '상업적 공공서비스방송(commercial PSB)', 수신료와 상업적 재원을 함께 사용하는 '복합재원 공영방송(hybrid public broadcasting)' 등으로 나눌 수 있다(강형철, 2008). 하지만 이 중에 순수하게 수신료만으로 운영되는 공공재원 방송은 사실상 영국의 BBC, 일본의 NHK, 노르웨이의 NRK 정도다.

일반적으로 방송 재원은 크게 공적 재원(public resources)과 사적 재원(private resources)으로 구분할 수 있다(황근, 2015). 공적 재원에는 '공영방송 수신료'와 '정부 지원' 그리고 '기부금 혹은 공적 기금' 등이 있다. 이중에 공영방송수신료는 정치권력과 시장으로부터 독립되어야 한다는 공영방송의 이념에 가장 잘 부합되는 재원이다. 하지만 수신료의 법적 성격과 징수형태는 [표 3-1]에서 보는 것과 같이 나라마다 차이가 있다. 독일과 프랑스의 공영방송 수신료는 공영방송

서비스 제공을 위한 비용을 충당하기 위한 목적세 혹은 주민세 형태로 되어 있다. 영국은 TV수상기 보유자들을 대상으로 BBC이용 대가를 징수하는 '수신 허가료' 형식을 취하고 있다. 하지만 '수신 허가료' 역시 공영방송인 BBC 운영비로만 사용된다는 점에서 조세와 거의 차이가 없다.[1] 반면에 우리나라와 일본은 공영방송 이용자를 대상으로 공영방송 서비스 제공 대가를 지불하게 하는 '특별부담금' 형태로 되어 있다. 하지만 법적 강제력을 띄지 않는다는 것뿐이지 '특별부담금' 역시 조세의 한 형태라 할 수 있다.[2] 이와 달리 공영방송 이용을 원하는 시청자와 계약을 통해 수신료를 부과하는 방식도 있을 수 있지만 그런 방법을 적용하는 사례는 아직 없다. 하지만 공영방송 시청자가 급속히 감소하고 있고, 사실상 상업방송과 큰 차이가 없다는 점 등을 들어 계약방식으로 전환해야한다는 주장들도 제기되고 있다. 하지만 이는 사실상 공영방송의 민영화를 의미하는 것으로 공영방송의 본질을 벗어날 가능성이 높다는 점에서 바람직하다

---

1) 다만 '수신 허가료' 방식은 TV수상기 뿐 아니라 공영방송을 수신할 수 있는 모든 단말기에 대해 수신료를 부과할 수 있다는 점에서 차이가 있다. 최근에 TV수신이 인터넷이나 모바일 단말기로 급속히 이전해가면서 개별 단말기에도 수신료를 부과해야 한다는 주장이 제기되고 있다. 특히 광고수입 감소 등으로 재원구조가 악화되고 있는 상황에서 공영방송사들이 이러한 방법의 도입을 원하고 있다. 우리나라에서도 KBS가 모바일 단말기에도 수신료를 징수하는 방안을 모색 또는 검토하고 있지만 KBS수신료에 대한 기본적인 불신이 높은 상태에서 사실상 편법 수신료인상이라는 비판 때문에서 당분간 현실화되기는 어려워 보인다.

2) 특히 우리나라의 경우에는 KBS수신료가 한전의 전기요금에 병과하고 있어 개인이 지불여부를 선택할 수 없다는 점에서 사실상 조세와 동일하다. 물론 KBS를 시청하지 않거나 TV수상기가 없다는 것을 입증하는 자료를 제출할 경우에는 수신료가 면제될 수 있지만 사실상 현실적으로 거의 불가능한 것이 사실이다. 더구나 특별부담금 역시 다른 목적세와 마찬가지로 KBS와 일부 EBS를 지원하는 데만 사용할 수 있다는 점에서 사실상 조세와 동일하다고 할 수 있다.

고 볼 수 없다.

[표 3-1] 수신료의 법적 성격에 따른 구분

구분	성격	사용	부과대상	적용국가
계약	공영방송 이용 편의의 반대급부	공익적 프로그램	공영방송 이용자	·
조세	공공재 제공을 위한 비용 충당	공영방송 운영비용 전반	일반 국민	프랑스(목적세) 독일(주민세)
수신 허가료	행정비용에 대한 반대급부	행정절차에 따른 비용	TV수상기 보유자 또는 공영방송 이용자	영국
특별부 담금	공익사업 제공을 위한 비용 충당	공영방송 운영비용 전반	공영방송 이용자	일본, 한국

* 노기영(2008) 합리적 수신료 산정방안 연구. 방송통신위원회

　이와 달리 국가예산으로 공영방송을 직접 지원하는 정부보조(subsidy)방식이 있다. 하지만 대부분의 나라에서 공영방송에 대한 정부보조방식은 지극히 제한적으로 사용된다. 정부보조는 특수한 공익적 혹은 국가적 목적을 위해 직접 운영하거나 지원하는 방송사들을 대상으로 하는 경우가 많다. 우리나라의 경우 K-TV, 아리랑TV, 국회방송, OUN 같은 공공채널들에 대한 국고와 방송발전기금을 통한 지원이 여기에 속한다고 할 수 있다. 이외에도 국가가 직접 운영하지는 않지만 KBS 국제방송이나 사회교육방송, 교육방송인 EBS에도 국가가 일부 재정 지원을 하고 있다. 하지만 정부의 직접 재정지원은 정치적 통제 위험성이 있다는 점에서 최소화하는 것이 바람직하다. 미국의 공영방송인 PBS(Public Broadcasting System)는 의회가 지원하는 국가예산에 의해 운영되고 있다. 하지만 의회 다수당이 누가 되는가에 따라 예산지원이 크게 유동적이어서 정치적으로 매우 취약한 재원구조를 가지고 있다. 실제 공화당이 다수당이던 시절에 의

회예산 지원이 대폭 줄어들면서 PBS는 상당한 경영압박을 받았던 것이 사실이다.

또 다른 공적재원 형태로 '기부금' 혹은 '공적 기금'을 들 수 있다. 기부금이란 동일 혹은 연관 사업자와 방송과 무관한 개인/기업 등이 지원하는 재원을 말한다. '기부금'은 공영방송 제도가 발달하지 않은 미국에서 많이 활용되고 있다. 미국의 PBS는 의회가 지원하는 예산 이외에도 시청자들의 기부금으로 재원을 일부 충당하고 있다. 특히 의회 지원이 축소되면 기부금 비중은 상대적으로 커진다. 미국의 의회방송 C-SPAN은 아예 케이블TV사업자들이 가입자 1인당 정해진 액수를 지원하는 형태로 운영되고 있다. 성격은 조금 다르지만 각종 종교방송이나 해외 선교방송에 대한 신도들의 헌금형식의 지원도 일종의 기부금 형태로 볼 수 있다. 한편 '공적 기금'은 국가가 관련 혹은 동종 방송사업자들의 매출 중에 일부를 기금형태로 징수해 특정 방송사업자나 방송프로그램 제작, 방송환경 개선 등을 지원하는 재원을 말한다. 우리나라에서는 대표적으로 '방송통신발전기금'이 있다. '방송통신발전기금'은 신규 사업자의 출자나 기존 사업자의 매출액 중에 일부를 법에 정한 비율에 따라 징수하고, 방송콘텐츠 제작지원, 공익적 방송사업 지원, 난시청 해소 등 다양한 공익적 목적을 지원한다. 이외에도 특정 목적을 위해 해당 사업자와 국가가 공동으로 출자해 재원을 조성하는 다양한 형태의 기금들이 존재하고 있다(황근, 2015).

그렇지만 공영방송에 가장 적합한 재원은 수신료라 할 수 있다. 그 이유는 공영방송의 공적 책무를 수행하는 데 가장 적합하고, 재원 조달에 있어 안정적이며 체계적으로 운영될 수 있기 때문이다. 피커드(Picard, 2006)는 수신료를 '집합재원(collective funding)'이라고 규정하고 공영방송과 시청자간에 사회적 연대감을 형성하는 중요한 수단이라고 주장하고 있다.[3] 물론 논란이 없는 것은 아니지만 수신료는 법적 근거에 의해 운영되므로 정치적으로도 공정할 수 있다는 장점을 가지고 있다. 그렇지만 수신료는 국민적 동의와 합법적 절차를 거쳐야한다는 점에서 탄력적이지 못하다는 단점도 있다. 특히 우리나라처럼 공영방송을 둘러싼 정치적 갈등이 첨예한 경우에 수신료는 정쟁의 대상이 될 가능성이 높다. 더욱이 수신료 인상과 관련해서 KBS이사회와 방송통신위원회, 국회라는 3단계 의결절차를 거쳐야 하는 것도 큰 문제다. 이 기구들이 모두 정치 혹은 정치적 영향력으로부터 자유로울 수 없다는 점에서 수신료 문제는 항상 정쟁의 대상이 될 수밖에 없기 때문이다.

실제 KBS수신료는 1980년 신군부에 의해 월 2,500원으로 정해진 이후 한 번도 인상된 적이 없고, 수신료 인상 시도는 여·야간에 심각한 갈등만 유발했었다. 더구나 수신료 징수와 사용 주체가 모두 KBS라는 것도 공영방송으로서의 KBS 역할, 인상 명분과 액수 등과 관련해 적지 않은 비판이 제기되고 있다. 여기에 KBS의 방만한 경영과 투명성에 대한 국민들의 불신이 커지면서 수신료 제도 자체가 위협받고 있는 것도 사실이다. 최세경(2014)은 그동안 수신료인상이 실패를 거듭하게 된 원인으로 첫째, 공영방송인 KBS에 대한 사회의 신뢰 부족 또는 공공 기능과 역할 구현 측면의 비판적 인식 둘째, 공영방송이 수행하는 사회적 역할에 대한 시청자들의 부정적 평가 셋째, 공영방송을 둘러싼 정치권의 갈등을 지적하고 있다. 아울러 KBS가 상업적 재원인 광고수입에 크게 의존해왔고, 최근에는 콘텐츠 판매 및 유료방송 진출/콘텐츠 재활용 등을 통한 상업적 수익 증가에 대

---

3) 피커드(Picard, 2006)는 수신료는 ① 방송사의 소비자에게 방송활동의 비용을 직접 할당하고 ② 방송사와 수용자간의 상호호혜적 책임감을 창출하며 ③ 정부의 통제와 영향력으로부터 독립성을 확보하게 하여 공영방송과 시청자를 결속시키는 근거가 되고 공영방송의 공적 역할을 강제할 수 있는 출발점이 된다고 주장하고 있다.

해 상반된 평가까지 겹쳐지면서 KBS 수신료 문제는 중요한 방송정책 쟁점 중에 하나가 되고 있다. 물론 정치적 이해득실에 바탕을 둔 수신료 인상을 둘러싼 여·야간 정쟁은 수신료 문제를 왜곡시키는 가장 핵심적 요인이라 할 수 있다.

2. 우리 공영방송 재원 구조

공영방송의 재원 구조 역시 정의만큼이나 다양한 스펙트럼을 보이고 있다. 하지만 분명한 것은 '공영방송의 공익성은 공익적 재원에 근거할 때 가장 실현 가능성이 높다'는 주장이다. 광고수입 같은 상업적 재원에 대한 의존도가 높아지면 그만큼 방송의 공익성이 침해받을 가능성이 높기 때문이다. 그럼에도 불구하고 수신료만으로 재원을 충족하는 공영방송은 그렇게 많지 않은 것도 사실이다. 엄밀히 말하면 영국의 BBC나 일본의 NHK 정도를 제외하고 지구상에 수신료만으로 운영되는 공영방송은 거의 없다. 이러한 현상은 1장에서 설명한 공영방송의 위기현상을 보여 주는 것이기도 하지만 어쩌면 공영방송의 정체성과 관련해 태생적인 딜레마라고 할 수도 있다. '시청자로부터 소외받는 공익적 방송에 대하여 국민들이 조세와 같은 수신료를 지불하는 것이 타당한 것인가?' 하는 의문과 '상업적 재원으로 운영되는 공영방송이 과연 공익성을 담보할 수 있을 것인가?' 하는 의문은 상호 모순되지만 어느 것 하나 포기할 수 없는 목표일 수 있기 때문이다.

그렇지만 공영방송 재원은 모든 국민이 부담하는 수신료로 충당하는 것이 가장 이상적이다. 상업 광고와 정부 직접 지원에 대한 의존도가 높으면 공영방송이 추구하는 정치적·경제적 독립성을 담보하기 어렵기 때문이다. 국가가 공영방송의 재정적 독립을 보장해주어야 한다고 판결한 독일 헌법재판소의 제1차 방송 판결은 이 점을 분명히 하고 있다. 그럼에도 불구하고 현실적으로 수신료만으로 공영방송의 재원을 충족시키는 것은 결코 쉽지 않은 일이다. 때문에 많은 공영방송사들이 부족한 재원을 충당하기 위해 '준 상업방송 시스템(quasi-commercial system)'으로 변화하고 있는 것이 사실이다(Ledbetter, 1997). 영국의 BBC가 글로벌 서비스에 있어서만 상업적 수익을 인정하는 것은 그나마 양호한 것이라 할 수 있다. 더구나 최근에는 인터넷 모바일의 급속한 확산으로 다양한 미디어 서비스들과의 경쟁이 심화되면서 공영방송의 재원 압박이 더 심해지고 있다. 물론 이미 1990년대 후반부터 많은 공영방송들이 생존을 위해 상업방송과 제휴하는 사례가 크게 증가해 온 것은 사실이다. 때문에 공영방송이 상업화되는 것을 막기 위해 '유럽상업텔레비전방송연맹(ACT)'은 '공적 재원으로 운영되는 방송은 사회적 결속과 민주주의 가치관에 공헌하는 것이 주된 사명'이라고 규정하고, '공적 재원으로 운영되는 방송사들이 상업방송사가 제공하는 프로그램과 차별화되지 않는 것은 그 사명을 무시하는 것'이라고 경고한 바 있다.

이러한 세계적인 추세를 감안하더라도 우리 공영방송사들의 재원구조는 결코 바람직하다고 보기는 어렵다. 앞서 설명한 바와 같이, 우리 공영방송사들은 오랜 기간 정치권력의 통제아래 독점적 지위를 제도적으로 보장받고, 이를 근간으로 상업적 이윤을 누려왔다. 상업적 재원에 거의 전적으로 의존하는 MBC는 물론이고 국가기간방송인 KBS조차 아직까지도 전체 재원의 40% 이상을 상업광고에 의존하고 있다.[4] 최근 광고수입이 감소하면서 KBS, MBC를 포함한 지상파

---

4) KBS 전체 예산중에 광고수입 40% 수준은 이전보다 크게 낮아진 수치다. 그렇다고 KBS의 상업적 재원 의존도가 낮아진 것은 아니다. 20%를 차지하고 있는 기타수익은 KBS 본사에서 제작된 프로그램을 지상파방송 재전송이나 유료채널, 모바일, 인터넷 플랫폼 등에게 재판매해서 벌어들인 상업적 재원이고 이 비중이 점점 더 증가하고 있다. 이는 공영방송 KBS 프로그램들이 2차, 3차 창구에서의 이윤 극대화를 위해 더욱 상업화될 수밖에 없다는

방송사들의 재정적 위기에 대한 목소리가 커지고 있지만 여기에 대해서도 평가가 엇갈린다. 그 이유는 2004년 이후 지상파방송사들의 광고수익은 감소하는 추세이기는 하지만, 2008년 금융위기를 겪고 난 직후인 2009년부터 다시 흑자로 돌아섰고 2011년에는 엄청난 흑자를 기록하기도 했기 때문이다.[5] 때문에 지상파방송사들이 제기하고 있는 경영압박은 경영합리화나 구조조정 같은 자구적 방법을 통해서 충분히 극복할 수 있다고 보는 시각도 적지 않다. 1장에서 설명했던 2011년 방송통신위원회가 국회에 제출한 'KBS수신료인상안에 대

것을 의미한다. 즉, 유료방송 혹은 콘텐츠 시장에서 프로그램 판매 수익을 높이기 위해서는 결국 KBS 프로그램들이 상업적일 수밖에 없고 이로 인해 공익성이 위축되는 것은 마찬가지라고 할 수 있다.

5) 이렇게 광고시장 감소에도 불구하고 지상파방송사들의 광고수입이 널뛰기를 하는 이유는 우리 방송광고시장의 독특한 특성에 원인이 있는 것으로 보인다. 본래 광고는 기업의 상품판매 촉진이나 기업 이미지 제고와 같은 마케팅 활동의 한 수단이다. 하지만 우리나라 기업들의 광고는 언론매체와의 관계 특히 시사/보도 프로그램을 제공하는 언론사들과 우호적인 관계를 유지하는 매개체로서의 기능이 중요한 부분을 차지한다. 때문에 이른바 기업과 관련된 우호적인 보도 혹은 불리한 보도를 예방하는 이른바 '보험성 광고'의 성격이 짙다. 그러므로 각 기업이나 기관들은 보도영향력이 큰 유력 언론사를 중심으로 매년 광고예산을 편성한다. 그 결과 경제상황이 나빠지게 되면 전체적으로 광고예산을 줄이지만, 경제가 회복되면 주요 언론사를 중심으로 광고예산을 늘리게 된다. 때문에 경제상황이 나빠지면 전체적으로 방송광고 매출이 감소하다가 회복단계에 들어서면 보도영향력이 큰 매체부터 광고매출이 증가하게 된다. 물론 기업들이 광고효과를 고려하지 않는 것은 아니지만 이러한 이유 때문에 지상파방송사들의 광고 매출이 경기상황에 따라 널뛰기하는 것으로 보인다. 하지만 최근 들어 보도프로그램을 편성하는 종합편성채널이나 보도채널이 늘어나고 있고, 규제를 받지 않는 인터넷 언론들의 급증하면서 공영방송을 비롯한 지상파방송사들의 보도 프로그램 독점력이 약화되면서 광고매출 감소는 더욱 가속화될 가능성이 높다. 실제로 기성 언론사보다 인터넷 포털사업자들의 영향력이 커지면서 방송광고시장 특히 지상파방송사들의 광고시장이 급속히 줄어들고 있는 것이 현실이다.

한 방송통신위원회 의견서'가 대표적인 경우다.

 그렇지만 공영방송사들의 광고수입 같은 상업적 재원에 대한 높은 의존도는 방송의 공영성을 훼손시킬 수 있다는 것은 분명한 사실이다. 공영방송의 광고수입에 대한 의존도가 증가된다는 것은 쉬인 등(Suine et al., 1998)이 언급했던 공영방송과 상업방송 간에 동질화현상이 심화될 수 있다는 것이다.[6] 매년 다소간 차이는 있지만 '공영성평가지수(PSI: Public Service Index)'에서도 광고를 하지 않는 KBS 1TV를 제외한 모든 방송채널들의 평가가 비슷하게 나타나고, 심지어 KBS 2TV는 상업방송들보다도 낮은 평가를 받는 경우도 적지 않다. 이는 공영방송의 상업적 재원 확보 전략이 공영방송의 존립 자체를 위협하고 있다는 것을 보여주는 것이다. 이는 공영방송의 재원구조는 어떤 서비스를 최우선(priority)를 둘 것인가를 결정하는 중요한 기제라고 했던 로위와 베르그(Lowe & Berg, 2013)의 주장을 뒷받침하는 것이다. 물론 앞에서 지적한 것처럼 상업적 재원 구조는 공영방송 종사자들의 조직 이기주의를 만들어내는 원인이 되기도 한다.[7]

---

[6] KBS, MBC를 비롯한 지상파방송 3사의 프로그램은 거의 동일한 포맷을 가지고 동일한 시간대에서 경쟁하는 현상이 이미 오래전부터 고착되어왔다. 그러다보니 경쟁 방송사 프로그램과 차별화되지 않는 모방유사프로그램들이 일반화되고 있고, 최근에는 유료방송의 오락채널이나 인터넷 1인 방송 콘텐츠들을 본뜬 프로그램들도 점점 늘어나고 있다. 이는 상업화 경쟁으로 인해 공영방송과 상업방송이 동질화되는 대표적인 현상이라 할 수 있다.

[7] 이처럼 KBS가 광고수입을 고수하는 것은 2004년 이후 추진했던 네 차례 수신료 인상과정에서 광고재원을 완전히 포기하거나 공영방송에 적합 수준으로 줄이겠다고 한 적이 없다는 것에서 잘 볼 수 있다. 도리어 2011년과 2013년 수신료 인상안에서는 광고수입을 그대로 두고 수신료만 인상하고자 하였다. 이는 수신료인상이 KBS의 공영성을 강화하겠다는 명분과 달리 종사자 자신들만의 이익을 도모하기 위한 자사이기주의적 태도를 보여주는 단면이라고 할 수 있다. 이처럼 KBS의 조직이기주의적 태도에 대해 외부 시선이 좋지 않음에도 불구하고 이런 저런 명분을 걸고 광고축소는 절대 불가하다는 입장을 취하는 이유는 광고수익이 종사자들의 '성과급'의

이 같은 상업적 재원에 대한 공영방송사들의 집착과 과도한 의존은 공영방송 구조개혁을 힘들게 만드는 원인이 되고 있다. 최근 거의 대부분의 공영방송 개혁방안들이 현재의 재원 구조를 그대로 유지하면서 기능적 개선방안을 모색하는 절충적 미봉책에 그치고 있는 것도 이 때문이라 할 수 있다. '불투명한 공·민영 이원체제를 그대로 유지하면서 프로그램 내용 차별화를 통해 해결'하는 선언적 방안들이 제시되고 있는 것이다. 솔직히 재원문제와 연계된 공영방송 제도 개혁 방안은 2004년 당시 야당이던 '한나라당'이 발의한 '국가기간방송법' 정도라고 할 수 있다.[8] 물론 현재 우리 공영방송사들의 구조적 문제점을 해결하는 가장 좋은 방안은 재원구조를 개선하는 것이다. 하지만 공영방송 재원 문제는 공영방송사 만의 문제가 아니라 방송시장 전체 재원구조와 밀접히 연관되어 있고 특히 정치적 이해득실과도 무관하지 않다는 점에서 쉽지 않은 일임에 틀림없다.[9] 이

근거가 되고 있기 때문이다. KBS가 완전히 수신료로만 운영되게 되면, 광고 매출을 통한 추가 수익모델이 사라지게 되고 그렇게 되면 성과급 메리트가 사라지게 된다. 이러한 배경에서 KBS는 오랜 기간 경영진과 노조 간 합의에 의한 성과급 구조가 고착되어 왔다. 물론 최근 일부 폐지 혹은 축소되었다고 하지만 '복지카드', '특별 상여' 같은 다른 명목으로 지속되고 있다. 많은 공기업에서 만연되어 있는 종사자들의 이기주의가 깔려있다고 할 수 있다. 때문에 경제호황기에 광고판매가 늘어나 수익이 커지면 사원들의 성과급을 대폭 늘리거나 필요이상의 설비투자·장비구입 같은 도덕적 해이현상도 발생하고 있다. 반대로 경기가 나빠져 적자가 나면 이전에 합의해 놓은 임금인상률을 보전하기 위해 차입금을 늘려야하는 악순환이 반복되고 있는 것이다.

8) 이 법의 주요 골자는 국가기간방송(공영방송)인 KBS와 EBS의 이사회 구조를 여·야 균등하게 하고, 공영방송 재원중 에 광고수입이 30%를 넘지 못하도록 하는 것 등이다.

9) 2010년과 2011년에 추진된 KBS수신료 인상안을 둘러싼 여러 이해집단들 간의 갈등은 이러한 측면을 극명하게 보여주었다. 한마디로 경쟁매체들이 늘어나면서 KBS 수신료는 다른 매체들의 생존과도 직결된 문제가 된 것이다. 방송시장에서 절대 강자인 KBS가 수신료를 늘려 광고경쟁에서 이탈 혹

처럼 어쩌면 매우 단순한 것 같은 공영방송 재원 정상화가 제대로
실현되지 못하고 있는 원인인 것이다. 공영방송 개념 부재에서부터
정치적으로 독립되지 못한 거버넌스 그리고 수신료와 광고라는 이
율배반적인 재원구조가 복합적으로 얽히면서, 공영방송을 둘러싼 다
양한 이해집단들의 이해득실이 복잡하게 얽혀있기 때문이다. 때문
에 공영방송 재원 정상화는 공영방송을 정상화하는 방안으로서 뿐
아니라 우리 방송 전체를 재구조화하는 도화선이 될 수도 있다.

은 지분이 줄어들게 되면, 재원고갈에 허덕이고 있는 전체 미디어시장의
숨통을 트게 할 수도 있기 때문이다. 그렇게 되면 지상파재전송대가·프로
그램 공급 등 많은 쟁점들의 해법이 나올 수도 있다. 때문에 '수신료인상·
광고축소'는 상업적 지상파방송, 케이블TV를 비롯한 다채널 플랫폼, 채널
사업자와 신문 같은 이종 매체에 이르기까지 정도의 차이는 있지만 모든
사업자들에게 혜택을 기대할 수 있었다.
하지만 이 같은 KBS수신료의 복합적 성격이 도리어 수신료 인상을 어렵게
만들고 있는 것이 사실이다. 2011년의 수신료 인상시도는 새롭게 출범한
종합편성채널에 대한 광고특혜시비 이른바 '종편 종자돈' 시비에 휘말리면
서 야당의 강력한 반대에 부딪칠 수밖에 없었다. 그러나 실제 이사회에서
의결된 '광고유지·1,000원 인상안'은 KBS 광고축소에 기대를 걸었던 주요
신문사들의 강력한 반대에 봉착했다. 실제 1,000원 인상안이 방송통신위원
회에 제출되자, 조선·중앙·동아일보는 일제히 수신료 인상안에 대해 부정
적인 보도를 연일 내놓았다. 조선일보는 2011년 4월 22일 "방통위에서 수신
료 인상안에 대해 광고를 줄이려고 노력해야 한다"고 지적하고, "여당은 그
런 KBS에 한 해 2,200억 원을 더 안겨 주려한다"는 부정적 기사들을 대서특
필하였다. 중앙일보는 2011년 11월 22일 "이번에는 수신료를 챙기고 광고도
그대로 내보내겠다고 선언했다. 공익성과 상업성을 넘나들며 손쉽게 주머
니를 털고 제 잇속만 챙기겠다는 뜻 아닌가"라는 사설을 실었다. 동아일보
역시 "KBS가 한국의 방송문화를 대표하는 방송의 청정지대가 되려면, 광고
방송을 전면 폐지해 시청률에 얽매이지 않는 품격 방송을 내보낼 수 있도
록 시스템을 갖추어야 한다"는 불만 섞인 사설을 실은 바 있다. 이처럼 수
신료 문제가 정치적 이해득실과 연관되어 쟁점이 되는 것은 우리나라만의
현상이 아니다. 2008년 프랑스의 사르코지 대통령이 공영방송 광고폐지와
수신료 인상안을 추진하고자 했을 때, 야당은 여당이 자신들에게 우호적인
신문사들을 살리기 위한 의도라고 강력하게 반대한 바 있다.

3. 혼합형 재원 구조의 명암

우리 공영방송의 재원구조는 외형적으로 보면 '혼합형 재정방식'
이라 할 수 있다.[10] 특히 KBS는 수신료와 상업 광고 재원이 각각 절
반 정도를 차지하는 구조를 가지고 있다. '혼합형 재정방식'은 수신
료만으로는 부족한 재원을 상업적 재원들을 통해 충당할 수 있다는
점에서 재정적 안정성을 확보할 수 있다는 장점을 가지고 있다. 긍
정적으로 보면 안정적인 수신료 재원을 바탕으로 재정적 안정성과
탄력성을 유지할 수 있다고 평가할 수 있다. 또 광고수입을 늘리기
위해 경쟁력 있는 프로그램을 제작하고자 하는 구성원들의 동기를
진작시켜 조직의 경쟁력과 역동성을 유지·제고할 수 있다. 이외에도
정부와 정치권으로부터 영향을 받을 수밖에 없는 수신료에 대한 의
존도를 줄여 정치적 독립성을 담보할 수 있다는 이점도 기대할 수
있다.[11] 하지만 광고와 같은 상업적 재원에 대한 의존도가 높을 경
우 과도한 시청률 경쟁으로 인한 상업화, 프로그램 질 하락, 공익적
인 대안적 편성 약화 등 공영방송 목표에 적합하지 않은 부작용이

---

10) 여기서 공영방송이라 함은 KBS와 MBC 그리고 EBS를 의미할 수 있을 것이
다. 이미 앞에서 언급한 바와 같이 우리나라의 공영방송은 법적인 개념이
아니라 관념적으로 통용되고 있는 개념이다. 따라서 엄격하게 본다면 어
디까지가 공영방송인가에 대한 논쟁이 있을 수 있다. 재정적인 측면에서
본다면, MBC는 상업상 '주식회사 문화방송'이라는 민간기업으로 100% 상업
적 재원에 의해 운영되는 상업방송이라고 할 수 있다. 하지만 관념적으로
인식되어 온 것처럼, MBC를 공영방송으로 본다면 재정 측면에서 논의할
여지가 별로 없다. 그러므로 공영방송 재정 문제와 관련해서 혼합형 재정
구조라는 것은 KBS와 EBS만 포함된다. 그렇지만 여기서는 대표적인 공영
방송인 KBS만 주로 논의대상으로 하고자 한다.
11) 그동안 상업광고에 전적으로 의존해 온 MBC와 수신료 이외 광고 수입 의
존도가 높았던 KBS가 제기해왔던 논리 중에 하나가 '수신료에 전적으로 의
존하지 않고 광고수입을 병행하는 것은 정부의 정치적 통제로부터 독립될
수 있다'는 것이었다.

발생할 수 있다는 문제점을 지니고 있다. 실제로 그동안 KBS를 비롯한 우리 공영방송에 대해 가장 많이 지적되어 왔던 점이 프로그램 내용에 있어 상업방송과 차별화되지 않는다는 것이었다.

2000년 이후 KBS 재원구조를 살펴보면, 2004년 이후 감소하던 광고수입이 2009년 이후 다시 증가하는 것을 볼 수 있다. 다양한 매체와 플랫폼들의 등장으로 경쟁이 심화되고 있음에도 불구하고 2009년 이후에는 다시 흑자로 돌아섰고 2011년에는 사상최대의 흑자를 기록하기도 했다. 물론 2016년 이후 광고수입이 줄어들고 있기는 하지만 전반적으로 광고 매출규모를 유지하고 있는 것은 KBS가 다른 상업방송들과의 시장 경쟁에서 밀리지 않는다는 것을 의미하는 것이라 할 수 있다. 이는 오랜 기간 유지해온 독과점적 지위를 바탕으로 형성된 요소시장 독점력 때문이라 생각된다. 하지만 최근 방송환경이 크게 변화되면서 요소시장 독점에 근거한 시장지배력이 급속히 약화될 것으로 전망된다.[12]

---

12) 요소시장이란 방송제작에 필요한 인력, 기술, 인프라 같은 제작요소들을 의미한다. 지상파방송의 시장 독점력이 낮아진 시청점유율에도 불구하고 여전히 지속되고 있는 이유는 오랜 기간 독과점구조에서 형성된 방송 제작 요소들을 독점하고 있기 때문이라 할 수 있다. 실제 1990년대 이후 새로 방송시장에 진입한 신규미디어들이 방송시장 안착에 실패하고 고전한 이유는 이러한 지상파방송사들의 제작요소 독점력을 붕괴시키지 못했던 것에 원인이 있다. 특히 제작인력 요소가 가장 중요한 역할을 하였다. 1990년 SBS 진입 이래 1993년 지역민방과 1995년 케이블TV 도입 때 지상파방송 제작인력 등이 있었으나 초기 방송사업 자체가 고전하면서 이후 2000년 위성방송 이후에는 거의 이동이 이루어지지 않았다. 이러한 요소시장 독점력이 공영적 지상파방송사들의 시장 지배력을 유지하는 이유 중에 하나라고 할 수 있다. 하지만 2010년 CJ, jtbc 등으로 제작인력들의 이동이 확대되었고, 최근에는 중국 시장 등을 겨냥해 독립을 모색하는 인력들이 늘어나 이러한 독점력이 급속히 약화되고 있다. 특히 거대 제작비를 투자해 한국방송시장에 진입하려는 Netflix의 진입은 이러한 요소시장 붕괴를 촉진하는 계기가 될 가능성도 있다. 2016년 한국시장에 진출하면서 Netflix는 연간 2

KBS가 상업적 재원이 높은 비율을 차지하는 혼합형 재정방식을 가지고 있다는 것은 결과적으로 공영방송의 공익성을 훼손할 수 있다는 우려가 나오게 되는 이유다. 앞서 언급한 바와 같은 공영·민영 방송이 시장에서 경쟁한다는 것은 상업방송의 공익성을 제고시키기보다는 공영방송을 상업화시킬 가능성이 있다. 물론 이러한 상업적 재원구조가 공영방송 조직구성원들의 공적 책무의식을 약화시킬 수 있다는 것도 또 다른 문제점이다.[13] 때문에 그동안 시도되었던 재원 정상화를 명분으로 한 KBS수신료 인상은 지금의 왜곡된 방송구조를 유지하면서 KBS의 재원만 늘려주려 한다는 비판을 면하기 어려웠던 것이다. 공영방송 재원 정상화란 원칙적으로 공적 재원인 수신료가 주된 재원 형태로 변화되는 것을 의미한다. 때문에 광고축소 없는 KBS수신료 인상은 수신료와 상업적 재원을 모두 확보하겠다는 자사 이기주의를 반영하고 있다 할 수 있다. 이러한 불신을 불식시키기 위해서는 정치적 독립성이나 공정성 확보도 중요하지만 경영합리화와 투명성 제고를 통해 수신료 인상시도 때마다 제기되었던 '닭과 달걀' 논쟁에서 벗어나야만 한다. 이러한 문제들이 오래기간 고착되어 온 것들이고 또 일부는 재원이 정상화되어야 해결 가능한 측면도 있다는 점에서 단기간에 개선될 수는 없을 것이다. 때문에 공영방송 재원정상화와 구조개혁은 함께 해결되어야 할 문제라 생각된다. 물

조원의 콘텐츠 투자를 하겠다고 선언하였고, '옥자'를 필두로 본격적인 오리지널 콘텐츠 제작에 진출하였다. 2018년에 방송된 '미스터 션샤인'은 총 제작비 400억 이상을 투자한 것으로 알려지고 있다.

13) 2000년 이후 감사원, 국회 등으로부터 지속적으로 지적되고 폐지요구를 받아왔던, KBS의 퇴직금 누진제, 노·사간에 합의한 경영이익 발생 시 성과급 지급 등의 문제가 2010년에 와서야 개선된 것은 대표적인 사례라 할 수 있다. 아울러 수신료 인상논의에서 KBS노조를 비롯한 구성원들은 광고축소/수신료인상보다는 광고현행유지/수신료인상을 강력히 원했고, 이는 결국 KBS 수신료인상요구가 KBS구성원들만의 잔치라는 비판을 받게 되는 결과를 초래하였다(이 부분에 대해서는 황근(2012)을 참조할 것).

론 공영방송 재원 정상화는 단순한 재원문제를 넘어 공영방송 범주
설정이나 책무 등과도 밀접하게 관련되어 있다. 또한 방송 광고시장
에 축소되고 있는 상황에서 전체 미디어 시장에 미치는 영향도 함께
고려되어야만 한다. 이러한 맥락에서 공영방송 재원 정상화는 변화
하는 미디어환경에서 공영방송의 역할과 위상을 재정립하고 나아가
우리 방송구도를 근본적으로 재편하는 도화선이 될 수도 있다.

II. 공영방송 KBS의 경영 및 조직 평가

정치권에서 벌어지고 있는 KBS와 MBC를 둘러싼 갈등들을 살펴보
면 우리 공영방송 문제의 핵심이 정치적 독립성이라는 인식을 갖지
않을 수가 없다. 실제로 국민들 사이에는 우리 공영방송이 당면하고
있는 가장 큰 현안이 정치적 독립이나 보도공정성이라는 인식이 팽
배해있는 것이 사실이다. 그렇지만 보도공정성이나 정치적 독립을
두고 벌어지는 논쟁 이면에는 상업방송과 차별화되지 않은 공영방
송의 구조적 문제점들이 내재되어 있다고 할 수 있다. 오랜 기간 독
점적 지위에 안주해온 공영방송 종사자들의 조직 이기주의가 정치
권의 이해와 유착되어 공영방송의 비효율적인 경영구조가 자리 잡
고 있는 것이다. 실제로 KBS 수신료 인상 때마다 공영방송사들의 경
영실태는 항상 논란의 중심이 되어 왔다. 그런 의미에서 공영방송의
재원구조를 검토하기 위해서는 먼저 우리 공영방송의 경영 실태를
면밀히 분석해 볼 필요가 있을 것이다.[14]

---

14) 앞서 지적한 것처럼 우리나라에서는 법적 근거는 없지만 관념적으로 KBS
　　와 MBC 그리고 EBS를 공영방송으로 인식되고 있다. 이 중에 MBC는 감사원
　　의 감사대상도 아니고 수신료 지원을 받지 않으므로 국회의 결산심사도

1. KBS 경영 실태 분석

2000년대 이후 새 정권이 들어설 때마다 KBS 수신료 인상이 추진되었다는 전례에 비추어 조만간 또 다시 시도될 가능성이 높아 보인다. 이때마다 KBS는 방송시장에서의 경쟁이 심화되어 광고수입이 줄어들면서 경영압박이 커지고 있으므로 공영방송 정상화를 위해 추가재원 확보가 필요하다는 명분을 내세웠다. 특히 케이블TV, 위성방송, IPTV 같은 다채널방송사들의 시장지배력이 커지고 있어 경쟁에 필요한 재원은 급증하고 있는 반면 광고수입은 감소되고 수신료는 정체되어 있어 재정압박이 심해지고 있다고 주장해왔다.[15] 그렇지만 이에 대해서는 상반된 시각이 병존하고 있어 실제 KBS 재정상태가

받지 않고 있다. 때문에 그나마 경영실태를 파악할 수 있는 것은 감사원의 감사대상인 KBS와 EBS 뿐이다. 하지만 EBS는 규모도 적고 수신료 지원규모도 매우 적어 공영방송의 경영 실태를 평가하는 대상으로 적합하지 않다. KBS는 2004년과 2008년 그리고 2013년 감사원 감사결과를 통해 조직과 경영 실태를 파악할 수 있는 공개된 자료들이 있다는 점에서 여기서는 KBS 경영실태를 중심으로 서술하였다.

15) 이 부분 역시 상반된 평가가 있을 수 있다. 실제 유료방송시장에서 KBS N을 비롯한 지상파방송 계열 채널들이 시청률 상위권을 거의 점유하고 있어 유료방송 광고 시장을 지상파방송이 지배 혹은 주도하고 있기 때문이다. 그러므로 지상파방송의 광고수입이 줄어든 것은 유료방송의 지상파방송 계열 자회사 채널로 이전된 것뿐이라는 지적도 적지 않다. 이와 더불어 KBS미디어를 비롯한 지상파방송 콘텐츠 유통 자회사들이 유료방송 채널과 인터넷 VOD 사업자들에게 지상파프로그램들을 재판매하면서 수익을 올리고 있어 수익구조가 다변화되었을 뿐 지상파방송의 경영위기는 아니라는 평가도 있다. 실제로 최근 급성장하고 있는 유료방송 플랫폼들의 VOD 콘텐츠는 대부분 지상파방송 프로그램을 재활용하는 콘텐츠들로 궁극적인 수익은 지상파방송사들이라는 것이다. 여기에 최근 가입자당 월 480원까지 증가된 지상파방송 재송신 대가(Cost Per Subscriber)를 통해 적지 않은 수익을 올리고 있어 지상파방송사들의 경영위기나 재정 압박에 대해서는 KBS를 비롯한 지상파방송사들의 주장과 상반된 시각들도 적지 않다.

어떤지에 대한 면밀한 검토가 있어야 할 것이다.

1) KBS 수익구조

먼저 KBS의 수익구조를 살펴보면, 가장 호황을 누렸던 2002년에 1조3,217억 원에서 2015년에 1조5,943억 원으로 늘어나 20%이상 증가한 것으로 나타났다. 그렇지만 2016년에는 2008년 글로벌 금융위기 이후 처음으로 총수입이 하락하기도 하였다. 이는 다른 지상파방송사들과 마찬가지로 KBS 수익구조가 최근 들어 매우 불안정해졌다는 것을 보여주는 것이다. 구체적인 내용을 살펴보면, 수신료가 전체 수입에서 차지하는 비중이 2008년을 제외하고 지속적으로 30%후반대를 유지해 오다 2016년에 41.3%로 40%를 넘겼다. 반면에 광고수입 비중은 지속적으로 하락해 30% 수준으로 떨어졌다. 이처럼 수신료가 전체 수입의 40%를 넘고 광고수입이 30% 수준이라고 해서 KBS가 공영방송에 적합한 공적 재원구조가 되었다고 보기는 어렵다. 그 이유는 최근에 급증하고 있는 유료방송이나 인터넷 포털 등에 대한 콘텐츠 재판매, 재송신 대가 같은 기타수입 역시 상업적 수입이기 때문이다. KBS의 기타수입은 2010년에 20.1%에서 2016년에는 31.3%를 차지하고 있다. 이같은 기타수입 역시 공영방송의 공익성과는 거리가 있는 것이 사실이다. 그 이유는 기타수익을 극대화하기 위해서는 콘텐츠 재판매 등에 유리한 상업적 프로그램을 선호할 수밖에 없기 때문이다.

여기서 주목해야 할 것은 광고수입의 감소추세다. 사상 최고 광고수입을 기록했던 2002년 7,352억 원에서 2016년에는 4,207억 원으로 3,000억 원 이상 감소되었다. 이에 따라 광고 수입이 전체 수입에서 차지하는 비중도 2002년 55.6%에서 2016년에는 27.4%로 낮아졌다. 물론 이명박 정부시절 강력하게 추진했던 지상파방송 광고 확대정책[16]으로 2012년에 일시적으로 증가한 적도 있지만 전반적으로 하락 추세를 보이고 있다. 특히 2016년 정부가 지상파방송 광고총량제를 허용하고 간접광고/협찬광고 등에 대한 규제를 완화[17]했음에도 불구하고 모바일과 인터넷으로의 광고 이전 현상이 더욱 가속화되어 KBS 광고수입은 더 큰 폭으로 줄어들고 있다. 실제로 2016년에는 2015년 대비 800억 원 이상 줄어든 것으로 나타나고 있다. 이 같은 KBS 광고매출 감소 추세는 향후에도 더욱 심화될 것으로 보여 별도의 재원확보 방안이 마련되지 않는다면 경영 상태는 나빠질 가능성이 높다.

그런데 이 같은 광고매출 감소가 역설적으로 공영방송으로서 KBS의 재원구조를 건전하게 하고 있는 것처럼 보인다는 것이다.[18] 그렇

---

16) 이명박 정부가 설립한 방송통신위원회는 'GDP대비 1%이상'을 방송광고 목표로 설정하고 광고규제완화를 적극 추진하였다. 지상파방송 24시간 종일 방송 허용, 스포츠중계프로그램 가상광고와 간접광고 등을 허용하고 심지어 최시중 방송통신위원장이 광고주들에게 직접 광고 확대를 요청하기도 하였다. 이러한 지상파방송 광고규제완화 정책은 박근혜 정부에서도 지속되어 2014년에 '광고산업활성화위원회'라는 자문기구를 설치해 광고규제완화를 추진하였다. 문재인 정부 들어서는 아직 분명한 광고정책 방향이 밝혀지지 않고 있지만 방송통신위원회의 정책방향은 지상파방송 중간광고 허용을 추진할 것으로 보인다. 2018년 9월 방송협회가 중간광고 허용을 요구하는 성명을 낸 것은 이러한 정책추진과 무관하지 않은 것으로 보인다.

17) 2015~2016년에 방송통신위원회는 지상파방송 광고확대를 위해 다양한 정책들을 추진했다. 특히 2016년 초에 광고총량제를 실시하고 간접/협찬광고의 규제수준을 완화하게 된다. 그러면서 향후 중간광고 허용 등 지상파방송 광고확대 정책을 다른 매체와의 경쟁 상태를 감안해 단계적으로 추진할 것을 시사한 바 있다. 그럼에도 불구하고 지상파방송의 광고 매출이 지속적으로 하락하고 있고, 모바일/SNS의 광고매출을 급성장하고 있는 것이 현실이다. 때문에 기본적으로 광고경쟁력에서 차이가 나는 지상파방송의 광고확대 정책은 본질적으로 한계가 있을 수밖에 없다는 평가가 지배적이다.

18) 2014년 KBS는 수신료 인상을 추진하면서 방송통신위원회의 권고를 받아들여 광고수입을 전체 수입의 30%수준으로 낮추겠다고 밝힌 바 있다. 그런데 이 통계치를 보면 KBS가 별도로 광고를 축소하지 않더라도 30% 수준으로 낮아질 수 있다는 것을 보여주고 있다. 그러므로 KBS의 광고재원 의존도가 낮아진 것은 KBS의 공영성 제고를 위한 노력의 결과라기보다 광고시

지만 또 다른 형태의 상업적 재원인 기타수입 증가 추이를 보면 이러한 평가가 맞지 않음을 알 수 있다. 2002년에 1,046억 원으로 전체 수입의 7.9% 수준이었던 기타수입이 2016년에는 4,325억 원으로 전체 수입의 31.3%를 차지하고 있다. 이는 'KBS N'과 'KBS미디어' 같은 본사의 콘텐츠를 재활용하는 자회사의 수익이 증가한 것과 지상파재송신 대가 인상, 유료방송·인터넷·모바일에 대한 VOD 판매수익이 크게 늘어나고 있기 때문이다. 이처럼 기타수입의 증가는 KBS가 유료방송시장에서 경쟁력 있는 상업적 콘텐츠들을 더 많이 생산했다는 것을 의미하고, 이 역시 KBS의 상업화 추세가 더욱 심화되고 있음을 보여주는 것이라 할 수 있다.

2) KBS의 지출 구조

한편 KBS의 총비용은 2002년 1조2,186억 원에서 2016년 1조5,335억 원으로 30% 이상 늘어나 수입보다 증가폭이 더 높은 것으로 나타났다. 최고의 호황을 누렸던 2002년에 영업이익 1,173억 원, 당기 순이익 1,031억 원을 기록하였지만, 2015년에는 영업이익 -210억 원, 당기 순이익 75억 원으로 극단적으로 정반대의 모습을 보이고 있다. 그렇지만 2016년에는 2010년 이후 처음으로 16억 원의 영업이익과 248억 원의 당기 순이익을 냈다. 이는 지출을 줄이는 감축경영을 통해 이루어진 것으로 보인다. 전반적으로 KBS의 경영수지는 2002년 월드컵 특수로 당기 수익 1,031억 원을 기록한 이래 경기부침에 따라 널뛰기를 하고 있기는 하지만 지속적으로 악화되고 있다고 평가할 수 있다. 특히 국제금융위기로 광고매출이 급감했던 2008년에는 영업이익 935억 원 적자, 765억 원의 당기 순손실을 기록하였다. 그렇지만 이후 KBS는

___

장의 변화에 따른 자연적 결과라고 할 수 있다.

매출도 증가하면서 지출도 함께 증가하는 현상이 만연되고 있다. 수입 감소에 의한 경영압박도 문제지만 관성화된 지출 증가가 KBS 경영구조를 악화시킨 주된 원인이라는 것을 알 수 있다.

이러한 현상을 단적으로 보여주는 것이 급속히 경영이 악화된 2011년이다. 이해에 KBS는 전년 대비 747억 원의 수입이 증가하였지만 총지출 역시 1,144억 원 늘어나 결과적으로 651억 원의 영업적자를 기록하였다. 이는 수입 1조4,495억 원에 총 지출 1조4,060억 원으로 434억 원 흑자를 기록한 2010년과 대비된다. 한마디로 수익이 늘면 지출이 더 큰 규모로 늘어나는 구조적 문제점을 보여주고 있다. 때문에 4천억 원대 수준을 유지해오던 KBS의 총 부채가 2011년에 6,395억 원으로 2,000억이나 급증했고 2012년에는 최고 7, 216억 원에 달했다. 이 때문에 늘어난 단기 차입금에 대한 이자비용이 2012년 한해에만 약 128억 원이나 되었다. 한마디로 영업이익 만으로 이자비용을 감당하지 못하는 유동성이 급속히 악화되어 버린 것이다. 이와 달리 2013년 이후에는 영업이익이 매년 200억 원 이상 적자를 기록하였음에도 불구하고 당기순이익은 흑자를 내고 있고, 총 부채도 조금씩 감소해 2016년에는 5,873억 원까지 낮아졌다. 무엇보다 유동성 부채라 할 수 있는 금융차입금은 2012년에 2,651억 원까지 급등했지만 2015년에는 489억 원으로 크게 줄어들었고 2016년에는 유동성 부채가 완전히 없어진 것으로 나타나 통계적으로는 KBS의 경영구조가 크게 안정되었다고 평가할 수 있다.

이 같은 KBS 수입·지출과 관련된 추이는 KBS의 경영 압박이 그동안 KBS 스스로 주장해왔던 광고매출 감소 같은 수입 축소보다 더 크게 늘어난 지출 증가가 더 큰 원인이었다는 것을 보여주고 있다. 2011년에서 보듯이 경영실적이 좋아 수입이 증가하면 경영상태가 도리어 더 악화되고 있다. 이는 광고수입 증가 등으로 수입이 늘어나면 임금인상, 성과급 지급 등으로 다음 해에 지출이 더 큰 폭으로 늘어났기 때문이다. 실제로 2009년과 2010년에 많은 흑자를 기록하자 노사협약을 통해 2011년과 2012년에 연속적으로 높은 수준의 임금인 상이 이루어졌다. 하지만 2011년 이후 다시 적자로 돌아서자 차입금 을 통해 임금 인상분을 보전하면서 부채가 급증한 것을 볼 수 있 다.[19] 이는 경영실적에 따라 '성과급'이나 '임금인상'이 결정되는 전형 적인 공기업 형태의 공영방송 경영구조의 병폐를 그대로 보여주는 것이라 할 수 있다. 반면 2013년 이후에는 광고수입이 줄어들어 영업 이익은 적자를 기록했지만 지출비용을 줄이면서 부채가 줄어든 것을 볼 수 있다. 이는 KBS가 구조조정과 경영합리화를 통해 충분히 경영 상태를 호전시킬 수 있다는 것을 보여주고 것이라 할 수 있다.[20]

---

19) KBS는 2002년에 노사 간에 체결한 '특별성과급 지급기준 합의서'에 의해 매 년 세전 이익 500억~700억 원 미만이면 월 기본급의 100%, 700억~1,000억 원 미만이면 월 기본급의 150%, 1,000억 원 이상이면 월 기본급의 200%를 성과 급으로 지급하도록 하고 있었다. 하지만 2010년 노사는 '2010 단체교섭 관 련 합의서'를 통해 성과급 제도를 폐지하고 전 직원의 월 기본급을 1.5% 인 상하기로 합의하였다. 그 근거는 2002년부터 2010년까지 월 기본급의 400% 만큼 특별 성과급이 발생하였으므로 연 평균 50%를 기본급으로 환산하면 1.5%정도 된다는 것이다(감사원, 2017, 한국방송공사 기관운영감사 보고서 참조). 한국방송공사 기관운영감사 보고서 참조). 이로 인해 KBS는 향후 영 업이익과 무관하게 추가 임금을 부담하게 되었고, 그 결과 2011년 이후 지 속적 적자에도 불구하고 기본급에 포함된 사실상 특별성과급을 보전하기 위해 부채가 급증하게 된 것이다.

20) 여기서 주목해야 할 것은 KBS의 경영 상태는 몇 시기로 구분된다는 것이 다. 우선 2008년에 영업이익 -935억 원, 당기 순이익 -765억 원을 기록해 부 채가 4,835억에 달한 것은 글로벌 금융위기와 이전에 누적되어온 구조적 문제들이 결합되어 발생한 것으로 볼 수 있다. 하지만 2010년부터 2012년 사이에 KBS 경영상태가 더욱 급속히 악화되고 있다. 특히 이 기간 중에 KBS는 수입도 증가했지만 지출이 더 크게 늘어나면서 적자 폭이 커지고 부채가 급증하게 된다. 그렇지만 2013년부터는 영업이익은 적자를 기록하 고 있음에도 불구하고 부채가 감소하고 있는 것을 볼 수 있다. 한마디로 KBS가 구조조정 및 경영합리화를 모색한 시기라 할 수 있다. 이러한 현상 은 KBS의 경영 상태는 광고축소 같은 외부 요인들보다 경영진의 경영방침

[표 3-2] KBS의 경영수지 추이

(단위 : 억원)

구 분	2002년*	2008년	2010년	2011년	2012년	2013년	2014년	2015년	2016년
총수입	13,217	13,038	14,495	15,252	15,680	15,571	15,618	15,943	15,335
수신료	4,820 (36.5%)	5,468 (41.9%)	5,689 (39.3%)	5,779 (37.9%)	5,851 (37.3%)	5,961 (38.3%)	6,080 (38.9%)	6,258 (39.3%)	6,333 (41.3%)
광고	7,352 (55.6%)	5,326 (40.9%)	5,887 (40.6%)	5,987 (39.2%)	6,236 (39.8%)	5,793 (37.2%)	5, 223 (33.4%)	5,025 (31.6%)	4,207 (27.4%)
기타수입	1,046 (7.9%)	2, 244 (17.2%)	2,918 (20.1%)	3,468 (22.9%)	3,593 (22.9%)	3,235 (20.8%)	3,660 (23.4%)	4,180 (26.2%)	4,325 (31.3%)
총비용	12,186	13,803	14,060	15, 204	15,742	15,528	15,584	15,868	14,849
영업이익	1,173	-935	141	-651	-380	-274	-455	-210	16
당기순이익	1,031	- 765	434	48	-62	43	34	75	248
총부채	-	4,835	4,426	6,395	7,216	6,938	6,410	6,193	5,873
금융차입금	-	1,646	673	1,897	2,651	2,142	1,117	489	-

2. KBS 경영 악화 원인

이처럼 KBS 경영 악화의 주된 원인이라 할 수 있는 지출 증가를 좀 더 면밀히 분석해 볼 필요가 있다. 우선 KBS에서 주장하는 것처럼 방송시장에서의 경쟁이 심화되어 제작비 증가 같은 외부 환경이 나빠져 지출이 늘었다고 생각해 볼 수 있다. 아니면 방만한 조직구조나 경영비효율성 같은 내부 요인들이 원인일 수도 있다. 전자의 입장은 주로 KBS가 제기하는 것들로 디지털 전환, 제작비 증가 등으

과 구성원들의 요구에 어떻게 대응하는가에 더 크게 영향받고 있음을 보여주는 것이라 할 수 있다. 즉, 공영방송의 경영압박과 재정위기는 외부 요인보다 내부 요인이 더 크게 작동하고 있다는 것을 의미한다.

로 지출이 크게 늘어났다고 주장한다. 2013년에 KBS가 방송통신위원회에 제출한 '텔레비전방송수신료 조정(안)'을 보면, '2000년 이후 방송제작비가 약 2배 정도 상승해, 지금 같은 경영압박이 계속되면 좋은 콘텐츠를 제작할 수 없게 되고 경쟁력도 약화되어 공영방송으로서의 책무도 제대로 할 수 없을 것'이라는 점을 강조하고 있다. 실제 [표 3-3]에서 볼 수 있는 것처럼 2012년에 방송제작비가 갑자기 16.3%나 급증한 것을 볼 수 있다. 하지만 2013년에는 제작비 상승률이 -1.57%로 도리어 줄어들었고, 2014년 이후에도 3% 내외의 상승률만 보이고 있다. 이는 2013년 이후 사장교체 이후 경영효율화나 제작비 절감 등의 노력이 반영된 것이라고 볼 수 있지만 이것이 가능하다는 것은 제작비 상승으로 인한 경영 압박이 생각보다 심각한 수준이 아닐 수도 있다는 것을 암시하고 있다.

[표 3-3] KBS의 방송제작비 상승추이[21]

(단위 : 억원)

구분	2008년	2010년	2012년	2013년	2014년	2015년
방송제작비	8,931	8,767	10,196	10,036	10,338	10,582
상승률	–	-1.84%	16.30%	-1.57%	3.01%	2.36%

---

21) 이 통계치는 명확한 수치인가에 대한 추가검증이 필요한 부분이 있다. 다를 수 있다. KBS가 제시한 자료와 달리, KBS 홈페이지에 게시된 재무제표를 보면 방송제작비가 급상승한 것은 2011년 이후다. 즉, 2007년 총 방송사업비가 1조970억 원에서 2010년 1조940억 원으로 거의 차이가 없다. 다만 2011년 1조2, 200억 원, 2012년 1조2,700억 원으로 증가추세를 보이고 있다. 방송제작비 역시 비슷한 추이를 보이고 있다. 여기서 유의해야 할 것은 방송사업자는 회계 관리상 방송제작 관련 인건비도 방송제작비에 포함시킬 수 있게 되어 있어, 이것이 실질적인 제작비 상승인지 인건비 증가인가 알 수 없는 것도 문제다. 실제로 지상파방송사들의 제작부서 심지어 보도부서에도 비정규 계약직이나 파견직 직원이 적지 않은 수준이다.

그렇다면 KBS의 경영압박이 방송시장에서의 경쟁심화 같은 외부 요인들보다 방만한 경영, 불투명한 회계, 과도한 인력구조 같은 내부적 원인일 수 있다는 지적도 타당성이 있을 수 있다. 실제 2011년 2월18일 국회에 제출된 'KBS수신료인상안에 대한 방송통신위원회의 견서(2011)'를 보면 이러한 KBS 경영압박의 원인을 엿볼 수 있다.

"KBS는 '수신료 금액 동결, 광고수입 하락, 재원소요 급증'으로 인해 중기 수지전망 시 막대한 누적손실이 예상된다고 밝히고 있으며, 재원소요가 급증하고 있는 주요 사유로는 방송제작비의 급상승과 디지털 전환 비용의 압박이 가중되고 있기 때문이라고 언급하고 있습니다 … 그러나, KBS가 제시한 인원감축에 따른 인건비 절감('14년 말까지 4, 204명) 및 사업경비 10% 절감 등의 자구노력 방안은 수신료 인상과 관계없이 추진되어야 하며, 오히려 선행해서 추진해 나가야 할 사안입니다 … 기본운영에 따른 중기 수지전망에 KBS가 제시한 자구노력 방안을 반영하고, 수입 및 비용을 '10년 실적을 토대로 합리적인 방법으로 재추정할 경우, '10년부터 '14년까지의 중기 수지전망 상 누적손익은 종전 4,539억 원 적자에서 548억 원 흑자로 전환됩니다 … 광고수입, 협찬수입 및 콘텐츠수입 등은 '10년도 실적치를 사용하여 재추정 하였으며, 여기에 앞서 언급한 수신료 수입 재추정 분을 합산한 결과, '11~'14년까지 총 601억원의 수입 증가효과가 발생하는 것으로 재추정됩니다 … 이를 '10년 실적을 기준으로 하여 방송제작비 등을 재산정한 후 KBS가 제시한 자구노력 방안을 반영한 결과, '11~'14년까지 총 4,414억원의 비용 절감이 가능한 것으로 분석됩니다 … 이러한 결과는 KBS가 자구노력 방안을 시행할 경우, 수신료 인상 없이도 디지털 전환 등을 포함한 기본적인 방송사 운영이 가능하다는 것을 의미하는 것으로 해석할 수 있습니다."

이 같은 방송통신위원회 의견서 내용은 KBS 재정위기는 경영합리화나 구조조정 같은 내재적 해법을 통해 충분히 극복가능하다고 지적하고 있다. 이는 KBS의 경영 위기는 구성원들의 사적 이익 혹은 조직 이기주의가 더 큰 원인이라는 평가로 볼 수 있다.[22] 앞에서 설명한 것처럼 2013년 이후에도 영업이익은 지속적으로 적자를 기록하고 있지만 금융차입금이 대폭 줄어들고 있다는 것은 경영합리화를 통해 충분히 극복될 수 있음을 보여주는 것일 수도 있다. 때문에 KBS 재정위기 극복이라는 명목으로 상업광고 확대, 유료 채널 확장, 콘텐츠 재판매 수익 증가와 같은 상업적 재원 의존도를 높이는 것은 자칫 방만한 경영구조를 더 심화시켜 공영방송의 공적 성격을 더 위축시킬 위험성이 있다. 그러므로 상업적 재원을 줄이고 수신료 인상 같은 공적 재원을 확대하는 것이 KBS의 공영성과 경영 합리성을 제

---

22) 오래전부터 감사원, 국회 등으로부터 지속적으로 개선요구를 받아왔던, 과도한 인력구조, 성과급 지급과 같은 방만하고 비효율적인 경영문제가 좀처럼 개선되지 않고 있다는 지적이 여전히 반복되고 있다. 2013년 감사원 감사에서 재차 지적되었던 문제들이 2017년 감사결과에서도 그대로 반복되고 있는 것이다. 특히 2017년 감사원 감사결과에서는 단순히 개선되지 않는 수준이 아니라 편법 등이 이용되고 있다고 지적하고 있다. 감사원 보고서에서는 'KBS가 광고수입 감소 등 경영수지가 악화되는 상황에서도 효율적 경영을 위한 노력을 소홀히 하고, 일부 직원들의 도덕적 해이를 개선하지 않고 있다'고 지적하고 있다. 대표적인 사례가 2010년 노사합의에 의해 그동안 세전이익에 따라 지급해오던 특별성과급을 기본급에 반영하고 폐지하기로 했음에도 불구하고, 2017년 2월 '2016년도 임금 및 복리후생에 관한 합의서'를 통해 '1인당 정액 80만원 + 월기본금의 22%'를 특별성과급으로 지급하기로 하여 총 78억 원을 지급한 것이다. 이는 이미 기본급 안에 특별성과급을 포함한 상태에서 다시 별도의 특별성과급을 중복 지급한 것이라 할 수 있다. 이처럼 감사원이 지적한 KBS 조직과 구성원의 도덕적 해이 현상은 결국 KBS가 성과급의 근거가 되는 상업적 재원 즉, 광고수입에 대한 의존도가 높기 때문이다. 실제로 수신료 인상 시도 때마다 KBS노조를 비롯한 구성원들이 광고수입을 유지하면서 수신료인상을 원하는 이유가 바로 여기에 있다 할 수 있다. 때문에 KBS 수신료인상이 'KBS구성원들만의 잔치'라는 비판을 받고 있는 것이다.

고하는 유일한 방향이라고 할 수 있다.

3. KBS 재무구조 및 경영 효율성

1) 재무 구조 현황

2016년 기준으로 KBS 자산총액은 1조2,592억 원이고 부채 총액은 5,873억 원으로 부채비율은 46.64%다. 자산 총액은 2010년까지 1조원대 초반을 유지해오다 2011년부터 1조3천억 원대로 늘었다가 2014년 이후에는 1조2천억 원대로 낮아졌다. 반면에 부채는 2010년까지 4천억 원대를 유지하다 2011년과 2012년에 급증했다가 2013년부터는 다시 감소추세를 보이고 있다. 부채비율 역시 2008년 47.3%에서 매년 증가하다가 2013년부터 다시 감소하고 있다. 그렇지만 MBC의 총 자산 대비 부채비율이 13% 수준이라는 점을 감안하면 KBS의 부채비율은 매우 높은 수준이라고 하지 않을 수 없다. 흔히 기업의 우량성 평가기준으로 사용되는 '자기자본이익률(ROE, Return of Equity)'를 보면, 큰 적자를 기록했던 2012년은 예외로 하더라도 가장 좋았던 2009년에 11.3%에서 지속적으로 하락해 2014년에는 0.53%까지 낮아지고 있다. 물론 2015년과 2016년에 다소 상승하기는 하였지만 여전히 매우 낮은 상태가 고착되어 있다. 코카콜라나 펩시콜라 같은 초우량기업들의 ROE가 30% 수준에는 물론이고 일반적으로 우량 기업의 조건으로 인식되고 있는 15% 수준에도 크게 못 미치는 수치다.

매출액 대비 영업이익 비율 즉, '매출총이익률(profit margin ratio)' 역시 2009년 5.1%를 기록한 이래 지속적으로 하락해 거의 0% 수준으로 떨어졌다가 2016년에 3.6%로 다소 상승한 것으로 나타났다. 이 역시 일반 기업들에 비해 매우 낮은 수준이다. 일반적으로 '매출총이익률'이 20% 이상이면 장기적으로 경쟁력이 있는 기업으로 평가되고 있고, 10% 미만이면 매우 경쟁이 심한 사업이나 철수해야 할 사업으로 보고 있다. 여기서 주목할 것은 KBS의 당기 순이익은 경제상황에 따라 적자와 흑자가 극명하게 교차하는 극단적인 롤러코스트 양상을 보이고 있다는 것이다. 2000년대 초반 흑자기조가 2006년에 마감되고 2007년과 2008년 대규모 적자기조로 들어서고 있다. 이후 2009년과 2010년 경기회복과 자구노력으로 잠시 흑자로 돌아섰지만 2012년에 다시 큰 적자를 기록하고 있다. 이런 식의 적자·흑자가 급격히 교차하고, 흑자폭이 40억~700억 원대로 넓은 경우는 통상 사업자간 경쟁이 매우 극심하거나 회계에 문제가 있는 기업에서 나타나는 현상이다. 이에 비추어 볼 때, 공기업 형태라는 점을 감안하더라도 KBS의 경쟁력은 지극히 낮은 수준이고 불안정한 경영 상태라는 것을 알 수 있다.

[표 3-4] KBS 재무구조 변화 추이

(단위 : 백만원)

구분		2008	2009	2010	2011	2012	2013	2014	2015	2016
자산	유동자산	184,074	213,358	200,983	235,977	253,015	231,390	235,650	273,344	29,1954
	비유동자산	838,385	828,023	935,984	1,100,138	1,139,262	1,130,112	1,049,675	993,960	967,289
	자산총계	1,022,459	1,041,381	1,136,967	1,336,115	1,392,277	1,361,502	1,285,325	1,267,304	1,259,243
부채	유동부채	241,731	179,653	182,843	354,499	431,633	370,769	293,867	240,530	190,775
	비유동부채	241,785	251,107	259,723	285,037	290,006	323,031	346,285	378,751	396,569
	부채총계	483,516	430,760	442,566	639,536	721,639	693,800	640,152	619,281	587,344
자본	자본금	206,192	206,192	206,192	206,192	206,192	206,192	206,192	206,192	206,192
	기타	332,751	404,429	488,209	490,387	464,446	461,510	438,981	441,831	465,707
	자본총계	538,943	610,621	694,401	696,579	670,638	667,702	645,173	648,023	671,899
ROE/ 매출 총 이익 률	당기 순이익	-765억원	693억원	434억원	48억원	-62억원	43억원	34억원	75억원	248억원
	ROE*	-14.19%	11.35%	6.25%	0.69%	-0.92%	0.64%	0.53%	1.16%	3.69%
	매출 총이익률**	-5.9%	5.1%	3.0%	0.3%	-0.4%	0.3%	0.2%	0.5%	3.6%

* ROE(Return of equity) : 자기자본이익률 = 당기순이익/자기자본 x 100
** 매출총이익률 = 당기순이익/총매출액 x 100

한마디로 일반적인 기업 재무구조를 기준으로 하면 KBS의 재무구조를 장기적으로 존속하기 힘든 구조를 가지고 있다고 평가할 수 있다. 특히 비슷한 성격의 경쟁방송사인 MBC와 SBS와 비교해보면 이러한 점을 더욱 분명히 알 수 있다.

[표 3-5] 방송 3사의 당기순이익(순손실) 현황

(단위 : 억원)

구분	2006년	2007년	2008년	2009년	2010년	2011년	2012년	2013년	2014년	2015년
KBS	242	△279	△765	693	434	48	△62	43	34	75
MBC	402	1,143	28	746	975	1,174	801	386	111	723
SBS	554	542	77	238	38	580	289	267	-34	346

[표 3-5]에서 보는 것처럼, 흑자·적자가 롤러코스트를 타고 있는 KBS와 달리 MBC와 SBS는 2006년 이후 지속적인 흑자 기조를 유지하고 있다. 물론 이들 방송사 역시 2016년부터는 경영상태가 악화되고 있는 것이 사실이다. 그렇지만 KBS가 279억 원의 적자를 기록했던 2007년에도 MBC와 SBS는 각각 1,143억 원, 542억 원의 큰 흑자를 내고 있다. 더구나 KBS 경영구조가 급속히 악화되기 시작한 2011년에 MBC는 1,174억 원, SBS는 580억 원의 사상최대의 흑자를 기록했고, 2012년에 적자를 낸 KBS와 달리 두 방송사는 큰 흑자를 내고 있다. 사실상 우리나라의 지상파방송 3사가 공영성을 요구받는 유사한 방송사라는 점을 감안하면 KBS 만의 경영압박이나 재정 악화는 외적 원인보다 내부원인이 더 크다는 것을 보여주는 것이다. MBC의 매출규모가 8,900억 원에서 9,000억 원 정도를 가지고 매출총이익률이 10% 내외를 유지하고 있는 것을 보면, KBS의 경영구조가 얼마나 취약한 구조인가를 잘 보여준다.

물론 KBS가 국가기간방송으로서 상업방송들과 달리 다양한 공적 책무들을 부여받고 있고, 수익성과 무관한 공익적 프로그램들을 제작·편성해야하는 특수성을 무시할 수는 없다. 하지만 이러한 특수성을 감안하더라도 현행 KBS 경영구조는 위기인 것만은 분명하다. 그 원인이 방송시장에서의 경쟁심화 혹은 방만한 경영 어디에 있든지 KBS 재원구조나 경영방식에 있어 획기적인 개선이 필요한 것이 사실이다. 더구나 새로운 미디어들의 급증해 광고시장에서의 경쟁이 극심해지고 있고 상대적으로 지상파방송의 광고경쟁력은 점점 약화되고 있다. 그렇지만 한국방송시장에서 지상파방송의 광고경쟁력은 높은 여전히 것으로 평가되고 있다.[23] 그렇다고 KBS 경영압박 원인과 해법을 광고시장 혹은 광고정책으로만 접근해서는 안 될 것이다. KBS의 공적 재원구조를 확대하는 방안과 KBS 경영 효율화 같은 방법이 함께 진행되어야만 한다. 일부에서 제기되고 있는 광고규제완화 같은 상업적 재원 확대 방안은 공영방송으로서 KBS 경영구조를 건전하게 만들기보다 내부 구성원들의 도덕적 해이만 만연시켜 더욱 부실하게 만들 가능성이 높다.

2) 경영 효율성 평가

이와 같은 KBS 경영 상태를 좀 더 면밀히 살펴 볼 필요가 있다.

---

23) 최근 들어 지상파방송은 가격대비 광고효과가 상대적으로 낮은 매체로 평가되고 있기는 하다. 또한 IPTV를 비롯한 유료방송사업자들의 광고시장 점유율이 늘어나고 있는 것도 사실이다. 그렇지만 실제 광고시장을 들여다보면, 경제가 나빠지면 지상파방송 광고가 가장 늦게 영향을 받고 경제가 좋아지면 가장 먼저 영향을 받는다는 것이다. 그 이유는 우리나라 기업들의 방송광고가 상품판매촉진과 같은 마케팅 목적도 있지만, 보도를 포함하고 있는 여론 영향력이 강한 지상파방송사에 대한 이른바 '보험성 광고' 목적이 내포되어 있기 때문이다. 최근 종합편성채널들이 비교적 광고시장에서 선전하고 있는 것이나, 협찬광고가 많아지는 것도 이런 단면을 보여주는 것이라 할 수 있다.

우선 매출총액 대비 매출원가 비율을 살펴보면, [표 3-6] 'KBS 요약 재무제표'에서 보듯이 2008년 이후 매출 총액 대비 매출원가 비율이 85%~90% 정도로 매출대비 이익률은 평균 10%~15% 수준이다. 이 정도 비율은 일반적으로 사업자간 경쟁이 매우 치열한 상태이거나 비용구조가 높아 경쟁력이 취약한 사업자인 것으로 평가된다. 경쟁사업자라고 할 수 있는 SBS가 66% 수준이라는 점을 고려하면 KBS의 이 같은 수치는 경쟁 환경 악화 때문이 아니라 비용구조가 너무 높아서 발생한 것이라고 유추할 수 있다. 기업 효율성과 경쟁력을 가늠하는 또 다른 지표인 매출 총이익 대비 판매·관리비 비율을 보면, KBS가 90%~120% 사이로 '다소 나쁜 수준'으로 평가된다. 하지만 이 수치는 방송사업자의 방송제작과 관련된 인건비를 제작비에 포함시키는 (이상한) 회계 특성이 반영된 결과라는 점에서 그대로 받아들이기는 어렵다. KBS의 추정 인건비가 통상 4,400억 원 규모인 점을 감안하면, 제작비 중에 적어도 2,000~3,000억 원 정도는 사실상 인건비 성격의 예산이라고 볼 수 있다. 이렇게 실질적 측면을 감안해 KBS의 매출총이익 대비 판매·관리비를 계산하게 되면 그 수치는 2배 가까이 늘어날 가능성이 높다.[24] 그렇다면 경영효율성 측면에서 KBS 상태는 거의 파산 수준에 육박하는 200% 이상이 될 수도 있다. 더구나 매출액 중에 40% 정도가 사실상 원가가 0에 가까운 수신료 수입이라는 점을 감안한다면, KBS의 경영 비효율성이 어느 정도인지 잘 알 수 있다. 이런 문제점을 투명하게 밝히고 경영효율성을 제고하기 위해서는 수신료 재원과 광고 및 수익사업을 통한 매출을 분리해서 회계 처리하는 방법이 절대 필요하다 할 것이다.

---

24) 이와 관련해 SBS와 MBC는 홈페이지에 게시된 재무제표에 인건비 항목을 별도로 제시해주고 있다. 하지만 KBS는 아무리 찾아도 인건비가 도대체 얼마인지 어느 항목에서 지출된 것인지 알 수 없게 재무제표를 제시하고 있다. 이 역시 KBS의 경영불투명성을 잘 보여주는 부분이라 할 수 있다.

[표 3-6] KBS 요약 재무제표(2007년~2015년)

(단위 : 백만원, %)

	2008년	2009년	2010년	2011년	2012년	2013년	2014년	2015년	2016년
매출액	1,274,138	1,293,075	1,380,283	1,443,687	1,519,035	1,498,893	1,496,335	1,546,206	1,486,556
매출원가	1,141,152	1,045,322	1,120,979	1,255,152	1,300,203	1,275,531	1,301,201	1,323,794	1,250,062
사업총이익	132,986	247,753	259,304	188,534	218,832	223,362	195,134	222,412	236,494
판매·관리비*	226,463	226,690	245,152	253,626	256,827	250,737	240,656	243,469	234,914
인건비 급여	37,071	36,694	50,511	54,325	54,169	55,538	54,873	56,550	61,414
인건비 퇴직급여	6,095	7,608	6,109	8, 197	6,762	6,706	6,183	7,798	6,704
인건비 일반복리	16, 283	18,110	5,021	4,618	4,822	4,834	4,976	4,770	6,353
사업이익(손실)*	-93,477	21,063	14,152	-65,092	-37,994	-27,376	-45,521	-21,057	1,580
사업외수익	29,648	57,685	69,170	81,497	48,983	58, 258	65,483	48,106	46,927
사업외비용	12, 205	9,446	39,294	11,223	17,237	21,500	14,954	14,167	14,679
법인세비용	509	-12	613	399	–	5,055	1,581	5,392	9,026
당기순손실***	-76,544	69,315	43,414	4,783	-6,248	4,328	3,426	7,490	24,801
매출원가/매출액	89.56%	80.84%	81.21%	86.94%	85.59%	85.10%	86.96%	85.62%	84.09%
사업총이익/매출액	10.44%	19.16%	18.79%	13.06%	14.41%	14.90%	13.04%	14.38%	15.91%
판매·관리비/사업총이익	170.29%	91.50%	94.54%	134.53%	117.36%	112.26%	123.33%	109.47%	99.33%

* 판매·관리비의 경우 급여, 퇴직급여, 일반복리를 제외한 항목은 표기하지 않음
** 사업이익(손실) = (사업총이익 – 판매·관리비)
*** 당기순손실 = (사업손실 + 사업외수익 – 사업외비용 - 법인세비용)

3) 경영 투명성 문제

KBS 경영 실태에 대해 오랫동안 가장 많이 지적되어온 문제는 경영 불투명성이라 할 수 있다. 물론 KBS 경영실태를 감시하는 제도적 장치가 없는 것은 아니다. KBS 자체 경영평가를 비롯해 국회 수신료 결산 심사, 감사원 감사 등 다양한 감시·평가 장치들이 존재하고 있다. 하지만 대다수 국민들은 KBS의 경영·회계 상태에 대해 거의 알

지 못하고 있는 것이 현실이다. 더구나 KBS가 공영방송의 독립성이라는 명분으로 외부 견제나 감시에 부정적인 태도를 보이고 있는 것도 이를 어렵게 만드는 이유다. 이 때문에 사실상 KBS 경영·회계와 관련된 중요한 부분들은 거의 외부에 공개되지 않고 있다. 특히 오랫동안 지적받아 온 고임금구조나 사원후생복지 관련 내용은 노사 합의에 의해 더욱 은밀히 추진되는 경우가 많다. 2013년과 2017년에 KBS 경영실태에 대한 감사원 감사결과는 매우 충격적인 것들도 적지 않다. 이전 감사에서 누차 지적되었던 사항들이 아직까지도 거의 개선되지 않고 그대로 지속되고 있거나 다른 명목으로 반복되고 있는 것이다.

KBS의 회계 불투명성을 상징적으로 보여주는 사례가 KBS 홈페이지에 공시되어 있는 '연간 수입·지출 요약표'에 제시된 인건비와 '재무제표' 상에 존재하는 인건비가 일치하지 않는다는 것이다. 연도별 총 지출 총액과 내역은 동일함에도 불구하고 인건비가 차이나는 것은 '수입·지출 요약표' 상의 인건비 중 일부가 '재무제표' 상의 판매·관리비(급여, 퇴직급여, 일반복리, 후생비 등)에 포함되지 않고 매출원가(방송제작비)에 포함되어 있기 때문이라 할 수 있다. 이는 2012년에 개정된 '방송통신위원회 훈령 124호'에서 '방송사업 재무회계 손익계산서' 작성에 있어 방송제작을 위해 필요한 인건비는 매출원가 항목에 포함하도록 하였기 때문이다. 즉, 제작 인건비의 경우 판매·관리비 내의 급여와 관련된 항목에 포함하지 않고 매출원가에 포함하도록 하고 있다. 2012년을 예로 든다면, KBS 직원 평균연봉은 92,758,000원으로 2012년 직원 수 4,830명의 인건비 총액을 계산하면 448,021,140,000원으로 KBS가 제시한 수입·지출 요약 표상의 인건비와 근접한 수치가 나온다. 그렇지만 2012년도 '재무제표' 상의 급여 관련 금액을 모두 계상해도 69,789,879,892원으로 378,231,260,108원의 차이가 난다. 이러한 차이는 제작(프로그램, 세트 등)을 위한 인건비(노무비)를 매출원가에

포함되어 계상된 것으로 추정할 경우 총액이 완전히 일치하지는 않
시만 거의 비슷한 수치가 나온다([표 3-7] 참조).

[표 3-7] KBS 공시 연간 지출 내역 및 항목 비교수입 지출 현황과
재무제표 비교

(단위 : 백만원)

구분		2008	2009	2010	2011	2012	2013	2014	2015
수입·수출 요약표 (홈페이지)	사업비	780,018	678,812	754,566	870, 212	909,940	880,527	909,241	923,913
	인건비	414,050	420,957	421,490	442,827	448,763	454,847	449,776	460,730
	경상운영비	173,547	172,242	190,074	195,739	198,327	190,894	182,839	182,620
	차기이월								
	기타	12,714	9,434	39,908	11,623	17, 236	26,555	16,536	19,559
	합계	1,380,329	1,281,445	1,406,038	1,520,401	1,574,266	1,552,823	1,558,392	1,586,822
재무제표	매출원가	1,141,152	1,045,322	1,120,979	1,255,152	1,300,203	1,275,531	1,301,201	1,323,794
	판매·관리비	226,463	226,690	245,152	253,626	256,827	250,737	240,656	243,469
	급여	37,071	36,694	50,511	54,325	54,169	55,538	54,874	56,551
	퇴직급여	6,095	7,608	6,109	8, 197	6,762	6,706	6,183	7,798
	일반복리	16,283	18,110	5,021	4,618	4,822	4,834	4,976	4,770
	후생비	2,125	2,170	3,135	4,553	4,037	3,344	3,522	3,690
	사업외비용	12,205	9,446	39,294	11,223	17,237	21,500	14,954	14,167
	법인세비용	509	-12	613	399		5,055	1,581	5,392
	합계	1,380,329	1,281,446	1,406,038	1,520,400	1,574,267	1,623,245	1,627,947	1,659,631

* 지출 현황 합계 비교의 경우 십만 단위에서 반올림 한 수치로, 약간의 차이가 있을 수 있음
** 판매·관리비의 경우 인건비 관련 내역만 표상에 표기함. 판매·관리비 총액의 경우 인건비
관련 내역 이외에도 전산, 임차, 위탁징수, 회의, 판매촉진 등 다양한 항목이 포함되어 있음
*** '방송통신위원회훈령 124호'에 따라 방송프로그램 제작을 위한 인건비는 매출원가에 포함하
고 있음

이러한 회계공지 방식이 불법이라고 할 수는 없지만 회계를 공개
하는 이유가 공영방송 KBS의 경영실태를 국민들이 쉽게 알 수 있도
록 하겠다는 목적에 있다는 점을 비추어 볼 때 결코 바람직하다고

볼 수 없다. 더구나 KBS 뿐만 아니라 많은 공기업들의 방만한 경영의 핵심이 고임금 구조에 있다는 점을 감안한다면, 이 같은 편법회계공지가 가능한 제도는 시급히 개선되어야 할 것이다. 특히 이처럼 제작인건비를 제작비에 포함시키는 것은 우리 방송사들의 '비정규고용계약직'을 만연시키는 편법고용의 원인이 될 수 있으므로 시급히 개선되어야 할 것이다. 그런데 여기서 한 가지 지적해야 할 점은 MBC는 물론이고 상업방송인 SBS까지도 공시자료에 제시하고 있는 별도 인건비 항목을 KBS만 제시하지 않고 있다는 것이다. 어쩌면 KBS의 경영·회계 불투명성을 상징적으로 보여주는 것이 아닌가 싶다.

4. 기형적 인력구조 및 고임금 문제

1장에서 설명한 바와 같이, 공영방송의 조직위기는 공적 소유구조로 인한 조직 비효율성에서 비롯된다. 때문에 공영방송의 조직 비대화는 우리나라 뿐 아니라 많은 나라의 공영방송에서 항상 논란이 되고 있는 문제다. 특히 20세기 후반부터 몰아닥친 '민영화', '탈규제', '경쟁' 같은 신자유주의 기조 때문에 공영방송 조직의 비효율성은 중요한 정책 현안이 되어 왔다. 그렇지만 공영방송의 방만한 조직 문제는 '동전의 양면' 혹은 '닭과 달걀' 논쟁처럼 쉽게 실마리를 찾을 수 없어 끝없는 논쟁으로 이어지는 경우가 많다. 더욱이 디지털 스마트 미디어 시대에 들어서면서 비대해진 공영방송조직에 대해 근본적인 한계를 지적하는 주장들도 나오고 있다. 오랫동안 공적 독점구조 아래서 고착된 비효율적인 관료적 조직행태와 창의성 결여 같은 문제들은 공영방송으로 하여금 새로운 디지털 융합형 매체들과 경쟁하기 어렵게 만들기 때문이다. 더구나 우리처럼 공영방송이 정치권력과 유착관계를 통해 제도적·경제적으로 독점적인 지위를 보장받아온 경우에는 문제가 더욱 심각할 수도 있다.

1) '가분수형' 인력구조

KBS의 인력구조와 임금구조 문제는 오래전부터 지적되어 온 문제다. 2005년 처음으로 수신료 인상을 추진할 때 가장 많이 지적된 문제가 KBS의 비대해진 조직과 고임금 구조였다. 물론 2000년 이후 KBS가 인력 규모를 지속적으로 감축해왔지만 방만한 임금 및 후생복지 문제는 여전히 개선되지 않고 있는 것이 사실이다. 2013년 감사원 감사결과는 수차례 지적과 개선요구에도 불구하고 KBS의 조직 및 임금구조가 크게 변화되지 않고 있음을 그대로 보여주었다. 2004년 감사에서 지적되었던 퇴직금 누적제 폐지, 휴가축소 등 일부 문제들이 개선되기는 했지만, 자의적 성과급 지급, 고위직 인력 과다, 편법에 의한 임금인상 등은 개선되기는커녕 도리어 더 심화되고 있는 것으로 나타났다. 특히 2017년 감사원 결과는 이러한 것들이 다른 편법으로 지속되고 있다는 것을 지적하고 있다. KBS 전체 종사자 숫자는 지난 10년간 꾸준히 감소되어온 것이 사실이다. 2008년 총 6, 212명에서 2017년 7월1일 기준 4,602명으로 1,610명이 줄어들어 74.1% 수준이다. 이러한 KBS의 방만한 조직과 인력구조의 문제점들을 [표 3-7] 내용을 중심으로 살펴보면 다음과 같다.

첫째, KBS 인력구조는 관리직급과 1~7급까지 총 8개 직급으로 나누어져 있다. 여기에 2급은 갑/을 두 직급으로 다시 분류되어 세부적으로는 총 9개 직급이 있다고 할 수 있다. 이 중에 팀장급 이상의 보직을 맡을 수 있는 2직급 이상을 상위직급으로 별도 관리하고 있다. 감사원은 2008년과 2013년 두 번의 감사결과를 통해 2직급 이상 상위직급 정원을 별도로 정하고 인원을 감축해나갈 것을 요구하였다. 하지만 [표 3-8]에서 보는 것처럼, 2직급 이상 상위직급 정원은 지난 10년간 도리어 더 증가해 전체 인력에서 차지하는 비중이 2008년 47.2%에서 2017년에는 60.1%로 크게 늘어났다. 특히 상위직급 증가 현상에 대해 2013년 감사에서 낮출 것을 강력히 권고하였지만 2017년 감사결과는 도리어 그때보다 더 늘어난 것으로 나타났다. 이는 정부산하의 시장형·준시장형 35개 공공기관 평균치 25.9%보다 훨씬 높은 것은 물론이고 상위직 비율이 40%를 넘는 '한국관광공사'와 '한국전력기술주식회사'보다도 높은 수치다. 이는 2008년 감사 지적사항에 따라 인력 15% 감축을 목표로 KBS가 주로 하위직급 인력을 아웃소싱하거나 신규채용을 줄이는 방식을 사용했다는 것을 의미하는 것이다. 그 결과 현재 KBS 인력구조는 고위직 종사자가 전체 직원의 60%를 상회하는 전형적인 '가분수형 인력구조'라 할 수 있다.

이에 그치지 않고 편법으로 고위직 숫자를 늘렸다는 점이 더 큰 문제다. 감사원은 2직급에서 5직급까지의 정원을 통합 관리하도록 하고 있는 직제규정을 개정해야 한다고 요구했지만 실제 전혀 지키지 않았다고 지적하고 있다.[25] 도리어 3직급과 2직급 을 인력 중에 일정비율을 2직급 을과 갑으로 승진시키면서 편법으로 고위직 인력을 증가시킨 것이다. 실제로 2013~2017년 4년간 2직급 을 승진대상자 중에 24.4%가 2직급 갑으로 승진하였고, 3직급 승진대상자 중에 39.9%가 2직급 을로 승진하였다. 그 결과 2직급 갑 인원은 2008년 1,229명에서 2017년에는 1,800명으로 크게 늘어났고, 반면에 2직급 을 인원은 같은 기간에 851명에서 579명으로 줄어들었다. 결과적으로 2008년 총 39.9% 수준이었던 2직급 비율이 2017년에는 51.7%로 급증했다. 이 기간 중에 KBS 전체 종사자가 600명 이상 감축되었다는 점을 감안한다면 2직급 특히 갑 인력의 증가는 전형적인 방만한 경영을 상징적으로 보여주는 것이라 할 수 있다.

---

25) 2017년 감사원 감사결과 보고서를 보면, 2015년 12월 국회 KBS결산승인 심의회에서 이러한 감사원 조치사항을 재차 확인하였지만, KBS에서는 이를 무시하고 4차례의 직제 규정에서도 전혀 이를 개선하지 않았다고 밝히고 있다.

[표 3-8] KBS 직급별 인원현황

(단위 : 명)

직급			2008년	2009년	2010년	2011년	2012년	2013년	2014년	2015년	2016년	2017년
상위직	1급 이상 (관리직급 1직급)		379	384	375	386	387	373	342	317	362	386
	2직급	갑	1,229	1,266	1,308	1,386	1,468	1,533	1,593	1,635	1,719	1,800
		을	851	960	1,019	986	890	790	697	625	589	579
		소계	2,080 (39.9%)	2,226 (43.7%)	2,327 (46.8%)	2,372 (49.1%)	2,358 (49.0%)	2,323 (49.6%)	2,290 (49.7%)	2,260 (49.9%)	2,308 (50.1%)	2,379 (51.7%)
	합계		2,459 (47.2%)	2,610 (51.2%)	2,702 (54.3%)	2,758 (57.1%)	2745 (57.0%)	2,696 (57.6%)	2,632 (57.2%)	2,597 (57.3%)	2,670 (58.0%)	2,765 (60.1%)
3 ~ 7직급			2,753 (52.8%)	2,486 (48.8%)	2,271 (45.7%)	2,072 (42.9%)	2,067 (43.0%)	1,986 (42.4%)	1,972 (42.8%)	1,933 (42.7%)	1,934 (42.0%)	1,837 (41.0%)
계			5,212	5,096	4,973	4,830	4,812	4,682	4,604	4,530	4,604	4,602

* 감사원 자료(2007 ~ 2017) 및 KBS 공시자료(2013, 2017) 참조
** 2017년은 7월 1일 기준
*** 2016년과 2017년 통계는 임금피크제 적용 대상 정년연장자 포함

둘째, '가분수형' 인력구조는 KBS의 경영에 큰 부담이 되고 있다는 것이다. 전체 종사자 중에 고위직이 많아진다는 것은 결국 임금 부담이 커진다는 것을 의미하기 때문이다. 2016년을 기준으로 2직급 갑과 2직급 을의 연평균 보수는 각각 1억2,200만원, 1억700만원으로 3 직급 8,200만원, 4직급 6,000만원과는 차이가 크다. 따라서 3직급 이하가 줄어들고 2직급 특히 2직급 갑 인력이 늘어났다는 것은 그만큼 인건비 부담이 커진다는 것을 의미한다. 2013년 감사원 감사에서 KBS 상위직 인건비가 전체 인건비 중에 57.8%(261,068/451,957백만 원)[26]를

26) 앞에서도 언급한 바와 같이, KBS 수입지출현황에는 KBS의 인건비를 448,763 백만 원이라고 공시하고 있다. 하지만 재무제표에서는 인건비를 별도 항목으로 하고 있지 않아 도저히 추정할 수 없다. 때문에 448,763백만 원이라는 인건비는 1인 평균 인건비 92,758천원에다 총인원 4,830명을 곱한 값이라고 추정할 수 있을 뿐이다. 이는 KBS 인건비 지출 내용이 어느 항목에서 얼마나 지출되는지 도저히 알 수 없는 폐쇄적 구조라는 것을 보여 준다.

차지하고 있고, 이 때문에 인건비 부담이 가속화되고 있다고 지적하고 있다. 2013년보다 상위직 종사자가 수적으로도 늘어났고 비율도 더 늘어난 것을 감안하면 인건비 부담이 더 커진 것은 당연한 현상이다.

이러한 인건비 증가는 결국 KBS 경영을 더욱 악화시키게 될 것이라는 것은 너무도 자명한 일이다. 앞서도 지적한 바와 같이, KBS 경영수지는 2013년 이후 지속적으로 악화되어 왔고, 인건비 부담은 이처럼 악화되고 있는 KBS의 재정 상태를 더욱 악화시키고 있는 것이다. 특히 [표 3-8]에서 2급 이상 상위직급 인력이 급속히 늘어난 2009년부터 2011년을 주목할 필요가 있다. 상위직 비율이 2008년 47.2%에서 2009년 51.2%, 2010년 54.3%, 2011년 57.1%로 지속적으로 늘었다. 같은 기간에 2직급 인력도 39.9%에서 49.1%로 10% 가까이 늘었다. 그런데 2010년 KBS 부채는 4,426억 원에서 2012년에 최고 7,216억 원으로 2,800억 원 가까이 급상승했다. 그런데 2009년과 2010년에 KBS는 693억 원과 434억 원의 흑자를 기록했다. 때문에 2년 연속 큰 흑자에도 불구하고 부채가 늘어난 이유가 과도한 인건비와 복리비의 증가에 있고 그 원인 중에 하나가 상위직 종사자 증가라는 해석도 가능하다. 또한 2012년 이후에 긴축 경영을 통한 흑자경영에도 불구하고 부채가 크게 줄지 않는 이유가 바로 늘어난 상위직 비중 때문에 인건비에 대한 부담이 줄지 않았기 때문이라고 볼 수도 있다. 그렇다면 2013년 이후 추진된 긴축경영은 부동산 처분 같은 자산 감축이나 제작비와 일반 관리비를 줄이는 방법이 주를 이루었을 것으로 추측된다. 이는 결국 고위직 증가로 인한 인건비 부담이 KBS 콘텐츠 경쟁력

지출비용 중에 방송제작비 중에 인건비가 포함된 것으로 추정은 되지만 구체적으로 어떤 항목으로 얼마나 인건비가 포함되어 있는지 전혀 알 수 없다. 반면에 MBC와 SBS는 손익계산서에 분명하게 인건비 항목을 별도로 제시하고 있다. 이것만 봐도 KBS 경영·회계 불투명성을 잘 보여주는 부분이라 할 수 있다.

을 약화시키는 결정적인 원인이 되었음을 추정할 수 있는 부분이다.

셋째, 하위직보다 상위직이 많은 '가분수형' 인력구조가 인건비 뿐 아니라 조직 비효율성을 야기한다는 것이다. 2017년 감사원 결과보고서에서는 KBS 2직급 이상 상위직급 2,765명 중에 73.9%가 보직이 없다고 밝히고 있다. 특히 관리직급과 1직급 인력 386명 중에 264명(68.4%)이 무보직자이고 2직급자는 2,379명 중에 1,778명(74.4%)이 무보직자라고 밝히고 있다. 그러면서 어떤 부서에서는 1직급자 4명이 2직급 갑 팀장 아래서 체육관 관리, 복리후생 담당, 체육대회 업무, 전세금 대출 및 사후관리 업무 등을 맡고 있는 경우도 있고, 많은 부서에서 낮은 직급 관리자들보다 높은 보수를 받는 1직급자들이 관리업무 같은 평직원 업무를 담당하고 있는 것으로 나타났다.

이와 같은 KBS의 비효율적 가분수형 인력구조는 오래 전부터 지적되어 온 문제다. 이 문제가 처음 공론화된 것은 노무현 정부 시절 정연주 사장 재임 중에 논란이 되었던 이른바 '창가족' 논쟁이다. 당시 정연주 사장은 KBS 조직이 방대하고 특별한 임무 없이 놀고먹는 고위직급 직원들을 팀제 형식의 조직개편을 통해 개혁하겠다고 발표하였다. 2004년에 정연주 사장의 오마이뉴스와 인터뷰 내용을 보면 KBS 조직의 비효율성이 얼마나 오래된 문제인가를 엿볼 수 있다.

"우리 사회에는 사다리형 위계질서에서 승진이 인생의 목표가 되는 문화가 있다. 승진이 안 되면 인생의 낙오자로 여겨진다. 정년퇴임까지 강제로 쫓아내는 퇴출구조도 없다. 부장, 국장하던 사람들에게 예우차원에서 '위원' 자리를 준다. 일선으로 가도 선배대접 하느라 일을 맡기지 않는다. 그러면서 부·국장 때 누렸던 기득권이나 직책수당을 그대로 유지한다. 일은 하지 않으면서 햇볕 좋은데 자리 잡고 퇴임까지 가는 '창가족'이 생긴 것이다. 잘못된 조직문화의 상징이다. 팀제 도입 이후 없어졌지만 이전에는 76명쯤 됐다. 그분들이 방만한 KBS 운영의 상징처럼 알려졌다. 다 노는 것은 아니지만 전체분위기가 놀고먹는 것으로 알고 있고, 또 상당수는 놀고먹었다. 이제는 위원제가 없어졌고 그분들이 팀장, 팀원이 됐다. 팀장 발령을 받지 못하면 현장에서 팀원으로 일하게 됐다. 이렇게 되면 '머리 허연' 기자도 나오고, 정년까지 일선 PD로 일하는 큰 PD가 나오고, 전문가들이 나오게 된다."

정연주 사장의 조직개편은 표면적으로는 조직효율화를 명분으로 내세웠지만 '수직적 직급제'를 폐지하고 '직급과 관계없는 순환보직 형태의 팀장제'를 도입해 보수적 성향의 간부직원들을 도태시키기 위한 정치적 의도에서 나온 것이라는 평가가 지배적이다. 이렇게 팀제 개편을 통해 상위직들이 놀고먹지 못하게 하겠다고 했지만, 결국은 직급에 어울리지 않는 평직원 업무를 수행하는 형태로 바뀌었을 뿐이다. KBS 비효율적 조직 문제는 다른 공기업들도 지니고 있는 병폐일 수 있지만 언론매체로서 정치적 독립이란 명분으로 외부 감시를 회피하거나 무시하면서 더욱 심각하게 고착되어 왔다고 할 수 있다.

2) 방만한 복리 후생 제도

KBS의 방만한 인력구조와 이로 인한 고임금구조는 쉽게 해결되기 힘든 고질적 병폐라 할 수 있다. 그 동안 여러 차례 감사원 지적 등에 따라 KBS는 많은 문제들을 개선해 왔다고 밝히고 있다. 자의적 성과급 지급, 제작비 대비 과도한 인건비 비중 등에 대한 개선이 이루어졌다는 것이다. 실제로 성과중심의 임금체계 구축, 근로기준법기준 퇴직금제 실시(퇴직금 누진제 폐지), 보건휴가 폐지(4일), 청원휴가 축소, 장기근속휴가 축소 등 부분적 개선이 이루어진 것들도 있다.

[표 3-9] KBS에 대한 감사원 감사결과 비교

연도	임금구조	조직비대	규제감독 미비
2004	·인건비성 집행 부적정 ·예산사용의 부적절성 (사내복지기금 과도한 추가출연) ·복리후생 관련 예산 집행 부적정 ·본부장 신임투표에 관한 단체협약 부적정	·불합리한 조직 팽창 (전체정원은 3.7%감소 상위직 도리어 증가) ·지역방송사 방만 운영 ·노조 전임자 과다	·이사회 역할 미비 (중요사안 심의가 아닌 보고형식) ·이사진의 전문성부족 (이사회 구성에서의 경영전문가 필요)
2008	·조정수당 신설 등 인건비 집행 부적정(유휴인력, 방만운영) ·시간외 수당 지급업무 부적정 ·집행기관 및 직원의 퇴직금 지급기준 부적정 ·수입예산 과다편성 및 재원확보 대책 미강구 ·지출구조 개선대책 마련 소홀 ·휴가제도 운용 및 보상비 집행 부적정 ·복지카드제도 시행 등 복리후생비 집행 부적정	·조직·인력 운영 부적정 ·특별승격 및 팀장, 보직 해임 등 인사운영 부적정	·[감사직무규정] 제·개정 권한의 집행기관 이임 불합리 ·징계처분 및 징계양정 결정 권한 불합리 ·주요 예산사업 등에 대한 이사회 요구사항 미이행
2013	·장기근속 및 퇴직 격려금 지급 부적정 ·과도한 임금 인상(특별성과급의 기본급 전환, 휴가보상수당 기본급 전환) ·인건비 및 인건비성 경비 집행 부적정 ·복지카드비 예산 편성 및 집행 부적정	·상위직급 과다 등 조직운영 부적정 (관리직급 및 1직급 정원 미조정, 채용인원 축소를 통한 인력감축)	·KBS 상표권 및 저작권 관리 부적정 ·미수채권 소멸시효 관리 부적정
2017	·복리후생 제도 운영 부적정 ·경영성과 인센티브 지급 부적정 ·직원 학자금 지원 부적정 ·자기차량이용 보조금 지급 등 부적정 ·출자회사 복리후생제도 운영 부적정	상위직급 과다 운영 등 인력운영 부적정	·아나운서의 외부행사 부당 참여 및 사례금 부당 취득 ·겸직 및 외부강의 등 복무관리 불철저

하지만 [표 3-9]의 감사원 지적사항들에서 보듯이, KBS 고임금 비효율구조는 여전히 본질적으로 개선되지 않고 있다. 앞서 설명한 것처럼 '상위직 인력 축소 및 조정'은 20년 넘게 거의 개선되지 않고 있

고, '특별 성과급', '퇴직격려금' 같은 과도한 복리후생 제도들은 명칭을 달리해 여전히 지속되고 있다. 특히 광고수입 축소 등 심각한 경영압박을 호소하면서도 이러한 방만한 복리후생제도들이 거의 개선되지 않고 있다는 점은 심각한 도덕적 해이현상을 보여주는 것이라 할 수 있다. 이러한 병폐가 좀처럼 개선되지 않고 고착되어버린 이유는 KBS 조직이나 임금구조가 노사간 합의에 의해 결정되는 폐쇄적 구조로 되어 있기 때문이다. 한마디로 경영진과 노조가 상호 이해를 공유하면서 만들어진 '조직 이기주의' 메커니즘이 작동하고 있는 것이다.

　이러한 방만한 경영의 대표적인 사례가 특별성과급 폐지 같은 것이다. 2010년 KBS 노사는 2002년에 합의했던 '특별성과급 지급기준'을 폐지하는 대신 기본급 1.5% 인상을 내용으로 하는 보수규정 개정에 합의하였다.[27] 이 때문에 2010년부터 2103년까지 4년간 238억 원의 인건비가 추가 지급되었다. 이후에도 2016년까지 추가 지급한 인건비는 대략 400억 원 이상 될 것으로 추정된다. 향후 방송시장 경쟁심화로 흑자 여부가 불투명하고 KBS 경영수지가 점점 악화되고 있는 상황에서 성과급을 정식 급여에 포함시켰다는 것은 조직이기주의를 넘어 도덕적 해이를 보여주는 전형적인 사례라고 할 수 있다. 더 심각한 것은 2017년 감사원 감사보고서에서 지적한 것처럼, 2017년 2월에 '2016년도 임금 및 복리후생에 관한 합의서'를 통해 '1인당 정액 80만

---

27) KBS는 2002년에 노사 간에 체결한 '특별성과급 지급기준 합의서'에 의해 매년 세전 이익 500억~700억 원 미만이면 월 기본급의 100%, 700억~1,000억 원 미만이면 월 기본급의 150%, 1,000억 원 이상이면 월 기본급의 200%를 성과급으로 지급하도록 하고 있었다. 하지만 2010년에 노사는 '2010 단체교섭 관련 합의서'를 통해 성과급 제도를 폐지하고 전 직원의 월 기본급을 1.5% 인상하기로 합의하였다. 그 근거는 2002년부터 2010년까지 월 기본급의 400% 만큼 특별 성과급이 발생하였으므로 연 평균 50%를 기본급으로 환산하면 1.5%정도 된다는 것이다(감사원, 2017, 한국방송공사 기관운영감사 보고서). 국방송공사 기관운영감사 보고서).

원 + 월기본금의 22%' 특별성과급 추가 지급에 합의해 총 78억원을 특별성과급을 별도로 지급한 것이다. 이미 특별성과급 지급률을 기본급에 포함시킨 상태에서 다시 별도의 특별성과급을 중복 지원한 것이다. 결국 KBS 구성원들 입장에서는 임금 인상과 경영성과에 따라 특별성과급을 모두 지급받는 이른바 '꿩먹고 알먹고'가 된 것이다.

이외에도 KBS 구성원들의 도덕적 해이는 여러 곳에서 발견된다. 휴가제도, 복지카드, 학자금 지원 등은 감사원 감사 때마다 항상 지적되고 있는 문제지만 좀처럼 개선되지 않고 있다. 2017년 감사원 감사보고서에서는 2013년부터 2016년까지 KBS는 모든 정부 공공기관에게 금지하도록 한 42개 복리후생[28] 항목 중에 14개 항목의 복리후생제도를 운영하면서 178억7,700천만 원의 예산을 집행하였다고 지적하고 있다. 또한 2013년 감사원 감사보고서에는 2009년 7월31일 노사협약[29]을 통해 의무사용연차휴가보상수당을 기본급으로 전환해 2009년부터 4년간 249억 원의 인건비를 추가 지급했으며, 이는 2012년 62억

---

28) 감사원 보고서에는 KBS가 '공공기관의 운영에 관한 법률'을 적용받는 공공기관은 아니지만 '방송법' 제43조 규정에 따라 자본금 전액을 정부가 출자하였고, 국민의 특별부담금 성격인 수신료를 주된 재원으로 운영하는 공영방송사이므로 이에 상응하는 복리후생제도를 합리적으로 운영하는 것이 바람직하다고 밝히고 있다. 그러므로 기획재정부의 '방만경영 정상화 계획 운용 지침(2013년 12월)'에 의해 건강검진비 및 의료비, 상해보험은 선택적 복지제도에 통합 운영하여야 하며, '공기업·준정부기관 예산 지침'에 따라 '근로기준법'과 '국가공무원 복무규정'의 연차휴가 이외에 유사 형태의 휴가를 운영하지 못하도록 한 규정을 적용받아야 한다는 것이다. 실제로 이를 근거로 감사원은 KBS에게 1999년부터 2014년까지 5차례 장기근속휴가를 폐지하는 등 휴가제도 개선 및 휴가보상비 절감방안을 마련하도록 주의·권고·통보한 바 있다.

29) 7월31일이라는 날짜가 중요하다. 2009년 7월31일은 KBS 이사회임기 만료 1달 전이다. 이는 현직 이사들이 8월 마지막 주 폐회하는 이사회만 남은 상태에서 대충 추인 받거나, 후임 이사진이 아직 KBS의 현황과 실태를 제대로 파악하지 못한 어수선한 상태에서 추인받기 위한 전형적인 방법이다.

적자의 원인이 된 것으로 보인다. 이외에도 사용하지 않은 연차수당 보상으로 2008년부터 2012년까지 연평균 223억 원의 휴가보상수당을 별도로 지급해 왔다는 것도 밝혀졌다([표 3-10] 참조). 심지어 해외연수자에게도 휴가보상수당을 지급한 것으로 나타나 전반적인 휴가제도에 대한 근본적인 개선조치들을 요구하였다.

[표 3-10] 휴가보상수당 집행 내역

(단위: 억원, 명)

구분		2008년	2009년	2010년	2011년	2012년	평균
영업손익		-934.6	219.6	141.5	-659.9	-379.9	-222.7
현원		5,212	5,996	4,973	4,839	4,612	4,965
휴가보상 수당	직원 계	225.0	168.8	225.7	249.9	257.3	223.5
	1인당(만원)	432	331	454	499	535	450

* 한국방송공사 자료 재구성

그럼에도 불구하고 2017년 감사원 결과는 이러한 문제점이 거의 개선되지 않고 있음을 보여주고 있다. KBS는 15일~25일의 연차휴가와 별개로 장기근속휴가, 장애인위로휴가, 보훈휴가 등을 별도로 '취업규칙'에 규정하고, 이 같은 법정 외 미사용 휴가 보상수당으로 2012년부터 2016년까지 1인당 연평균 176만4천원 연간 81억8,200만원을 추가 지급한 것으로 나타났다. 또 학자금 중복 수혜 금지 규정에도 불구하고 타 직장과 중복해서 학자금을 지원받거나 복지카드 위탁관련 수익금으로 대학생 자녀 장학금 지원하는 등의 도덕적 해이 현상이 적지 않게 발생하고 있는 것으로 밝혀졌다.

3) 고임금 구조의 역설

폐쇄적인 노·사간 이면합의를 통한 임금인상 방식으로 인해 KBS

종사자들의 임금수준은 다른 공기업에 비해 매우 높은 수준이다. 2015년 KBS의 평균보수는 9,931만원으로 거의 1억 원대에 육박하고 있다. KBS 측에서는 신규 직원 충원이 적은 상태에서 구성원 구조가 고연령화된 것이 원인이라고 하지만 [표 3-11]에서 보는 것처럼 평균 근속년수는 최근 10년간 거의 변화가 없었다. 단순 임금인상률도 2008년 이후 평균 4.4%를 기록해 공무원이나 일반 기업들의 인상률을 상회하고 있다. 심지어 2011년에는 8.67%나 인상되기도 하였고, 2008년에는 사상최고인 765억 원의 적자를 기록했고 2011년에는 흑자폭이 48억 원대로 떨어졌음에도 불구하고 지속적인 임금인상이 이루어져왔다. 이는 도덕적 문제를 넘어 KBS가 심각한 구조적 문제를 안고 있음을 보여준다 할 것이다.

[표 3-11] KBS 직원평균 보수

(단위 : 천원)

	기본급	수당 등	합계	증가율(%)	평균근속기간
2008년	29,106	48,972	78,078		17.50
2009년	29,830	51,404	81,234	4.04	17.11
2010년	41,368	42,361	83,729	3.07	18.30
2011년	45,601	45,386	90,987	**8.67**	18.00
2012년	46,106	46,652	**92,758**	1.95	18.50
2013년	47,461	48,015	95,476	2.93	18.90
2014년	47,576	48,653	96,229	0.79	18.80
2015년	49,026	50,275	99,301	3.19	18.11

여기서 역설적인 것은 이 같이 방만한 경영과 과도한 임금구조에도 불구하고, KBS 인건비 비율은 급속히 낮아지고 있다는 점이다. 2012년만 보더라도, KBS가 공시한 인건비를 총비용 혹은 총수익과 대비해 보면 30% 이하인 28% 수준이다. 이는 KBS가 방송통신위원회에

제출한 '2013년 수신료조정(안)'에서 밝힌 32.8%와도 차이가 난다. 만약 이 통계치가 사실이라면, 2010년 수신료 인상(안)에서 '3,500원으로 수신료가 인상되면, 2014년에 총인원 4,204명에 총비용 4,901억 원을 기준으로 29.%보다 낮은 인건비 비율을 낮출 수 있다'고 한 것을 이미 성취하고 있는 것이다. 또한 이 수치는 대표적인 공영방송이라고 하는 BBC 28%나 NHK 27%와 거의 동일한 수준이다. 수신료도 인상하지 않았고 인력감축도 그 수준에 미치지 못했는데, 이런 수치를 보인다는 것은 매우 역설적이라 하겠다. 그렇다면 원인은 제작비를 비롯한 총비용이 급속히 증가했거나 아니면 총비용 중에 사실상 인건비에 포함되는 비용이 KBS가 공식적으로 제시한 것보다 훨씬 더 많이 숨어있을 수 있는 것으로 그 원인을 추정할 수 있을 것이다.[30] 그렇지만 2017년 감사원 보고서에서 밝힌 KBS 인건비 비율[31]은 35.8%로 다른 지상파방송의 1.6~2.2배 수준이다.

결국 문제의 핵심은 고임금 구조를 포함한 방만한 경영과 관련된 고질적 병폐들이 합리적 경영판단에 근거한 것이 아니라 주로 노사 간 합의에 의해 그것도 비공개적인 타협에 의해 이루어지고 있다는 점이다. 이는 경영진과 노조가 상호 이해득실이 따라 임금인상 및 복리후생 제도가 결정되는 지극히 비민주적 과정을 보여주는 것이라 할 수 있다. 특히 정치권력의 지형변화에 따라 KBS경영진이 재편되는 구조적 상황에서 경영진들은 종사자들과 타협을 통해 안정적인 경영체제를 유지하려고 했다는 점도 작용했다고 볼 수 있다. 결과적으로 KBS의 고임금 구조와 방만한 경영실태는 경영진과 종사자 간에 상호 이해득실에 바탕을 둔 '조직이기주의'의 산물이라고 평가

---

30) 상식적으로 추정하면, 제작비에 포함되어 있는 일용직, 계약직 직원의 인건비는 인건비로 계상되지 않고 순수제작비로 산정되는 회계상의 허점이 아닌가 생각된다.

31) 인건비 비율 = 인건비/(매출원가 + 판매비와 관리비)

할 수 있다.

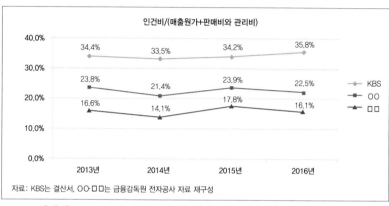

[그림 3-1] 지상파방송 3사 인건비 비율

인건비/(매출원가+판매비와 관리비)

* KBS는 결산서, ○○·□□는 금융감독원 전자공시 자료 재구성

5. 공영방송 경영 합리화를 위한 시도

그동안 KBS 경영합리화를 위한 제도적 시도가 전혀 없었던 것은 아니다. KBS의 불합리한 경영실태가 처음 국민들에게 알려진 것은 2003년 국회 KBS 결산심사다. 당시 야당인 한나라당은 2003년 7월1일 국회 본회의에서 'KBS가 예비비로 성과급과 개인연금을 지급하는 등 부당한 예산집행을 했다'는 이유로 결산승인안을 거부하고 국회법 제127조의 2 제1항의 규정에 따라 감사원에 KBS업무 전반에 걸친 감사를 청구하게 된다. 이에 따라 2004년 5월 31일 'KBS 감사결과를 공표하고 동시에 방송위원회가 감사결과를 반영하여 방송법을 개정'하라고 요구하게 된다. 당시 감사원이 규제기구인 '방송위원회'에 요구한 내용은 다음과 같다.

첫째, KBS사장이 예산을 편성할 때 '정부투자기관 예산편성지침'을 준용하도록 하는 준거규정을 두는 방안과 국회승인 전에 감사원이 KBS결산을 검사하여 그 결과를 국회에서 활용할 수 있도록 하는 등의 결산제도 개선방안을 강구하도록 할 것 둘째, 경영평가 결과 부실경영이 현저한 경우 사장에 대한 경영책임추궁 방법을 정하는 방안을 강구하도록 할 것 셋째, 이사회(11명) 구성에 있어 1명의 상임 이사를 두며 경영전문가가 이사진에 포함되도록 하는 등 이사진의 전문성 강화 방안을 강구하도록 할 것 넷째, 이사와 집행기관에 대하여 상법상 이사의 회사에 대한 손해배상 책임을 준용하고 집행기관과 간부직원의 비위에 대하여 형법을 적용할 때 공무원으로 보도록 하는 규정을 통해 책임성 강화 방안을 강구할 것 등이다.

이에 따라 방송위원회는 KBS가 예산을 편성할 때 '정부투자기관 관리기본법'의 '예산편성지침규정'에 맞추어야 한다는 내용[32](안 제57조 3항)과 KBS 결산승인에 앞서 감사원 감사가 선행해야 한다는 내용(안 제59조 1항, 3항, 4항), KBS 종사원에 대한 형법상 수뢰죄 등의 적용에 있어 공무원과 같이 취급한다는 내용(안 제104조 2항) 그리고 정부부처협의과정에서 KBS와 EBS의 이익잉여금을 사내유보하지 않고 국고에 납입하도록 할 것[33](안 제59조 2항) 등을 주 내용으로 하는 방송법 개정안을 입법예고하게 된다. 당시 방송위원회는 개정 사유를 '국가기간방송인 KBS에 대한 감사원 감사 및 국회심의에서 지적된 사항 가운데 경영의 합리성과 투명성을 위해 입법이 요구되는 내용을 반영하려는 것'으로서 '국가기간방송인 한국방송공사의 임직원의 책임에 관한 사항, 예산편성 및 결산서 확정 절차를 개선·보완

---

32) KBS 예산관련 의사결정이 KBS이사회가 전적으로 심의·의결하도록 된 것은 1987년 '정부투자기관 관리기본법'을 개정해 정부기관에 준하는 통제와 감시, 의무, 책임 등을 부여하도록 되어 있던 대상에서 제외하면서 부터다.
33) 이익잉여금을 사내유보하지 못하도록 한 당시 입법안은 통과되지 못했지만, 그 이후에도 KBS의 이익금은 이월되어 유보된 적이 없다. 도리어 이로 인해 흑자가 나면 사원들이 연말에 성과급잔치를 하고 과도한 장비구입과 같은 도덕적 해이가 더욱 심화되었다.

하여 정부전액출자기관인 한국방송공사의 경영에 대한 합리성 및 책임성을 제고하려는 것'이라고 밝혔다. 하지만 이 법안에 대해 KBS와 KBS노조, 전국언론노조, 시민단체들이 강력히 반대하면서 결국 상정조차 되지 못하고 폐기되었다.

이후 KBS조직에 대한 공적 감시를 강화하고자 하는 시도는 노무현 정부 말기인 2007년 '정부투자기관관리기본법'과 '정부산하기관관리기본법'을 통합해 '공공기관 운영에 관한 법률'을 신규 제정하는 과정에서 다시 제기된다. 이 법안에 따르면, 기획예산처 장관은 산하 공 '공기관운영위원회'를 통해 공기업, 준 정부기관, 기타공공기관을 지정, 지정해제, 변경 지정할 수 있도록 하고 이 대상에 KBS와 EBS를 포함시킨 것이다. 이에 대해 정부는 공영방송의 책무성(accountability)을 강화하기 위한 것이지 통제를 위한 것이 아니라는 취지를 밝혔다. 당시 기획예산처 장관도 KBS가 가장 낮은 수준의 '기타공공기관'으로 지정될 것이고, '경영고시', '고객만족도 조사', '경영혁신' 등의 의무만 지게 된다고 말한다.[34] 심지어 당시 노무현 대통령조차 KBS와 EBS가 이를 거부하면 '자사이기주의'일 뿐이라고 강하게 비판하게 된다.

---

34) '공공기관운영에 관한 법률'에 따라, KBS와 EBS가 기타 공공기관으로 지정되게 되면, 다음과 같은 경영 정보를 인터넷 홈페이지를 통해 공시하여야 한다. 경영목표와 예산 및 운영계획, 결산서(재무제표와 그 부속서류를 포함한다), 임원 및 운영인력 현황, 인건비 예산과 집행 현황, 고객만족도 조사 결과, 정관·사채원부 및 이사회 회의록(경영 비밀에 관련된 사항은 제외), 감사보고서, 감사원의 시정 요구 조치 등의 내용, 그 밖에 기획예산처 장관이 운영위원회의 심의·의결을 거쳐 공시하도록 요청한 사항 등. 그런데 이런 정도 수준의 정보공개가 공영방송의 정치적 독립과 무슨 관계가 있는지 도무지 의문이다. 실제 지정대상기관에서 제외된 후, KBS가 그런 정도의 내용은 다른 기관과 같은 수준에서 공개하겠다고 밝혔고, 내용의 충실도는 몰라도 형식적으로 공개하고 있다. 또한 노조와 일부 KBS종사자들은 주장하는 것처럼 이 같은 경영 투명성 요구들이 KBS 민영화, 방송 구조 개편을 위한 정부의 언론 통제인지는 생각해 볼 일이다.

반대로 보수단체들은 'KBS와 EBS는 법리상 공기업, 준 정부기관으로 지정될 수 없고, 기타공공기관으로 지정될 수 있을 뿐이다. 이는 방송 독립성에 지장이 없을 뿐 아니라 공공기관법상 이사회회의록 등을 공시해야 하므로 경영투명성을 담보할 수 있다'는 지지입장을 표명하게 된다. 그렇지만 언론노조와 당시 일부 여당의원들이 공영방송의 독립성을 침해하는 법이라고 반대하게 되고, 전병헌 의원을 비롯한 61명 의원들이 아예 'KBS와 EBS를 공공기관 관리법 제외대상에서 제외'시키는 법 개정안까지 국회에 제출한다. 이를 주도했던 민주당 전병헌 의원은 '공공기관의 자율책임 경영체제를 확립하고 경영의 합리화와 운영의 투명성을 제고한다는 법률의 목적과 취지는 적합하나(중략)...독립성과 자율성을 기반으로 하여 설치된 공영방송인 한국방송공사와 한국교육방송공사에도 이 법에 따라 다른 공공기관과 같은 방식을 적용하는 것은 공영방송제도 존립의 근본적 전제이자 방송법의 목적으로 명시된 방송의 자유와 독립을 저해할 우려가 있다'고 제안 이유를 밝히고 있다.

이러한 반대에 부딪쳐 2007년 기획예산처는 두 방송사를 공공기관으로 지정하는 것을 1년간 유보한 후 결국 대상에서 제외하게 된다. 공영방송의 '자유와 독립성'이라는 명분으로 KBS는 공공기관 '정상화' 대상에서 벗어나 있는 것이다. 국회 감사도 비공개로 진행되고, 매우 추상적이고 형식적 수준의 결산보고서만 공개하고 있다. 2016년에 총 1조4,849억 원을 지출비용으로 사용했음에도 불구하고, 지출항목도 방송제작비, 시설운영비, 시청자사업비, 판매관리비 등 대 항목으로 만 표기되어 있고 가장 큰 비중을 차지하는 인건비 부분은 대단히 모호하다. 그나마 같은 홈페이지에 있는 수입·지출현황조차 항목 뿐 아니라 수치가 다른 경우가 적지 않다. 이처럼 무성의하고 무책임한 홈페이지와 공개내역만 보더라도 KBS의 방만하고 불투명한 경영·조직행태를 그대로 엿볼 수 있다. 결국 공영방송에 대한 외부 감시 장치와 경영투명성 제고를 위한 시도 자체가 공영방송 독립성이라는 명분과 저항에 부딪치면서 KBS 경영비효율성과 자사 이기주의가 더욱 만연되고 있는 느낌이다.

감사원에서 지적했던 이사회를 비롯한 최고의결 기관 및 감사 기능 미흡,[35] 과도하게 팽창한 조직구조, 조직 및 구성원들의 예산사용 부적절성 등은 국회예산결산 심의 등에서 빠지지 않고 항상 지적되어 온 단골메뉴들이다. KBS 이사회 구성방식에 있어 정치적 역학과 무관하지 않은 구조적인 한계와 비상임제도라는 현실적 이유로 제대로 된 감시기능을 수행할 수 없는 것이 현실이다. 이처럼 비효율적이고 방만한 KBS 경영구조는 공영방송이라는 제도적 보호아래 오랜 기간 흑자 기조를 유지해 오면서 형성된 '자사이기주의'와 정치적 역학관계를 내재한 불완전한 거버넌스의 '감시 장치 부재'가 결합되어 만들어 낸 왜곡된 구조라 할 수 있다.[36]

---

35) 이 문제는 다른 나라와 달리 우리나라의 공영방송이 가진 특징적인 문제점이라 할 수 있다. 특히 정파적으로 안배한 이사회 구성 및 비상임 이사들의 한계 등은 공영방송사의 경영합리화를 주도해야할 이사회의 역할을 스스로 위축시키는 결과를 낳고 있다. 때문에 KBS를 비롯한 공영방송사들의 합리적이고 전문성이 담보된 탈정치화된 거버넌스 구조로 개편하는 것이 공영방송의 독립성, 공영성, 공정성을 담보하고 경영합리화를 추진할 수 있는 방안이라는 주장이 설득력을 갖게되는 것이다.

36) 그런 의미에서 공영방송에서 민영방송으로 전환된 프랑스의 TF1의 사례는 나름 우리에게 시사하는 바가 크다. 민영화의 명분이 방만한 경영과 경영 불투명성이었기 때문이다. 프랑스는 전통적으로 국가통제가 강한 공영방송 위주로 전체 방송시스템이 운영되어 왔다. 하지만 1985년 선거에서 보수당이 승리하고 사회당과 동거정부를 형성하면서 자크 시락(Jaques Chirac) 수상은 대대적인 공기업 구조개혁에 들어가게 된다. 이때 프랑스 공영방송이 가지고 있던 3개 채널도 그 대상에 포함되게 된다. 그러면서 1985년에 프랑스 회계감사원은 공영방송에 대한 감사를 실시하였다. 감사결과는 무엇보다 TF1의 재정 악화와 불건전성을 가장 큰 문제점으로 지적하였다. 1978년부터 시작된 TF1의 재정 문제로 1981년 이전에는 전혀 없었던 부채가 1984년에는 1억 5,000만 프랑으로 늘어났고, 장기적으로 5억 프랑에 달할

것으로 전망했다. 그러면서 그 원인으로 계속되는 재정 악화와 엄청난 부채, 조직의 관료주의화, 그리고 재정 악화를 숨겨온 불투명한 경영 방식 등을 지적하였다. 감사보고서를 보면, TF1이 소유하고 있는 자회사 TF1 film production이나 TFO 같은 자회사들이 소유한 채권들은 명목상으로만 존재하고 자회사들의 부채 상환계획도 불분명하다고 결론내리고 있다. 또한 TF1이 국내외 제작사들에게 지불한 영수증도 의심스러우며, 서류상 제작된 프로그램의 일부만 방영된 경우도 있다고 지적하고 있다. 또한 우편통신 요금이 4년 사이에 64.9%나 증가하는 등 방만한 경영사례도 적시하고 있다. 1981년부터 1982년 사이에 직원 수 20% 이상 증가하였는데 특히 고위직 인사가 급증한 것으로 나타났다. 하지만 이러한 직원 수 증가가 방송 시간 증가와 비례하지 않는 것으로 나타났다. 즉, 1981년부터 1984년까지 TF1의 픽션 프로그램 방영 시간이 125.5시간에서 64시간으로 줄어들었고, 시간당 비용은 132만 프랑에서 296만 프랑으로 늘어났다고 지적하고 있다. 결국 이러한 회계감사 보고서를 바탕으로 제1의 공영방송인 TF1을 부이그 그룹(Bouygues Group)그룹에게 매각되게 된다. 이같은 프랑스 TF1의 민영화 명분은 지금 우리 공영방송사들에게는 타산지석이 될 수 있을 것이다.

4장
공영방송의 공정성과 편성자유*

* 본 장은 졸고(2017). 노·사협상 의제로서 '공영방송 공정성 확보방안'에 관한 연구. 정보법학. 제21권 제3호에 게재된 논문을 수정·보완해서 작성한 것임.

I. 공영방송, 공익, 공정성

　공영방송은 '공익(public interest)'이라는 용어만큼이나 오랜 기간 논쟁거리가 되어왔다. 자유민주주의 성장과정에서 형성된 '공공영역(public sphere)', '주파수 희소성' 개념에 바탕을 둔 '공공독점 방송(public monopoly broadcasting)', 1964년 미국에서 법으로 규정한 '교육방송' 등 그 본질적 성격조차 규명하기 쉽지 않다. 때문에 아예 공영방송을 '상업적이지 않은 방송'으로 정의하기도 한다. 최근에는 공적 소유 형태를 강조하던 '공영(公營)' 개념에서 '공익(公益)'을 추구하는 목적 지향적 개념으로 변화되고 있다.[1] 그렇지만 공익 개념의 추상성과 다의성으로 인해 논쟁 자체를 더욱 혼란스럽게 만들고 있다. 더구나 디지털 융합시대에 들어서면서 '공익' 개념에 대한 논란을 더 가중시키고 있다. 그럼에도 불구하고 공영방송은 '정치권력'과 '시장논리'로부터 독립된 방송이어야 한다는 명제에 대해서는 대체로 공감대가 형성되어 있다. 때문에 나라마다 소유형태나 재원구조에는 차이가 있지만 공영방송의 경영·편성에 있어 자율성과 독립성을 보장하는 것이 보편적이다.[2] 그렇지만 독점 구조 아래 모든 국민들에게

---

1) 영국의 BBC가 '공영방송'이라는 개념을 벗어나 '공공서비스 방송(public service publisher)' 개념으로 변화되는 것도 바로 이러한 맥락이라 할 수 있다. 이는 '수정된 경쟁적 재정확보 모델(refined competitive funding model)'로 공적 서비스들을 제공하는 모든 방송매체들에 대해 정부의 추가지원을 강화하고 어떤 플랫폼으로도 모든 국민들이 서비스를 제공받을 수 있도록 하는 형태를 말한다(Ofcom, 2009).

2) 공영방송의 기본 철학은 '정치적 압력과 상업적 압력으로 독립된 방송'이다. 하지만 그 유형은 각 나라의 역사와 정치문화에 따라 다르다. 영국의 BBC는 상업적 이해로부터 독립을 강조하는 방송으로 하버마스(Habermas) '공공영역(public sphere)' 이론에 기반을 두고 있다. 때문에 수신료를 주재원

기본적인 방송서비스를 무료 혹은 저가로 제공하는 공공독점(public monopoly) 방송은 다매체·다채널 시대에 들어서면서 그 정당성이 급속히 약화되고 있다. 반면에 역설적으로 상업적 매체들이 급증하면서 도리어 공영방송의 역할이 더 중요해지고 있다는 주장도 있다. 한마디로 공영방송의 존재근거나 목표·조직·구조·운영·재원 등에 대한 근본적인 재검토가 필요한 상황인 것은 분명하다.

공영방송의 자유, 독립성, 공정성 같은 문제에 접근하기 위해서는 공영방송 개념부터 면밀히 검토할 필요가 있다. 1장에서도 서술한 것처럼, 공영방송 정의에 대해서는 다양한 의견이 있을 수 있지만 정치적·경제적 압력으로부터 독립될 수 있도록 모든 외부 통제를 막을 수 있는 법·제도 장치와 공익성을 지향하는 자율 시스템을 기본으로 해야 한다는 데는 대체로 의견이 일치하는 것 같다. 독일 '연방헌법재판소'가 공영방송을 지탱하는 원칙으로 '방송의 국가로부터의 자유'와 '방송사의 방송프로그램편성권의 보장'을 들고 있는 것도 같은 맥락이다(최우정, 2012:9~10). 그러면서 국가로부터의 자유를 담보하기 위해 독립적인 공법인 형태와 조직·운영·구성에 대한 공영방송사 내부 위원회에 의한 결정을 입법화하도록 하고 있다. 제한된 무선 주파수를 이용한다는 점에서 국가의 허가와 공적 재원을 근간으로 하지만 국가의 감독이나 정당·이익단체의 영향력으로부터 독립된 '공법상의 영조물' 형태로 설립·운영되어야 한다는 것이다. 한마디로 외적 영향력 혹은 통제로부터 자유로운 독립적 존재로서의 가치는 인정하지만 반대로 내부적으로 정치·사회·문화적 다양성을 구

으로 하고 이를 기반으로 BBC를 규제하고 있다. 독일의 공영방송 ZDF, ARD는 정치적 독립을 중시하는 공영방송으로 나치의 전체주의적 방송을 방지하자는 목적에서 설립되었다. 때문에 방송위원회와 같은 다원주의적 통제구조 즉 민주적 거버넌스를 중요시 한다. 미국의 PBS는 1965년 카네기위원회가 제안한 '재정이 독립된 비상업적 방송'으로 교육적 목적을 중시한다.

현할 수 있는 내적 조직과 자율규제를 조건으로 명시하고 있는 것이다. 외부 통제와 압력으로부터 보호받는 대신에 사회적 다양성을 내부적으로 구현할 수 있는 조직과 운영을 요구하고 있다. '외적 다양성'을 조직 내부에서 대체할 수 있는 '내적 다원주의' 구조가 필요하다는 것이다. '내적 다원주의'란 '방송사의 프로그램 제작과 편성 그리고 전송의 기준, 공영방송 업무전반에 관한 감독, 공영방송 사장의 선출 등과 같은 권한을 가진 공영방송사 내부위원회가 중심이 되어 공영방송이 운영되어야 하는 것'으로 독일 '연방헌법재판소'는 정의하고 있다(최우정, 2012:10). 때문에 독일의 공영방송 ZDF는 다양한 사회단체 대표들로 구성된 방송위원회(방송평의회라고도 번역된다)가 사장을 선출하고, 프로그램 전반에 대한 제작·편성 기준을 제시하고 감독한다. 어쩌면 공영방송 조직은 헤겔(Hegel)의 '총체성(totality)' 개념과 유사한 '자기완성체' 같은 형태를 요구하는 것처럼 보인다.

이처럼 사회 대표성을 구현할 수 있는 자율적 구조는 공영방송 종사자들의 독립성을 보장할 수도 있지만 반대로 종사자들에 의해 공영방송이 전유될 위험성도 함께 내포하고 있다. 공영방송의 독립과 자유를 보장하기 위한 법·제도적 장치가 도리어 공영방송의 독립성을 침해할 수도 있는 것이다. 공영방송과 관련된 법·규제체계를 놓고 논쟁이 지속되고 있는 이유도 여기에 있다. 여기에 국가권력과 '이상적 거리감'을 유지해야 한다는 명제 역시 정치 쟁점이 될 수 있다. 이것은 공영방송의 정치적 독립, 편성의 자유, 공정성 같은 개념들이 다양한 시각들이 충돌하면서 사회 구성원들 간에 합의를 도출해 나가는 역동적 개념이라는 것을 보여주는 것이다.

공영방송의 독립성과 편성 자유를 둘러싼 갈등은 공영방송 내부 구성원 즉, 법률에 의해 임명된 공영방송 경영진과 노동조합이라는 실무 종사자들 간의 노사갈등에서 가장 극명하게 드러난다. 물론 공영방송 내의 노사갈등은 임금 인상 같은 근로조건 향상에서부터 공영방송 거버넌스와 수신료 문제 더 나아가 정치적 쟁점들까지 매우 포괄적이고 다양한 쟁점들이 포함될 수 있다. 특히 우리 공영방송의 노사갈등은 방송사 내부 문제와 정치적 문제들이 얽혀 더욱 복잡한 양상을 보이고 있다. 때문에 KBS를 비롯한 공영방송 노동조합의 단체행동이 합법적인 쟁의행위인지 아니면 불법적 정치 파업인지를 놓고 항상 논란이 되고 있다. 더구나 공영방송사들에게 요구되고 있는 편성 독립과 공정성 문제는 너무 추상적이고 다의적이어서 노사 간에 쉽게 합의에 이르지 못하고 갈등이 지속되어 방송이 차질을 빚기도 하고 정치 쟁점으로 비화되는 경우가 많다. 이 때문에 공영방송 노동조합의 집단행동에 대한 사법부 판단이 공영방송 운영체계에 대한 사실상 유일한 법적 근거가 되고 있다. 하지만 사법부 판단 역시 일관적이지 못하고 방송현실에 대한 이해가 부족해 판결을 둘러싼 이해당사자 간에 갈등이 더 증폭되는 경우도 많다. 이러한 배경에서 공영방송의 노사 간에 심각한 갈등의 원인이 되고 있는 공영방송의 편성권과 공정성을 담보하기 위한 제도적 장치들을 둘러싼 쟁점들을 살펴 볼 필요가 있을 것이다.

II. 편성권 관련 노사파업에 대한 판결과 쟁점

1. 법원 판결과 평가

2010년 7월 1일부터 7월 30일까지 전국언론노동조합 산하 KBS본부 노조(이하 KBS노조)는 '임단협·공정방송쟁취·조직개악저지'를 목표로 총파업을 단행한 바 있다. 이에 대해 KBS 경영진은 파업기간 중에 있었던 노동조합의 외부 선전행위들이 사실을 왜곡하여 회사 명

예를 실추시켰고, 조직개편을 저지하기 위해 이사회를 방해한 것 등
을 이유로 취업규칙 제4조(성실)와 제5조(품위유지)에 따라 엄경철
등 4인에게 정직, 감봉 등의 징계처분을 내리게 된다. 그러자 징계를
받은 4인은 파업 목적이 단체협약 체결과 근로조건의 하나인 공정방
송을 위한 제도적 장치의 요구에 있었고, 주체, 절차, 수단 및 방법
측면에서 정당하므로 징계사유가 될 수 없다는 이유 등[3]을 들어
2012년 2월 20일 법원에 항소하게 된다. 그 결과 2013년 6월 14일 1심
재판부는 '공정성 확보를 내건 노동조합의 파업은 불법'이라는 판결
을 내리게 된다. 그렇지만 '이사회 방해', '노보에 의한 명예훼손', '직
장질서 문란' 등의 징계처분은 ① 유사징계와의 형평성 ② 불법파업
과 이사회 방해 동기 ③ 파업 절차·수단의 정당성 ④ 방해 행위의 정
도 ⑤ 징계 절차의 지연 등에 비추어 사회통념상 현저히 타당성이
결여된 재량권 남용으로 무효라고 판결하였다.[4]

　하지만 2014년 5월 2일에 나온 2심에서는 1심과 달리 '임금인상,
방송의 공정성 보장을 위한 제도적 장치를 마련하는 것은 정상적인
근로조건 개선에 포함되는 것'으로 파업목적이 정당하다는 판결이
나오게 된다. '파업목적은 임금 등 근로자의 경제적 지위의 유지·향
상에 국한된 것이 아니라 근로자의 사회적 지위향상을 도모하기 위
해서도 가능하며, 공사가 국가기간방송으로서의 자유를 향유하게 하

---

3) 이외에도 조직 개편과 관련된 임시이사회 앞에서 행한 시위는 조직개편과
　관련된 의견 기회 개진 요청을 거부해 발생한 것으로 이사회 방해 및 사내
　질서 문란에 해당되지 않고, 징계처분이 사건 발생 1년 6개월 후에야 이루
　어져 인사규정 제60조에 위반되고 징계재량권을 일탈·남용했다는 이유 등
　을 명시하고 있다(서울고등법원 제15민사부 판결문) 하지만 이 소송의 핵
　심은 2010년 노동조합이 파업 목적으로 내건 '공정성 확보를 위한 제도적
　개선'이 정상적인 노동행위 및 파업 목적인 근조조건 개선과 관련되어 있
　는가 하는 것이다.
4) 서울남부지방법원(2014). 선고 2013고단2882 판결.

고 건전하고 민주적인 여론을 형성하여 이를 국민들에게 이를 국민들에게 전달하는 기능을 수행해야 하는 점을 고려할 때 방송의 공정성 보장을 위한 제도적 장치의 마련을 요구하는 것은 근로조건과 무관하지 않으므로 파업목적이 정당하다'는 것이다.[5] 하지만 1심과 달리 '이 사회 방해'와 '직장질서 문란'에 대한 징계는 정당하다고 보았다. 즉, 1심은 파업 목적 자체는 불법이지만 파업과정은 정당하다고 본 반면 2심은 파업목적의 정당성은 인정되지만 파업과정에서 부당한 행위들이 있었다는 점은 인정하는 완전히 상반된 판결을 내리고 있다.

이에 대해 KBS 사측은 2014년 6월 30일 대법원에 상고를 요청하였다. 상고이유서에서 KBS측은 공정방송을 위한 제도적 장치를 요구하는 것은 고도의 경영상 결단에 속하는 문제로 단체교섭의 대상이 될 수 없고, 객관적으로 접근해야 할 '공정성' 문제를 노·사 간의 주관적 협상 대상으로 전락시키는 것은 도리어 헌법상 방송의 자유를 심각하게 침해할 수 있다고 이유를 적시하고 있다. 그렇지만 대법원은 2018년 2월 13일 원고승소를 판결한 원심을 확정했다. '파업의 주된 목적이 임금 인상, 방송의 공정성 보장을 위한 제도적 장치의 마련 등을 포함한 근로조건의 개선이어서 정당한 쟁의행위에 해당하므로 파업 참가가 징계사유에 해당한다고 보기 어렵다'는 것이다. 또한 '언론사로서 독립성 및 공정성이 중시되는 KBS의 특성상 파업과정에서 일부 과장 내지 모욕적인 표현이 사용됐거나 규정을 위반한 것이 있더라도 이는 노조의 정당한 활동범위 내에 속하는 것으로 봐야 한다'며 '일부 징계사유가 인정된다고 하더라도 정직처분은 징계재량권을 남용해 무효'라는 것이다.

그렇지만 법원 판결에도 불구하고 '공정성'을 명분으로 한 공영방송 노동조합의 파업을 보는 시각은 여전히 논란이 되고 있다. 더구

---

5) 서울남부지방법원(2015). 선고 2014노1089 판결.

나 방송편성권과 공정성 문제는 공영방송 거버넌스 같은 구조적 문
제와도 연관되어 있다. '공정방송'을 명분으로 했던 2010년과 2012년
MBC파업에 대한 서울고등법원의 해고무효판결은 이러한 시각을 잘
보여주고 있다.[6]

> "위와 같은 법적 규율은 언론의 자유 및 민주적 기본 질서의 유지·실
> 현이라는 헌법적 가치이자 권리를 방송의 영역에서 실현하기 위한 것으
> 로서, 단순히 권리를 부여하는 것에 그치는 것이 아니라 공정한 방송을
> 실현할 의무 또한 부여한 것이라 할 것이고, 방송법 등에서 방송사업자
> 에게 부여된 방송의 자유는 구체적으로 피고뿐만 아니라 피고의 구성원
> 들에 의해 실현되는 것이다. 공정방송의 의무는 방송법 등 관계 법규 및
> 피고 단체협약에 의하여 노사 양측에 요구되는 의무임과 동시에 근로관
> 계의 기초를 형성하는 원칙이라 할 것이어서, 방송의 공정성을 실현하기
> 위한 제도적 장치의 마련과 그 준수 또한 교섭 여부가 근로관계의 자율
> 성에 맡겨진 사항이 아니라 사용자가 노동조합법 제30조에 따라 단체교
> 섭의 의무를 지는 사항(이른바 의무적 교섭사항)이라 할 것이다. 따라서
> 피고는 피고의 구성원에게 방송의 공정성을 실현하기 위한 근로환경과
> 근로조건을 제공하여야 할 의무를 부담한다고 할 것이고, 피고 단체협약
> 은 피고와 피고 구성원 사이의 상호 양해 아래 위와 같은 방송의 공정성
> 을 실현하기 위한 내부적인 장치를 두고 있는 것으로 이해된다."

이 판결문은 '공정방송의 의무'를 공영방송 종사자의 근로조건으
로 규정하고 이를 목적으로 한 노동조합의 단체교섭 및 파업이 정당
하다고 인정한 것이다. 이는 방송법에서 방송사에게 부여한 방송의
자유와 책임은 경영자뿐만 아니라 종사자에 의해 실현되는 것이고,
공정방송의 의무는 종사자의 근로조건에 해당되는 단체협약의 의무

---

6) 서울고등법원(2015.4.29). 선고 2014나11910판결.

적 교섭사항으로 실질적 방안이 강구되어야 한다는 의미로 해석된
다(신인수, 2015). 때문에 공정성 확보를 목적으로 한 방송사 파업은
근로조건 향상 내지 근로자의 경제적 지위향상과 연관된 것으로 정
치적 성격의 파업이라 하더라도 정당성을 인정받을 수 있다는 것이
다(권영성, 1990). 즉 파업의 대상이 법·제도 개선, 정부의 정치적 행위
를 요구하는 것이라 하더라도 정당하다는 것이다(한지혜, 2014). 이는
방송종사자의 근로조건 인정범위와 쟁의행위 목적을 방송 공정성
요구까지 확대 해석한 것으로 평가할 수 있다(이수연, 2014:364~370).
이처럼 법원이 방송 공정성을 단체교섭의 의무사항으로 규정한 이
유는 공정성 개념은 방송의 결과가 아니라 방송의 제작·편성 과정에
서 구성원의 자유로운 의견제시와 참여 같은 민주적 의사결정이 이
루어져야한다는 논리에 바탕을 두고 있다. 따라서 법원의 판단은 취
업규칙이나 단체협약 등을 통해 절차적 공정성을 보장하고 이를 이
행해야 한다는 의미로 해석된다(신수정, 2014:356~359).

　이 같은 법원의 판결에 대해 비판적인 시각들도 적지 않다. 공영
방송의 주인은 국민이며 법에 따라 공중의 대표로 선임된 기관구성
원(사장 또는 이사회)이 그 운영·편성의 주체가 되는 것은 당연하고,
그 매체에 고용된 기자나 PD는 종사자로서 공공의 이익을 위해 봉사
할 의무가 있을 뿐이라는 주장이다. 또한 방송종사자의 법적 지위는
입사계약(고용계약)에 의해 설정되며, 방송법인과 종사자 간의 법적
관계는 고용계약에 의해 약속된 사법적·노동법적인 성격만 있을 뿐
이라는 것이다(박용상, 2010:10). 때문에 사측의 지시에 반해 종사자
들이 방송의 자유를 주장할 수 없고, 공영방송 집행간부의 법 위반
에 대한 감독 관할권은 방송통신위원회나 국회 같은 국가기관에 있
다는 것이다. 따라서 방송 공정성을 위한 제도적 장치는 노사협상의
대상이 될 수 없고 이를 명분으로 파업은 정치파업으로 불법이라는
시각이다.

어찌되었든 KBS를 비롯한 공영방송 노동조합의 공정성 확보를 조건으로 내건 파업에 대한 사법적 판단은 향후 공영방송 운영과 거버넌스 구축 등에 적지 않은 영향을 미치게 될 가능성이 높다. 특히 공정성 확보와 관련된 KBS와 MBC 노동조합의 파업이 공영방송사의 '내적 자유'를 확보하기 위한 노동조합의 정당한 단체행위라는 판결은 향후 공영방송 구조개편과도 연관될 수 있다.

2. '공정성' 관련 파업을 둘러싼 쟁점

우리 헌법 제33조는 파업을 근로자의 기본적 권리로 보장하고 있다. '노동조합 및 노동관계조정법' 제2조(정의) 5호는 '노동쟁의'를 노동조합과 사용자 또는 사용자단체간에 임금·근로시간·복지·해고·기타 대우 등 근로조건의 결정에 관한 주장의 불일치로 인하여 발생한 분쟁상태로, 6호는 '쟁의행위'를 파업·태업·직장폐쇄 등 노동관계 당사자가 그 주장을 관철할 목적으로 업무의 정상적인 운영을 저해하는 행위로 정의하고 있다. 여기서 '노동조합 및 노동관계조정법'의 보호대상은 헌법에 규정된 '인간 존엄성 보장'과 연관된 '근로조건의 유지 및 개선', '근로자의 경제적·사회적 지위 향상'과 관련된 것으로 한정하고 있다. 때문에 방송의 공정성 확보를 명분으로 한 노동조합의 단체교섭 및 단체행동이 정당한가에 대한 논쟁의 출발점은 이 명분이 '노동조합 및 노동관계법' 상의 보호대상에 포함되는가 하는 것에서 시작된다. 2010년과 2012년 언론노동조합 산하 KBS노조와 MBC노조의 파업이 '(공영)방송 근로자의 근로조건에 해당'된다는 판결은 방송공정성 문제가 노동법상의 보호대상이 된다고 해석한 것으로 볼 수 있다. 그렇지만 '방송사의 공정성 확보'가 노동조합의 단체교섭 대상이 될 수 있는가에 대한 판단은 다음과 같은 네 관점에서 접근해 볼 수 있다.

첫째, '방송 공정성'이라는 개념이 노·사 간 단체교섭의 대상이 될 수 있는가 하는 점이다. 주지하는 바와 같이 '공정성'이라는 개념은 매우 추상적이고 다의적이다. 실제로 공정성에 대한 명확한 사전적 개념정의도 찾아보기 쉽지 않다. 이렇게 정의 자체가 애매하다는 것은 그 정도 역시 객관적으로 측정하거나 합의를 도출해내기 어렵다는 것을 의미하고, 이를 확보하기 위한 제도나 수단도 쉽지 않다는 것을 암시한다. 더구나 최근에는 공정성 개념이 '객관적(objective) 공정성'을 추구하는 것이 아니라 다양한 의견을 균형 있게 제공하는 '다양성(diversity)' 개념으로 변화하고 있다는 점도 방송사 경영진과 종사자간의 합의를 통해 공정성을 실현하는 것이 정당한 것인가의 문제도 제기될 수 있다.

둘째, 공정성 확보를 위해 노동조합이 요구하는 제도적 방안들이 공영방송 경영진이 독자적으로 해결할 수 있는 것들인가 하는 점이다. 공영방송의 공정성이 구현되기 위해서는 방송사 내부 조건들과 법·제도 같은 외부 조건들이 함께 충족되어야만 한다. 그런 의미에서 사내의 노·사 합의에 의해 설립된 공정방송협의회 같은 기구들이 공영방송의 공정성을 전적으로 담보하고 있다고 보기는 어렵다.[7] 도리어 공영방송 공정성 문제는 이사회 구조나 사장임명 방법 같은 공영방송 거버넌스 개편과 관련된 법 개정이 요구되는 사안으로 경영진이 독자적으로 해결할 수 있는 수준을 넘어서는 것일 가능성이 높다. 때문에 공영방송의 공정성과 관련된 파업은 정부나 정치권을 대상으로 하는 정치파업의 성격을 띨 수밖에 없다. 그러므로 공정성 확보와 관련해서 노·사 간 합의가 이루어졌다하더라도 그 자체로서

---

7) MBC의 2012년 파업이 합법이라는 판결을 받은 이유는 공정성 확보라는 파업목적이 정당하다는 것 이외에도 사측이 노·사 간에 합의된 공정방송협의회를 고의적으로 회피하고 운영을 거부한 점을 인정했다는 점에서 KBS의 파업관련 판결과는 차이가 있다.

실질적인 효력을 발휘하기 어려울 수 있다. 법적으로도 쟁의권 보장의 목적은 단체교섭을 촉진하는 사항 내지 사용자가 사실상 또는 법률상 처분할 수 있는 요구사항만 쟁의행위의 정당한 목적이 될 수 있다고 보고 있다(김영배, 2002:470). 즉, 쟁의권은 단체협약에 의한 근로조건의 집단적 결정을 목적으로 하는 것으로 단체협약 체결을 목적으로 하지 않는 정치파업은 정당화될 수 없다는 것이다(한지혜, 2014:100~101).

셋째, '방송 공정성'이 노·사 간 합의를 통해 해결되는 것이 바람직한가 하는 점이다. 이는 특정 집단의 의견이 공영방송의 내용을 전유할 수 없도록 하는 이른바 '다원주의(pluralism)' 원칙에 위반될 수 있기 때문이다. 더구나 '공공독점(public monopoly)' 성격의 공영방송은 복수 매체가 다양한 목소리를 내는 '외적 다원주의'가 아닌 '내적 다원주의'를 지향하고 있다. 때문에 공영방송은 이사회 같은 경영·감독기구나 시청자위원회 같은 시청자 감시기구의 인적 구성을 다양하게 하는 방법과 다양한 의견수렴 장치들을 통해 공정성 문제를 해결하는 것이 바람직하다. 그렇지만 경영진과 노조라는 내부 구성원들 간의 합의만으로 공영방송의 공정성을 담보한다는 것은 도리어 특정 이해집단이 여론을 독점하는 것일 수도 있다. 실제로 노사 합의에 의해 설립된 공영방송사 내부의 공정방송협의회나 편성위원회 구성의 절반을 차지하고 있는 노조대표자가 다양한 사회 대표성을 충실하게 반영하고 있는지에 대해서는 의문이 제기될 수밖에 없다. 더구나 KBS와 MBC노조가 전국언론노동조합 산하의 본부노조라는 점도 문제가 될 수 있다. 그 이유는 전국언론노동조합의 내부 강령 등에 따라 산하 노조의 활동들이 강한 정치적 경향성을 노정해왔기 때문이다. 때문에 현재 공영방송의 방송 공정성 협의 구조는 정치이념성을 지닌 종사자 집단이 사측에게 공영방송 공정성 문제를 일방적으로 제기하고 요구하는 형태라고 볼 수 있다.

넷째, 표면적으로 공영방송 노동조합이 방송공정성 회복을 내걸고 있지만 실제 그것이 주된 목적인가에 대한 판단이다. 파업이 정당성을 담보하기 위해서는 단체협약 및 쟁의행위의 주된 목적(predominant purpose) 혹은 실질적 목적(real purpose)[8]이 정당해야만 한다(김치선, 1990:412). 하지만 그동안 방송 공정성 혹은 편성권 확보 같은 명분을 내걸었던 공영방송사들의 쟁의나 파업들이 적지 않은 경우 임금협상과 처우개선, 정치투쟁의 수단으로 활용하는 사례가 많았다는 점이다(김승수 외, 2007:69~70). 이는 방송 편성권이 노동조합의 단체협상과 정략적 투쟁도구로 이용되었다는 비판을 받을 수 있다(심영섭, 2009:207~241). 더구나 방송 공정성처럼 추상적이고 쉽게 합의에 도달하기 힘든 조건들을 제기하는 것은 사실상 타협을 어렵게 만들어 실제로는 임금인상, 처우개선 같은 경제적 이득을 성취하기 위한 경제적 목적의 정치파업이라는 비판도 있을 수 있다.

Ⅲ. 방송 공정성 개념과 쟁점들

방송의 역할이나 책무와 관련해 중요한 개념 중에 하나가 '공정성'이다. 사전적으로 방송 공정성은 '공평하고 올바른 방송'이라고 정의된다. 하지만 '공평하고 올바르다'는 용어 자체가 지극히 주관적이고 추상적이어서 방송 공정성에 대한 학술적 정의 역시 하부 속성들을 나열하는 귀납적 방법들이 많이 사용되고 있다. 그렇지만 방송 공정성을 구현하기 위한 구체적인 실천 행위들을 도출하는 것도 쉽지 않다. 한마디로 공정성을 어떻게 정의할 것인가에서 부터 사회적

---

8) 그 목적이 아니라면 해당 쟁위 행위를 하지 않았을 것으로 인정되는 경우의 목적들을 말한다.

공정성, 방송규제체계, 공영방송의 지배구조, 방송사 내부의 자율 규제 등 고려할 요소들이 너무나 많고 복잡하기 때문이다(한진만 외, 2012:93). 즉, 방송 공정성 개념은 그 자체로 추상적이고 다의적이라는 특성과 이를 구현하는 방법도 다차원적이라는 점에서 논란이 지속될 수밖에 없다.

1. 방송 공정성 개념과 특징

언론에서 공정성은 '보도의 객관성(objectivity)'를 실천하기 위한 하나의 방법으로 인식되고 있다. 사전적으로 '객관성'이란 '감정을 초월해서 사실과 의견을 분리하여 보도하려는 노력'이라고 정의된다. 셔드슨(Schudson, M., 1995)은 보도객관성을 '사실을 신뢰하고 가치를 불신하며 양자를 분리하는 것'이라고 정의하고 있다. 하지만 다른 한편으로는 보도객관성은 일종의 신화나 이상에 불과하며 실천 불가능한 개념이라고 평가받고 있기도 하다. 때문에 웨스터스탈(Westerstahl, J., 1983)은 객관성을 개념적으로 정의하지 않고 하위요소를 나열하여 설명하고 있다. 즉, 객관성은 '사실성(factuality)'과 '불편부당성(impartiality)' 두 하위 요소로 구성되어 있고, 사실성은 그 하위개념으로 '진실성(truth)'과 '관련성(relevance)'으로, 불편부당성은 '균형성(balance)'과 '중립적 제시(neutral presentation)'라는 하위개념으로 구성되어 있다는 것이다.

이처럼 다의적이고 다분히 추상적인 개념을 고려할 때 절대적 객관성이란 사실상 불가능하고 그 정도를 평가하는 것도 매우 어렵다. 맥퀘일(McQuail, D., 2007)은 '(언론 보도는) 현실을 있는 그대로 보도해야 하는 객관적 요소와 현실을 평가해야만 하는 주관적 요소들이 동시에 포함되어 있어 본질적으로 편향적일 수밖에 없다'고 지적하고 있다. 때문에 객관성을 구현하는 방법으로 다양한 의견들을 보여주는 '다양성'과 이를 바탕으로 시청자(독자)들에게 진위를 판단하게 하는 '공정성' 개념을 대신 제시하고 있다. '균형성'과 '다양성'을 통해 공정성을 구현하는 방법으로 사용하고 있다(Westerstahl, J., 1983:403~424). 하지만 이처럼 '어느 한쪽의 의견이나 입장에 치우침이 없이 특정 인물이나 사건을 중립적으로 보도·논평하는 자세'라고 공정성을 정의하는 것도 불명확하기는 마찬가지다(권혁남, 2002). 이는 공정성 개념이 그나마 객관적으로 평가 가능한 하위 요소들을 집합적으로 제시하는 형태가 많은 이유다.[9] 이민웅 등(1993:180~213)은 공정성의 하위개념으로 진실성, 적절성, 균형성, 다양성, 중립성, 이데올로기를 들고 있다.[10] 강태영(2005:36~38)은 이러한 공정성 하위 개념들을 실증적으로 측정할 수 있는 분석유목을 [표 4-1]과 같이 제시하고 있다

[표 4-1] 보도 공정성 분석유목

공정보도의 조건	하부개념	분석 유목
정확한 보도	진실성	- 기초자료의 정확성 - 신뢰할만한 정보원 - 추측보도가 아닌 사실보도
질적·양적 균형보도	적절성	- 아이템선정과 배제 - 선정된 아이템의 배치
누락되지 않은 적절한 정보 종합적 정보	균형성 (양적)	- 방송시간의 균형 - 꼭지제시순서의 제시 - 보도형식의 균형 - 보도유형의 균형
다양한 정보/견해 반영	다양성	- 다양한 계층의 입장·정보 - 이슈에 대한 다양한 입장·정보
양비양시론의 지양	중립성 (질적)	- 보도태도의 중립성 - 보도논조의 중립성
불편부당한 보도	종합성	- 대안제시 및 심층보도

9) 이처럼 웨스터스털(Westerstahl)과 같이 공정성을 형식적으로 규정하는 것을 한진만 등(2012, 74)은 '최소주의적 규정'이라고 정의하고 있다. 마치 민주주의에 대한 최소주의적 규정이 민주주의가 갖추어야 할 절차적 요건으로 설명하는 것처럼 공정성도 형식에 의해 규정하는 태도라는 지적이다.
10) 이에 대한 구체적인 내용은 이민웅·이창근·김광수(1993:180~213)을 참조할 것.

이처럼 하위 개념들을 열거하는 방식은 우리 방송법에서도 찾아 볼 수 있다. '방송법' 제1장 6조(방송의 공정성과 공익성) 1항에 '방송 에 의한 보도는 공정하고 객관적이어야 한다'고 규정하고, '방송심의 에 관한 규정' 제2장 제1절 공정성 항목에 다음과 같은 기준들을 명 시하고 있다. ① 방송은 진실을 왜곡하지 아니하고 객관적으로 다루 어야 한다. ② 사회적 쟁점이나 이해관계가 첨예하게 대립된 사안을 다룰 때는 공정성과 균형성을 유지하여야 하고 관련 당사자의 의견 을 균형 있게 반영하여야 한다. ③ 제작 기술이나 편집 기술 등을 이 용해 대립되고 있는 사안에 대해 특정인이나 특정 단체에 유리하게 하거나 사실을 오인하게 하여서는 안 된다. ④ 당해 사업자 또는 그 종사자가 직접적인 이해 당사자가 되는 사안에 대하여 일방의 주장 을 전달함으로써 시청자를 오도하여서는 안 된다. 또한 2009년에 방 송통신심의위원회가 발표한 '공정성심의 가이드라인'에서는 공정성 을 '사실성, 불편부당성, 균형성을 아우르는 포괄적 준칙'이라고 정 의하고 있다.

2. 노사협상 대상으로 '방송 공정성'

이처럼 추상적인 언론 공정성 개념은 그 정도를 객관적으로 측정 하는 것도 쉽지 않게 만든다. 심지어 보는 시각(개인이나 집단의 입 장에서 유리하게 접근하는)에 따라 전혀 상반된 평가가 있을 수도 있다. 또 '공정성 확보'가 공영방송 종사자의 근로조건일 수도 있지 만 다르게 보면 조건이 아니라 방송행위의 결과로 볼 수도 있다. 때 문에 공정성 개념은 항상 지속적 긴장과 압력을 유발하는 현실적 개 념이면서도 막상 그것을 다루어야 할 때는 늘 현실적 대답을 내지 못하는 '부유(浮游)개념'이라는 평가도 있다(정준희, 2012:12~15). 이러 한 특성 때문에 방송공정성 문제가 노·사간 협상 대상 되는 것 자체가 방송의 공정성을 제고하기보다 도리어 방송사의 보도행위를 위축시키는 결과를 초래하는 경우도 적지 않다. 그런 맥락에서 방송공정성 개념이 노사 협상 의제로서 적합한지 또 공정성 구현 주체로서 공영방송사 노·사가 적합한 주체인지 등에 대한 면밀한 검토가 필요가 할 것이다.

1) 노·사 협상 주제로서 방송공정성 개념

앞서 설명한 것처럼 방송의 공정성 개념은 특정화되어 있지 않고 대체로 다양한 하위개념 혹은 요소들을 복합적으로 나열하여 정의하는 경우가 많다. 때문에 하위 개념들 간에 상충되는 경우도 종종 발생한다. 예를 들어, 공정성을 지나치게 강조하다 보면 관련 집단들 간의 갈등이 크고 쟁점이 될 수 있는 중요한 사건이나 소재들이 도리어 보도되지 못하는 경우도 많이 발생할 수 있다. 1989년 미국 의회가 방송 공정성의 상징처럼 여겨졌던 '형평의 원칙(fairness doctrine)'을 폐지한 이유도 이 원칙 때문에 방송사들이 사회적으로 중요한 이슈들을 보도하지 않는 경우가 많아졌기 때문이다. 특히 우리나라의 방송은 양적 균형성을 지나치게 강조해 보도의 질적 수준을 도리어 위축시키고 있다는 비판을 받고 있는 것도 사실이다.[11] 최근 미국이 공

---

11) 대표적인 경우가 선거보도 등에 있어 여·야 혹은 주요 후보자간에 보도시간을 공정하게 할당하는 '양적 공정 보도'라 할 수 있다. 특히 1970~80년대 권위주의 정권에서 방송의 편파보도가 극심해지면서 공정보도 문제는 매우 심각하였다. 1985년 제12대 국회의원선거에 TV의 편파보도가 극심해 결국 KBS 시청거부 운동이 발생하게 되고, 이후 본격적인 시청자 운동과 전국적인 민주화운동의 한 축을 형성하게 된다. 이후 민주화가 진행되면서 방송 선거보도에 있어 정당 간 혹은 후보자간에 초 단위까지 정확하게 맞추는 양적 균형보도가 관행으로 정착되게 된다. 하지만 이러한 양적 공정성은 보도내용에 포함된 '질적 공정성'을 담보하지 못하고 도리어 기계적인 선거보도로 인해 유권자들에게 의미 있는 정보를 제공하지 못했다는

정성 관련 심의규정들을 완전히 폐지하고 영국에서는 공정성 관련 심의를 방송사 자율에 맡기게 된 이유도 여기에 있다(박경신, 2012: 239~275). 이 때문에 형식적인 공정성을 지나치게 강조하게 되면 주요 쟁점들과 관련해 도리어 정치권력을 비판하기 어렵게 만들고 있다는 지적도 있다(한진만 외, 2012:85~87).

이처럼 다의적 의미를 지닌 공정성 개념을 노·사 협상 대상으로 할 경우 합의에 이르지 못하고 노·사간에 심각한 갈등만 증폭시킬 가능성이 높다. 실제 우리나라 공영방송 경영진과 종사자간에는 공정성 개념에 대해 큰 시각 차이를 보이고 있다. KBS 종사자를 대상으로 한 인터뷰 연구결과는 경영·간부 직원과 일선 PD·기자들 간에는 공정성 개념에 있어 현격한 차이가 있음을 보여주고 있다(한진만 외, 2012:71~98). 경영이 많거나 간부 경험이 있는 PD·기자들은 공정성을 객관성이나 균형성 같은 형식적 요소들로 인식하고 있는 반면 일선 기자·PD들은 권력에 대한 비판, 약자 보호 같은 요소들로 인식하고 있는 것이다. 특히 노조활동에 적극적인 기자·PD들은 객관성·균형성 같은 형식적 공정성은 권력에 대한 비판이나 사회적 약자 보호처럼 불공정한 정치·사회적 현상에 대한 공영방송의 비판적 보도를 어렵게 만들고 있다고 생각하고 있었다. 이 같은 인식의 차이는 공정성을 명분으로 한 파업에 대한 인식에서도 그대로 반영되고 있다. 경영진과 간부들은 공정성을 명분으로 한 노조의 파업을 불법파업 혹은 정치파업으로 간주하고 노조가 방송 공정성을 훼손하고 있다고 생각하고 있었다. 반면 노조에 소속되어 있는 구성원들은 공정성을 명분으로 한 파업은 정권의 방송탄압에 대한 저항하기 위한 정당한 파업이라는 인식을 가지고 있는 것으로 나타났다.

이는 공정성을 명분으로 한 파업이 쉽게 노·사간 합의에 도달하

비판을 받아왔다.

기 어려울 것이라는 점을 충분히 예측 가능하게 한다. 더구나 일선
기자·PD들은 방송의 공정성을 해치는 가장 큰 원인이 국가권력에
의한 방송장악이라고 생각하는 반면 경영·간부들은 노조의 방송 경
영권 침해가 방송의 공정성을 훼손하는 주된 원인이라고 생각하고
있다(한진만 외, 2012:87~90). 즉, 경영·간부진은 공정성 침해요인을
방송사 내부요인에서 노조는 정부 통제 같은 외부요인에서 찾고 있
는 것이다. 특히 노조는 공영방송 사장을 비롯한 경영진·임원이 모
두 집권 여당에서 추천·지명되어 정치적으로 종속되어 있는 구조라
는 문제의식을 가지고 있다. 그러므로 공정성 확보를 위해서는 인
사·조직·편성·제작뿐 아니라 사장 임명, 이사회 구조 개편, 법 개정
요구 등 제도적 개선이 필요하다고 생각하고 있다. 이처럼 공정성
개념, 공정성 침해 요인 그리고 처방에 이르기까지 노사 간에 인식
의 차이가 매우 커 공정성 확보라는 노조의 요구는 노사 간에 단기
간에 합의되기 쉽지 않은 협상의제라 할 수 있다.

더불어 이를 중재할 수 있는 제도적 장치가 전혀 없다는 것도 문
제라 하겠다. 공정성 구현방안을 놓고 노·사 간에 갈등이 발생했을
때 이를 중재할 수 있는 장치가 없어 파업이 장기화되는 경우를 자
주 볼 수 있다. '방송법' 제4조 4항에 노·사 합의로 제정하도록 하고
있는 편성규약과 편성위원회가 제대로 작동하지 못하고 갈등이 지
속되는 이유도 이러한 시각 차이를 중재할 수 기구가 없기 때문이라
는 지적이 많다(심영섭, 2014:46~461). 노·사 간에 이견을 조정할 수
있는 중재기구나 절차가 없다는 것은 공정성을 명분으로 한 파업이
결국 정치파업으로 변질되는 원인이 되고 있다.[12] 법원의 판결대로

---

12) 심영섭(2010:222~227)은 우리 '방송법' 제4조제4항의 방송편성규약 규정과
   KBS를 비롯한 방송사내의 노·사간 협의기구인 방송편성위원회가 제대로
   작동하지 못한 이유를 '협의대상인 갈등사안의 애매한 정의'와 '노사갈등
   을 중재할 수 있는 중재기구의 부재'를 들고 있다. 때문에 어느 한 측이 협

공정성 확보가 공영방송 근로자의 지위향상과 근로조건 향상을 목적으로 하는 '제한적 정치파업'으로서 정당성을 인정받는다 하더라도 단기간에 그쳐야 한다는 법리(한지혜, 2014:101~102)를 감안한다면 공정성을 명분으로 장기간 지속되는 언론노조의 파업을 완전하게 합법적이라 보기는 어려울 것이다.

결국 방송 공정성 개념이나 확보 방안이 추상적이고 다의적이어서 쉽게 합의에 도달할 수 없는 의제라는 점에서 실질적인 협상을 불가능하게 하고 다양한 쟁점들이 협상대상에 포함되면서 협상 자체를 어렵게 만들 가능성이 높다. 때문에 공정성과 관련된 노동조합의 요구는 정상적인 방송운영을 방해하고 지연하는 수단으로 이용될 위험성이 내재되어 있다는 점에서 정상적인 노조활동의 범주를 벗어나는 경우가 적지 않다.

2) 노·사 합의 방식과 방송공정성

추상적이고 다의적인 방송 공정성 개념을 쟁의 의제화 하는 것도 문제지만 이를 노·사 합의를 통해 구현하는 방법도 문제가 될 수 있다. 우리나라에서 방송 공정성 확보 방안이 본격적으로 논의되기 시작한 것은 1999년 12월 KBS가 노·사 각각 5명으로 구성된 공정방송위원회를 설립하면서부터라고 할 수 있다(박영선, 2001). 이어 2000년 1월 제정된 '방송법' 제4조 4항에 종합편성 및 보도 또는 보도에 관한 전문편성을 하는 방송사업자는 방송프로그램 제작의 자율성을 보장하기 위하여 취재 및 제작 종사자의 의견을 들어 방송편성규약을 제정하고 이를 공표하도록 규정하면서 본격적으로 법제화되었다고 볼

의를 거부하거나 지연할 경우 합리적인 선택이 불가능하다는 것이다. 때문에 방송편성위원회가 합의보다 헤게모니 각축장이 되는 경우가 많다고 지적하고 있다.

수 있다. 이 법조항에 따라 KBS는 2000년 12월 편성규약을 제정하고 경영진을 대표하는 편성책임자들과 취재·제작 실무 종사자 대표가 참여하는 협의기구 형태의 편성위원회를 구성하게 된다. 이에 따라 공정방송위원회는 편성위원회의 하위 기구로 편입되었다.

이처럼 우리나라에서 방송 공정성 확보를 위한 제도적 장치들은 노·사 간 합의(더 정확하게는 노조가 주도하는)형식으로 정착되어 왔다. 이는 노동조합이 방송 공정성 구현의 주체로 인정받아왔다는 것을 의미한다. 이에 대해 박용상(2002)은 'KBS와 MBC, CBS 등의 공정 방송협의회는 방송법적 사항을 노동법적 수단에 의해 달성하려고 한다는 점에서 방법론적 제약을 벗어난 것이며, 그 기구의 구성에 있어서도 이른바 노·사 동수의 원칙을 채택함으로써 기자 및 PD 등 종사자에게 방송운영 기관과 대등한 결정권을 부여하고 있다는 점'에서 심각한 문제가 있다고 비판하고 있다. 즉, (공영)방송매체의 주인은 이념상 국민이므로 법적 규율에 따라 공공의 대표로서 선임된 기관 구성원(사장 또는 이사회)이 당연히 공정성 확보의 주체가 되어야 한다는 것이다(박용상, 2002:14).

공영방송의 공정성 문제를 노·사 협의를 통한 방식이 주도하는 것에 대한 비판적인 시각의 근거들은 다음과 같다(한진만 외, 2012: 71~98). 첫째, 공정방송의 심의가 노·사 세력관계에 의해 영향을 받기 때문에 공정한 심의절차가 이루어지기 어렵다는 것이다. 한진만·홍성구(2012:107~109)는 지금처럼 노사합의 형태의 방송공정성은 사회조합주의의 3대 구성요소인 국가·자본·노동 간의 역학관계에 의해 크게 영향 받을 수밖에 없다고 지적한다. 당시 집권정치세력의 성격 규정, 방송노조의 활성화 정도, 미디어산업의 환경변화 등과 같은 외적변수에 의해 영향 받을 수밖에 없다는 것이다. 둘째, 공정방송과 관련해 합의를 도출하기 어렵다는 것이다. 노·사 간 극단적 대립을 완충할 수 있는 장치가 없으며 합의에 이른다고 할지라도 양자 간 타협 수준에 그칠 가능성이 높다. 셋째, 시청자 주권 측면에서 시청자 입장이 고려되기 어렵다는 것이다. 노·사 동수로 구성되는 공정방송 위원회 모델은 방송사 종사자들만의 전형적인 엘리트 주도의 기구라는 것이다. 이처럼 방송 공정성 문제를 노조가 주도하는 형태는 국가 조합주의(state corporatism)에서 사회조합주의(societal corporatism)로 이행하는 과정에서 발생한 것으로 결국 방송공정성이 노·사간 '협상 혹은 타협'의 산물로 인식되고 있는 것이라는 비판이다(한진만·홍성구, 2012:107~109). 이처럼 편성권이나 공정성 확보장치를 제도화하려는 노조의 역할이 일면 긍정적인 측면이 없는 것은 아니지만 그보다는 부정적인 측면이 더 많은 것도 사실이다. 특히 공정성과 관련된 논의가 노·사 간에 조정이나 타협을 통해 구현될 수 있는가에 대해서는 근본적인 의문이 제기될 수 있다.

이런 맥락에서 우리나라 언론노조운동이 지닌 딜레마들은 노동 행위의 목표로서 공정성 확보방안이 가진 문제점을 이해하는데 도움이 될 수 있을 것이다(신광현, 2012:69~83). 첫째, 언론노조는 자본에 의해 언론사가 만들어지고 그 내부에서 노조가 만들어지는 2차조직의 한계를 지니고 있다. 때문에 노조는 기업경영패러다임과 언론의 자유, 방송공정성 같은 언론패러다임을 동시에 가지고 있어 언론패러다임만으로 노조활동이 쉽지 않다는 것이다. 둘째, 국가권력의 변화에 따라 언론과 국가 간의 관계가 다를 수 있고, 국가의 미디어 정책방향에 따라 노동조합 운동이 영향을 받게 된다. 특히 특정 정권과의 관계설정 문제는 언론노조 운동의 큰 변수가 될 수 있다. 셋째, 정치적 민주화와 미디어시장의 급성장으로 언론노조의 운동방향도 영향을 받게 되었다. 특히 매체 간의 경쟁이 치열해지면서 개별 언론사 노조들 간에 균열과 이질화가 가속화되고 있다.

이러한 한계들은 노동조합이 주도하는 공정성 협상이나 노·사 간에 합의된 제도적 장치들이 순수하게 방송 공정성 확보라는 목표에만 충실할 수 없다는 것을 암시한다. 첫째, 주로 종사자들의 경제적 지위나 근로조건이 공정성이라는 추상적 목표와 결부될 가능성이 높다는 것이다. 1990년대 이후 공정성 혹은 편성권 확보를 명목으로 내걸었던 방송사들의 쟁의나 파업이 임금협상과 처우개선, 정치투쟁의 수단으로 활용하는 사례가 많았다는 것은 이러한 딜레마를 증명해주고 있다(김승수 외, 2007:69~70). 둘째, 노조의 공정성 관련 활동들이 정부를 상대로 하는 정치투쟁과 본질적으로 궤를 같이 할 수밖에 없다는 것이다. 우리나라 공영방송 체제는 집권 정부가 KBS, MBC의 거버넌스를 장악하고 독립성과 공정성을 통제하는 '정부모델(government model)'이라는 점(주정민, 2012:250)에서 이와 관련된 노조의 집단행동들은 본질적으로 정치적 투쟁 성격을 벗어나기 어렵다. 실제 공정방송협의회는 방송민주화과정에서 노·사 합의의 산물로서 노동조합의 정치적 이해관계를 대변하는 기구의 성격이 강한 것이 사실이다(이춘구, 2014:217~265). 때문에 공정방송이나 방송 편성권 같은 명분들이 노동조합의 단체협상과 정략적 투쟁의 도구로 이용되어왔다는 지적을 받아온 것이 사실이다(심영섭, 2009:232).

결국 방송 공정성 문제가 노·사 간 타협이나 협상의 대상이 된다는 것은 공정성 확보를 위한 현실적 방안이 모색되기보다 정치적 파업의 명분이 되거나 노동조합의 실질적 이익을 목적으로 한 협상 도구화될 가능성이 있다. 더구나 노·사 협상이 상대방을 효과적으로 위협할 수 있는 협상력을 가진 사람들에게 유리하다는 성격을 감안하면 노·사 협상 결과로 만들어진 공정성 확보 방안들은 시청자의 이익과는 거리가 멀 수도 있다. 때문에 노·사 협상으로 공정성 문제를 논의한다는 것 자체가 매우 비현실적이고 공영방송의 책무 측면에서도 적절한 방법이라 할 수 없을 것이다.

3. 공정성 협상 주체들의 적합성

방송 공정성이 노·사 협상 대상으로 적합한가의 문제와 함께 제기될 수 있는 또 다른 문제는 협상 주체들의 적합성 문제다. 근본적으로 공정성 문제를 노·사 간 합의를 통해 접근한다는 것 자체가 본질을 벗어날 위험성을 내포하고 있지만, 그나마 협상 주체들이 이에 적합한 독립적 주체라면 나름 긍정적인 결과를 기대할 수도 있다. 그런 의미에서 공정성 확보와 관련해 법률적·실질적 협상주체인 노동조합과 공영방송 경영진의 적합성 문제를 검토해 볼 필요가 있다.

1) '방송 공정성·편성권' 주체 문제

방송의 편성권이나 공정성 문제를 주도하는 주체들은 이에 합당한 자격이나 조건을 필요로 한다. 더구나 공영방송은 이념적으로 한 사회의 다양한 이익이나 의견을 균형 있게 반영해야 한다는 편성 목표를 지니고 있다. 그렇지만 다양한 의견을 완벽하게 수렴할 수 없다는 물리적 한계 때문에 공영방송은 편성이나 공정성을 책임지는 법적 주체를 정해야 하고, 이 주체는 여러 제도적 장치를 통해 다양한 의견을 수렴해서 편성이나 보도에 반영할 의무를 부여받고 있다. 이 과정에서 특정 이해집단이나 의견이 지배하거나 독점하는 전유 현상이 발생되어서는 안 된다. 공영방송사들이 다양한 이해관계를 대표하는 인사들로 구성된 경영·감독기구를 가지고 있는 이유도 여기에 있다. 이러한 관점에서 공영방송의 공정성 확보를 주도적으로 요구하고 있는 언론노조의 적합성 문제를 검토해 볼 필요가 있다.

첫째, 공영방송의 편성·제작과 관련해서 가장 크게 논란이 되어 왔던 쟁점은 편성권 주체가 어디에 있느냐 하는 것이었다. 이 논쟁은 2013년 6월 KBS 파업관련 판결과 2014년 1월 MBC 파업관련 판결문에서 '공정방송은 노사 양측에 요구되는 의무이자 근로조건에 해당된다'고 명시하면서 시작되었다.[13] '언론의 자유 및 기본적 민주질서의 유지·실현이라는 헌법적 가치와 이를 구현하기 위해 방송법 등에서 방송사업자에게 부여된 방송의 자유와 책임은 소수 경영진뿐만 아니라 방송 종사자 즉 프로그램을 직접 기획하고 구성하고 제작하는 언론노동자들에 의해 실현되는 것'이라는 것을 법원이 인정한 것이다. 때문에 공정방송은 방송법 등 관계 법규 및 단체협약에 의해 노사 양측에 요구되는 의무이면서 동시에 근로관계의 기초를 형성하는 원칙으로서 사용자가 '노동조합법' 제30조에 따라 단체교섭의 의무를 지는 사항 즉, 의무적 교섭사항이라는 것이다(신수정, 2014:356~359). 하지만 '방송의 공정성은 노동조합이 독점하는 권리가 아니므로 방송법 등에서 규정하고 있는 공정성 조항은 노사 양측이 아니라 회사에게 부여된 의무'라는 시각도 있다.

이러한 시각 차이는 노·사 간에 첨예하게 대립하고 있는 '경영권 대 편성권' 논쟁과도 연관되어 있다. 방송편성권이 경영자가 가진 경영권 안에 포함된 권리인지 아니면 경영권에 속하지 않은 편성책임자[14] 혹은 방송종사자에 속하는 권리인가를 둘러싼 논쟁이다. 이 논

---

13) 서울남부지원(2014). 선고 2012가합3891 판결.
14) 편성책임자가 방송사업자 혹은 경영자를 대표하는 것인지 아니면 종사자를 대표하는 것인지는 논란이 있을 수 있다. 현행 '방송법' 제4조 제3항에 '방송사업자는 방송편성책임자를 선임하고 … 방송편성책임자의 자율적인 방송편성을 보장하여야 한다'라고 규정하고 있어, 방송편성책임자인 방송사업자로부터 편성의 자율성을 보장하기 위한 종사자 대표의 성격이 강하다. 하지만 방송편성책임자는 통상 편성본부장 혹은 편성국장(부장)이 맡고 있어 사실상 경영진의 일원인 임원·간부인 경우가 많다. 실제로 KBS와 MBC의 노사 간에 합의된 방송편성규약에도 '방송편성책임자는 경영진을 대표하여 종사자 대표자들과 편성위원회를 구성'하도록 되어 있다. 때문에 방송편성 책임자는 방송사업자에게 부여된 의무적 기본권인 방송의 자유를 포기하거나 소극적으로 행사하는 것으로 위헌이라는 주장도 적지 않

쟁은 현행 '방송법'에서 편성의 주체를 명확하게 규정하고 있지 않은
데 원인이 있다. '방송법' 제4조 제1항에 '방송편성의 자유와 독립을
보장한다'라고 규정하고, 제2항에서 '누구든지 방송편성에 관하여 이
법 또는 다른 법률에 의하지 아니하고는 어떠한 규제나 간섭도 할
수 없다'라고 규정해 방송편성규제에 대한 법정주의를 채택하고 있
다. 그렇지만 방송편성권 주체가 누구인지는 명확히 규정하지 않고
있다. 때문에 방송편성 주체를 놓고 '경영자 편성 주체설'과 '종사자
편성 주체설'이 지속적으로 대립하고 있는 것이다.[15]

먼저 '경영자 주체설'은 방송법인 혹은 이사회 그리고 경영책임자
로 선임된 사장을 방송편성권의 주체로 보는 시각이다. 이 시각은
1994년 KBS와 한완상 교수 간에 있었던 강연 편집과 관련된 소송에
서 서울고등법원이 내린 판결에 근거하고 있다. '자유민주주의 헌법
체제 아래서 제도적 자유로 이해되는 방송의 자유 내지 편성권의 주
체는 전파법상 허가를 받고 방송을 행하는 방송국을 경영하는 방송
법인이라 할 것이고, 방송 법인이 이러한 방송의 자유를 행사하는
과정에서 특히 프로그램의 편성과 제작을 위한 제 권한은 법령상 방
송 법인을 대외적으로 대표하고 대내적으로 업무를 총괄하는 방송
법인의 기관이 담당한다'고 판결한 것이다.[16] 이 판결의 근거는 방송
사 특히 공영방송사의 특수성을 고려한 것으로 보인다. 공영방송의
주인은 국민이며 법적 규율에 따라 공공의 대표로서 선임된 기관구

다(박용상, 2010:24).

15) 편성 주체에 대해서는 '공적 성격을 강조하는 견해'과 '기업적 특성을 강조
하는 견해'로 구분하는 방법(고민수, 2010:30~33; 한지혜, 2014:94~97)과 구체
적으로 '방송법인' '방송사 사장' '방송편성책임자' '제작실무자'로 구분하는
주장(최은희, 2015:187~195)이 있다. 그렇지만 '법인을 대표하는 사장을 포함
한 경영진'과 '기자·PD와 같이 정신적 노동을 수행하는 종사자 혹은 제작
자'로 나누는 시각이 일반적으로 받아들여지고 있다.

16) 서울고등법원(1994). 92나35846 판결.

성원(사장 또는 이사회)이 그 운영·편성의 주체가 되는 것이 당연하
고, 그 매체에 고용된 기자나 PD는 그 종사자로서 공공의 이익을 위
해 봉사할 의무가 있을 뿐 그들이 스스로 방송의 주인이 될 수는 없
다는 논리다.[17]

하지만 공공독점(public monopoly) 형태인 공영방송의 '경향성'을
인정할 수 없다는 시각도 만만치 않다. 국민들로부터 주파수를 수탁
받아 공익적 서비스를 제공하는 공영방송은 다양한 의견을 균형 있
게 보도해야하는 책무를 지니고 있어, 경향성을 인정하게 되면 사실
상 소유권자가 국가라는 점에서 집권 정파의 정치적 경향성이 공영
방송에 반영되게 된다는 것이다. 때문에 개인이 소유하고 있는 상업
방송에 이 규정이 적용될 수 있을지 몰라도 공영방송은 안 된다는
것이다. 이 같은 비판에도 불구하고 국가가 직접 경영할 수 없는 공
영방송의 특성상 정당한 절차를 거쳐 선출된 사장이 지휘감독권을
갖는 이른바 '사장원칙(Intendantenprinzip)'이 유효하다는 의견도 있다
(심영섭, 2009:219). 그렇지만 사장이나 경영진이 편성권을 갖더라도
사회적 다양성을 보장할 수 있는 '내적 다원주의'를 구현할 수 있는
내부 장치나 절차 등을 갖추어야할 것을 전제로 하고 있다.

반대로 방송종사자 혹은 제작자들이 편성권 주체라는 시각이다.
이 주장은 방송의 자유는 방송경영자에 주어진 주관적 권리가 아

---

17) 이에 대한 반론도 만만치 않다. 무엇보다 언론의 편집·편성권을 경영자에
게 부여하는 것은 언론의 '경향성'을 전제로 하는 논리라는 것이다. 개인
기업 형태로 성장한 신문은 일종의 '경향기업(Tendenzbetrieb)'으로 여론다
양성과 창작 활동을 위해 소유자의 자유를 보장해주었다는 주장이다. 이
는 서로 다른 경향성을 지닌 다양한 매체들이 시장에서 경쟁해 다양성을
보장한다는 '외적 다원주의' 원칙에 따른 것이다. 다매체다채널 시대에 들
어서면서 방송도 이러한 원칙 적용이 가능하고, 특히 방송사들이 '허가 내
지 승인'을 받은 사업자라는 점에서 그대로 적용될 수 있다는 주장이다(문
재완, 2010:193~222).

니라 매체에게 주어진 자유이자 권리라는 논리에 근거하고 있다 (Hoffman-Reim, 19945:191). 특히 공적인 기능을 수행하는 공영방송은 사기업과 달리 입법형성의 결과로 만들어진 기구로 편성영역의 자치구조가 확보되어야만 한다는 것이다. 때문에 경영진과 종사자 간에 협약 형태로 종사자의 편성권을 보호해주는 내적 자유가 보장되어야 한다는 논리다.[18] 종사자 편성 주체설은 '방송법' 제4조 제4항의 방송편성규약 규정을 근거로 들고 있다. 편성권이 방송사의 고유한 개별적 권리로서가 아니라 의견형성의 다양성을 구현하기 위한 공적 책무를 구현하기 위한 권리이므로 방송 경영진의 경영권 범주에 방송편성권이 포함될 수 없다는 주장이다.[19]

이에 대해 박용상은 언론 종사자가 편성(편집)·보도의 주체가 될 수 없다는 근거로 다음과 같은 것을 제시하고 있다(박용상, 2002:3~4). 첫째, 기자(종사자)들의 집합체나 그들이 선출한 대표가 반드시 사회를 지배하는 여론을 그대로 모사할 수 있는 것은 아니며 둘째, 발행인들이 공적 과업 수행에 적합하지 아니하여 편집권을 기자들에게 맡겨야 한다면 기자들의 자격이나 연수에 법적 요건을 설정하거나 기자들의 업무수행 공정성을 담보하는 조치가 법제화되어야 하며 셋째, 해방, 자주적 노동, 경제 민주주의 등 사회 정책적 목표를 달성하기 위해 기자들이 편집권(편성권)을 도입하자는 것은 근로자의 종속적 노동 개념을 벗어나 편집(편성)직원을 특권화 하는 것으로 헌법체계에 반한다는 것이다. 때문에 방송사 소속 직원은 다양한 국민

---

18) 그런 맥락에서 조재현(2007:241~259)은 방송편성위원회는 사측과 종사자측이 편성권을 공동으로 책임지는 협약장치로서 의미를 지니고 있다고 주장하고 있다.

19) 이에 대하여 2003년 대법원 판결문(선고2002도7225)에 근거한 '경영권'이라는 법적 권리가 헌법 어디에도 없는 용어이며, 설사 개념적으로 받아들이더라도 노동3권에 우선하는 신성불가침 영역이 아니라는 반론도 있다(신인수, 2015:6~7).

을 대변하는 사회 제 세력이 참여하는 방송운영기관이 결정하는 바에 따라 공적 과업에 봉사하고 그에 복종할 의무를 가질 뿐 자신의 견해나 주관적 자의에 따라 프로그램을 형성할 권리를 갖고 있지 않다고 주장한다.

종사자 편성 주체설은 '내적 자유' 개념과 깊이 연관되어 있다. 내적 자유란 '경영인과 편집, 보도·편성 실무자 간의 갈등관계'에서 발생한 개념으로(심영섭, 2009:213), 언론사 편집·편성 과정에서 내부 종사자들이 자유롭게 활동할 수 있도록 보장하는 것을 의미한다. 넓게 보면 내적 자유에는 편성·제작 뿐 아니라 언론사의 모든 경영행위들이 포함된다. 자일러(Seiler, W., 1997:7~9)는 내적 언론자유 조건으로 ① 언론인의 양심과 신조 보호 ② 보도·편집 기본권한(발행인), 방침 결정권한(쟁점), 세부사항 결정권한(편집인) 같은 공동결정권 ③ 보도국장 및 보도편성실무자 고용 해고 같은 경영 참여권 ④ 편집인 대표가 회사 재정 상태 등을 보고받을 권리와 같은 재정참여권 ⑤ 언론사 대표의 경향성 보호 철폐와 같은 것들을 포함시키고 있다. 즉, 일반 노동자의 권리뿐만 아니라 언론종사자로서 언론조직 내에서 시민권자로서의 주관적 기본권 향유, 언론 조직 내부의 질서 관여 등이 모두 포함된다고 보고 있다. 하지만 스톡(Stock, M., 2001:24~27)이 지적한 것처럼 이들 중에 실질적으로 수용 가능한 것은 극히 제한적이며, 이러한 행위들을 종사자들과 합의하는 것은 방송 경영진이나 대표의 권한을 벗어나는 것일 수 있다는 비판도 받고 있다. 이와 같은 포괄적 내적 자유 개념이 본질적으로 기본법 위반 소지가 있고, 결국 법 제정을 통해 해결할 수밖에 없는 문제라면 이는 내적 자유가 아니라 외적 자유의 문제가 될 수 있다. 때문에 방송종사자가 경영자와 함께 방송 자유의 주체는 될 수 있지만 그것은 어디까지나 국가를 대상으로 한 관계에서 가능한 것이지 내부적 관계에서는 경영자의 결정 범위 아래서 내용을 형성할 자유를 누릴 수 있을 뿐이라는 주장도 있다(고민수, 2010:31).

이러한 방송 편성 주체와 관련된 논의들을 종합해 보면, 방송의 편성권은 소유주나 경영진의 권리이지만 공익적 책무를 부여받은 방송사업자가 다양한 여론을 반영하기 위해 종사자의 의견을 수렴 반영할 수 있는 내부적 절차를 갖출 의무를 지니고 있어야 한다는 것으로 이해될 수 있다.[20] 특히 공영방송은 국가·정치권력으로 부터 의 압력을 예방하기 위해 내부 종사자의 자율성을 보장할 수 있는 장치들이 요구되고 있다. 그런 의미에서 '방송법'에 규정된 편성규약 이나 편성위원회, 노·사 간에 합의해 운영되고 있는 공정방송협의회 같은 기구들은 종사자들이 편성권이나 공정방송의 권리를 독점·전 유하는 형태가 아니라 공영방송의 내적 자유를 실현하는 한 방안으 로 역할을 해야 할 것이다. 이러한 논리에 근거하더라도 종사자를 대표하는 노동조합이 공영방송 편성권 관여에 있어 정당성을 담보 하기 위해서는 노동조합 자체에 내부적으로 다양성을 담보할 수 있 는 요건들을 갖추어야만 할 것이다.

2) '공정성' 주체 조건과 언론노동조합

방송 편성권이나 공정성 확보와 관련해 방송사 경영진과 종사자 간의 협력적 관계를 인정하고 노동조합의 의견을 반영하는 제도적 장치를 허용하더라도 노동조합이 공정성 확보의 한 주체가 되기 위 해서는 여전히 몇 가지 조건들이 충족되어야만 한다. 그 이유는 공

---

20) 이처럼 종사자 뿐 아니라 시청자들 다양한 의견을 수렴하여 공영방송 편 성에 반영할 수 있을 방안으로 한진만·최현철·홍성구(2012) 등은 '시청자 배심원제'를 제안하고 있다. 이 방법은 시청자들의 의견을 수렴하는 것뿐 만 아니라 노·사가 편성내용에 대해 이견이 있을 경우 갈등을 중재할 수 있는 절차를 설정했다는 점에서 한번 고려해 볼 만한 방법이다.

정방송협의회나 편성위원회 모두 사측 입장에서는 거의 유일한 협상 대상이 사실상 노동조합뿐이기 때문이다. 실제 KBS와 MBC 모두 공정방송협의회는 노사동수로 구성되어 있고, 방송법에서도 노사동수로 구성하도록 하고 있다.[21] 하지만 방송법 편성규약에 규정된 취재·제작·종사자란 방송의 내용 형성에 관여하는 직원 전체를 의미하는 것으로 방송 종사자 모두를 대표할 수 있어야만 한다. 하지만 현행 '방송법'에는 종사자를 대표하는 조직이나 절차를 구체적으로 규정하고 있지 않아 노동조합이 이를 독점적으로 행사하고 있는 것이다(박용상, 2002:835). 언론사의 내적 자유란 편집·편성국 내부에서 종사자들의 언론행위를 보호하는 것이지 노동조합 같은 특정 집단의 의견을 보호하는 것이 아니라는 점에서 구체적인 규정보완이 필요해 보인다.

이 같은 법적 미비와 별개로 현재 방송 편성권이나 공정성과 관련해 방송 경영진과의 협상권을 전유·독점하고 있는 노동조합이 전체 종사자를 대표하고 사회 전체의 다양한 이익이나 의견을 반영할 수 있는 주체인가를 면밀히 검토할 필요가 있다.

첫째, 공영방송 노동조합이 공영방송 전체 종사자를 대표할 수 있는 중립적이고 다원성을 담보하고 있는 조직인가 하는 점이다. 노동조합은 고용 주체인 회사와의 관계에서 근로조건을 보호받기 위해 단결하고 단체협상과 단체행동을 할 수 있는 권리를 법으로 보호받고 있는 조직이다. 이때 노동조합이 법적 보호를 받는 것은 근로조건과 관련된 '노동' 행위와 관련된 것이어야 한다. 여기서 보호받아야 할 근로조건이란 '노동조합 및 노동관계 조정법'에 규정된 '헌법상의 인간 존엄성 보장'에 해당하는 것으로 근로조건의 유지 및 개선 그리고 근로자의 경제적·사회적 지위 향상에 관한 것으로 범위

---

21) 국회의안(2014). 의안번호 9408.

를 한정하고 있다. 물론 근로조건 이외의 활동이 불법이라는 의미가
아니라 법적 보호의 대상이 되지 못한다는 의미다. 따라서 노동조합
역시 일반 이익단체나 시민단체들처럼 공익적 활동을 할 수도 있고
방송 공정성 문제를 제기할 수도 있다. 그렇지만 노동조합이 방송공
정성이나 편성권과 관련해 배타적 권한을 가지거나 특별히 법적으
로 독점권 권리를 부여받고 있는 것은 아니다. 때문에 노동조합의
방송 공정성과 관련된 요구나 활동은 필요에 의해 이루어지는 임의
적 활동이지 이를 명분으로 한 단체행동을 법적으로 보호하고 있는
것은 아니다.

그렇다면 공영방송의 노조가 방송 공정성 문제를 제기하고 단체
협상의 주체가 되기 위해서는 스스로 대표성과 중립성을 갖추고 있
어야 할 것이다. 그런 측면에서 공영방송 노조의 대표성에 대해서는
논란이 있을 수 있다. KBS만 보더라도 전체 종사자는 노조 가입자와
미가입자로 양분되어 있고, 노조 가입자도 KBS노동조합과 전국언론
노동조합 산하 KBS본부노조 그리고 소수지만 공영방송노동조합으로
다시 나누어진다. 때문에 하나의 노동조합이 전체 KBS 종사자를 모
두 대변할 수 없는 구조다. 각각의 노동조합별로 편성위원회를 구성
할 경우 협의 자체도 힘들지만 정상적인 방송행위에 방해가 될 수
있다. 여기에 기자·PD·기술·경영 등 직종별로 각종 협회들이 조직되
어 있어 협상해야 할 내부 종사자 단체들이 과도하게 많은 상태다.
더구나 각각의 노조와 직종별 협회 구성원들이 상호 중첩되어 있어
이중 협의의 문제점도 발생하고 있다. 때문에 방송 공정성이나 편성
권과 관련하여 종사자 대표로 특정 노동조합을 독점하는 것은 대표
성 여부는 물론이고 실질적으로 불합리한 측면이 많다고 하겠다.

방송 공정성 문제는 조합원의 임금이나 근로시간, 산업안전 같은
물리적 근로조건들과 달리 정치·사회적으로 영향력이 큰 사안이다.
때문에 특정 노동조합이 배타적으로 협의주체가 되거나 주도하게

되면 해당 노동조합의 시각과 가치에 의해 도리어 방송의 다양성과
중립성이 훼손될 가능성이 높다.[22] 그러므로 노동조합이 공정성 같
은 방송 프로그램에 관여하는 것이 정당화되려면 노동조합이 ① 사
회 전체 아니면 적어도 내부 종사자들의 다양한 의견을 수렴할 수
있는 대표성을 지닌 조직이거나 최소한 의견수렴 장치가 운영되어
야 하고 ② 노동조합의 중립성과 자율성을 유지할 수 있는 분명한
원칙과 자율적 규제체계를 갖추고 있어야만 한다. 그런 의미에서 현
행 공영방송사 노동조합의 조직이나 운영방식은 이러한 조건을 완
전히 충족하고 있다고 보기 어렵다.[23]

둘째, KBS와 MBC를 비롯한 공영방송사의 노동조합이 개별 방송사
내에서 독자적으로 활동하는 조직이 아니라는 점이다. [그림 4-1]에
서 보는 바와 같이, KBS와 MBC 노동조합은 전국언론노동조합 산하
의 방송사별 본부형태로 되어 있다. KBS노조의 정식 명칭은 전국언
론노동조합KBS본부노동조합(이하 KBS본부노조)이다.[24] 즉, KBS본부

---

22) KBS의 경우 노조가 방송프로그램에 독점적으로 개입·관여하면서 사실상
이념적으로 편향된 프로그램을 둘러싼 갈등이 이어지고 있다. 노무현 정
부시절의 '인물현대사', '송도율 특집', '미디어 비평' 같은 프로그램들과 박
근혜 정부 시절 방송되었던 '이승만 망명 시도설', '뿌리 깊은 미래', '정율
성 특집', '문창극 간주보도' 등은 공정방송을 위한 내부 게이트키핑과정을
특정 이념성을 가진 노조가 주도하면서 발생한 현상이라 할 수 있다.
23) 일부에서는 언론노동조합이 국회에 요구하고 있는 '노·사동수의 편성위원
회 설치'의 근거로 '근로자참여 및 협력증진에 관한 법' 제6조 '3인 이상 10
인 이내의 노·사동수로 노사협의회를 구성·운영'하도록 되어 있는 것을 들
고 있다(김승수, 2001:193~221). 하지만 편성규약은 정신적 근로자의 독립성
즉, 내적 자유를 확보하기 위한 목적이라는 점에서 단순히 노동자의 경영
참여를 보장하기 위한 위 규정과는 근본적으로 성격이 다르다는 점을 간
과하고 있다는 비판을 받을 수 있다(박용상, 2014:14).
24) 여기서 전국언론노동조합 KBS본부노동조합을 대상으로 언급한 이유는 방
송 공정성이나 편성권 등과 관련해 가장 적극적으로 의견을 개진하고 있
고 방송 공정성과 관련해서 법률 소송을 제기한 주체들이 본부노조 소속

노조는 전국언론노동조합의 하위조직 형태로 되어 있다. 실제로 노사협약도 해당 방송사업자와 전국언론노동조합의 위임을 받은 본부노조 대표가 서명하는 '전국언론노동조합 단체협약' 형식으로 하게 되어 있다. 이처럼 각 방송사의 본부노조는 핵심 사안에 있어 전국언론노동조합의 대리인 성격이 강하고 오직 위임사항에 한해서만 자율적으로 활동할 수 있을 뿐이다. 공정방송위원회 운영에 관한 협약도 '전국언론노동조합 위원장'과 단체협약을 체결하는 형태로 되어있고, 언론노조가 교섭권을 위임했을 경우에만 산하 노동조합 대표자가 자율적으로 체결할 수 있게 되어 있다. 당연히 편성위원회 운영 역시 전국언론노동조합의 정책방향과 연계될 수밖에 없다.

결국 KBS와 MBC노동조합의 자율성은 매우 제한적이고 원칙적으로 상급노조의 지침에 의해 활동할 수밖에 없다. 이는 개별 방송사의 편성과 제작, 보도 공정성과 같은 사안들에 대해서도 각각의 노동조합이 자율성을 가지고 있지 못하다는 것을 의미한다. 결과적으로 전국언론노동조합의 기본 원칙과 시각이 도든 공영방송에 거의 동일하게 적용되고 있는 것이다. 이는 개별 공영방송사의 중립성과 다양성을 도리어 침해할 가능성이 있다. 이는 내적 자유를 실현하는 방안으로 언론노조가 요구해왔던 공정성 확보 방안이나 편성규약, 편성위원회 같은 장치들이 도리어 공영방송의 내적 자유를 침해할 수 있다는 것을 의미한다. [그림 4-1]을 보면, 노동조합이 요구해 온 공정성 관련 쟁점들이 개별 방송사의 문제가 아니라 전체 방송 나아가 방송규제기구나 정부를 대상으로 하는 쟁점이라는 것을 알 수 있다. 실제로 공정성 확보와 관련된 노동조합의 요구조건들은 개별 공영방송사의 내적 자유를 구현하는 것이 아니라 국가를 대상으로 한 정치적 쟁점이 될 수밖에 없고 결국 정치파업의 성격을 지닐 수밖에 없는 이유다.

조합원들이기 때문이다.

[그림 4-1] 방송사 언론노동조합 구성도

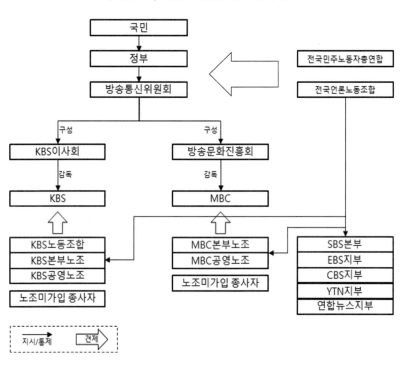

셋째, 노동조합의 경향성과 관련된 문제다. 방송 공정성의 핵심은 정치적 중립성에 있다. 공영방송의 정치적 독립성을 위협하는 가장 큰 요인은 정권의 방송통제이고, 이를 예방하는 것이 공영방송 공정성의 핵심이라고 할 수 있다. 야당이나 언론노동조합, 언론관련 시민단체들이 정권의 공영방송 장악 문제를 가장 많이 비판해 온 이유도 여기에 있다. 그렇다면 이를 견제하고 공영방송의 정치적 공정성을 요구하는 주체로서 언론노동조합 역시 정치적으로 중립적이거나 독립적이어야만 한다. 즉, 언론노동조합이 방송 공정성의 주체가 되기 위해서는 스스로 정치적 경향성이 있어서는 안 된다는 것이다. 특히 '노동조합 및 노동관계조정법' 제2조 4항에 '주로 정치운동을

목적으로 하는 경우에는 노동조합으로 보지 아니한다'고 규정하고 있다. 물론 노동자의 권익보호와 관련된 제한된 정치참여는 금지하지 않지만 노동조합을 정치활동을 위한 수단으로 삼는 경우에는 법적 보호를 받을 수 없다. 그러므로 정치적 경향성을 가진 노동조합이 여론형성에 영향을 미치는 공영방송의 공정성 문제에 제도적으로 관여하는 것은 법적으로도 문제가 될 수 있다.

이러한 맥락에서 KBS와 MBC 노조의 정치적 중립성 문제를 검토해볼 필요가 있다. KBS와 MBC 노조는 전국언론노동조합 산하 조직으로서, 상위조직인 전국언론노동조합이 정치적 경향성을 지닌 조직이라면 두 방송사 노조에도 영향을 미치게 될 가능성이 높다. 그런데 전국언론노동조합의 정치위원회 규정을 보면, 언론노동조합의 목적을 '조합의 강령과 규약, 정치방침에 따라 조합의 정치 활동 역량을 강화하고 민주노총과 제 민주단체 및 진보정치세력과 연대하여 노동자 민중의 정치세력화'로 규정하고 있다. 또한 '정치위원회규약' 제2조에 구체적으로 ① 노동자의 정치세력화 및 진보정당 활동 관련 교육선전 ② 노동자 정치활동 역량의 조직화 ③ 정치방침 수립 및 정책개발 ④ 각종 정치 행사 주관 및 참여 조직화사업 활동 등을 하도록 되어 있다. 이러한 규정에 따라 전국언론노동조합은 상급단체인 민주노총, 민주단체 및 진보정치세력과 연대해 정치 투쟁할 수 있다는 것을 명백히 밝히고 있다.

이러한 언론노동조합의 정치적 경향성이 분명히 드러난 사례가 2012년 제19대 국회의원 선거를 앞두고 있었던 KBS와 MBC의 장기파업이다. 파업 직전인 2012년 3월 27일 전국언론노동조합은 '통합진보당과 전국언론노동조합은 언론장악 진상규명과 언론 개혁을 통하여 언론의 공공성을 강화하고 표현의 자유를 확장하고자 정책 협약을 체결하고 충실히 준수·이행될 수 있도록 상호 협력한다'는 정책연대 협약을 체결하였다. 또한 2012년 3월 6일 KBS노조 파업출정식에서 이 강택 위원장이 "이 싸움은 김인규 만 상대로 한 싸움이 아니며, 이명박 본진까지 박살내내 새로운 KBS를 세울 것이다. 이명박, 박근혜를 흔드는 파업을 해야 하며, 이 싸움을 정국 최대현안으로 만들어 우리를 무시하고는 절대 기득권을 가질 수 없다는 것을 보여줘야 한다. 이 싸움으로 승기를 잡아 좌고우면하는 민주당을 외면하고 통합진보당과 연대하여 대선에서 승리하여 Reset KBS를 만들어낼 것이다"라고 선언한 것에서도 볼 수 있다. 이외에도 주요 선거들을 앞두고 KBS와 MBC노조는 사내·외에서 다양한 정치적 행위들을 주도해 왔다.[25] 심지어 KBS언론노조위원장이 특정 정당 공천에 관여하는 일도 발생한 적도 있다. 실제로 공영방송 노동조합이 주도했던 많은 파업들이 전국언론노동조합의 정치적 경향성에서 비롯되었던 것이라 할 수 있다(이춘구, 2014:226~228). 그런 측면에서 전국언론노조 산하의 KBS, MBC 노동조합은 공정성을 추구하는 합법적 주체로서 정치적 중립성 조건을 갖추고 있다고 보기는 어렵다. 도리어 정치적 경향성이 강한 언론노동조합이 공정방송에 관여하는 것은 엄격히 금지되어야 할 사안일수도 있다.

넷째, 언론노조가 다양한 의견들을 수렴할 수 있는 내부적 조건을 갖추고 있는가 하는 점이다. 방송사의 취재·제작 종사자란 방송 내용 형성에 관여하는 직원 전체를 의미한다. 따라서 방송 공정성과 관련된 요구를 할 수 있는 주체는 구성원들 모두가 참여하는 내부적

---

25) 전국언론노조는 쟁의 때마다 '진보 및 민주'를 명분으로 내건 특정 정치세력들과 연대투쟁을 벌여왔다. 2016년 제20대 국회의원선거 때 노조원들은 정치활동의 하나로 "새누리당에 단 한 표도 주지 맙시다"라는 선전 문구를 들고 다니거나 특정 정당의 유인물을 돌리기도 하였다. 그럼에도 불구하고 이처럼 전국언론노조나 KBS와 MBC 노조들이 정치세력들과 공동투쟁을 벌인 것이나 특정 정당과의 연대투쟁에 대한 책임문제나 공정성 위반 문제가 거의 제기조차 되지 않았다는 것은 노조의 정치투쟁과 편향된 정치활동이 방송사 내부적으로 일상화되었다는 것을 의미한다.

수렴절차를 통해 전체 의사를 대표할 수 있는 이른바 '내적 다원주의' 조건을 갖추고 있어야만 한다(이춘구, 2014:438~439). 여기서 더 나아가 전체 국민의 다양한 견해와 입장을 중요성에 비례해 균형 있게 반영할 수 있어야 한다. 특정 정치권력이나 사회집단이 공영방송의 의견을 전유해서는 안 되는 것과 마찬가지로 노조를 중심으로 한 방송 종사자들이 전유해서도 안 될 것이다. 공영방송의 편성권이나 공정성을 요구하고 또 견제하기 위해 '사회 각계 대표자로 구성된' 이사회나 시청자위원회가 필요하다는 주장은 이런 근거에서 나오는 것이다. 공영방송의 공정성을 제고할 수 있는 가장 현실적이고 합리적인 방법은 이사회 구성이나 사장선출 같은 공영방송 거버넌스 개선에 있다는 주장도 같은 맥락에서 나온 주장이다. 결국 공영방송의 편성주체는 공정하게 중립적으로 다양한 의견을 수용하고 대변할 수 있는 주체이어야만 한다. 그런 의미에서 현재 공영방송사 노조는 공정성을 요구하고 주체로서 대표성을 갖추고 있다고 보기 힘든 것이 사실이다.

4. 공영방송 공정성 구현 방안의 다차원성

방송 공정성이 본질적으로 추상적이고 다의적이라면 당연히 이를 구현하는 방안도 다원적일 수밖에 없다. 여기에는 방송사 내부적으로 해결할 수 있는 것들도 있지만 공영방송과 관련된 국가·사회·조직·개인 단위의 여러 층위에서 다각적으로 모색되어야 하는 것도 있다. 특히 공정성 구현방법들 중에는 정치적 층위에서 해결되어야 할 것들도 많다. 때문에 공정성확보를 명분으로 한 KBS와 MBC노조의 파업이 정치파업의 성격이 강할 수밖에 없다. 특히 파업 목적이 경영진 수준에서 대응 혹은 합의할 수 없는 법 개정 등을 통해 해결될 수 있는 것이라면 정치파업이 될 수밖에 없다. 이러한 정치파업

은 일반적으로 노동조합의 요구가 처리 불가능한 지위에 있는 경영
자에게 그 피해를 전적으로 감수시키기 때문에 불법으로 간주될 수
있다. 쟁의권 보장의 목적은 단체교섭을 촉진 혹은 실효화 하는데
목적이 있기 때문에 사용자가 사실상 또는 법률상 처분할 수 있는
요구사항만이 정당한 목적이 될 수 있다.[26] 그런 의미에서 노동조합
이 요구하는 공정성과 관련된 요구들도 살펴볼 필요가 있다.

1) 공영방송의 규제체계와 공정성

이론적으로 공영방송 이념을 구현하는 것은 세 가지 토대 위에서
이루어진다. 첫째, 공영방송의 책무와 관련된 공익적 목표 둘째, 공
영방송의 정치적·경제적 독립성을 보장하기 위한 법·제도적 토대 셋
째, 공영방송의 공적 책무를 가능하게 하게 하는 안정적이고 공적인
재원구조다. 이 중에서 첫째와 셋째 목표는 1장과 2장에서 다루었으
므로 이 장에서는 공정성과 관련된 법·제도적 토대를 중심으로 살펴
보고자 한다.

공영방송이 외적 압력으로부터 독립되어 공정성 같은 공익적 목
표들을 실천하기 위해서는 제도적 시스템이 갖추어져야 하고 이를
위해서는 법·제도적 근거를 필요로 한다. 어쩌면 공영방송의 공적
책무를 수행하기 위한 가장 기본적인 조건은 제도적 독립성이라 할
수 있다. 공영방송의 기원은 정치권력으로부터 독립된 방송시스템
을 구축하는 것이지만 외부로부터 완전히 독립된 방송사를 구현한
다는 것이 현실적으로 쉽지 않다. 때문에 공영방송을 지닌 대부분의
나라들이 독립성을 보장하기 위한 법·제도 장치들을 가지고 있다.

---

26) 물론 근로자의 경제적 근로조건 개선을 위해 정부의 정책이나 법률적 대
　응이 필요한 경제적 정치파업 같이 특수한 경우에 국가에 대한 저항권 차
　원에서 정당화되는 경우도 있다(한지혜, 2014).

대표적인 나라가 공영방송의 정치적 독립성을 특히 강조하는 독일이다. 독일은 공영방송의 정치적 독립을 위해 다양한 이익단체 대표로 구성된 방송위원회(혹은 방송평의회)를 통해 규율하도록 법으로 엄격하게 규정하고 있다. 이외에도 영국이나 프랑스 등 공영방송을 가진 나라들 대부분이 공영방송을 규율하는 법적 근거들을 가지고 있다.

이에 비해 우리나라의 공영방송과 관련된 법적 근거는 매우 취약하다. 앞에서도 언급한 바와 같이 KBS는 국가가 소유주로 되어 있는 국가기간방송으로 규정하고 있을 뿐이고 MBC는 공영방송으로 규정할 수 있는 법적 근거조차 없다. KBS와 MBC는 법적 근거에 의해 공영방송으로 규정된 것이 아니라 국가의 규제 편의성 때문에 독점적 지위를 보장해주기 위해 만든 관념적 개념이라 할 수 있다. 실제 방송목적과 편성목표에서 KBS와 MBC는 상업방송인 SBS와 거의 차이가 없다. 거듭 강조하지만 우리 공·민영 이원체제는 법적으로 확립된 것이 아니라 사회적 통념에 의해 인식되고 있는 것이라 하겠다.

물론 완벽한 공영방송 법·규제 체제를 가진 나라는 거의 없다. 가장 이상적이라고 평가받고 있는 영국의 BBC 조차도 규제 체계를 둘러싼 논쟁이 끊임없이 이어졌다. 그 결과 BBC 경영·감독기구인 BBC트러스트는 2017년 폐지되었다. BBC의 공익적 책무를 심의·규제하고 전체 방송시장 관점에서 공영방송과 상업방송간에 공정한 경쟁을 촉진하겠다는 Ofcom의 주장이 받아들여져, BBC이사회와 Ofcom으로 경영과 감독·규제를 분리하게 되었다. 이러한 변화는 공영방송의 공정성 확보를 위해 제도적 독립성을 담보해주면서 동시에 이를 감시하는 내·외적 규제가 병존하고 있음을 보여주는 것이라 하겠다.

2) 공정성 확보방안의 다차원성

앞서 언급한 것처럼 공영방송의 독립성과 공정성을 구현하는 방법은 다차원적으로 접근해야 한다. 외적 규제와 내적 규제가 다양한 층위에서 복합적이면서 또 균형 있게 작동해야만 한다. 일반적으로 공영방송 규제시스템은 ① 다원적 규제체계 ② 운영의 독립성과 자율성 보장 ③ 시청자 접근·통제 장치 등으로 구성되어 있다. 이러한 규제시스템은 외부로부터 다양한 통제(영향)를 받으면서 동시에 독립적이고 자율적으로 운영할 수 있는 이원적 구조를 의미한다. 하지만 외부의 감시와 규제는 통제나 압력이 될 수도 있다는 점에서 이를 조화롭게 수용할 수 있는 안정적 체제를 구축하는 것이 중요하다. 이처럼 공영방송의 독립성과 다원적 규제체제를 구축하기 위한 방안들은 국가적 단위에서부터 개인적 단위에 이르기까지 다양한 층위에서 이루어져야 한다.

[표 4-2] 공영방송 공정성 층위별 확보 방안

층위	구조	행위
글로벌	global standard 문화적 주권	국제협약
국가	법 규제 : 방송법/통신법/심의법 등 제도 : 방송통신위원회 /방송통신심의위원회	인·허가, 공영방송 거버넌스, 내용심의
사회	각종 사회 단체, 이익단체, 시청자 위원회	민간 심의, 시청자 접근
지역	지역 주민, 지역단위 이익단체, 지역문화 단체, 지역단위 시청자 위원회	지역 방송/채널 제공 지역단위 시청자 접근
조직	방송협회, 개별 방송사 내규, 편성규약, 공정방송협의회 등	협회단위 자율규정 준수 방송사 내규 준수 노사협력체계 구축
개인	자율윤리규정, 보도준칙 등	제 규정 준수, 전문직 의식 교육

[표 4-2]는 공영방송의 가치를 보호하고 공영성을 담보하는 장치들이 매우 다원화되어있어 특정 개인이나 집단이 전유할 수 없고, 글로벌 영역에서부터 공영방송 구성원들의 자율적 규제에 이르기까지 다양한 층위에서 복합적으로 이루어지고 있다는 것을 보여주고 있다.

그러므로 공영방송의 공정성은 노·사 협상이나 편성규약 같은 조직적 수준의 방법만으로 해결될 수 있는 단순한 문제가 아니다. 일례로 공정성 확보를 위해 노조가 요구해온 공영방송 거버넌스 개편은 방송법 개정 혹은 별도의 법 제정과 같이 국가적 층위에서 이루어져야하는 사안이다. 더욱이 방송법 개정은 정부 단독으로 할 수 있는 문제도 아니고 국민적 동의와 정파 간 합의도 이루어져야 한다. 물론 법 개정 같은 어려운 절차가 아니더라도 정부가 인·허가 심사나 현행법에 근거한 다양한 규제들을 통해 공정성을 제고해 나갈 수도 있다. 또 시청자단체 같은 다양한 사회집단들의 견제와 '방송협회' 같은 사회적 층위에서의 자율규제나 방송사 내부의 자율규제 그리고 개인적 층위에서의 윤리규정이나 전문 의식 등을 통해서도 이루어 수 있다. 때문에 노동조합이 공영방송 공정성 논의구조를 독점하고 정치적 대안만을 요구하게 되면 다른 층위에서 실천 가능한 방법들은 유명무실해질 수밖에 없다.[27] 실제로 노동조합이 요구하고 있는

---

27) 2018년 9월 방송통신위원회는 그 동안 유명무실했던 '시청자위원회' 기능을 정상화한다는 이유로 '시청자위원회'를 구성하는데 있어, 경영진과 노동조합(노동조합이 없는 경우 종사자대표)과 합의하도록 하는 권고안을 추진하였다. 이는 방송사에 대한 내·외적 규제 장치들의 근본적인 차이를 이해하지 못하는데서 나온 것이라 할 수 있다. 내적 규제 장치는 외부의 압력으로부터 독립성을 담보하기 위해 내부 종사자들의 자율규제형태로 앞에서 설명한 것처럼 완전히 전유해서는 안 되지만 노동조합과 종사자들이 관여할 수 있다. 하지만 '시청자위원회'는 방송의 공정성을 담보하기 위해 다양한 이해집단들이 감시·견제하기 위한 외적 규제 장치라 할 수 있다. 때문에 '시청자위원회'의 구성이나 운영에 방송사 내부 종사자들이 관

국가적 층위에서 해결해야만 되는 공정성 확보방안들은 정치적일 수밖에 없어 문제를 해결하기보다 갈등만 증폭시킬 가능성이 높은 것이 사실이다.

3) 공영방송 거버넌스(governance)와 공정성 확보

공영방송의 공정성 확보를 위해 가장 바람직하고 효율적인 방안은 공영방송 거버넌스(governance)를 변화시키는 것이다. 하지만 공영방송 거버넌스 개혁 논의는 매우 오래된 문제지만 좀처럼 답을 찾지 못하고 있는 어려운 문제이기도 하다. 그 배경에는 우리 정치문화가 아직 합리적인 거버넌스를 도출해 내고 운영해갈 수 있는 수준에 이르지 못하고 있다는 점도 크게 작용하고 있는 것 같다. 무엇보다 합의의 정치문화가 아니라 통치의 정치문화가 지배하는 한국의 정치문화가 가장 큰 걸림돌이라 생각된다.[28] 그렇지만 미디어 3.0시대에 들어서면서 참여·공유·합의의 사회 문화가 강조되고 또 확산되고 있다는 점에서 이제 합리적인 공영방송 규제체계를 도출하기 위한 정치권의 근본적인 인식 변화가 필요한 시점이라 생각된다.

최근 정권교체와 함께 소통을 강조하는 정부조직 개편이 필요하다는 주장이 많이 제기되고 있다. 또 KBS를 비롯한 공영방송 거버넌스가 개혁되어야 한다는 주장들이 제기되고 있다. 정권교체 전인 지난 국회에서는 KBS 이사회 구조개선을 포함한 공영방송 거버넌스 관

여하거나 안배하는 것은 이 같은 외적 규제 장치의 위상과 역할을 침해하는 것이라 할 수 있다. 이 역시 방송사의 공정성 확보를 위한 장치들이 다원적으로 구성되어야 하고 노동조합 같은 내부 종사자들이 그 장치들을 전유해서는 안된다는 것을 보여주는 것이라 하겠다.

28) 이준웅(2012)은 합의제민주주의가 다수제민주주의보다 다수의 이익을 최대화하는데 성공적이라고 지적하고, 그런 의미에서 우리 공영방송 거버넌스처럼 다수제민주주의형태가 지배하는 것을 비판하고 있다.

련 법안들이 상정되기도 하였다.[29] 이처럼 우리 사회에서 '거버넌스'
라는 용어는 '새로운 규제체제의 변화 즉, 정책형성이나 규제의 변화
정도'의 의미로 받아들여지고 있는 것 같다(Benz, A., 2004:11~28). 특히
미디어영역에서는 언론개혁이나 방송개혁과 같은 의미로 인식되고
있는 측면도 있다. 하지만 거버넌스라는 용어는 자율규제나 정부·민
간 공동규제의 강화, 정책결정과정에서 시민참여나 비공식적 네트워
크의 역할 확대와 같은 규제패러다임의 근본적인 변화를 의미하는
것이다(Bardoel, J., & d'Haenens, 2004:165~194). 그런 맥락에서 이제까지
우리나라에서의 미디어 거버넌스 개혁논의는 매우 협소하고 다분히
왜곡되어 있다고 할 수 있다.

　이렇게 거버넌스 문제가 새롭게 대두되고 있는 이유는 무엇일까?
첫째, 정부규제가 한계에 봉착했다는 것이다. 많은 정부 정책들이
사회·경제·기술적 변화에 대처하는데 실패함에 따라 새로운 규제방
식을 모색해야 한다는 사회적 공감대가 커지고 있는 것이다. 특히
국가규제는 악(bad)이므로 최소화하는 것이 선(good)이라는 신자유주
의 이데올로기에서 벗어나 합의의 규제 메커니즘으로의 전환이 필
요하다는 것이다. 둘째, 자율 규제가 중요해지고 있지만 국가규제가
여전히 중요하다는 인식이다. 국가는 강제력을 합법적으로 사용할

---

29) 이렇게 공영방송 거버넌스 개혁을 주장했던 문재인 정부조차 집권이후 집
　권 여당에게 유리한 현행 거버넌스를 그대로 유지하고 싶어하는 느낌이
　다. 심지어 야당 시절 크게 비판해왔던 현행 공영방송 거버넌스를 통해 이
　전 정권에서 행해졌던 것과 동일하게 KBS이사회와 방송문화진흥회 이사
　를 교체하고 사장을 해임·교체한 것을 현 정부의 최대 성과라는 평가도 나
　오고 있다(김재영, 2018). 이러한 평가는 목적이 정당하다면 수단도 정당화
　된다는 전형적인 선악논리(善惡論理)에서 나온 것이라고 할 수 있다. 즉,
　사악한 이전 정권에서 사용되었던 잘못된 거버넌스도 선한 정권이 사용하
　면 잘못된 것이 아니라는 목적에 전도된 시각을 담고 있다. 이는 민주주의
　가 결과도 중요하지만 절차적 정당성이 더 중요하다는 기본적인 인식에서
　벗어난 것이라 할 수 있다.

수 있는 능력을 가지고 있고, 집단적 문제를 해결할 수 있는 선출된 권력이다(Black, J., 2001:103~146). 따라서 자율규제를 확대하되 국가의 법적 규제가 '촉진자 혹은 선도자(primus inter pares)' 역할을 할 수 있다는 것이다. 이는 다양한 조직들과 행위자들을 국가가 조정한다는 의미에서 'metagovernance'[30]라는 용어로 표현되기도 한다.[31] 셋째, 규제 탄력성을 제고하겠다는 것이다. 특히 민간영역 중에 공공 분야로 이전해서 운영되는 영역을 설정하는 능력이 거버넌스의 중요한 부분이 되고 있다(Peter & Pierre, 1998).

이처럼 거버넌스 개념은 좁게는 정책결정에 있어 '공적영역과 사적 영역이 혼합된 비위계적인 규제양식 속에 정치적 통제유형이 혼합된 형태'라는 의미로, 넓게는 '다양한 목적을 가지고 있는 정치, 기구, 기업, 시민사회, 초국가 조직 등이 상호 협력하는 집단협력체제'의 의미를 가지고 있다. 즉, '시민사회의 자율규제로부터 전통적인 정부규제에 이르기까지 한 사회내의 모든 형태의 규제들을 집합적으로 아우르는 규제구조'를 말한다. 단순히 국가규제에서 벗어난 형태가 아니라 공적·사적 영역에서 발생하는 다양한 양식의 다양한 수준의 규제들을 통합한 규제라고 할 수 있다. 그러므로 '미디어 거버넌스' 역시 미디어영역에서 이루어지고 있는 모든 집합적 규제 형태들을 포괄하는 개념이라고 할 수 있다. '미디어 시스템을 조직화하는 것을 목적으로 하는 공식적, 비공식적, 국가적, 초국가적, 중앙 집중화되거나 분산되어 있는 기제들의 총합'이라고 정의할 수 있다(Freedman, D., 2008). 햄링크와 노덴스트렝(Hamelink & Nordenstreng, 2007:225~240)은 미디어

---

30) 'metagovernance'란 governance에 관한 governance, 즉 governance의 모든 과정에 적용되는 원칙과 규범을 세우는 형태를 말한다. 이는 국가가 다양한 사회영역에 직접 개입하기보다 각 사회를 규율해가는 다양한 기구나 규율들에 대한 원칙이나 규범을 정하고 관여하는 형태의 통치방식을 의미한다.
31) Bevir, M.(2009), Kooiman, J.(2003) 등을 참조할 것.

거버넌스를 '미디어 행위들을 제약하거나 동기를 부여할 수 있는 제도, 규칙 그리고 실천 프레임워크'로. 맥퀘일(McQuail, 2007:16~25)은 '미디어 내 혹은 미디어와 사회 간의 제도화된 관계 안에서 이루어지는 수많은 운영과 책임 형태들'이라고 정의내리고 있다.

결국 공영방송 거버넌스란 공영방송의 책무입증과 관련된 정부 혹은 민간 영역의 모든 규제행태들을 포괄적으로 아우르는 규제프레임이라 할 수 있다. 이러한 거버넌스 개념이 실천되기 위해서는 법적 제도화(institutionalization)가 우선되어야만 한다. 그렇지만 중요한 것은 공영방송 구성원뿐 아니라 모든 국민들이 공유할 수 있는 신념과 규범에 근거해 형성된 동의다. 규범적(normative), 규제적(regulatory) 프레임이 아니라 문화인지적(cultural-cognitive) 프레임으로서 규제능력을 갖는 것을 의미한다(Scott, W. R., 2001). 한마디로 공영방송의 공정성을 확보하기 위한 공영방송 거버넌스도 공영방송 문화를 공유할 수 있는 체제구축에서 시작되어야 한다는 것이다. 그러므로 노동조합처럼 공영방송 거버넌스를 독점할 수 있는 기구나 정치적 도구로 인식하게 되면 이와 관련된 모든 주장이나 요구들은 모두 정치 담론화되어 버려 다른 합리적 대안들을 모두 구축해버리게 될 위험성이 있다. 만일 공정성과 관련하여 정치적 담론이 지배하게 되면 공영방송 구조나 책무에 대한 진지한 논의는 소멸되고 정치쟁점만 남을 위험성이 높다.

5. 공영방송 공정성 관련 갈등 분석

공영방송의 공정성 확보를 명분으로 한 노동조합의 단체협상과 관련된 갈등을 살펴보면 구성원들 간에 몇 가지 상반된 인식의 차이를 볼 수 있다. 이러한 상반된 인식을 면밀히 살펴보는 것은 공영방송의 경영진과 노동조합간의 갈등 원인과 해결 방향을 생각해 볼 수 있는 단초가 될 수도 있을 것이다.

1) 공영방송 규제시스템의 딜레마

공영방송이 정치적·경제적 외압으로부터 독립된 '자체 완성체' 같은 존재가 되기 위해서는 이를 뒷받침할 수 있는 법적·자율적 규제시스템이 필요하다. 하지만 공영방송을 보호하기 위한 규제시스템은 역설적으로 공영방송에 대한 통제 수단이 될 수도 있다. 때문에 공영방송과 관련된 법·제도와 관련해서는 항상 찬·반 논쟁이 있어왔다. 정치권력과 상업 자본으로부터 독립된 공영방송이 방송의 공익성을 구현하고 시청자의 이익을 추구하는 가장 이상적인 제도인 것만은 분명하지만 현실적으로 가능한 것인가의 문제는 항상 논란이 되어왔다. 때문에 어느 나라든지 공영방송 거버넌스와 재원 구조, 책무 등에 있어 다양한 주장들이 제기되고 또한 논쟁이 지속되고 있다. 우리나라 역시 공영방송 구조와 책무에 대해 오랫동안 쟁점이 있어 왔지만 모두가 동의할 수 있는 방안은 도출되지 못하고 있는 상태다. 그동안 적지 않은 공영방송제도 개선방안들이 제시되었지만 실현된 적이 거의 없다는 것이 이를 반증하고 있다.

이렇게 외부 압력으로부터 독립된 '자기완성체'로서 공영방송을 구축하는 것이 쉽지 않은 이유는 공영방송 제도가 이상적이기는 하지만 이를 제도화하는 과정에서 정치적 이해집단들 간의 타협이 이루어져야하기 때문이다. 때문에 공영방송 제도를 개선하겠다는 시도는 자칫 정치권력의 방송통제라는 정치적 비판에 시달릴 가능성이 높고 또 실제 받았던 것이 사실이다. 이는 공영방송의 독립성과 공정성을 담보하기 위한 법·제도적 장치들은 역설적으로 이를 훼손 혹은 위축시키는 '통제 혹은 규제도구'가 될 가능성이 있기 때문이다. 어쩌면 공영방송에 대한 '규제의 이중성 혹은 역설'이라 할 수 있다.

이처럼 공영방송에 대한 규제개혁이 힘든 이유는 '규제'를 바라보는 시각의 차이 때문이라고 할 수 있다.

2) 공영방송 규제를 보는 시각차이

공영방송 규제에 대해서는 두 가지 상반된 시각이 항상 존재해왔다. 공영방송의 자유와 독립성을 제고하고 공익적 책무를 제대로 수행하기 위해 법제도적 장치가 필요하다는 입장과 공영방송에 대한 과도한 법·제도적 규제들은 공영방송의 독립성을 침해할 수 있다는 주장이다. 때문에 공영방송이 공익적 방송서비스를 제공하는데 가장 이상적인 제도라 하더라도 실제 이를 어떻게 제도적으로 보장하고 책무를 실현가능하게 할 것인가의 문제는 여전히 숙제일 수밖에 없다. 이는 우리보다 공영방송 역사가 깊은 나라들 역시 공영방송 제도와 규제 문제를 놓고 논쟁이 지속되는 이유이기도 하다.

특히 공영방송 내부 종사자들과 공영방송을 바라보는 외부의 시각과는 격차는 매우 크다. 공영방송의 공영성 구현을 위해 규제가 필요하다는 외부 시각과 긍정적이든 부정적이든 어떤 외부의 규제도 바람직하지 않고 내부 종사자들의 독립성과 자율성이 보장되어야 한다는 내부 종사자들의 시각은 항상 충돌할 수밖에 없다. 이 같은 인식의 차이는 우리나라의 공영방송 관련 규제들이 정치권력의 통제 목적에서 만들어졌다는 공영방송 내부 구성원들의 인식을 반영하는 것이라 할 수 있다. 때문에 KBS를 비롯한 공영방송 종사자들은 공적 책무에 대한 외부 규제는 거의 안 받으면서 종사자가 경영과 편성에 대해 권한과 책임을 지는 완전 자율 형태를 선호하고 있다. 하지만 이에 대해서는 노조가 공영방송을 독점하고 있다는 이른바 '노영방송(勞營放送)'이라는 비판을 받고 있는 것도 사실이다.

[표 4-3] 우리나라 공영방송 규제 실태에 대한 인식

		외적 자유	
		높다	낮다
내적 자유	높다	A 자율형 공영방송	B 국가 종속형 공영방송
	낮다	C 자율적 통제형 공영방송	D 국가 통제형 공영방송

[표 4-3]은 KBS를 비롯한 공영방송에 대한 인식을 네 가지 유형으로 구분한 것이다. 우선 A형은 가장 이상적인 형태로 정부나 외부 정치권력으로부터 통제받지 않으면서 동시에 내부 경영진으로부터도 자유로운 '자율적 공영방송'이라고 할 수 있다. B형은 내적으로 방송 편성이나 보도에서 자유롭지만 정부나 정치권력의 통제를 받는 '국가 종속형 공영방송'이라고 할 수 있다. C형은 국가나 정치권력으로부터 통제는 적지만 방송사 내부 종사자들의 자율성도 낮은 형태의 '자율통제형 공영방송'이다. 대체로 공영방송보다 상업적 목적을 지닌 민영방송사에서 많이 나타나는 형태라 할 수 있다. D형은 국가가 방송사를 내외적으로 완전히 통제하고 있는 형태로서 민주화되기 전의 KBS나 MBC에서 볼 수 있었던 형태다. 이 유형 중에 현재 우리나라의 공영방송 특히 KBS가 어느 유형에 속하는가를 두고는 상반된 시각들이 존재하고 있다. 물론 극단적으로 국가통제와 내부 통제가 모든 강하다고 보는 D형으로 보는 평가에서부터 국가와 내부 경영진으로부터 모두 독립되어 있다는 A형까지 다양하다.

특히 공영방송 종사자와 경영진간의 인식의 차이가 크다. 노조를 중심으로 한 일반 종사자들은 KBS는 정치적으로 강한 압박을 받고 있지만 자율규제(내적 규제)시스템도 약하다는 인식을 가지고 있다.

때문에 노조원을 중심으로 한 KBS 실무종사자들은 현재 KBS가 외적 자유와 내적 자유 모두 낮은 '국가 통제형 공영방송'이라는 인식을 가지고 있다. 반면에 경영진들은 외적 정치적 압박이 없는 것은 아니지만 내적 자유는 상당히 높은 수준이라고 평가하고 있다.

　이러한 인식의 차이는 결국 방송공정성이나 KBS의 현실 판단에 대한 차이로 이어지고 있다. 한진만 등(2012)의 연구결과에 따르면, 경영진·간부 경험이 있는 기자·PD들은 공영방송의 공정성을 침해하는 요소들은 방송사 외적 요소, 방송 노조, 직업의식 같은 요소들이라고 생각하고 있지만 일선 기자·PD들은 정부권력에 의한 공영방송 통제를 가장 큰 요인으로 지적하고 있다. 특히 간부급 기자·PD들은 공정성을 침해하는 가장 큰 요인으로 노동조합을 꼽고 있다. 그들은 프로그램 기획이나 제작단계에서 국장·부국장 등 간부들이 제시하는 정당한 의견마저 노조와 일반 종사자들은 외압이나 제작 자율성 침해로 간주해 쟁점화하고 있다는 인식을 가지고 있다. 반면, 일선 PD·기자 특히 근무 년 수가 적은 종사자들은 국가권력에 의한 방송 장악을 심각하게 인식하고 있다. 정권이 사장을 임명하고 사장이 주요 간부들의 인사권 행사를 통해 방송의 공정성에 영향을 미치는 구조가 형성되어 있다고 생각한다. 때문에 KBS의 공정성 문제는 큰 틀에서 공영방송의 독립성이나 언론자유 문제와 밀접히 관련되어 있다고 인식되어 있다. 바로 이러한 차이가 내적·외적 규제와 관련된 법제도에 대한 상반된 시각을 만들고 있는 것이다.

3) 공영방송 이념적 가치의 모호성

　공정성과 관련된 종사자와 경영진의 갈등의 바탕에는 결국 공영방송의 목표 즉, 이념적 가치의 모호성이 내재되어 있다고 할 수 있다. 공영방송은 개별 수용자의 이익이 아니라 다수 공중의 이익 즉 공익(public interest)을 위해 봉사하는 것을 목적으로 한다. 그렇지만 공익이라는 개념자체가 매우 추상적이고 다의적이어서 추구하는 목표가 불확실하다는 점이다. 때문에 공영방송의 명확한 목표와 방향이 설정되기 쉽지 않고 항상 여러 이해집단들 간에 갈등이 유발될 수밖에 없다. 실제로 방송의 공익성이라는 개념은 학자들마다 다르게 정의하고 있다. 그러므로 공익이라는 추상적 개념을 놓고 이해집단들 간에 충돌이 발생할 가능성이 높다. 이러한 문제점을 극복하기 위하여 공영방송은 사회적으로 다양한 요구들을 모두 반영할 수 있는 다양한 제도적 장치들을 필요로 한다. 하지만 공영방송이 외부의 정치적·경제적 압력으로부터 독립되어야 한다는 목적에 지나치게 경도될 경우 공익적 목표들은 경영진이나 내부 구성원들의 자의적 판단에 의해 지배될 수 있다. 심지어 경영진과 종사자간에 개념이나 목표가 상충될 경우 방송 자체가 불가능한 사태가 발생할 수도 있다.

　앞서 언급한 여러 층위에서 다양한 형태의 공영방송 공익성이나 공정성을 보장하기 위한 법규제가 필요한 이유가 여기에 있다. 공정성이나 공익성 같은 공영방송의 추상적 목표들의 이념형(ideal type) 성격을 어떻게 현실형(real type)으로 구체화시킬 것인가 하는 것이다. 이 문제를 해결하기 위해서 다양한 집단의 의견이 공영방송 운영과정에서 균형 있게 반영될 수 있는 체계적인 장치들이 필요하다. 독일의 방송위원회 같은 실질적 의미의 (가칭)공영방송위원회 같은 기구의 설립이 필요한 것도 이 때문이다. 물론 가장 이상적인 것은 국가 층위 뿐 아니라 사회적·조직적·개인적 층위 같은 다원적 규제체계가 공존하는 '공동규제(co-regulation)' 형태의 거버넌스 구축에 있다 할 것이다.

Ⅳ. 맺음말

공영방송의 구조적 문제를 해결하는 가장 좋은 방법은 내부구성원들의 정치·경제적 이익을 도모하는 '사유화된 도구'로 변질된 공영방송을 국민들에게 돌려주는 것이다. 공영방송 개혁이 필요한 이유도 여기에 있다. 그동안 정치권에서 제기되어 왔던 공영방송 거버넌스 개편논의는 'KBS 이사구성에 있어 여·야 안배 비율조정'과 '집권여당이 일방적으로 독식하지 못하도록 하는 사장선출 방식' 같은 방식에 초점을 맞추어져 왔다. 그렇지만 이런 논의는 정치적 이해득실 때문에 정쟁에 그치는 경우가 많았다. 이제 공영방송의 독립성과 공정성을 담보할 수 있는 실질적인 거버넌스 개편이 모색되어야 할 것이다. 그렇지만 공영방송 규제합리화나 거버넌스 개편 논의가 제대로 진척되지 못했던 배경에는 공영방송 독립성과 공정성을 내걸고 외부로부터의 어떤 감시나 규제도 받지 않겠다는 공영방송 내부 종사자 특히 노조의 반대가 가장 큰 걸림돌이 되어온 측면도 있다. 어쩌면 어떤 외부 견제나 감시받지 않고 '공영방송 구조 안에 안주'하겠다는 집단이익을 '방송의 독립성이나 공정성'이라는 명분으로 정당화해 왔다고 할 수도 있다. 때문에 '공정성'을 명분으로 한 노동조합의 파업이 합법적 근로조건 개선 요구에 포함된다는 법원의 판결은 향후 합리적인 거버넌스 논의 자체를 더 어렵게 만들 수 있다.

이 때문에 방송 공정성을 명분으로 편성규약이나 편성협의회처럼 노·사 합의에 의해 공영방송을 주도해가는 방식은 절대 바람직하다고 할 수 없다. 어쩌면 명분과 실제가 복잡하게 얽혀있는 공영방송 내부 종사자들의 의식부터 먼저 개혁 되어야할 필요가 있다. 공영방송의 종사자들은 단순히 공익적 프로그램을 제공하는 것뿐만 아니라 한 사회가 지향하는 문화적·사회적 목표를 실천하는 선도자로서 프론티어 정신 즉, '특이체질(idiosyncrasies)'이 필요하다. 어쩌면 KBS를 비롯한 우리 공영방송은 '독립성 같은 정치적 문제'보다 노·사가 공생하면서 고착되어 온 내부 문제들이 더 큰 문제일 수 있다.

2부
공영방송 정책갈등

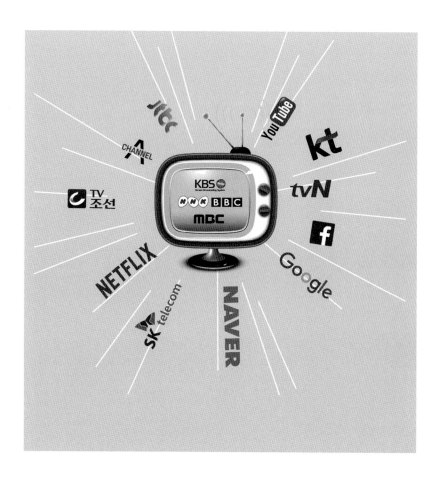

I. 공영방송과 재원 정상화

한국사회에서 공영방송과 관련된 문제들은 현재의 방송 구도가 형성된 1980년 '언론 통폐합' 이후 30년 이상 이어지고 있는 쟁점들이다. 1990년대 초반부터 제기되었던[1] 공영방송 구도개편이나 공영성 문제들은 지금까지도 해결되지 않은 채 지속되고 있다. 하지만 분명한 것은 지상파방송 특히 공영방송 정책은 우리 방송 전반에 미치는 뇌관과 같다는 것이다. 2013년 박근혜 정부 출범 초기 '미디어미래연구소'에서 발표한 '방송부분 10대과제'[2]들을 살펴보면 지상파방송 특히 공영방송 정책이 우리 방송정책에서 차지하고 있는 비중을 엿볼수 있다(이종관, 2013:1~15). 그 이유는 1980년 제5공화국이 언론 통폐합을 통해 만들어 놓은 '왜곡된 공공독점(public monopoly)' 구조가 30년 이상 한국 방송을 지배해 왔고, 이를 근간으로 오랜 기간 우리 방송시장에서 지배적 사업자로 자리 잡아왔기 때문이다. 때문에 권력

---

1) 공영방송 구도 문제를 정책적 차원에서 처음 논의된 것은 1994년 한국방송개발원의 '2000년 방송정책연구위원회 보고서'와 방송위원회의 '공영방송발전위원회' 보고서라고 할 수 있다. 두 보고서는 공영방송 구도와 관련해서 각각 산업적 관점과 공익적 관점에서 상반된 방안을 내놓아 논란이 되었었다.

2) 미래미디어연구소가 100명의 전문가들을 대상으로 조사해 선정된 10대과제는 1) 공·민영체계 개편 2) 공영방송 거버넌스 개편 3) 지상파방송 재전송제도 개선 4) 방송의 보편적 서비스 정책 수립 5) 방송시장 부문 경제 민주화 6) TV수신료 현실화 및 산정체계 개편 7) 통합방송법제 제정 8) 콘텐츠제작 지원 시스템 구축 9) 지역방송 활성화 10) ICT 정책 거버넌스 개편 11) 수평적 규제체계 도입 12) 디지털 및 스마트 정보격차 해소 13) 결합상품 규제개선 14) 유료방송 소유겸영 규제완화 등이다. 14개의 과제를 선정한 이유는 10위에서 14위의 정책들은 응답 수에서 거의 차이가 없기 때문이라고 밝히고 있다.

교체 때마다 KBS를 비롯한 공영방송 문제는 항상 핵심 정책과제로 부각되었지만 실질적인 구조개혁이 이루어진 적은 한 번도 없다.[3] 박근혜 후보도 2012년 대선기간 중에 '공영방송의 지배구조 개선을 심도 있게 논의할 공론의 장을 마련하고 그 결과를 받아들여 실천하겠다고 공약하였다. 공영방송 이사회가 우리 사회의 다양성을 균형 있게 반영하고, 공영방송 사장 선출도 국민이 납득할 수 있도록 투명하게 하겠다고 공약했지만 집권 이후 아무런 정책도 추진되지 않았다.[4] 정책 자체를 의제화하지 않는 '도루묵(?)정책(undo policy)[5]' 성

---

3) 공영방송에 대한 법제도적 개선이 이루어진 것은 1999년 방송개혁위원회 연구결과에 따라 제정된 '통합방송법'에 KBS관련 규정들이 보완된 것이다. 하지만 이 역시 별도의 공영방송 개념을 도입하지 않고 기존의 관념적으로 공영방송으로 인정받아온 KBS와 MBC에 대한 소유 및 매출제한 예외규정을 인정하는 수준을 넘어서지 못하고 있다. 또한 KBS에 관한 별도의 장을 두었다고 하지만 공영방송관련 규정이라기보다는 기존에 있었던 KBS조직법을 방송법 안에 포함시킨 형태라고 할 수 있다. 비교적 구체적으로 공영방송에 대한 법제도적 개선을 시도한 것은 2004년 당시 야당이던 '한나라당'이 발의한 '국가기간방송법(안)'이 처음이라고 할 수 있다. 이 법안은 2008년 '한나라당' 집권초기에도 입법 논의가 있었지만 실제 법제화가 추진되지는 못했다.

4) 그나마 2013년에 국회 내에서 한시적으로 운영되었던 '방송공정성특별위원회'가 유일한 논의의 장이었던 것 같다. 하지만 역시 마찬가지로 공영방송 문제를 다시 정쟁화 시키기만 했을 뿐이다.

5) 'undo policy'란 잘못된 목표나 방법에 의해 추진되었던 정책을 취소하거나 백지화하는 정책을 일컫는 용어다. 일반적으로 이 정책은 '정책 공백상태'를 유발하거나 외적 압력이나 개입에 의해 정책이 취소되는 경우를 일컫는다. 그런 맥락에서 우리나라의 공영방송 정책은 전형적인 undo policy라고 할 수 있다. 실제로 적지 않은 공영방송 구조개편이나 제도적 방안들이 모색·추진되었지만 정치권·방송노조·시청자단체 등의 압력 때문에 백지화되는 일이 반복되었기 때문이다. 1999년 김대중 정부에서 추진되었던 방송개혁위원회의 'MBC민영화 방안'이나 2004년 한나라당이 발의한 '국가기간방송법'이 대표적인 경우다. 때문에 현재 공영방송과 관련된 정책은 수신료인상, 공정성 확보 등과 연계되어 필요성은 제기되고 있지만 누구도 적

격이 강했다고 할 수 있다. 이렇게 오랫동안 공영방송 구조개혁이 해결되지 않는 난제로 남아있다는 것은 우리 공영방송 시스템 자체가 불완전하다는 것을 의미하는 것이기도 하다. 앞에서도 언급한 것처럼 우리 방송법 어디에도 공영방송 개념이나 범주, 상업 방송사들과 차별화된 위상이나 책무 그리고 독립적 규율체계도 없다. 때문에 공영방송이라고 일컫는 KBS와 MBC 그리고 EBS의 재원구조가 공적이지도 못하고 또 매우 불안정할 수밖에 없다는 것이다.

공영방송의 공적 책무를 강화하고 경영 합리성을 제고하기 위해서는 공영방송 재원을 조세성격의 수신료로 충당하는 것이 가장 이상적이다. 하지만 수신료로 공영방송의 모든 재원을 충족하는 것이 말처럼 쉽지 않다. 영국의 BBC나 일본의 NHK 정도를 제외하고 순수하게 수신료만으로 운영되는 공영방송이 거의 없는 것이 현실이다. 그렇다고 상업적 재원에 대한 의존도가 높은 공영방송에게 높은 공익성을 기대하는 것도 어불성설이다. 때문에 전체 재원을 상업광고에 의존하고 있는 MBC는 물론이고 국가기간방송인 KBS까지 상업광고 의존도가 매우 높다는 것은 근본적으로 공영방송으로서의 위상과 역할에 대해 의문을 제기할 수밖에 없는 상황이다.[6] 이론적으로도 상업적 재원 의존도가 높으면 공영방송의 공영성을 훼손시키는 것은 물론이고 결국 공영방송의 존립근거 자체를 위협받게 된다. 이

극 추진하지 못하고 있는 정책공백 상태로 전형적인 undo policy라 할 수 있다. 하지만 undo policy에 대한 우리 용어가 없어 필자가 '도루묵 정책'이라는 용어를 사용하였다.

6) 2000년대 중반에 들어서면서 KBS를 포함해서 모든 지상파방송사들이 광고 수입 축소와 이에 따른 경영압박을 호소하고 있다. 이러한 현상에 대해 상반된 의견이 있는 것이 사실이다. 2004년 이후 지속적으로 광고수익이 줄어들고는 있지만, 2009년부터 다시 흑자로 돌아섰고 2011년 이후에 다시 엄청난 흑자를 기록하기도 했다는 것이다. 때문에 지상파방송의 경영압박은 광고수입 축소에 주된 원인이 있는 것이 아니라 경영합리화나 구조조정 같은 자구적 방법을 통해 충분히 극복할 수 있다고 보는 시각도 적지 않다.

는 재원구조 정상화 없이는 그동안 제기되어왔던 수많은 공영방송 구조개혁 방안들이 공염불에 그칠 수밖에 없다는 것을 의미한다. 결국 지금 우리 공영방송이 안고 있는 많은 문제들을 해결하는 근본 방안은 공적 재원구조를 구축하는 것일 수도 있다. 그럼에도 불구하고 2000년 이후 시도되었던 몇 번에 걸친 KBS수신료 인상은 한결 같이 실패를 거듭해왔다. 특히 수신료 인상 시도들은 KBS의 자기개혁과 프로그램 공익성이 먼저 실현되어야 한다는 '선행조건론'으로 말미암아 번번히 좌절했다(조항제, 2012). 즉, 공영방송이 시청자에게 제대로 봉사하기 위해서 재정위기를 해결해 주어야 한다는 주장과 시청자에 대한 헌신이 없는 수신료인상은 불가능 하다는 이른바 '이중구조의 딜레마(double bind dilemma)'로 인해 어떤 결정도 내리지 못하고 어정쩡한 상태에 머물러 있다는 것이다(최세경, 2014). 그러므로 KBS 수신료 인상 시도와 관련해 벌어진 갈등과 쟁점들을 살펴보고 바람직한 공적 재원 구축 방안을 모색하는 것은 공영방송 정상화를 위한 모색하는 토대가 될 수도 있다.

Ⅱ. KBS 수신료 인상시도 사례 분석

공영방송 공영성을 보장할 수 있는 가장 이상적인 방법은 합리적인 수신료제도를 구축하는 것이다. 그럼에도 불구하고 공영방송 공적 재원 정상화를 위한 구체적인 논의가 진전되지 못한 이유는 주로 정치권 이해득실에 따라 수신료 문제를 접근했기 때문이다.[7] 야당

---

7) 수신료 문제가 국회에서 정치쟁점화 된 이유는 1999년 헌법재판소가 수신료는 준조세에 해당되는 특별교부금으로 판결하면서(헌법재판소, 1999), 수신료 승인과 결산을 국회에서 승인받도록 결정한 것과도 무관하지 않다.

때는 이런 저런 명목으로 수신료 인상을 반대하다가 집권하면 역으로 수신료 인상의 추진하는 '이율배반적 정치적 소모전'이 반복되어 왔다. 이는 공영방송 혹은 KBS를 정치적 도구로 인식하는 정치권의 잘못된 인식에서 비롯된 것이다. 물론 이외에도 공영방송 개념 부재, 정치화된 KBS 거버넌스 구조, 광고시장의 축소 등 다양한 요인들과 이해당사자들의 복잡한 이해득실[8]이 얽혀있는 것도 또 다른 원인이라 할 수 있다.

KBS 수신료 문제가 국민들에 처음 알려진 것은 1985년 제12대 국회의원 선거 기간 중에 있었던 KBS 편파보도에 대한 국민들의 저항으로 시작된 '수신료 거부운동' 때문이다. 하지만 당시 KBS·MBC 두 방송사는 독과점구조를 기반으로 막대한 광고수입을 올리고 있었고, KBS수신료가 전기요금에 병과(竝科)되기 이전이어서 큰 효과를 거두지는 못했다.[9] 이후 수신료가 다시 국민들의 관심을 끌게 된 것은

이 판결은 수신료를 사실상 준조세로서 법적 근거를 마련했다는 점에서 의의가 있지만 조세라는 명목으로 국회와 정치권이 수신료 문제에 개입할 수 있는 여지를 주었다는 점에서 비판받을 수도 있다.

8) KBS 수신료가 KBS만의 문제가 아니라는 점을 극명하게 드러난 것이 2010년 수신료인상안이다. 종합편성채널 등 경쟁매체들이 늘어나면서 KBS 수신료는 다른 매체들의 생존과도 직결된 문제가 된 것이다. 방송시장에서 절대 강자인 KBS가 수신료를 늘려 광고경쟁에서 이탈하게 되면, 재원고갈에 시달리고 있는 경쟁 매체들의 재원구조에 숨통이 틀수도 있기 때문이다. 그렇게 되면 지상파방송 재전송대가 같은 연관된 많은 쟁점들의 해법이 모색될 여지가 나올 수도 있다. 때문에 'KBS 수신료인상, 광고축소'는 상업적 지상파방송, 케이블TV를 비롯한 다채널 플랫폼, 채널사업자, 신문 같은 모든 미디어 사업자들에게 혜택을 주게 될 것으로 기대되고 있다. 하지만 이 같은 KBS수신료의 복합적 성격이 도리어 문제를 어렵게 만들고 있다. 특히 KBS수신료 인상이 종합편성채널에 대한 광고특혜시비에 휘말리면서 정치권에서 갈등을 증폭시키면서 더 어려워졌다. 실제 2010년 '광고유지·1,000원 인상안'은 KBS 광고축소에 기대를 걸었던 메이저 신문사들의 강력한 반대에 봉착한 바 있다.

9) '시청료거부운동'은 80년대 후반 민주화운동과 연동되면서, 90년대 이후 진

1993년 KBS수신료를 한전에 위탁 징수하기로 한 것 때문이다. 아직도 시행되고 있는 수신료의 한국전력 위탁징수는 KBS 입장에서는 매우 효율적인 방법이지만 징수정당성이나 강제성 등에서 비판을 받고 있는 것도 사실이다. 그렇지만 KBS 수신료 문제가 본격적인 국민적 관심사로 부각된 것은 2000년대 들어 광고수입이 축소되고 그 동안 누적되었던 경영 비효율성 등으로 경영압박에 봉착한 KBS가 수신료 인상을 추진하면서부터라고 할 수 있다.[10]

1. 2004년~2007년 수신료 인상

2000년 이전까지는 KBS는 물론이고 모든 지상파방송사들이 안정적인 광고수입을 올리고 있어 수신료 인상 필요성 자체를 느끼지 못했다.[11] 그렇지만 2002년 이후 케이블TV, 위성방송 등 경쟁 매체들이 시장에 진입하고 특히 인터넷과 모바일이 광고시장을 급속히 점유해가면서 지상파방송 광고 매출이 감소하기 시작하였다. 2002년 2조5천억 원에 육박했던 지상파방송광고 연간 매출이 2조 원대 이하로

보사회운동의 핵심으로 성장하게 된다.

10) 2000년 이후 경영압박을 느끼기 시작한 KBS를 비롯한 지상파방송사들이 정부에게 요구한 것은 크게 세 가지다. 첫째, 광고매출 확대를 위한 종일 방송 허가 둘째, 중간광고 및 광고총량제와 같은 광고규제 완화 셋째, 위성방송, 지상파DMB, 케이블PP와 신규 사업 진출이다. 경쟁사업자들의 반대에도 불구하고 이 중에 중간광고를 제외하고 거의 실현되었다. 그럼에도 불구하고 지상파방송사들은 케이블TV와 위성방송, IPTV 등에게 지상파방송 재전송 사용료(CPS) 인상 같은 상업적 재원확대를 줄기차게 추진하고 있다.

11) 이 때문에 공영방송 재원과 관련하여 많이 인용되고 있는 '과도하지 않은 정도의 충분성(sufficiency without excess) 원칙(김승수, 2002)'에 비추어 볼 때, KBS와 MBC는 2000년 이전까지 충분성 수준을 넘어 지나치게 과도한 재정적 풍요를 누렸다는 비판을 받아왔다.

떨어졌다. 2004년에는 역사상 최초로 KBS가 608억 원의 적자를 기록하게 된다(김동규, 2010). 이러한 상황에서 KBS는 더 이상 광고수익만으로 재정 안정화를 꾀할 수 없다는 위기의식이 팽배하게 되고 그 대안으로 수신료 인상을 시도하게 된다. 2004년 4월 당시 정연주 KBS 사장이 직접 수신료 인상 필요성을 제기하고 '수신료 TF팀'을 구성해 추진하였다. 하지만 강력한 반대 여론 등으로 지지부진하다 2007년 7월에야 KBS이사회에서 '월 4,000원, 광고재원 33%이내 축소'를 내용으로 하는 수신료인상안을 의결하게 된다. 물론 '물가연동제'와 '디지털방송 수신료' 같은 다른 방안들도 제기했지만 최종인상안에 포함되지는 않았다. 이 인상안은 당시 방송위원회를 거쳐 국회 문화관광방송위원회에 상정되었지만 의결되지 못하고 2008년 5월 30일 제17대 국회임기가 만료되면서 자동 폐기되게 된다.

　당시 KBS는 수신료 인상 이유로 공영방송의 공익성, 공공성, 다양성을 구현하는데 추가비용이 필요하다는 논리를 내세웠다. 하지만 당시 KBS 재정위기는 경영 비효율성이 가장 큰 원인으로 수신료 인상을 통해 해결될 문제가 아니라는 반대 의견이 매우 컸다(유승훈, 2008). 이 때문에 KBS 구조개혁과 수신료인상 어느 것이 우선되어야 하는가 하는 이른바 '닭과 달걀' 논쟁이 시작되게 된다. 이 과정에서 2004년 발표된 KBS에 대한 감사원 감사결과가 큰 영향을 미쳤다. 감사원 보고서에서는 'KBS는 공영방송으로서 독립성과 자율성을 확보하고 방송의 공정성과 공익성을 구현하는 등 그 공적 책임을 충실히 이행하기 위해서는 방송법 제56조에서 규정하고 있는 바와 같이 KBS의 경비는 수신료로 충당하되 부족액이 발생하면 공영성이 침해되지 않는 범위 내에서 광고수입으로 충당하는 것이 바람직하다'고 제안하고 있다. 그러면서 '수신료가 30년간 동결되어 KBS 운영재원 해결에 한계가 있으므로 불필요한 조직과 인력을 줄이는 등 적극적인 구조조정과 경영합리화를 선행한 뒤 부족한 재원은 수신료를 인상하거나 제한적인 광고 수입으로 충당하는 것이 합리적이다'라고 지적하고 있다(감사원, 2004). 구체적인 경영합리화 방안으로 'KBS 2TV 광고방송을 축소하고 과다한 상위직 축소, 전문직의 정원 내 운영, 지역 방송국의 과감한 통폐합 등 실효성 있는 구조조정을 추진한 후, 재원 부족 시 수신료를 적정수준으로 인상하는 방안을 검토할 것'을 권고하고 있다. 이처럼 첫 번째 수신료 인상시도는 그동안 추상적으로만 논의되었던 KBS 경영 합리화와 구조개혁 문제가 표면화되는 계기가 되었다.

[표 5-1] 2004~2007년 수신료 인상 과정

	경 과
2004.04	한국방송 정책조정회의에서 정연주 사장 의지표명
2004.05	TF팀 발족(위원장: 부사장), 가이드라인 제시
2004.10	KBS 자체 국민 여론조사 실시
2004.12	KBS이사회 수신료 인상의 필요성에 공감하지만 의결하지 않음
2005.06	KBS 정연주 사장 '물가연동제 도입해 수신료 인상 추진' 발표
2007.05	KBS 수신료 인상에 대한 재추진 의사 밝힘
2007.07	KBS이사회 수신료 인상안 통과
2007.11	방송위원회 검토 후, 국회 제출(내부개혁 동반 취지의 검토 의견 첨부)
2008.05	국회 계류 중 17대 국회 임기 만료로 자동폐기

2004년부터 2007년까지 추진된 최초의 수신료 인상시도는 KBS와 관련해 다음과 같은 몇 가지 시사점을 보여주었다.

첫째, KBS 수신료 인상은 KBS를 비롯한 공영방송 구조개혁 문제가 표면화되고 쟁점화되는 계기가 되었다는 것이다. 실제로 2003년 수신료 인상 시도 이후에 KBS의 인력 감축 등 나름대로 자구노력이 진행되기 시작한 것이 사실이다. 그렇지만 높은 인건비 비중, 방만

한 경영과 투명성 부족 등의 문제점들이 완전히 개선되었다고 보기
는 어렵다. 그렇지만 수신료 인상 과정에서 내부 구조개혁을 통해
경영 효율성이 필요하다는 인식(이창근, 2008)과 수신료 인상을 통한
공공성 회복 논리가 정치권력과 KBS의 유착관계와 무관하지 않다는
것을 보여주었다(김진영, 2008). 물론 안정적 재원구조를 바탕으로 공
영방송의 공적 기능을 강화해야한다는 긍정적인 시각이 없었던 것
은 아니다.[12] 그렇지만 전반적으로 비효율적인 방만한 구조를 그대
로 두고 수신료를 인상하는 것은 이른바 '그들만의 잔치'라는 비판의
소리가 더 컸던 것이 사실이다. 때문에 "굳이 공영방송이 여러 개 있
어야 하는가?" 심지어 "지금 같은 다매체다채널시대에 공영방송이
필요한가?" 같은 공영방송 역할 축소 혹은 무용론이 제기되는 계기
가 되기도 하였다(김진영, 2008;정연우, 2010;60~84).

　둘째, 공영방송으로서 KBS가 제 역할을 하고 있는가에 대한 문제
의식이 표면화되었다. 공영방송으로서 KBS 프로그램들이 공익성을
담보하고 있는가 하는 것이다. 이와 관련된 세부 쟁점은 크게 두 가
지다. 하나는 KBS 프로그램들이 공익적인가 하는 것이었고 다른 하
나는 KBS의 시사·보도 프로그램들이 공정한가의 문제였다. 우선 프
로그램 공익성과 관련해 KBS 1TV의 공공성에 대해서는 대체로 이견
이 없었지만 2TV의 상업성에 대해 많은 문제가 제기되었다. 특히 당
시 방송위원회가 실시한 공영성 지수(PSI, Public Service Index)에서 2TV

---

12) 이 주장의 논리는 공영방송의 합리적 운영과 공정성 제고 등이 구현되기
　　위해서 수신료를 먼저 인상해야 한다는 것이다. 특히 광고 의존도가 지나
　　치게 높은 현재의 기형적 재원구조가 개선되어야 공영성을 높일 수 있다
　　는 것이다. 실제 당시 수신료 인상안에 대해 KBS는 왜곡된 재원 구조 개선
　　을 통한 공영방송의 공적 서비스 기반을 확대하고, 국가정책 과제인 디지
　　털 전환 완수를 위한 재원을 마련하며, 방송·통신 융합시대의 공공서비스
　　기반 강화 및 방송환경 변화에 따른 신규 서비스 확대와 제작비용 증가 등
　　을 추진 근거로 들고 있다(방송통신위원회, 2008).

는 MBC는 물론이고 상업방송인 SBS보다 낮은 평가를 받아 더욱 논란
이 되었다. 때문에 KBS측에서는 수신료가 인상되면 공익적 프로그램
들을 늘려 공익성을 제고하겠다고 했지만, 반대하는 측에서는 KBS가
공영방송에 걸 맞는 공익성을 우선 실현해야 한다는 논리는 내세웠
다. 이는 '닭과 달걀' 논쟁으로 이어졌고 이 논쟁은 아직까지도 완전
히 해소되었다고 볼 수 없다. 물론 난시청 해소 같은 공영방송 책무
입증과 관련된 쟁점들도 제기되었지만 크게 주목 받지는 못했다.[13]

셋째, 처음으로 추진된 수신료 인상 시도를 통해 그 결정권이 결
국은 국회와 정치권이라는 것을 분명히 보여주었다는 것이다. KBS의
방만한 경영, 공영성 미비 등 반대 주장들이 제기되었지만, 수신료
인상 결정권을 쥐고 있는 정치권 특히 야당의 반대 이유는 KBS의 보
도 공정성 문제였다. 당시 야당이던 '한나라당'은 2004년 노무현 대통
령 탄핵 편파방송을 문제 삼아 정연주 사장 퇴진을 조건으로 내걸었
다. 이 같은 KBS 편파방송 논란은 여·야간 정치적 타협이 이루어져
야 수신료 인상이 가능하다는 것을 당사자들과 국민들에게 확실히
인식시켜주었다. 지금까지도 KBS 수신료의 정쟁화는 여·야의 정치
적 이해득실과 맞물려 수신료인상 시도 때마다 반복되고 있다.[14] 우

---

13) 방송통신위원회(2008) 조사에 따르면, KBS가 1973년부터 2006년까지 난시청
해소를 위해 사용한 금액이 전체 수신료의 2.2%에 불과한 것으로 나타났다.
14) KBS 보도 공정성 문제는 실제 편파성보다는 각 정파들의 이해득실과 밀접
히 연관되어 있다. 정권이 교체되고 여·야가 바뀌게 되면 야당이 된 정파
는 항상 KBS 보도가 불공정하다는 문제를 제기하고 있다. 2004년 수신료
인상 때에는 당시 야당인 한나라당이 '노무현 대통령 탄핵방송'과 '인물 근
대사' 같은 다큐멘터리의 불공정성과 이념편향성을 문제 삼았고, 2009년
인상 시도 때는 다시 야당이 된 '열린우리당'이 '이승만 대통령 다큐멘터
리', '4대강 보도' 등의 불공정성을 문제 삼아 반대하였다. 또한 2013년 수신
료인상 때 야당인 '더불어민주당'은 '대선 불공정보도', '국정원사건 보도',
'세월호 보도'와 관련된 청와대 압력 등의 문제를 제기하였다. 이처럼 KBS
의 보도공정성 문제는 실질적인 불공정 문제보다 정파들의 정치적 이해득

스운 것은 정권이 교체되면 여·야가 기존 입장을 번복해 상대방이 내걸었던 주장을 제기한다는 것이다. 결국 KBS 수신료인상 논의는 공영방송 재원정상화나 공영성 제고 같은 쟁점들을 놓고 논쟁이 벌어지는 것 같지만 실제로는 여·야의 정치적 이해득실에 따른 정쟁 수준을 벗어나지 못하고 있는 것이다. 이는 여·야가 정치적으로 안배해서 구성한 KBS이사회와 방송통신위원회 그리고 국회라는 세 차례 정쟁 절차를 거쳐야 하는 현행 수신료제도에 근본적인 원인이 있다.

2. 2010년 수신료 인상

2007년 1차 수신료 인상 시도가 실패한 후 얼마 되지 않아 2008년 새로 집권한 이명박 정부에 의해 수신료인상이 다시 추진되게 된다. 2009년 11월 KBS는 '신 KBS 블루프린트'라는 컨설팅 결과를 근거로 수신료 인상 추진계획을 발표하였다. 이 보고서에서는 KBS가 BBC 수준의 글로벌 경쟁력을 갖춘 공영방송이 되기 위해서는 수신료가 최소 월5,700원~8,000원 정도가 되어야 한다고 진단하고, 광고를 전면 폐지하고 월 6,500원으로 인상하는 안, 광고수입을 11%~17% 수준으로 유지하고 월 5,200원 혹은 월 4,700원으로 인상하는 세 가지 안을 제시하였다. 이에 근거해 KBS는 2010년 6월 상업광고를 전부 폐지하는 월 6,500원 인상안과 상업광고를 19.7% 이내로 하는 월 4,600원 두개 안을 이사회에 상정하게 된다. 수신료인상 이유로는 디지털 전환 대비, 공적 책무 강화를 통해 공영방송 위상 회복 같은 것들이 제시되었다.[15]

_____

실에 따라 제기되었고, 이는 수신료 인상이 실패로 돌아가는 결정적인 이유가 되고 있다.

15) 이 수신료 인상안에는 2011년까지 디지털 전환을 완료하고, 수신료 인상이 필요한 공적책무로 '신뢰 회복, 세계 최고 수준의 콘텐츠 제작, 무료 본편 서비스 확대 및 난시청 해소, 광고폐지(혹은 축소), 공영방송 정체성 확립, 소외계층 수신료 면제 확대, 사회공헌, 사회적 약자 배려, 재난·재해방송

[표 5-2] 2010년 KBS 수신료 인상안 처리 경과

	경 과
2010.06	KBS, 이사회에 수신료 월6,500원, 월4,700원 2개 인상안 제출
2010.11	KBS이사회 수신료 월1,000 인상안 방송통신위원회 제출
2011.02	방송통신위원회 3,500원 안 승인, 부대조건* 붙여 국회 제출
2011.04	국회 문화체육방송통신위원회 상임위 상정, 공청회, 대체토론 실시**
2011.04	문화체육방송통신위원회 법안소위에서 4월 상정 실패
2011.06	문화체육방송통신위원회에서 KBS수신료 인상안 상정, 여·야 문화체육방송통신위원회 간사 6월 처리 합의 발표.
20110.6	민주당 최고위원회의에서 합의 번복
2011.06	한선교의원 비공개 최고위원회 회의록 공개로 도청의혹제기, 파행
2011.10	SBS홀딩스, 자체 광고판매를 위한 미디어렙 출범 선언
2011.11	KBS수신료인상과 미디어렙 법안이 연동되어 물밑 논의
2011.11	MBC, 미디어렙 설립 선언
2012.01	국회 문화체육방송통신위원회 미디어렙법 통과,
2012.03	국회 문화체육방송통신위원회 여당 KBS지배구조개선과 수신료산정위원회 구성 제안
2012.05	제18대국회 임기만료, 수신료인상안 자동폐기

이 수신료 인상안을 놓고 KBS이사회는 2010년 6월부터 11월부터 60여 차례 전문가와 사내 구성원 의견수렴, 지역순회 공청회 등을 거쳐 이사전원 합의로 1,000원 인상된 월3,500원 인상안을 수정 의결해 방송통신위원회에 제출하게 된다. 방송통신위원회는 2012년 2월 3,500원

강화, 지역방송과 문화발전, 한민족 글로벌 네트워크 확대, 자구노력, 시청자 부담 최소화 등을 들고 있고, 수신료인상을 통해 추가로 확대할 공적책무로 '보도/교양 프로그램 강화, 인터넷 모바일 서비스 강화, 교육방송 수신료 지원확대, 사업경비 절감, 콘텐츠 수입 확대, 유휴자산 추가활용' 등을 제시하고 있다.

인상안을 의결해 국회에 제출하였다. 국회 문화체육방송통신위원회에서 공청회, 대체토론 등을 거쳐 상임위원회까지 상정되었지만 결국 본회의에 상정되지는 못했다.[16] 이후 미디어렙 출범과 KBS 지배구조 개선과 연계해 인상안 추진이 논의되었지만 제18대 국회가 종료되면서 폐기되었다.

2010년 KBS수신료 인상시도는 이전과 다른 몇 가지 특징을 보여 주었다. 첫째, '수신료인상의 정치화'를 들 수 있다. 물론 2004년에도 KBS 수신료가 정치 쟁점임을 보여 주었다. 하지만 2010년에는 KBS수신료 문제가 완전히 정치화되었음을 극명하게 보여주었다. 이는 몇 차례 정권교체를 거치면서 한국 사회의 모든 분야가 '정치 지형화' 된 것과 무관하지 않다고 생각된다. 특히 2008년 이명박 정부 출범과 함께 태동한 방송통신위원회와 방송통신심의위원회 그리고 KBS이사회, 방송문화진흥회까지 모든 방송 영역에 정치적 안배 구조[17]가 더욱 노골화되면서 방송영역 전반에 걸친 정치적 갈등이 일상화되어 버린 것이다. 이 때문에 KBS 수신료 문제 역시 공영방송의 공적 재원을 정상화하고 공적 책무를 충실하게 수행하기 위한 본래 목적을 벗어나 여·야 대리전 양상으로 변질되어 버린 것이다.

둘째, KBS 수신료 문제가 더 이상 KBS 만의 문제가 아니라는 것이다. 새로운 매체들이 등장하면서 KBS 수신료는 다른 매체들의 생존

---

16) 2011년 4월 21일 법안소위에서 국회 본회의에 상정하고자 했으나 무산된다. 이후 2011년 6월 22일 문화체육방송통신위원회 여·야 간사 간에 6월 합의처리하기로 발표하게 된다. 그렇지만 야당최고위원에서 합의안이 부결되고, 6월 24일 민주당최고위원회 도청의혹이 제기되면서 일체 논의가 중단되고 결국 본회의에 상정되지 못하고 폐기되게 된다.

17) 방송통신위원회는 여·야가 3:2로 나누어 추천·구성하도록 되어 있고, KBS 이사회는 정치적으로 안배·구성된 방송통신위원회가 11명의 이사를 나누어 추천하도록 되어 있다. 때문에 수신료 인상을 결정하는 KBS이사회와 방송통신위원회 그리고 최종적으로 국회에 이르기까지 세 차례의 동일한 정쟁이 반복되어야 하는 구조다.

과도 밀접히 관련된 문제가 되어버렸다. 1995년 출범한 케이블TV가 2000년대 들어 급성장하고 위성방송 그리고 IPTV 같은 다채널 플랫폼들이 급속히 시장을 잠식해가면서 방송시장에서의 경쟁이 급속히 가열되고 있다. 더구나 거의 모든 매체들이 광고재원에 크게 의존하고 있어 '제로 합 경쟁(zero sum game)' 양상이 불가피한 상황이다. 특히 2011년 종합편성채널의 신규 진입과 인터넷·모바일 매체의 급성장으로 방송광고시장에서 급격한 지각변동이 일어나고 있다. 때문에 방송을 포함한 미디어 시장 전반에 광고 뿐 아니라 재원 확대가 절대 요구되고 있다. 이러한 이유로 KBS수신료 인상은 KBS 뿐 아니라 모든 언론매체들의 생존과 관련된 문제가 된 것이다.

　방송광고시장에서 큰 비중을 차지하고 있는 KBS가 수신료인상 대신 광고를 줄이게 되면 재원고갈에 고전하고 있는 다른 미디어들에게는 기회가 될 수 있다. 때문에 KBS 수신료인상에 따른 광고축소 여부는 상업적 지상파방송과 유료방송채널사업자는 물론이고 신문 같은 타 매체들에게도 큰 관심이 될 수밖에 없다. 이처럼 수신료를 둘러싼 이해당사자들이 늘어났다는 것은 수신료 인상이 더욱 복잡한 양상으로 변화되었음을 의미한다. 특히 야당과 시민단체들은 'KBS 수신료 인상/광고축소'가 보수신문사들이 운영하는 종합편성채널의 종자돈을 마련해 주기위한 정략적 의도라고 강하게 반대하였다(공공미디어연구소, 2010). 반대로 광고를 그대로 유지하고 월 수신료를 1,000원 인상하는 안이 KBS이사회에서 의결되자 조선·중앙·동아 등 주요 신문사들은 일제히 비판적인 기사를 내놓았다.[18] 한마디

---

18) 조선일보는 2011년 4월 22일 '방통위에서 수신료 인상안에 대해 광고를 줄이려고 노력해야 한다'고 지적하고, '여당은 그런 KBS에 한 해 2,200억 원을 더 안겨 주려한다'는 부정적 기사를 게재했고, 중앙일보는 2011년 11월 22일 '이번에는 수신료를 챙기고 광고도 그대로 내보내겠다고 선언했다. 공익성과 상업성을 넘나들며 손쉽게 주머니를 털고 제 잇속만 챙기겠다는 뜻 아닌가'라는 사설을 실었다. 동아일보 역시 'KBS가 한국의 방송문화를

로 KBS수신료 문제는 이해당사자들이 늘어나면서 합의나 동의를 도출하기 더욱 힘들어진 난제가 되어버렸다고 할 수 있다.

셋째, 수신료 인상 주체가 KBS가 되어서는 국민적 동의를 확보할 수 없다는 것이 분명해졌다는 것이다. 그 동안 KBS수신료 인상시도들은 모두 KBS가 자기필요에 의해 스스로 제기한 것이었다. KBS가 자체적으로 경영 상태를 진단하고 공적 책무에 필요한 재원을 제시해 수신료인상 액수를 결정하였다. 때문에 KBS가 밝힌 내용들이 진실성이 있는 것인가에 대해서는 의문이 제기될 수밖에 없다. 더구나 KBS가 추진하겠다고 하는 공적 책무들에 대해서도 국민들의 신뢰가 높다고 할 수 없다. 실제 수신료인상과 관련된 여러 여론조사 결과들을 보면, 수신료인상에 반대하는 사람들이 압도적으로 많았고 찬성하더라도 구조개혁이나 경영합리화, 보도공정성 같은 조건들을 전제로 하는 경우가 많았다. 이는 수신료 인상의 유일한 수혜자라고 할 수 있는 KBS가 주도하는 수신료 인상은 국민들의 폭넓은 지지를 받기 어렵다는 것을 의미한다. 2010년의 KBS 수신료 인상 시도는 KBS가 가지고 있는 경영투명성, 프로그램 품질 저하, 공영방송 정책 부재 같은 여러 문제들을 모두 노출시켰고(정재민, 2010:5~20), 동시에 KBS 수신료가 미디어시장 전체와 연관된 쟁점으로 변화되었음을 극명하게 보여주었다고 할 수 있다.

3. 2013년 수신료 인상

2013년 박근혜 정부가 들어서면서 재차 수신료 인상이 추진되었다. 이는 정권을 획득하고 공영방송 거버넌스의 주도권을 쥐게 되면

대표하는 방송의 청정지대가 되려면, 광고방송을 전면 폐지해 시청률에 얽매이지 않는 품격 방송을 내보낼 수 있도록 시스템을 갖추어야 한다'는 불만 섞인 사설을 실었다.

반대급부로 혜택을 주는 전형적인 '후견인주의(clientalism)'의 모습을
보여주는 것이다.

[표 5-3] 2013년도 수신료 인상추진 경과

	경 과
2013.06	KBS '수신료현실화 추진위원회' 구성
2013.07	KBS 수신료 인상안 KBS이사회 상정
2013.07	KBS 수신료 인상관련 토론회
2013.12	KBS이사회 수신료 4000원 인상안 가결
2014.02	방송통신위원회 4000원 인상안 가결 2017년과 2018년 추가 광고축소 및 완전폐지 로드맵 제시, 2019년 광고 완전 폐지 목표로 단계적으로 더 감축 촉구
2014.03	감사원, KBS 감사 결과 발표

2013년 KBS 수신료 인상안에서는 이전과 달리 급속히 악화되고 있
는 KBS 재정압박을 크게 강조하고 있다. 지속적인 광고매출 감소와
디지털전환 비용 등으로 2013년 상반기까지 누적 차입금이 3,042억 원
에 달하고, 부족한 재원을 콘텐츠 판매, 경영효율화 등의 방법만으로
는 충당하기 어렵다는 이유다(한국방송공사, 2013).[19] 이에 따라 KBS
는 2013년 6월 21일 '수신료현실화추진위원회'를 구성하고, 7월3일
KBS이사회에 수신료인상안을 상정하게 된다. KBS이사회는 몇 차례
형식적인 공청회와 토론을 거쳐 12월10일 1,500원 인상된 월 4,000원

___

19) 물론 2013년에 KBS의 경영상태가 급속히 악화되고 부채가 급증한 이유에
대해서는 3장에서 밝힌 것처럼, 디지털 전환과 같은 공적 책무비용이 늘어
난 것이 아니라 2009년과 2010년 큰 흑자를 기록하면서 노·사간에 합의된
높은 임금인상률과 다양한 성과급 등이 주된 원인이었다. 그러므로 2013년
수신료 인상과 관련해서도 KBS의 방만한 경영실태는 여전히 쟁점이 될 수
밖에 없었다.

수신료 인상안을 의결하게 된다. 수신료 인상안이 의결되자 KBS사장은 기자회견을 열고, 'KBS는 지금 창사 이래 최대 재정위기를 맞고 있으며 수신료인상이 절대 필요하다'는 것을 다시 강조하였다.

이번에도 이전과 마찬가지로 수신료 인상 과정에서 KBS를 둘러싼 여러 쟁점들이 다시 제기되게 된다. 무엇보다 야당과 진보적 시민단체들은 '국정원 대선개입관련 보도 불공정' 등을 제기하면서 이전과 같이 '선 공정성 확보 후 수신료인상'을 주장하게 된다. 또한 정치권에서는 KBS 경영구조를 개선할 수 있는 '회계분리방안'[20]과 '임금 피크제' 같은 방안들도 제기되었다. 하지만 핵심 쟁점은 2010년과 마찬가지로 수신료 인상과 KBS 2채널 광고 폐지 문제였다. 당시 이경재 방송통신위원장은 '공영방송인 KBS는 공적재원인 수신료에 의해 운영되는 것이 바람직하다'[21]는 입장을 밝히고, KBS 수신료 인상과 광고규모 축소를 연계할 것임을 시사하였다. 이러자 당초 광고 축소에 미온적이었던 KBS는 수신료가 인상되면 2019년까지 광고를 단계적으로 축소할 것을 발표하게 된다. 하지만 야당과 시민단체들은 KBS 광고가 축소되면 결국 종합편성채널의 광고를 늘려줄게 될 것이라는 2010년 수신료 인상 때 내세웠던 '종편 종자돈'을 다시 제기하게 된

---

20) 상업광고수입과 수신료 회계 분리 방안은 2013년 10월24일 남경필 의원이 처음 제기하였고, 2014년 2월 4일 길환영 KBS사장이 회계분리 방안을 검토하겠다는 뜻을 내비치게 된다. 그렇지만 방송통신위원회 의결에 포함되지는 않았다.

21) 방송법 제56조(재원)에 '공사의 경비는 제64조의 규정에 의한 텔레비전방송수신료로 충당하되, 목적 업무의 적정한 수행을 위하여 필요한 경우에는 방송광고수입 등 대통령이 정하는 수입으로 충당할 수 있다.'라고 규정하고 있고, 동법 시행령 제36조에 '방송광고수입' '방송프로그램 판매수익' 등을 정하고 있다. 그렇게 본다면 KBS는 수신료가 주재원이 되고 광고수입 등을 포함한 상업적 수익이 부수적이어야 한다. 그렇지만 실제 수신료가 40% 정도이고 상업적 재원이 60%를 차지하는 기형적 구조를 가지고 있다는 것은 방송법상의 규정과 취지를 벗어나고 있다고 할 수 있다.

다. 이에 대해 KBS는 줄어든 광고매출이 MBC와 SBS 같은 지상파방송들에게 혜택이 우선 돌아갈 것이라는 조사결과를 근거로 반박한다. 그렇지만 KBS가 광고수익을 전체 예산의 30% 이하로 낮추더라도 KBS 수신료 인상으로 전체 재원이 늘어나게 되면 전체 광고수입규모는 줄지 않고 도리어 늘어날 것이라는 비판도 제기되었다(황근, 2014). 결국 광고축소 문제는 12월 10일 방송통신위원회가 '5년 동안 광고수입 매년 2,100억 원 축소'와 '2019년 광고 완전 폐지를 목표로 2017년과 2018년 광고축소 확대 및 로드맵 제시'를 조건으로 의결하는 것으로 결론짓게 된다.

이렇게 국회에 제출된 KBS 수신료 인상안은 2014년 예기치 않았던 두 사건 때문에 양상이 급변하게 된다. 그것은 3월28일 발표된 감사원 'KBS 감사보고서'와 4월16일 발생한 '세월호 침몰'이다. 감사원 보고서에서는 KBS 재정압박 원인이 광고수입 감소 같은 외부적 요인보다 방만한 경영 같은 내부적 요인에 있다는 점을 강하게 지적하고 있다. 특히 2004년 감사에서 지적되었던 퇴직금 누적제 폐지, 휴가축소 등 일부 개선된 부분이 있기는 하지만, 자의적 성과급 지급, 고위직 인력 과다, 편법에 의한 임금인상 등은 여전히 개선되지 않고 도리어 더 심화됐다고 지적하고 있다. 또한 오래전부터 지적되어 왔던 이사회를 비롯한 최고의결 기관 및 감사 견제기능 미흡,[22] 과도하게 팽창한 조직, 부적절한 예산사용 등은 여전히 개선되고 있지 않다고 밝히고 있다. 실제 임금구조의 방만함은 2004년에 지적된 것들이 개선되기보다 다른 명목으로 여전히 편법 운영되고 있었으며, 이사회

---

22) 이 문제는 우리 공영방송이 가진 핵심 문제라 할 수 있다. 정파적으로 안배된 이사회 구성 및 비상임 이사의 구조적 한계 등은 공영방송의 경영합리화를 주도해야 할 이사회의 역할을 스스로 위축시키고 있는 것이다. 때문에 KBS를 비롯한 공영방송사들의 거버넌스 구조 개편이 정파간 균형안배보다는 공영방송을 실질적으로 감독할 수 있는 상설 경영감시기구를 만드는데 초점이 맞추어져야 한다고 주장이 적지 않다.

등 경영감독 기능 역시 더 개선되어야 한다고 감사원 결과는 지적하고 있다.[23]

　이와 함께 '세월호 참사보도'와 관련해 KBS 내부갈등과 길환영 사장 중도퇴진은 KBS의 정치적 독립성 문제가 다시 쟁점화되게 된다. 이 사건으로 KBS 수신료 인상 문제는 공영방송 거버넌스 구조 문제와 연계되면서 여·야간에 정치적 갈등만 증폭시키게 된다. 그 결과 수신료 인상은 국회에서 제대로 논의조차 되지 못하고, KBS를 포함한 공영방송의 거버넌스와 관련된 몇 개 방송법 개정안들이 국회에 제출되게 된다. 특히 2016년 제20대 총선 이후 '더불어민주당'과 '국민의당'이 공동으로 발의한 방송법 개정안은 공영방송 이사의 정당 추천과 안배, 특별다수제 등을 내용으로 하고 있다. 하지만 이 법안들은 공영방송 재원 정상화 문제보다 KBS이사회를 비롯한 거버넌스에 있어 정파 간 안배에 초점을 맞추고 있어, KBS 수신료 제도 개선과는 근본적으로 거리가 멀다 하겠다. 이는 향후 KBS 수신료 문제는 언제든지 공영방송 패권을 둘러싼 정파들 간의 정쟁의 대상이 될 수 있다는 것을 의미한다.

Ⅲ. KBS 수신료 인상관련 쟁점 및 패러다임 전환

1. KBS 수신료 인상관련 쟁점

　이처럼 KBS 수신료 인상은 한 번도 실현된 적이 없다. 도리어 세 차례 수신료 인상 시도를 거치면서 점점 더 힘든 복합한 문제로 진

---

23) 2004년, 2008년 그리고 2013년 감사결과를 비교해 보면 이런 측면을 잘 엿볼 수 있다. 이 부분에 대해서는 3장에서 자세히 설명한바 있다.

화하고 있음을 알 수 있다. 그런 의미에서 2000년대 이후 추진된 세 차례 수신료 인상 추진 사례에서 나타난 몇 가지 의미들을 살펴 볼 필요가 있다.

첫째, KBS수신료가 본질적으로 존속시킬 가치가 있는가 하는 것 이다. 이는 다양한 방송 매체들은 물론이고 인터넷이나 스마트폰을 통해 콘텐츠를 서비스하는 OTT(over the top) 매체들이 방송시장을 크 게 위협하고 있는 상황에서 공영방송이 존재할 수 있을까하는 본질 적 의문과도 연관되어 있다. 학문적으로도 수신료를 근간으로 하는 공영방송이 필요한가 하는 문제는 중요한 쟁점이 되고 있다.[24) KBS 수신료 문제 역시 법적 근거[25)에서부터 공영방송으로서 KBS의 역할 과 책무와 관련해 끝없는 논쟁으로 이어질 수밖에 없다. 그렇지만 이러한 공영방송 존재근거나 공적 책무와 관련된 논쟁은 주관적인 가치판단이 내재될 수밖에 없어 쉽게 합의를 도출하기 힘든 것이 사 실이다. 더구나 다매체다채널 시대에 들어서면서 공영방송의 시청

---

24) 실제로 보수적 시민단체나 학계 일부에서는 지금 같은 디지털 다채널 시 대에 별도의 공영방송이 과연 의미가 있는 것인가에 의문을 많이 제기하 고 있다. 또 지금처럼 광고재원 의존도가 높고 다른 상업 방송들과 차별화 되지 않는 명목상의 공영방송의 존립 자체를 부정하는 시각도 적지 않다. 이러한 주장들은 공영방송을 지탱하는 수신료 제도 자체를 인정할 수 없 고, 차라리 명목상 공영방송으로 통용되는 방송사들의 민영화론을 제기하 고 있다(김진영, 2008).

25) 우리 방송법에는 '공영방송'이라는 규정 자체가 없다. 오직 방송법에 '국가 기간방송'으로서 KBS를 규정하고 있기는 하지만 이는 공영방송 관련 규정 이 아니라 재난방송 같은 KBS의 책무규정과 이사회 구성 같은 과거 'KBS 조직법'을 방송법에 포함시켜 놓은 것에 불과하다. 다만 '공직선거 및 선거 부정방지법' 제82조 2항(대통령 등의 선거에서 텔레비전 대담·토론회 개최 의무)에서 KBS와 MBC를 공영방송으로 규정하고 있을 뿐이다. 이 같은 법 규정 때문에 KBS는 물론이고 실질적으로 상업방송인 주식회사 문화방송도 공영방송이라고 주장할 수 있고, 일부 진보적 시민단체들은 SBS조차도 '공 익적 민영'이라는 이름으로 공영방송 범주에 포함된다고 주장하고 있다.

률이 낮아지고 있는 상태에서 수신료를 별도로 지불하면서 공영방
송을 유지할 명분도 점점 약화되고 있다. 특히 우리 공영방송들에
대한 국민들의 신뢰도 점점 떨어지고 있어 공영방송의 존립 근거를
더욱 위협하고 있는 것이 사실이다.[26] 이러한 현상은 1장 공영방송
위기 현상에서 설명한 바와 같이, 우리나라 공영방송사들이 존립근
거와 목표를 상실하면서 시청자들에게 외면받기 시작했다는 것을
보여주는 것이라 할 것이다.

둘째, 적정 수신료 문제다. 현행법상 KBS수신료 인상은 KBS에서
발의해 KBS이사회와 방송통신통신위원회 의결을 거쳐 국회에서 승
인하도록 되어 있다. 때문에 수신료 인상액은 항상 KBS 측에서 제시
한 자료에 근거하고 있다. 세 차례의 수신료 인상 근거로 KBS는 디
지털전환(2007년), 광고축소로 인한 재정압박(2010년), 콘텐츠제작비
급증(2013년) 등 주로 경영압박을 가장 큰 이유로 내세웠다. 하지만
앞서 설명한 것처럼 KBS의 재정압박이 이러한 외적 요인들보다 과도
한 임금구조, 비효율적 경영 같은 내부적 요인에 있다는 지적도 만
만치 않다. 실제로 2004년 감사원 감사에서는 '선 경영합리화 및 구
조개혁 후 수신료 인상'을 권고하였고, 2013년 KBS 감사결과보고서에
서는 여전히 이러한 내부적 문제들이 근본적으로 개선되지 않고 있
음을 지적하고 있다. 이러한 KBS의 방만한 경영실태는 2017년 감사

---

26) '미디어미래연구소'가 매년 실시하는 'Media Award' 전문가 평가에서 나타
난 결과는 KBS와 MBC의 공정성·신뢰성·유용성에 대한 평가가 최근 들어
급속히 하락하고 있는 것을 잘 보여주고 있다. 모든 평가항목에서 MBC는
이미 2011년부터 순위권 밖으로 밀려났고, 최근까지 상위권을 유지해 왔던
KBS도 2016년과 2017년을 기점으로 10위권 밖으로 밀려났다. 이는 우리나라
의 공영방송사들이 공영방송이 목표로 하는 공정하고 질 높은 정보를 제
공한다는 기준에 크게 못 미치고 시청자들로부터 소외되고 있다는 것을
보여주는 것이라 할 수 있다. 물론 시청률 역시 다른 경쟁매체들보다 근소
하게 높거나 더 낮은 경우도 적지 않은 것으로 나타나고 있다.

원 감사 결과에서 또 다시 지적되고 있다. 2017년 6월 26일~7월 21일 까지 시행한 'KBS기관운영감사'에서 총 38개 문제점들을 지적하고 있다. 여기에는 '상위직급 과다운영 및 인력운영 부적정', '직원 학자금 지원 부적정', '복리후생제도 운영 부적정', '경영성과 인센티브 지급 부적정' 등 그동안 누차 지적되어왔던 KBS의 방만한 경영실태들이 거의 모두 포함되어 있다. 이는 KBS 조직내부의 경영 비효율성이 단 기간에 개선되기 힘든 구조적인 문제라는 것을 잘 보여주는 것이라 할 수 있다. 수신료 인상에 앞서 구조조정을 통한 경영효율성이 선 행되어야 한다는 주장이 더 큰 설득력을 갖는 이유도 여기에 있다.

이 때문에 KBS가 제시한 인상근거나 액수도 국민들이 신뢰를 받 고 있다고 보기 어렵다(정준희, 2015). 냉정하게 말하면 그동안 KBS가 제안한 수신료 인상액은 합리적 근거에 의해 산출된 것이 아니라 '이 정도면 국민들의 조세저항이 크지 않을 수 있고, 정치권에서도 상호 타협이 가능한 수준일 것'이라는 정치적 계산에 의해 결정된 것이라고 하는 것이 더 정확할 것이다. 실제 KBS이사회에서 최종 의 결된 수신료 인상안들은 처음 KBS가 제안한 것이 아닌 수정된 것이 었다는 것이 이를 잘 보여준다. 2004년에 KBS이사회에서 논의되었던 '4,500원+물가연동', '5,000원+물가연동', '6,000원+물가연동' 안과 무관 하게 4,000원 인상안이 의결되었다. 이때 KBS이사회가 물가연동제를 검토한 것은 실현가능성보다 국회에서 승인받는데 유리할 것이라는 현실적인 이유에서였다. 또 2010년도에는 외부컨설팅 결과에 따라 월 6,500원, 월 5,200원, 월 4,600원 세 가지 인상안을 검토했지만, 최 종적으로는 야당 추천 이사들의 요구한 1,000원 인상된 월 3,500원 안 이 의결되었다. 2013년 수신료 인상도 KBS이사회에 상정된 안은 월 4,800원이었지만 결국 1,500원 인상된 월 4,000원으로 의결되었다. 이 처럼 KBS이사회에서 의결한 인상액수는 합리적으로 계산된 것이 아 니라 정치적 타협가능성에 의해 산출된 것이다. 이는 KBS수신료 제도가 독일의 KEK(수신료산정위원회)나 영국의 BBC처럼 구체적인 방송제작 환경에 대한 평가에 근거한 것이 아니라 정치적 타협 가능성에 바탕을 두고 있음을 보여주는 것이다.

[표 5-4] KBS 수신료 인상안과 최종안 비교

	1안	2안	3안	4안	최종안
2007	수신료 4,500원 물가연동	수신료 5,000원 물가연동	수신료 6,000원 물가연동		월 4,500원
2009	광고 폐지 수신료 6,320원	광고재원 비중 10% 수신료 5,680원	광고재원 비중 15% 수신료 5,360원	광고재원 비중 20% 수신료 5,030원	월 4,500원
2010	광고 폐지 수신료 6,500원	광고재원 비중 12.3% 수신료 5, 200원	광고재원 비중 19.7% 수신료 4,600원	-	월 3,500원
2013	월 4,800원	-	-	-	월 4,000원

* 김대식(2010). "텔레비전 방송 수신료 인상안의 주요 내용과 쟁점", 여의도저널 통권 제20호에서 인용

셋째, 수신료 논의 구조가 원천적으로 정치적 갈등구조에서 벗어날 수 없다는 것이다. 수신료 결정과정에 위치해 있는 KBS이사회·방송통신위원회·국회 모두 여·야 추천 이사나 위원 그리고 국회의원들로 구성된 정치적 성격의 기구들이다. 때문에 수신료 논의는 KBS이사회에서 국회승인에 이르기까지 똑같은 정쟁이 반복될 수밖에 없는 구조다. 따라서 수신료 인상안은 여·야가 정치적으로 합의하지 않는 한 사실상 통과가 불가능하다. 더구나 KBS의 정치적 독립성이나 공정성 문제는 오래전부터 여·야간 정쟁이 되어 왔고, 정파의 이해득실에 따라 그 시각도 완전히 뒤바뀌는 일이 반복되어 왔다. 2007년 수신료 인상 시도 때 '탄핵편파방송', '정연주 사장 퇴진' 등을 요구하면서 크게 반대했던 한나라당이 집권이후인 2010년에는 수신료 인상의 당위성을 주장하고, 민주당은 반대로 돌아서는 정파들의 이율배반적 행태들이 반복되고 있다. 이처럼 각 정파들이 정치적 이해

득실에 따라 수신료문제를 접근하는 구조에서 합리적 수신료 인상 이라는 것은 사실상 기대할 수 없다. 이 때문에 정치적 영향력에서 독립된 '(가칭)수신료위원회' 같은 별도 기구를 설립해야 한다는 주장이 나오고 있는 것이다(황근, 2012/2014; 방정배, 2012 등).

넷째, KBS가 수신료 인상 주체가 되어서는 국민적 동의를 확보하기 어렵다는 것이다. 지금까지 시도되었던 수신료 인상은 모두 KBS 스스로 자기필요에 의해 시작된 것이다. 때문에 정치권은 물론이고 학계·시민단체들의 전폭적 지지를 받을 가능성이 거의 없다. 더구나 KBS에 대한 신뢰가 낮은 상태에서 수신료인상 시도 자체에 대한 불신이 커질 수밖에 없다. 실제로 수신료 인상을 추진할 때마다 공영방송의 존재 이유, 정치적 독립성, 경영 비효율성 등 다양한 문제들이 불거지면서 갈등만 더 증폭시켰다. 이러한 수신료 인상에 대한 국민들의 불신과 저항은 KBS로 하여금 점점 더 정치적으로 해결하려고 하게한다. 김승수(2013)는 현재 우리나라의 공영방송 구조나 구성원들의 인식에 있어 권력의존도가 높아지면서 수신료가 공영방송의 독립성보다 정치 종속성을 가중시키는 역작용을 하고 있음을 지적하고 있다. 실제 세 차례 수신료 인상시도가 정권교체 이후 새 정부가 공영방송 이사회와 경영진을 교체한 직후에 추진되었다는 점이 이를 잘 보여주고 있다. 이 때문에 수신료 인상 시도가 공영방송의 정치적 독립성을 도리어 약화시키고, 이는 다시 수신료 인상을 반대하는 이유가 되는 악순환이 반복되고 있는 것이다.

이러한 문제를 개선하기 위해서는 수신료를 지불하는 시청자 즉, 국민들 입장에서 KBS를 감시하고 규제할 수 있는 수신료제도가 도입되어야만 한다. 지금은 폐지되었지만 영국의 BBC트러스트가 적용했던 수신료에 대한 '책무입증(accountability)' 같은 제도 도입이 필요한 것이다(한상일, 2014; 정수영, 2009). 같은 맥락에서 독일의 수신료위원회(KEF)처럼 시청자 입장에서 적정 수신료를 책정하는 독립적이고 합리적인 기구에 대한 필요성도 제기되고 있다.

다섯째, KBS 수신료는 이제 KBS만의 문제가 아니라 우리 방송 전체구도와 관련된 문제라는 점이다. 디지털 스마트 미디어시대에 들어서면서 방송시장에서의 경쟁이 점점 극심해지고 있다. 더구나 인터넷, 모바일 매체의 급성장으로 방송광고시장은 급속히 위축되고 있다. 때문에 광고재원에 대한 방송매체들의 의존도가 매우 높은 상태에서 수신료 인상은 KBS의 재원확대를 넘어 전체 방송시장의 재원확대의 의미를 담고 있다. 수신료 인상으로 인한 광고재원의 분산은 다른 매체들의 생존과 밀접히 관련되어 있기 때문이다. 그러므로 수신료인상 문제는 KBS라는 1개 공영방송사 문제로 접근할 것이 아니라 전체 방송시장 측면에서 접근해야만 한다. 이는 지금까지 해결책을 찾지 못하고 있는 공적 재원에 의존하는 공영방송과 상업적 재원에 의존하는 상업방송을 구분하는 이른바 '공·민영 이원체제' 구축과도 연관된 문제라고 할 수 있다. 이런 의미에서 KBS수신료는 '공영방송의 공적 재원구조 확보'와 '전체 방송시장의 정상화'라는 거시적 관점에서 접근해야만 한다. 그런 의미에서 합리적인 수신료 제도를 구축할 필요가 있다 할 것이다.

2. 수신료 논의 패러다임 전환 :
'내용적 정당성'에서 '절차적 정당성'으로

지금처럼 정치적 이해득실과 타협에 의해 수신료 문제를 접근하게 되면 합리적인 수신료 인상이란 원천적으로 기대할 수 없다. 정치가 다양한 이해들을 상호 절충하는 합의 과정이라고 한다면, 현재의 KBS 수신료 제도 또한 일종의 정치과정이라 할 수 있다. 이러한 정치과정에서 적정 수신료 수준이나 공영방송 책무 같은 '내용적 합리성'을 기대하기는 거의 어렵다. 때문에 모두가 동의할 수 있는 절차를 통해 합의와 동의를 형성하는 '절차적 합리성'을 확보하는 방안이 더 용이할 수 있다. 지금처럼 추상적인 그래서 검증될 수 없는 명분들을 근거로 한 수신료 인상을 시도하기 보다는 모든 이해집단 더 나아가 많은 국민들이 동의할 수 있는 '절차적 합리성'을 담보할 수 있는 제도를 구축하는 것이 더 현실적이라 하겠다.

현대 사회는 이익이 세분화되고 다원화되고 있어 다양한 이해들을 모두 만족시킬 수 있는 정치·사회적 선택이 점점 더 어려워지고 있다. 경제학적 관점에서 어떤 사회적 재화도 모두를 만족시킬 수 있는 '분배적 정의'가 불가능한 것이다. 실제로 모든 분야에서 기회와 위험을 모든 구성원들에게 공평하게 분배할 수 있는 객관적 기준을 찾기가 점점 어려워지고 있다. 때문에 공정한 분배 기준을 도출하는 '내용적 정당성'보다 공정한 분배절차를 통해 동의를 획득하는 '절차적 합리성'에 기댈 수밖에 없는 상황이다. '절차적 합리성' 혹은 '절차적 정당성'이란 '사람들은 결과뿐 아니라 그 절차가 공정하다고 여길 때 그 결과를 받아들이기 쉽다'라는 명제에서 도출된 개념이다. 절차에 참여한 당사자들이 그 절차가 공정하고 정당하다고 생각할수록 절차를 통해 결정된 결과를 정당한 것으로 받아들인다는 것이다(이헌환, 1992). 심지어 그 결과가 자신에게 불리하더라도 동의할 수 있다는 것이다.

보편타당하고 모두가 동의할 수 있는 정책을 도출하는 것은 현대 정치가 당면하고 있는 가장 큰 난제 중에 하나다. 전통적인 공익개념들은 특정 공익적 내용이 존재하거나 선택될 수 있다는 '내용 특정적(content specific) 공익론'에 바탕을 두어 왔다. 하지만 사회가 분화되고 다양한 이익들 간에 충돌이 증폭되는 상황에서 내용적으로 모두가 동의할 수 있는 공익을 도출한다는 것이 쉽지 않다. 나폴리(Napoli, 2012:108~111)는 '절차적(procedural) 공익' 개념을 제안한바 있다. '절차적 공익'이란 '결정에 이르는 과정이나 과정을 통해 도달되는 결과로서 민주적 이해상충(interest conflict)의 결과'를 의미한다. 한 마디로 '절차적 공익론'은 사회적 동의를 확보할 수 있는 절차적 제도 의 중요성을 강조하고 있다(박정택, 1990; 김유환, 2001; 김도균, 2006; 최송화, 2006). 절차적 공익성이 담보되기 위해서는 결정과정에서의 '가시성'이나 '접근개방성'이 매우 중요하다. 그 이유는 '절차적 공익' 은 과정적, 제도적, 절차적 방법을 통해 형성되며, 여러 집단 간의 대 립과 투쟁, 협상과 타협의 과정에서 다수의 이익(또는 공통의 이익)으 로 판명될 수 있는 결과이기 때문이다(이경원·김정화, 2011:302~303). 한마디로 '절차적 합리성'은 어떤 주체도 내용적으로 완벽한 결정을 할 수 없으므로 합리적 절차를 통해 결정해야 한다는 것이다. 선택 된 결과보다 선택과정의 합리성에 더 주목하고 있다. 특히 내용적 합리성이 분명하지 않거나 불가능할 때 절차적 합리성은 매우 유용 할 수 있다. 최근 정책학이나 경제학 등에서 절차적 합리성이 점점 더 강조되고 있는 이유도 경기순환, 기술변화 등 불확실한 요소들이 점점 더 많아지고 있기 때문이다. 한마디로 '절차적 합리성'은 개개 인의 심리적 동의만을 의미하지 않고 동의를 획득할 수 있는 절차 즉, 조직과 제도를 더 강조하고 있는 것이다.

'절차적 합리성' 관점에서 볼 때, KBS 수신료 인상은 '내용적으로 합리적인 인상안'을 도출하기 힘든 쟁점이라 할 수 있다. 적정 수신 료, KBS의 공적 책무, KBS 조직과 경영실태 등 수신료 인상과 관련된 문제들 대부분이 객관적으로 동의할 수 있는 판단 기준이 존재할 수 없기 때문이다. KBS 수신료 인상과 관련된 여론조사 결과들을 보면, 적정 수신료 액수, KBS에 대한 평가, 인상조건 등에 있어 극단적으로 엇갈린 응답들이 나오고 있다(황근, 2012). 때문에 수신료 인상을 추 진 할 때마다 정파 간 혹은 이해집단들 간에 갈등이 유발될 수밖에 없다. 그러므로 KBS수신료 문제는 '내용적 합리성'을 찾기보다 '절차 적 합리성'을 담보할 수 있는 방향으로 전환될 필요가 있다.

일반적으로 '절차적 합리성'을 담보하기 위해서는 합의를 도출하는 과정에서 ① 비판의 제도화 ② 절차의 공개성 ③ 절차의 공평성 ④ 절차의 적절성 같은 요건들이 충족될 수 있어야 한다(김영평, 1991:18~21). 첫째, '비판의 제도화'란 결정과정에서 참여자들이 제시받는 정책대안들 간에 상호 비판할 수 있는 기회를 절차적으로 보장하는 것을 말한다. 둘째, '절차의 공개성'이란 정책결정과정에서 제기되고 토론된 내용들이 다른 사람들에게도 알려져야 하는 것을 의미한다. 이는 합리적 토론을 가능케 하고 사람들로 하여금 참여하고 있다는 의식을 심어주어 동의를 획득하는데 기여하게 된다. 셋째, '절차의 공평성'이란 결정 참여자들에게 자기주장을 전개할 수 있는 기회를 공평하게 제공하는 것을 말한다. 넷째, '절차의 적절성'은 합의도출에 있어 가장 유효한 절차를 보장하는 것을 말한다. 이러한 '절차적 정당성' 조건들에 비추어볼 때, KBS 수신료 인상을 위해서는 이해당사자 더 나아가 국민전체의 동의를 획득하기 할 수 있는 합리적인 제도적 장치가 필요하다 할 것이다.

이 같은 '절차적 합리성'을 통해 담보할 수 있는 정의에도 다양한 형태들이 있다. 롤스(Rawls., 황경식(역), 2003:34~137)는 절차적 정의를 '완전한 절차적 정의' '불완전한 절차적 정의' '순수 절차적 정의' 그리고 '준·순수 절차적 정의'로 분류하고 있다([표 5-5] 참조). 하지만 '완전한 절차적 정의'는 사실상 거의 불가능하고, '순수 절차적 정의' 역시 현실적으로 가능성이 높지 않다.[27] 그러므로 현실적으로는 가장 많은 형태는 '불완전한 절차적 정의'나 '준·순수 절차적 정의'라고 할 수 있다.[28]

---

27) 실제 '완전한 절차적 정의'는 '케이크를 나눈 사람이 가장 나중에 선택하게 하는 경우'처럼 판단기준과 절차가 완벽할 때만 가능하기 때문에 매우 희박하고, '순수 절차적 정의'는 도박, 제비뽑기 같이 내용적 속성을 반영할 수 없다는 점에서 정책모델로 인용하기는 어려운 유형들이다.

[표 5-5] 절차적 정의의 유형

절차적 정의의 유형	특성
완전한 절차적 정의 (perfect procedural justice)	결과의 정당성을 판정할 기준이 절차와 별개로 이미 확정되어 있고 절차의 규정을 적용하기만 하면 정당한 결과가 완벽하게 보장되는 경우
불완전한 절차적 정의 (imperfect procedural justice)	정당한 결과가 무엇인지 판정할 기준은 이미 확립되어 있지만 정당한 결과를 보장하는 절차를 마련하는 것이 불가능한 경우
순수절차적 정의 (pure procedural justice)	정당한 결과가 무엇인지 판정할 독립된 내용상의 기준은 없는 대신, 정확하게 집행되기만 하면 정당한 결과를 낳는다고 보장되는 절차가 구비된 경우
準-순수절차적 정의 (quasi-procedural justice)	규정된 절차 이외에는 정당한 결과를 판정하는 독립된 내용상의 기준이 없다는 점에서 절차에 따라 산출된 결과가 일단 정당하다고 추정되지만, 그 절차의 산물이 항상 정당하다고 보증은 할 수 없는 경우

KBS 수신료 역시 정확한 수신료를 산출할 수 있는 독립적 기준이 가능하다면 '불완전한 정의' 형태가 될 것이고, 불가능하다면 '준·순수 절차적 정의' 형태가 될 수 있다. 사실상 KBS와 방송통신위원회 그리고 국회전문위원 등이 작성한 수신료 인상안에 대한 평가들이 완전하게 일치하는 경우는 거의 없다.[29] 이는 수신료 인상 근거나

28) 이 둘은 '내용적으로 독립된 기준이 있느냐'의 차이일 뿐이다. 그러므로 이미 존재하는 내용상의 정당성 기준에 따라 절차적 결과를 판단하는 '불완전한 절차적 정의'와 달리 '준·순수절차적 정당성'의 결과는 가변적일 수밖에 없다(김도균, 2009:1~20).

29) 2010년 KBS의 수신료인상(안)에 대해 '방송통신위원회'가 국회에 제출한 '텔레비전방송수신료 인상 승인안(2011)' 내용을 보면, 결론적으로 1,000원 인상안을 승인하고는 있지만 내용적으로는 KBS가 현재 수신료만 가지고도 경영합리화 등 자구노력만 하면 인상하지 않아도 충분히 재원확보가 가능하다는 다분히 이율배반적인 내용을 담고 있다. 실제 검토내용을 살펴보면, KBS의 여러 공적책무들과 디지털 전환 등에 필요한 비용은 별도의 수신료인상 없이 자구노력을 통해 가능하다고 지적하고 있다. 국회 전문위원의 '텔레비전방송수신료 방송수신료 인상승인안 검토보고서(2011)' 역

산출액에 있어 모두가 동의할 수 있는 객관적 판단기준이 없다는 것을 보여주는 것이다. 솔직히 KBS가 산출한 수신료 인상액은 KBS이사회와 방송통신위원회 그리고 국회에서 정치적으로 합의 가능한 수준을 감안해 결정된 측면이 강하다. 실제 공영성 제고에 필요한 비용이나 공적 책무 역시 명확한 기준이나 판단근거가 있을 수 없고 시각에 따라 큰 차이가 날 수밖에 없다. 그러므로 KBS 수신료 인상은 '내용적 합리성'을 담보할 수 없는 쟁점으로 '준순수 절차적 정당성' 성격의 쟁점이라고 할 수 있다. 때문에 절차적 정당성을 확보할 수 있는 제도적 장치가 더욱 필요한 이유라 하겠다.

3. 수신료 제도 구축 방안[30]

KBS수신료 인상과 관련된 사례들은 검토해 보면 수신료 문제는 사회적 합의를 도출해 정당성을 담보할 수 있는 제도적 장치가 필요하다는 것을 분명히 알 수 있다. 현실적으로 쉽지 않은 '내용적 정당성'이 아닌 '절차적 정당성'을 확보하는 논의 패러다임으로 변화되어야 할 필요가 있다. 이에 따라 '절차적 정당성'을 확보할 수 있는 수

시 수신료인상에 대해 부정적인 의견을 담고 있다. 특히 국회전문위원 검토보고서(2011)에서는 KBS와 방송통신위원회의 추정예산 전망치에 약 3,105억 원의 차이가 있음을 지적하고 있다. 즉, KBS의 자구노력을 통한 비용감소분 3,813억 원을 수지전망에 반영하지 않고 있고, 징수대상가구에서 KBS와 방송통신위원회의 추정치에 차이가 있고, 협찬수입이나 콘텐츠 수입 등에 있어 KBS는 2010년 예산을 토대로 한 반면에 방송통신위원회 검토보고서에서는 2010년 실적을 토대로 하였다는 것이다. 때문에 수입에서 601억 원, 비용에서 1,381억 원 등 총 1,982억 원의 차이가 있고, 공적책무 등에 필요한 비용 중에 약 1,831억 원이 절감될 것으로 분석한 것이다.

30) 여기에 서술한 공영방송 수신료제도 구축방안은 '졸고(2014). 공영방송 수신료제도 개선방안 : '절차적 정당성' 확보방안을 중심으로, 경제규제와 법. 제7권 제2호, 92~112'의 내용을 토대로 보완 작성한 것임.

신료제도 구축방안을 모색해 볼 수 있을 것이다.

1) 절차적 정당성과 수신료 거버넌스 구축

최근 '거버넌스(governance)'라는 용어가 여러 분야에서 많이 사용
되고 있다. 그 이유는 점점 첨예해지고 있는 이해당사자들 간의 갈
등을 해소하는데 들어가는 사회적 비용을 줄일 필요가 있기 때문이
다.[31] 거버넌스는 '사회적 갈등 절차를 통치구조에 포함시켜 지속적
통치 작용을 가능케 하는 제도적 장치'들을 통칭하는 개념이다. 그러
므로 민주적 거버넌스란 '사회갈등을 해소하기 위해 정부와 시민사
회 영역의 행위주체들이 기존에 정부 역할이나 운영체계 안에 속해
있던 의사결정 메커니즘을 분담하여 협력하는 제도적 방안'이라 할
수 있다. 이 같은 민주적 거버넌스는 크게 세 가지 민주적 조건들을
필요로 한다(Young, 2002:23~25).

첫째, '민주주의 제1조건'으로 의사결정의 영향을 받는 모든 이해
당사자들이 관련된 논의와 의사결정과정에 참여할 수 있어야 한다.
이해당사자들의 의견이 반영되고 참여할 수 있는 메커니즘이 필요
하다는 것이다. 둘째, '민주주의 제2조건'인 평등한 자유의 조건이다.
의사결정에 의해 영향 받는 사람들이 모두가 동등한 자격을 갖춘 참
여자로 대우 받아야 한다. 셋째, '민주주의 제3조건'인 '공적 정당화

---

31) 1970년대 후반부터 시작된 규제완화 혹은 탈규제(deregulation) 정책도 사회
   모든 부분에 대한 국가의 과도한 개입이 규제비용만 증가시키고 규제효율
   성도 높지 않다는 문제점을 인식하면서 시작되었다. 즉, 완전한 규제가 불
   가능한 상태에서 국가가 직접 규제하는 것보다 시장에서의 경쟁을 통해
   효율성을 높이는 정책으로 전환된 것이다. 마찬가지로 최근에 제기되고
   있는 민주적 거버넌스(governance) 개념 역시 정부 규제 혹은 자율규제 만
   으로 정책효과를 기대할 수 없다는 현실에 대한 대응으로 나온 것으로 볼
   수 있다.

(public justification)'이다(Maedo, 1992; Young, 2000). 의사결정에 참여하는 개인들은 상호 납득 가능한 근거들을 제시하고 자신의 결정을 정당화해야 하는 의무를 지닌다. 아울러 최종 의사결정권자인 정부는 관련 당사자들과 공중에게 왜 그런 결정을 하게 되었는지 그리고 어떤 과정을 거쳤는지 납득할 수 있도록 해야만 한다. 이외에도 결정에 도달할 때까지 필요한 정보들이 모든 이해당사자들에게 충분히 제공되어야 하고 결정기준도 투명하게 공개되어야 한다는 '합의지향성 조건'과 기준이 공평해야 하고 집행 역시 공정해야 한다는 '공평무사의 조건'들도 있다(김도균, 2009:1~20).

실제로 학계에서는 독일의 KEF와 유사한 '(가칭)수신료위원회' 혹은 '(가칭)공영방송재정위원회' 같은 제도화된 기구 설립의 필요성을 오랫동안 제기해왔다. 특히 단순한 논의기구 수준이 아니라 실질적으로 국회 입법과정과 연계될 수 있어야 한다는 점이 강조되고 있다(주정민, 2011). 수신료와 관련된 다양한 이해집단들간의 합의를 모색하는 '절차적 정당성'을 확보하면서 동시에 법제도적으로 유효한 제도가 될 수 있어야 한다는 것이다.

[표 5-6] 사회적 의사결정절차 유형과 수신료 위원회 위상

사회적 의사결정절차와 유형							
쟁점에 대한 분석과 논의에 바탕을 둔 합의에 의한 의사결정(I)				쟁점에 대한 분석과 논의에 바탕을 두지 않은 의사결정(II)			
상호간의 엄밀한 토론과 논증에 의해 산출된 만장일치(1)	제도적 권위에 의해 내려진 구속력 있는 의사결정 (2)			제비 뽑기 (1)	투표 (2)	경쟁 (3)	협상 (거래) (4)
	(a)입법 (협상의 요소가 두드러짐)	(b)행정 (기능적 관리의 요소가 두드러짐)	(C)사법 (논증에 의한 결정의 요소가 강함)				

* B. Peters(1991), Rationalitat, Recht und Gesellschaft, Fankfurt-M, p.239에서 인용

[표 5-6]의 의사결정절차 유형 중에 I-(2) '쟁점에 대한 분석과 논의에 바탕을 둔 합의에 의한 의사결정 유형'에 해당 된다고 할 수 있다. 여기서 (a)입법 혹은 (b)행정 어디에 위치시키느냐 하는 것이 중요하다. 하지만 어디에 위치시키고 어떤 형태로 구성되더라도 정치역학으로부터 완전히 자유로울 수 없다는 우리 정치문화를 감안한다면, 기구의 결정들이 입법과정에서 조금 더 효율적일 수 있는 (a)입법부에 위치시키는 것이 상대적으로 나아 보인다. 그렇지만 이 경우 수신료 기구에서의 논의가 정파간 이해로부터 완전히 자유로울 수 없다는 단점을 지닐 수 있다.

2) '(가칭)수신료위원회' 설립 방안

공영방송 재원 구조 정상화는 현행 제도를 부분적으로 개선하거나 기능적 보완을 통해 해결될 수 없는 문제라 할 수 있다. 결국 '절차적 정당성'을 확보할 수 있는 민주적 거버넌스 형태를 지닌 수신료 기구 즉 '(가칭)수신료위원회'를 설립할 것이 요구된다.

(1) 위상 및 구성

'(가칭)수신료위원회'의 위상은 국회 산하, 방송통신위원회 산하, 독립기구 세 방안을 고려해볼 수 있다. 각각의 방안들이 가진 장·단점을 살펴보면, 우선 국회 산하 기구로 할 경우 '(가칭)수신료위원회'의 결정이 국회 입법과정에서 실효성이 높을 수 있다는 장점을 가질 수 있다. 그렇지만 지금까지 수신료 논의과정에서 야기되었던 정치적 이해갈등이 그대로 재연되어 수신료인상 논의가 정쟁화 될 위험성이 있다. 둘째, 방송통신위원회 산하로 할 경우, 방송규제기구인 방송통신위원회와 업무적 유기성을 가질 수 있다는 장점이 있다. 또 수신료산정 뿐만 아니라 징수·배분·감독에 이르기까지 포괄적이고 체계적인 규제/관리가 가능하다는 이점도 있다. 하지만 방송통신위원회 산하의 행정위원회 혹은 자문위원회 형태가 되어 기구의 권한과 역할이 매우 제한적일 수 있다. 때문에 방송통신위원회의 수신료 정책들은 보조하는 역할에 그칠 가능성도 있다. 또한 방송통신위원회 위원구성의 정치적 안배구조가 그대로 반영될 경우 이 역시 정쟁의 장이 될 가능성도 있다. 마지막으로 전문 독립기구 형태를 고려해 볼 수 있다. 이는 전문성과 대표성을 확보할 수 있는 이상적 방안일 수 있다. 그렇지만 독립된 '(가칭)수신료위원회'는 자칫 실질적 권한이 배제된 명목상의 기구로 전락할 가능성도 있다. 물론 수신료위원회 구성에 있어 다른 위원회들처럼 정치권에서 안배 추천하는 방식이 준용될 경우 이 역시 정치적 갈등구조로부터 벗어날 수 없을 것이다.

이처럼 '(가칭)수신료위원회'의 완전한 정치적 독립은 어떤 위상을 가지더라도 한국의 정치문화 아래서 사실상 불가능할 수 있다. 그러므로 정치적 독립성에 있어 다소 결함이 있더라도, 기구의 결정이 법적으로 최종 결정권을 가진 국회 의결에 의미 있는 영향력을 미칠 수 있도록 하는 것이 현실적이라 생각된다. 물론 정치적 영향력을 최소화하기 위해 위원회 구성에 있어 전문성과 사회적 대표성을 담보할 수 있는 추천 제도의 법제화가 요구된다. 실질적으로 전문성과 대표성을 갖춘 인사들이 추천될 수 있도록 하고 정치권의 영향력을 최소화할 수 있는 제도적 장치들이 필요하다. 위원회 정수는 11명으로 하되 독일의 KEF처럼 전문성을 담보하기 위해 경영회계 전문가 5명으로 하고, 국회 추천 3명, 방송통신위원회 추천 3명으로 구성하는 방안 등을 생각해 볼 수 있을 것이다. 단, 경영·회계 전문가 추천은 정치적 영향력을 배제하기 위해 경영/회계 관련 단체처럼 추천단체를 구체적으로 법에 명시하는 방법도 있다. 또 위원들의 사회 대표성을 담보하기 위해 추천사유에 어떤 분야를 대표하는가를 구체적으로 명기하도록 하고, 영역별 다양성을 고려해 선발하도록 해야 할 것이다.

(2) '(가칭)수신료위원회'의 역할

'(가칭)수신료위원회'의 역할은 크게 세 가지로 나누어 생각해 볼수 있다. 우선 공영방송의 적정 수신료를 결정하고 국회에 의결을 요구하는 역할, 공영방송의 재원구조 원칙을 결정하고 이에 따라 수신료 배분기준을 결정하는 역할, 공영방송사의 경영 및 편성에 대한 평가를 통해 수신료와 공영방송의 책무를 연계하는 책임성(accountability)를 확립하는 역할이다. 이를 구체적으로 살펴보면 다음과 같다.

첫째, 공영방송인 KBS와 EBS로부터 전년도 경영평가 결과와 차기년도 방송/편성계획을 제출받아 검토한 후 차기년도 수신료 금액을 결정하여 국회에 제출한다. 이는 이해당사자인 KBS가 수신료 인상안을 제기하고 추진하는데서 오는 문제점을 보완하고 수신료징수의 정당성을 확보해 줄 수 있을 것이다. 둘째, KBS 뿐 아니라 EBS 등 여러 공영 혹은 공익적 지원이 필요한 방송사들의 재원정상화를 위한 장·단기 목표와 방안들을 설정한다. 셋째, 각 공영방송사들에 대한 수신료 분배비율을 결정해 방송통신위원회에 통보한다. 이를 바탕으로 방송통신위원회는 KBS, EBS를 포함한 각각의 공영방송사들에 수신료를 분배하게 된다. 넷째, 공영방송사들의 수신료 사용내역과 프로그램/경영 등의 결과를 감독한다. 공영방송사들은 '(가칭)수신료위원회'에 전년도 경영평가와 편성성과 보고서를 제출하고, 차기년도 경영/편성계획을 제출한다. 이를 바탕으로 차기년도 수신료산정 및 분배비율을 정하게 된다.

3) '(가칭)수신료위원회' 운영방안

'(가칭)수신료위원회' 설립만 가지고 수신료제도가 정상화되는 것
은 아니다. 자칫 기구만 설립하면 효율적인 정책이 추진될 수 있을
것이라고 생각하는 구성주의(constructivism) 오류를 범할 수 있다. 그
러므로 기구 설립과 함께 수신료 결정/집행과정을 효율적으로 만들
수 있는 법적 장치들이 마련되어야 할 것이다.

첫째, '(가칭)수신료위원회'에서 제출한 수신료 안을 국회는 해당
년도 내 혹은 일정 기간이내에 반드시 처리하도록 법으로 강제할 필
요가 있다. 또한 국회에서의 정치적 갈등으로 당해 연도에 수신료
안이 통과되지 못할 경우에 대비한 대체방안도 법적으로 마련해야
한다. 둘째, 국회는 '(가칭)수신료위원회'로부터 제출받은 수신료 안
의결 전에 방송통신위원회의 의견을 받아 검토해야 한다. 방송통신
위원회가 제출하는 의견은 전체 방송시장 및 경쟁상황 그리고 공영
방송의 역할과 비전과 관련된 내용 등이 될 것이다. 셋째, 국회는
'(가칭)수신료위원회'로부터 제출받은 수신료 안을 의결하기 전에 반
드시 해당 공영방송사를 비롯한 다양한 이해당사자, 시청자 대표 등
의 의견을 공식적으로 청문하고 그 결과를 의결에 반영하도록 한다.
넷째, 수신료 징수와 분배 주체는 방송통신위원회로 한다. 이는 지
금 KBS수신료가 공영방송수신료 형태로 전환됨을 의미한다. 이를
위해 방송통신위원회 안에 수신료징수와 분배를 전담하는 부서를
두어야 하고, 수신료 징수는 지금처럼 외부에 위탁할 수도 있을 것
이다.

구체적인 '(가칭)수신료위원회'의 수신료 결정 및 집행절차는 [그
림 6-1]에서 볼 수 있다.

[그림 6-1] '(가칭)수신료위원회'의 수신료 결정 및 집행절차

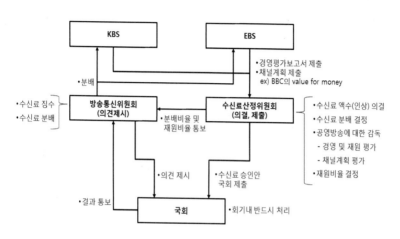

4) '(가칭)수신료위원회' 기대 효과

'(가칭)수신료위원회'는 다음과 같은 효과를 기대할 수 있을 것이다. 첫째, 기존 수신료 논의에서 가장 큰 문제점이었던 정치적 영향력을 완전하지는 않지만 그나마 최소화할 수 있을 것이다. KBS이사회, 방송통신위원회, 국회 등 정치적 갈등을 세 번씩이나 반복하도록 되어 있는 절차를 전문성을 바탕으로 하는 '(가칭)수신료위원회'로 수렴해 정치적 영향력을 최소화할 수 있을 것이다.[32] 둘째, '(가칭)수신료위원회'를 통해 수신료결정과정의 합리성과 정당성을 확보할 수 있을 것이다. 현행 수신료 결정 과정은 그 기준과 절차가 매우 불명확하고 비효율적이다. KBS에서 수신료인상안을 KBS이사회에 제출하

---

32) 그런 의미에서 문재인 정부 들어 처음 시도했던 원전정책을 결정하기 위해 운영했던 공론화위원회는 정권이나 정치적 영향력을 배제하고 다양한 이해집단들과 다수 국민들의 동의를 획득할 수 있는 절차적 정당성을 담보하는 독립위원회나 기구의 가능성을 보여주었다고 생각된다.

고, KBS이사회는 이를 심의·의결하여 방송통신위원회에 제출하고, 방송통신위원회는 이를 검토하여 국회에 제출하면, 국회가 최종적으로 결정을 내리게 되어 있다. 지금은 수혜자인 KBS가 수신료인상안을 제기하고 액수를 결정하는 과정을 주도하고 있다. 때문에 어떤 기준으로 인상액수가 결정된 것인지, 어떻게 분배할 것인지와 같은 내용적 정당성을 담보할 수 없는 구조라 할 수 있다. 그러므로 KBS의 경영/회계 자체가 투명하지 않은 상태에서 '(가칭)수신료위원회'는 수신료에 대한 국민적 동의를 확보해줄 수 있을 것이다. 또한 '(가칭)수신료위원회'가 공영방송사들의 경영평가 및 차기년도 계획 등을 감독·평가하게 함으로써 명확한 수신료 산정기준도 제시할 수 있을 것이다. 셋째, KBS만을 위한 현행 수신료제도를 진정한 공영방송수신료로 재정립하게 될 것이다. 지금은 KBS가 수신료를 결정하고 징수하고 또 수신료 거의 대부분을 자신이 사용하고 있다. 때문에 수신료인상 논의 때마다 EBS 분배율이 문제되고 있는 것이다. 그렇지만 '(가칭)수신료위원회'가 전체 공영방송사 상황을 고려해 수신료를 산정하고, 방송통신위원회가 징수와 분배 같은 운영주체가 되면 진정한 공영방송수신료 제도로 자리매김 할 수 있을 것이다. 넷째, 수신료를 공영방송의 행위와 연계하여 공영방송의 역할과 위상을 제고할 수 있을 것이다. 현재 KBS수신료 제도는 공영방송의 편성과 직접적인 연계성을 담보하고 있지 못하고 KBS 재원으로서의 의미만 가지고 있다. 때문에 광고수입 같은 상업적 재원과 수신료가 연동되어 논의되는 기형적 현상이 발생하고 있다. 시청자 입장에서도 수신료가 어느 곳에 얼마나 사용되었는지 정확히 알기도 어렵다. '(가칭)수신료위원회' 제도는 수신료와 공영방송 역할을 직접 연계시키는 계기를 마련해 줄 것이다. 다섯째, 공영방송의 재원구조를 정상화시킬 수 있을 것이다. 현재 공영방송 재원구조는 공적 재원인 수신료가 차지하는 비율이 광고 같은 상업적 재원보다 낮은 왜곡된 구조를 가지고 있다. 그렇지만 '(가칭)수신료위원회'가 공영방송의 적정 재원구조를 제시하고 단계별로 정상화방안을 추진하게 되면, 공영방송 재원구조 정상화 나아가 공영방송 정상화도 가능하게 될 것이다.

　공영방송 수신료 제도는 우리 방송정책 중에 가장 오래되었으면서 또 가장 해결하기 힘든 난제라고 할 수 있다. 2004년 이후 추진되었던 KBS수신료 인상시도들을 살펴보면 KBS수신료는 단순한 KBS 재원문제를 넘어서 한국 방송전체와 연계된 복합적인 쟁점이라는 것을 알 수 있다. 때문에 정치적, 경제적으로 다양한 이해들이 상충하면서 '내용적 정당성'을 담보할 수 없는 쟁점이라 할 수 있다. 조항제(2014)는 수신료 인상이 정치·문화·경제·자구적 개혁 등 네 가지 요소가 복합적으로 얽혀 있는 사안이며 이 네 가지 요소가 모든 우호적으로 작용할 때만 수신료 인상이 이루어질 수 있다고 지적하고 있다. 때문에 논의절차와 결정과정에서 다수의 동의를 확보할 수 있는 '절차적 정당성'을 담보한 '(가칭)수신료위원회' 같은 기구 설립을 모색해 볼 필요가 있다. 이는 단순히 수신료 인상뿐 아니라 공영방송 전반에 대한 개혁을 가능하게 하는 단초가 될 수도 있을 것이다.

6장
지상파방송 재송신

I. 방송시장 갈등 심화

디지털 융합기술 발달로 다양한 매체들이 시장에 새롭게 진입하면서 방송시장에서의 경쟁이 점점 치열해 지고 있다. 이 때문에 전통적인 공공독점(public monopoly) 혹은 자연 독점(natural monopoly) 아래 '규모의 경제' 이점을 누려왔던 지상파방송들과 공영방송의 독점구조가 붕괴되고 있다. 더구나 우리 방송시장은 모든 재원들이 여러 이유들 때문에 확장되지 못하고 있어 사업자간 경쟁양상이 더욱 가열될 수밖에 없다. 인터넷·모바일로 광고 이전현상이 더욱 가속화되고 있고, 저가로 고착된 유료방송 수신료는 결합판매 등으로 더욱 심화되고 있다. 공적 재원인 KBS수신료는 정치적 요인들 때문에 사실상 인상이 쉽지 않은 상태다(황근, 2015). 이처럼 경직된 방송시장에 신규 디지털 융합 매체들이 속속 뛰어들면서 '제로 합 경쟁(zero sum game)' 양상이 더욱 치열해지고 있다. 사업자간 갈등도 더욱 심해져 '다채널방송유료방송 결합판매', '유료방송합산규제', '프로그램 사용료', '지상파방송 재송신대가', '광고규제완화', '홈쇼핑송출수수료' 등 많은 쟁점들이 좀처럼 정책적 해법을 찾지 못하고 있다. 또한 지상파다채널방송(MMS), 8VSB, DCS(Digital Convergence Service)처럼 새로 개발된 전송기술을 상용화하는 문제를 두고도 사업자간에 치열한 공방전이 벌어지고 있다. 지금 우리 방송시장은 양적 팽창에도 불구하고 제대로 교통정리가 되지 않은 상태에서 혼란이 계속되고 있는 것이다. 여기에 인·허가 자체가 필요 없는 다양한 OTT 서비스들이 방송시장을 급속히 침식해 들어오고 있다. 이 같은 환경변화에 따라 TV수상기가 없는 'Zero TV 가구'가 증가하는 등 시청 행태의 급격한 변화로 전통적인 방송매체들의 수익구조는 더욱 악화되고 있다.

이 같은 위기를 극복하기 위해 방송사업자들은 다양한 돌파구를 모색하고 있다. 기존 수익모델을 극대화하기 위한 지상파방송사들의 지상파방송 재송신 대가 인상이나 광고 규제 완화, 유료방송사업자들의 홈쇼핑송출수수료 인상 시도 등이 그렇다. 또 전송 창구를 다원화하기 위한 멀티플랫폼 전략도 활발히 추진되고 있다. 지상파 다채널방송(MMS), 위성방송 DCS(Digital Convergence Service), 8VSB 등 여러 융합형 기술들이 이미 허용되었거나 사업자들에 의해 추진되고 있다. 인터넷이나 모바일을 통해 콘텐츠를 제공하는 OTT 서비스 같은 플랫폼 다각화도 적극적으로 모색하고 있다. 하지만 이 전략들이 대부분 다른 사업자들의 이익과 충돌하는 경우가 많고, 아직까지 확실한 수익모델을 보장할 수 없다는 점에서 재원 문제를 획기적으로 해결할 수 있는 대안이 될지는 여전히 미지수다.

중요한 것은 사업자들의 전략 혹은 정책을 둘러싼 갈등의 중심에 지상파방송사들이 있고, 그 안에 공영방송과 상업방송이 섞여 있다는 것이다. 그러다 보니 방송시장에서 벌어지고 있는 갈등이 '영원한 적도 영원한 아군'도 없는 이전투구 양상을 보이고 있다. 더구나 주요 방송 정책들을 추진하는데 있어 '방송의 공익성 구현'과 '방송 산업 활성화'라는 상반된 두 목표가 상호 중첩되면서 혼선을 더욱 부추기고 있다. 때문에 모든 이해 사업자들이 자신들의 이익을 공익으로 포장해 정당성을 표방하면서 정부의 정책 기조 자체가 혼란스러워지고 있는 것도 사실이다. 이러한 혼란을 더 가중시키고 있는 것이 공익을 추구하는 공영방송과 상업적 이익을 목적으로 하는 상업방송을 엄밀히 구분하지 못하고 있는 우리나라의 방송법 체계라는 것이다.

이렇게 정책 혼선을 빚고 있는 쟁점들에는 '지상파방송 재전송', '지상파방송 광고규제 완화', '지상파다채널방송' 등이 있다. 이 쟁점들은 모두 지상파방송이 갈등의 중심에 위치하고 있다는 공통점을 가지고 있다. 때문에 이 정책들은 사업자들의 경제적 이익이 충돌하고 있는 쟁점들임에도 불구하고 '방송의 공익성'과 '사업자의 경제적이익' 간의 갈등으로 비추어지고 있다. 이는 방송의 공익성을 유난히 강조해 온 우리 환경에서 모든 사업자들이 자신들의 경제적 이득을 정당화하기 위해 공익성으로 포장하고 있기 때문이다. 이는 새삼스러운 일은 아니다. 지난 20년 넘게 거의 모든 방송정책들이 '산업성대 공익성' 논쟁이 매몰되었던 것이 사실이다. 실제로 많은 방송정책들이 두 정책목표 사이에서 딜레마에 봉착해왔다(주정민, 2012). 이러한 딜레마가 더욱 심화되는 이유는 지상파방송사 중에도 공익을 목표로 하는 공영방송과 상업적 이익을 목표로 하는 상업방송이 섞여 있다는 것이다. 또한 앞서 누차 지적했던 것처럼 법제도적으로 공영방송의 범주나 차별화된 책무가 규정되어 있지 않아, 과연 무엇이 공익성인지에 대한 판단도 애매한 상태라 정책갈등을 더욱 복잡하게 만들고 있다.

　이러한 배경에서 갈등이 되고 있는 '지상파방송재송신', '지상파방송 광고규제완화', '지상파다채널방송'을 둘러싼 쟁점들을 검토함으로써 공영방송의 목표와 위상 그리고 미래전략들을 모색해 볼 수 있을 것이다. 일단 이 쟁점들은 오랜 기간 논란이 되어왔음에도 불구하고 사업자간 이해가 더욱 첨예하게 충돌하고 있고, 정부가 분명한 대안도 내놓지 못하고 있는 난제들이라 할 수 있다. 물론 공영방송을 포함한 지상파방송사들의 공익논리와 자신들의 경제적 이익이 혼재되면서 더욱 해결책을 모색하기 힘든 상태다. 예를 들면, 원래 보편적 시청권 보장이라는 공익적 목적에서 출발했던 지상파방송 재송신 제도는 방송사업자들의 이익 혹은 생존과 관련된 문제로 변질된 대표적인 경우다. 방송시장에서 경쟁이 심화되고 지상파방송사들의 경영압박이 커지면서 그 동안 사실상 지상파방송 콘텐츠를 거의 무료 혹은 저가로 이용해왔던 유료방송사들과의 갈등으로 변질된 것이다. 광고 규제 완화 역시 2000년대 초반까지 독과점 방송구조아래 풍요를 누려왔던 지상파방송의 광고수익이 경쟁매체들의 급성장으로 크게 위축되면서 제기되기 시작했다. 이 과정에서 지상파방송사들은 상업적 수익을 늘려 공익성을 강화하겠다는 모순된 논리를 제기하고, 경쟁 유료방송사업자들은 시청자들의 시청권 침해라는 공익적 명분을 걸고 반대하고 있다. 이외에 지상파방송사들이 추진하고 있는 '지상파다채널방송(Multi Mode Service)' 역시 시청자들에게 무료 다채널방송 서비스를 제공하겠다는 공익 목표를 표방하고 있지만, 플랫폼 다각화를 통해 수익을 극대화하려 한다는 의구심 때문에 갈등이 심화되고 정부는 정책방향을 정하지 못하고 있는 상태다.

II. 지상파방송 재송신 갈등

1. 갈등의 시작

2000년 이후 우리 방송시장의 가장 두드러진 특징은 모든 신규 매체들이 진입 초기에 법규제나 인·허가 같은 '구조적 진입장벽'들에 부딪쳐 고전했다면, 시장 진입 이후에는 기존 사업자들이 선진입자의 이점을 활용한 '전략적 진입장벽[1]'들에 부딪쳤다는 것이다(황근,

---

1) 일반적으로 진입장벽은 '구조적 진입장벽(structural barriers)'과 '전략적 진입장벽(strategic barrier)'으로 구분된다(최병선, 2004). 구조적 진입장벽이란 생산기술, 법제도, 비용, 수요요건 같이 산업이 가지고 있는 속성으로 인해 발생하는 진입장벽들로서 기존 사업자들이 축적하고 있는 기술적 노하우나 법·제도적 조건들에 의해 형성된 진입장벽들이다. 때문에 구조적 진입장벽은 기존 사업자들이 의도적으로 만든 것이 아니라 기술 속성이나 시장 수요 등에 의해 구조화된 것이다. 여기에는 정부규제, 매몰비용(sunk

2016). 특히 '전략적 진입장벽'들은 '구조적 진입장벽'을 돌파해 시장에 진입한 신규 사업자의 시장 연착륙을 힘들게 할 목적에서 우리 방송시장에서 최근 들어 더 두드러지고 있다. 우리 방송시장에서 가장 대표적인 전략적 진입장벽은 '지상파방송 재송신'이라 할 수 있다. 지상파방송 재송신이 우리나라만의 문제는 아니지만 특히 지상파방송 콘텐츠에 대한 의존도가 매우 높은 우리나라의 특성 때문에 더욱 심각한 갈등이 벌어지고 있는 것이다.

지상파방송 재송신을 둘러싼 갈등은 2001년 위성방송 진입과정에서 처음 나타났다. 이후 거의 모든 신규 방송 매체들이 부딪쳤던 대표적인 진입장벽이 지상파방송재송신이다. 원래 미국에서 시작된 지상파방송재송신 제도는 유료방송사업자가 지상파 방송을 의무적으로 제공해 지상파방송을 보호해주기 위한 목적에서 시작되었다. 우리나라에서는 1992년 제정된 '종합유선방송법'에 '의무송신(must carry)' 관련 규정으로 처음 포함되었다. 물론 재송신 규정은 지상파방송을 보호하자는 취지에서 도입되었다. 때문에 2001년 위성방송 등장 전까지는 케이블TV와 지상파방송이 상호 공생하면서 큰 문제가 되지 않았다. 그렇지만 전국을 권역으로 하는 위성방송에게도 지상파방송 권역별로 분리해 재송신해야 한다고 요구하면서 갈등이 시작되었다. 특히 지상파방송 재송신을 선점하고 있던 케이블TV사들이 가장 강하게 권역별 재송신을 요구하게 된다. 특히 권역별로 방송 사업을

---

cost), 규모의 경제(economic of scale), 절대적 비용우위, 필수설비, 자본 요건 등이 있다. 한편 전략적 진입장벽은 선진입한 사업자들이 신규 사업자의 진입을 저지하기 위해 '선발자 이점(first mover's advantage)'을 전략적으로 활용하는 의도적 행위들을 말한다. 선 진입자가 형성해 놓은 지명도나 상품의 선점 등을 극대화해 후발 사업자보다 유리한 조건을 만드는 것으로, '행태적 진입장벽(behavioral barriers)' 혹은 '사실적 진입장벽'이라고도 한다. 여기에는 선 진입 사업자가 형성할 수 있는 제한적 가격설정, 약탈적 행위, 과잉설비 같은 것들이 포함된다(한병영, 2009).

허가받은 지역 지상파방송사들을 보호해야 한다는 '지역성(localism)'을 명분으로 한 지상파방송사들의 저항은 매우 거셌다. 이 같은 지역성을 둘러싼 갈등은 지역 기반의 정치구도, 지역 간 균형발전 같은 정치·경제적 이슈들과 연계되어 이후에도 사실상 지역성을 담보하기 힘든 디지털 융합 매체들의 시장진입을 견제하는 강력한 진입장벽 기제로 작용한 것이 사실이다. 그렇지만 다른 한편으로 중앙의 키스테이션(key station) 의존도가 매우 높은 우리 지역방송의 역할에 대한 비판과 논쟁이 유발되기도 하였다.

이렇게 '지역방송 혹은 지역성 보호'라는 공익적 명분을 내걸었지만 내부적으로 경쟁사업자의 진입을 어렵게 만들기 위한 목적이 내포되어 있었다고 할 수 있다. 이처럼 초기 지상파방송재송신을 둘러싼 갈등은 지상파방송 콘텐츠에 편승해 저비용으로 진입초기 시장에 안착하고자 했던 유료방송 플랫폼사업자간 갈등이었다(이상우 외, 2000). 물론 그 이면에는 위성방송이나 위성DMB 같은 신규매체를 통해 방송시장에 진입하려는 통신사업자를 견제하기 위한 기존 방송사업자들의 이해득실이 작용했다고 할 수 있다.

결국 4년여의 갈등을 거쳐 2004년 위성방송 'skylife'는 30여개 지역 지상파방송을 '수신제한장치(CAS, conditional access system)'를 통해 제공하는 '권역별 재송신' 방식으로 지상파방송사들과 합의하게 된다.[2] 하지만 2007년 이후 HDTV가 상용화되면서 권역별 재송신 방식은 가용 주파수 부족에 부딪치게 되고 결국 SD채널 송출을 중단하는 방식으로 해결하였다. 하지만 향후 대용량 주파수를 필요로 하는 UHDTV 방송이 본격화되면 '권역별 재송신' 방식은 근본적인 문제에

---

2) 권역별 재송신에 따라 skylife가 송출해야하는 지상파방송 재송신 채널수는 '(KBS1(12개)+KBS2+EBS+MBC+SBS+지역MBC(19개)+지역민방(9개)X2(HD/SD)=88 개'나 되었다. 이를 위해 당초 15개 중계기에 3개를 더 추가해 18개 중계기 중에 9개 중계기를 재전송에 투입해야 했다.

봉착하게 될 가능성이 높다. 새로운 위성을 추가하지 않는 한 권역별재송신 방식 자체가 불가능할 수 있기 때문이다. 때문에 권역과 무관한 특히 인터넷 기반의 방송매체들에 대한 재송신 제도의 본질적 개선이 필요한 상황이다. 실제로 이처럼 변형된 지상파방송재송신 방식조차 수용할 수 없었던 위성DMB는 시장에서 고전하다 2010년 퇴출되었다.

[표 6-1] 지상파재송신 관련 갈등 경과

년도	주체	내 용
2001	Skylife	Skylife출범 시 전국단위 재전송 문제로 비화 → 방송법개정을 통해 KBS1, EBS만 의무 송출규정
2004	Skylife	권역별 재전송 타결
2005-2007	TU미디어	TU미디어 재전송 문제 갈등 → 사업자간 자율 계약
2008	IPTV	지상파-IPTV간 가입자당 280원 과금 협상 타결, 케이블TV와 협상 결렬
2009.09	지상파방송 3사	CJ 헬로비전 상대로 디지털신규가입자에게 '지상파 동시재전송 금지' 가처분 소송제기(1심기각)
2010.09	서울지방 법원	2009년 12월 18일 이후 가입자에 대한 지상파저작권 인정, 간접강제 불인정(지상파/케이블 항고)
2010.10	방통위	제도개선 전담반 구성
2011.04	MBC, SBS	Skylife에 대한 수도권 HD 송출 중단
2011.06	SBS, Skylife	재송신료 협상 타결
2011.06	법원	CJ헬로비전 신규 디지털가입자 지상파방송 송출중단 판결
2011.10	법원	지상파방송의 CJ헬로비전에 대한 간접 강제권 수용
2011.11	케이블TV SO	11.24일 방통위 지상파재전송협의체 협상 최종 결렬, 11.28. 14시부터 KBS2 송출 중단
2011.12	케이블TV SO	SBS채널번호 변경 신청서 제출, SBS 상대 부당이익 반환소송 제기(10억), 지상파방송 간접강제금 집행
2012.01	케이블TV SO	1.16 KBS2채널 HD/SD 송출 중단 1.17. 지상파-CJ헬로비전간 재전송료타결, 송출재개

2013.02	법원	티브로드, HCN에게 CPS합의 없이 재송신할 경우, 1일 3,000만원의 간접 강제금 지불 결정
2013.		지상파방송과 각 플랫폼사업자간 CPS 280원 합의
2014.07	지상파방송	지상파방송, 월드컵, 아시안게임 등 국민관심행사에 대한 콘텐츠 대가 요구 → 모바일 IPTV 월드컵 중계 블랙아웃
2014.11	종편채널	플랫폼사업자에 재전송료 요구
2014.4 ~12	지상파방송 개별 SO	지상파방송 3사 및 지역민방 vs. 개별 SO 소송 제기, 총 23건(사안별로는 57건 계류중)
2014.12	지상파방송	지상파방송 CPS 4,000원 인상 요구
2015.06	지상파방송	지상파연합콘텐츠 플랫폼(CAP), 6월1일부로 pooq상품 가입자당 월 3,900원으로 인상 요구 → 모바일 사업자들의 거부로 콘텐츠제공 중단
2015.08	미래부 방통위	지상파방송 재송신 협의체 구성 운영
2015.09	울산 지방법원	지상파방송 손해배상 청구 건 JCN 울산방송의 전송망 이용료 청구 건 모두 기각
2015.12	미래부 국회	미래부, '지상파방송 재송신에 대한 정부 재정권한을 포함'하는 방송법 개정안 입법 실패
2016.04	지상파방송 IPTV	지상파방송 가입자당 월 430원 잠정 합의(?)

2. 지상파방송 재송신 대가 갈등

지상파방송 재송신 갈등은 2008년 IPTV가 등장하면서 새로운 국면으로 변화되게 된다. 지상파재송신 송출 유무가 아니라 지상파방송사와 유료방송사업자간의 대가 산정 문제로 바뀐 것이다. 그 이유는 첫째, 지상파방송 입장에서는 견고하게 배타적 관계를 유지해왔던 케이블TV 이외에도 위성방송, IPTV 그리고 최근에는 인터넷, 모바일 플랫폼, SNS 등 송출할 수 있는 다수의 유료방송플랫폼들이 등장했기 때문이다. 여기에 2003년 이후 광고매출이 감소하고 경영구조가 악화되면서 지상파방송사들이 적극적으로 재송신 송출대가를 요구하기 시작한 것이다. 둘째, 2008년 정부의 전폭적 지원 아래 시장에 진입한 IPTV사업자들이 지상파방송사들의 재송신 거부로 인한 초기 시장진입 실패를 우려해 가입자당 월 280원의 'CPS(cost per subscriber)' 대가를 수용하면서 지상파방송 재송신 갈등이 대가 산정 문제로 전환되게 된 것이다.

그렇지만 대가 산정 문제로의 전환은 지상파방송 재송신을 둘러싼 갈등을 해소하기보다 도리어 더 심화시키게 된다. 그 이유는 지상파방송사들이 제시한 가격이 유료방송사들이 쉽게 동의하기 힘든 액수이였기 때문이다. 2008년에 지상파방송사들이 제시한 '연간 디지털 방송의 지상파방송 콘텐츠 매출기여 추정분' 월280원의 근거는 '10,000원(연간 디지털방송의 지상파콘텐츠 매출기여 추정분) ÷ 지상파방송 3사 ÷ 12개월 = 277원'이다. 공식에서 보듯이 '매출기여 추정분'이라는 것이 너무 추상적이고 객관적인 근거에 의해 산출된 것이 아니어서 유료방송사업자들 입장에서 동의하기 힘든 것이 사실이다. 때문에 유료방송사업자들은 월 280원은 당시 지상파방송사들의 경영적자를 보전하는데 필요한 비용을 역산해서 나온 것이라면서 반발하게 된다. 반대로 유료방송사들은 지상파방송을 재송신해 줌으로써 지상파방송사들의 광고수익 기여, 송출비용 절감 등 편익이 더 크다는 점을 강조하면서 본격적인 대가 산정 갈등에 돌입하게 된다.

이처럼 재송신 대가 산정과 관련해 지상파방송과 유료방송사들 모두 자신들에게 유리한 편익요인들을 제시하고 있다. 유료방송사들은 지상파방송 재송신이 난시청 해소를 통해 지상파방송 광고수익을 증가시키고 있다고 주장하고 있다. 반면에 지상파방송사들은 유료방송사업자들이 인기 있는 지상파방송 채널 송출을 통해 가입자를 확보하는데 유리하고 특히 지상파방송 채널에 인접한 홈쇼핑 채널들로부터 높은 송출수수료 수입을 올리고 있다고 주장하고 있다(홍종윤, 정영주, 2012:259~224). 때문에 편익·비용에 근거한 대가 산정 합의는 여러 변수들이 복합적으로 얽히면서 거의 불가능한 것이 현실이다. 그 동안 '내쉬 균형(Nash Equilibrium)'[3]을 전제로 한 재송신 대가 산정 관련된 많은 연구결과들이 있었지만 실제로 적용되지 못하고 있다(홍종윤·정영주, 2012; 이상규, 2008, 2017; 변상규, 2009; 김성환·이상우, 2014, 조은기, 2016). 그 이유는 지상파방송 재송신 대가와 관련해 지상파방송사들과 유료방송사들 간에 공동의 목표가 공유되어 있지 않고, 양자가 대등한 협상력을 가진 합리적 행위자라는 전제조건을 충족시키지 못하고 있기 때문이다. 김성환·이상우(2014)는 증분가치에 의한 재송신 대가 산정이 어려운 이유로 정확한 비용자료 확보의 어려움, 비용자료를 근거로 한 대가 산정 과정에서 비효율적 유인 발생, 재송신 행위에 의한 양측의 증분비용이 매우 적다는 점 등을 들고 있다. 특히 '내쉬 균형(Nash Equilibrium)'은 지상파방송 재송신으로 발생하는 편익을 양측이 동등하게 배분한다는 것을 전제로 하고 있어 더 많은 이익이 발생한 사업자가 추가 이익의 1/2을 재전송대가로 지불해야 하지만 현실적으로 그럴 가능성이 거의 없다는 것이다.

때문에 지상파방송사와 유료방송사 모두 자신에게 유리한 변수들을 강조하면서 갈등이 지속되고 있다. 결국 양자가 제시한 요인들을 두고 합의를 도출하기 어렵고, 각 요인들의 가중치에 대한 객관적 기준설정도 불가능한 상태에서 모든 사업자들이 동의할 수 있는 공식을 산출하는 것 자체가 거의 불가능한 상태다. [표 6-2]는 지상파

---

3) '내쉬 균형(Nash Equilibrium)'이란 게임 이론의 한 형태로 미국의 수학자 존 내쉬(John Forbes Nash Jr.)가 개발한 이론이다. 상대방의 대응에 따라 최선의 선택을 하게 되면 균형이 형성되어 서로 자신의 선택을 바꾸지 않게 된다는 것이다. 즉, 상대방의 전략이 바뀌지 않으면 자신의 전략 역시 바꿀 유인이 없는 상태를 말한다. 상대방의 전략이 공개되었을 때 어느 누구도 자기 전략을 변화시키려고 하지 않는 전략을 의미한다. 이러한 전략이 양자 모두에 의해 예측되었을 때 내쉬 균형에 도달하게 된다.

방송사들과 유료방송사들은 제시하고 있는 지상파방송 대가 산정과
관련된 산정 요인들이다.

[표 6-2] 지상파방송 재송신 대가 산정 요인들

	지상파방송사	유료방송사
원칙	저작권에 기반 한 대가 산정	SO의 송출 기여도 포함
고려 요소	유료방송가입자 유치, 결합상품 판매	광고매출 기여
	홈쇼핑송출수수료	채널 번호 배정
	디지털제작비용 증가	디지털방송 설비투자비 절감
	디지털 전환 투자	난시청 해소 기여
	중계방송권료 증가	보편적 시청권 기여

이렇게 제시된 산정요인들을 바탕으로 적지 않은 재송신 대가 산
출 연구들이 이루어졌다([표 6-3]). 이 연구들은 각각 지상파방송과 유
료방송의 재송신으로 인한 증분가치를 계산하는 공식들을 만들어냈
지만, 연구마다 변수들과 가중치에 있어 많은 시각 차이를 보이고
있다. 때문에 지금까지의 연구결과를 보면 모든 이해당사자들이 동
의할 수 있는 공식산출 가능성은 매우 낮아 보인다. 미국의 FCC에서
도 여러 차례 재송신과 관련된 공식들을 제안했지만 모두 법원에서
부결된 것은 공식에 포함된 변수들에 대한 가중치 부여에 있어 주관
적 판단이 개입될 수밖에 없다는 이유였다. 우리나라에서도 2011년
방송통신위원회가 대가 산정을 위한 전담반과 2015년부터 2년간 방
송통신위원회와 미래창조과학부(現 과학기술정보통신부)가 공동으
로 운영했던 '지상파방송재송신협의체'에서 대가 산정 관련 논의가
있었지만 결국 이루어지지 못했던 것도 바로 이러한 이유 때문이라
할 수 있다.

[표 6-3] 지상파방송 재송신 대가산정과 관련된 주요 연구결과

연구	유료방송기여 산정식	지상파기여 산정식
조은기 (2016)	지상파광고수입 × 디지털케이블TV 가입비율 × 난시청비율	지상파시청점유율 × 채널시청대가(c) + 지상파대역폭비중(6.9%) × (수신료-채널시청대가) 단, 채널시청대가+송출대가=수신료
안종철 이기태 최성진 (2011)	1) 지상파광고수입 × 케이블TV 점유율(a) × 난시청비율 2) 가구당지상파광고효과 × 케이블TV 가입가구(b) × 난시청비율 3) 지상파광고수입 × 케이블에서 지상파채널 시청점유율	케이블가입가구 × 수신료 × 케이블에서 지상파채널시청점유율 × 12
홍종윤 정영주 (2012)	지상파광고수입 × 난시청비율	플랫폼가입가구 × 수신료 × 플랫폼에서 지상파채널시청점유율 × 지상파 인접시 홈쇼핑 송출수수료/ 지상파 비인접시 홈쇼핑 송출수수료 ▽(위성중계기임차료 + 전송망사용료)

결국 지상파방송 대가 산정은 이해당사자들 간에 순편익을 어떻게 배분할 것인가의 문제라 할 수 있다. 하지만 합리적인 순편익 계산 자체가 불가능한 상태에서 실제로는 양자가 서로 양보할 수 있는 수준이 어디까지인가 하는 합의의 문제로 귀결될 수밖에 없다. 그렇지만 모든 사업자들이 기존의 산정요인들 이외에 자신들에게 유리한 변수들을 지속적으로 추가 제시하고 있어 대가 산정 갈등은 '치킨게임(chicken game)' 양상을 보이고 있다. 실제로 지상파방송사들은 물가상승률, 방송 표준제작 단가 상승, 연관 문화상품 인상률과 같은 추가 변수들을 제시하고 있다. 그러면서 다른 한편으로는 정부가 직접 적정대가를 제시하거나 대가 산정 기준을 정하는 것에 대해 사업

자들의 시장행위에 대한 지나친 간섭이라고 강력히 반대하고 있다. 반대로 유료방송사업자들은 정부가 지상파방송재송신 대가 기준을 마련해주고 재송신 협상에 적극적으로 개입해 줄 것을 요구하고 있다. 이렇게 양자 간에 대립 양상이 지속되면서 정부는 구체적인 대가 산정 공식보다 주요 변수들을 고려한다는 수준의 협상 가이드라인이나 협상 범위를 설정해주는 정도의 정책적 개입만 가능한 상황이다. 실제로 '지상파방송재송신협의체'에서도 구체적인 대가 산정 공식이 아니라 포괄적 성격의 가이드라인 만 제시하였다.[4]

더구나 최근에는 지상파방송사들의 CPS 가격 추가 인상, 동시재송신 뿐 아니라 VOD콘텐츠 (SVOD) 이용대가 인상, 월드컵 같은 주요 국제경기 프로그램에 대한 추가 비용 요구 등으로 갈등이 더욱 확산되고 있는 양상이다. 물론 지상파방송사들의 경영 압박으로 지상파방송 재송신 비용이 급속히 상승하고 있는 것은 세계적인 추세다.

---

4) 지상파방송재송신협의체에서 도출한 '지상파방송 재송신 협상 가이드라인'은 총 9개 조항으로 구성되어 있고, 그 목적으로 '동시재송신을 위한 협상을 원활하기 위한 절차 등을 제시하여 방송시장에서 공정한 경쟁 환경 기반 조성과 시청자 권익을 보호하는 것(제1조)'이라고 밝히고 있다. 이러한 목적아래 '지상파재송신 협상의 원칙(제2조)', '가이드라인의 효력(제2조)', '협상절차(제4조~제6조)', '성실한 협상의무 위반에 대한 판단기준(제7조, 제8조)' 등을 규정하고 있다. 그렇지만 대가 산정과 관련해서는 제8조 2항에 '대가 산정에서 현저하게 불리한 대가를 판단하는 기준을 판단한다'고 규정하고, 1호와 2호에 광고수익, 가시청 범위, 시청률 및 시청점유율, 투자보수율, 방송제작비, 영업비용, 유료방송 수신료, 지상파인접채널 홈쇼핑 채널 송출수수료, 전송·선로망 등 송출비용, 방송사업자의 수익구조, 물가상승률, 유료방송사업자의 프로그램 사용료 비중 등을 명시하고 있다. 특히 사업자들 간에 체결된 대가 산정 요소 및 방식(3호)과 법원의 관련된 판결(4호)도 고려하도록 하고 있어 사실상 구체적인 대가 산정을 위한 가이드라인이라고 보기 어렵다. 도리어 재송신과 관련된 분쟁에서 발생할 수 있는 시청자들의 피해를 최소화하기 위한 사업자들 간의 협상절차 및 협상 태도와 관련된 내용이 주를 이루고 있다고 할 수 있다.

미국 역시 지상파방송 재전송료가 매년 급증하는 것으로 나타나고 있다. [표 6-4]에서 보는 것처럼 미국의 4대 지상파방송 재전송료 규모가 2013년 14억4천만 달러에서 2017년에는 48억8천만 달러로 3배 이상 늘었다. 이는 지상파방송사들의 광고수입이 줄어들면서 이를 보전하기 위해 재전송료를 인상했기 때문이다.

[표 6-4] 미국 4대 지상파 방송사 재전송료 규모 성장추이

(단위:백만달러)

년도	시장규모	전년대비 성장률
2013	1,440	-
2014	2,160	50.0%
2015	3,060	41.7%
2016	4,010	31.0%
2017	4,880	21.7%

때문에 [그림 6-1]에서처럼 유료방송 가입자당 평균 재전송료도 2012년 2.49달러에서 2018년에는 4.86달러가 넘을 것으로 전망되고 있다(정보통신정책연구원, 2013:34~36). 이러한 증가 추세대로라면 2020년에 미국의 지상파방송재송신료 규모는 92억9,600만 달러에 달할 것으로 추정되고 있다.

우리나라에서도 2016년에 모바일에 대한 지상파방송 콘텐츠 제공이 중단되는 등 갈등이 점점 심화되고 있다. 때문에 재송신 대가를 둘러싼 사업자간 갈등으로 방송 중단처럼 시청자들이 피해보는 경우가 자주 발생하고 있다. 실제 2011년과 2012년에 모두 4회의 방송중단 사태가 있었다. 그렇지만 방송 주무기관인 방송통신위원회와 미래창조과학부(現 과학기술정보통신부)는 이를 중재할 수 있는 실질적인 권한을 가지고 있지 않아 갈등을 조정하는 데 한계를 지니고 있다.

[그림 6-1] 가입자당 월 평균 재전송료 인상추이

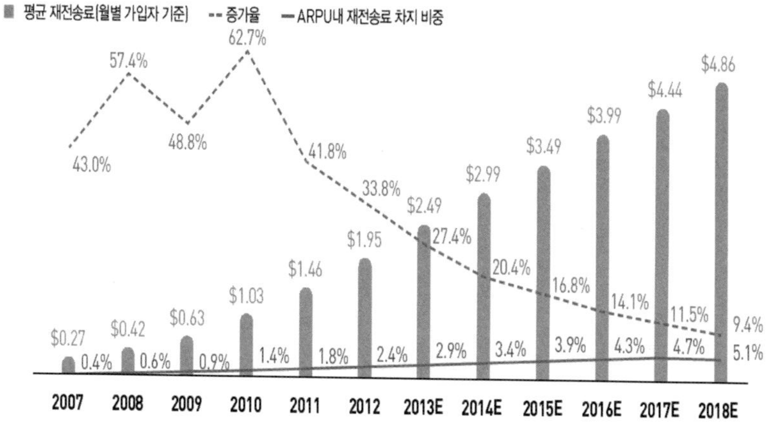

■ 평균 재전송료(월별 가입자 기준)   -- 증가율   ― ARPU내 재전송료 차지 비중

출처: SNL Kagan

더구나 재송신분쟁에 대한 정부의 조정 및 중재 역할에 대해서도 사업자들 간에 이견이 커 법적 근거를 마련하는 것도 쉽지 않은 상태다. 정부가 입법 추진했던 재송신 분쟁에 대해 정부의 중재권한을 부여하는 방송법 개정안은 지상파방송사들의 반대로 2016년 국회에서 무산되었다. 이는 정부의 중재 조정이 협상과정에서 우월한 사업자에게 불리할 수밖에 없다는 전략적 판단 때문에 아직까지는 협상 주도권을 쥐고 있는 지상파방송사들이 반대했기 때문이다. 물론 재송신 동의(retransmission consent) 제도를 도입하면서 사업자간 자율협상을 원칙으로 정한 미국 사례의 영향도 있었던 것으로 보인다.

하지만 우리나라의 지상파재송신 제도는 시장 경쟁을 원칙으로 하는 미국과 달리 지상파방송의 보편적 제공이라는 목적에서 도입된 제도다. 때문에 지상파방송 뿐만 아니라 보도·종합편성 채널에 대해서도 '의무송신(must carry)' 제도를 적용하고 있다. 때문에 우리나라의 지상파방송 재송신은 사업자간 공정경쟁 문제 뿐 아니라 방송의 공익적 책무와 밀접히 관련되어 있다. 때문에 재송신을 둘러싼 갈등에 대해 재송신 대가 산정 같은 사업자들의 이익 조정뿐 아니라 시청자들의 시청권 보호와 같은 목적에서 정부 중재 같은 적극적 개입행위가 필요하다 하겠다. 사업자간 자율적 계약을 강조하는 미국에서도 시청자 피해와 관련해서는 적극적인 정책적 개입이 이루어지고 있다. 2011년에 FCC는 사업자간 협상결렬에 따른 소비자 피해를 최소화하는 규칙(NPRM : Notice of Propose Rulemaking)을 제정하고, 2015년에는 지상파방송사와 유료방송사간 협상을 면밀히 조사하겠다는 입장을 발표하기도 하였다(정인숙, 2015). 하지만 우리나라의 경우 지상파방송 재송신과 관련된 정부의 정책목표가 불분명한 상태에서 정부의 조정 개입 행위를 놓고도 사업자간 갈등이 유발될 수밖에 없는 상황이다. 이는 '의무송신'이라는 공적 책무와 관련된 행위가 사업자들의 특권 혹은 경제적 이익추구 행위로 변질되었다는 것을 의미한다. 결국 우리 방송시장의 왜곡된 구조를 극명하게 보여주는 부분이라 할 수도 있다.

Ⅲ. 지상파방송 재송신 갈등과 정책적 딜레마

우리나라에서의 지상파방송 재송신 제도는 본래 취지인 지상파방송의 보편적 시청권을 증진하는 목적에서 벗어나 사업자들의 사적 이익이 충돌하는 양상으로 변질되었다. 이를 정인숙(2015)은 지상파 콘텐츠가 우리 방송시장에서 필수재적 가치를 지니고 있어, 이를 이용하여 이윤을 극대화하는 지상파방송사들의 '콘텐츠 레버리지(content leverage) 전략'과 자신들의 플랫폼을 수익창출의 지렛대로 활용하는 유료방송사업자들의 '플랫폼 레버리지(platform leverage) 전략' 간의 갈등이 발생하고 있는 것이라고 규정하고 있다.

1. 지상파방송 재송신 딜레마

우리나라 지상파재송신 갈등의 특성을 정인숙(2015)은 다음과 같이 지적하고 있다. 첫째, 갈등의 해결이 법정으로 이동했다는 것이다. 이는 공익성을 기반으로 하던 방송영역이 시장행위자들의 이익 갈등 시장으로 변화하고 있다는 것을 보여준다. 지상파방송사들과 주요 MSO 혹은 IPTV간에 재송신 계약이 만료된 2014년 이후 지상파 재송신을 둘러싼 법적 분쟁이 총 57건으로 급증하였다. 그럼에도 불구하고 방송 규제기구인 방송통신위원회는 거의 아무런 역할을 하지 못하고, 방송의 공익성 같은 기본적인 정책 기조조차 제대로 유지하기 못하고 있는 것이다.[5] 둘째, 사업자들의 레버리지 극대화 전략들이 충돌하면서 시청자들의 직접적 피해가 증가하고 있다는 것이다. 2011년에 skylife에 대한 SBS와 MBC의 HD채널 송출중단과 93개 케이블TV SO의 지상파방송 3사의 HD방송 송출을 중단한 적이 있었고, 2012년에는 법원판결에 의해 CJ Hellovision이 KBS 2채널을 송출 중

---

5) 그렇다고 법원의 판결들이 지상파재송신 문제를 해결하는 근거를 제공해 주고 있는 것도 아니다. 대표적이 사례가 2015년 9월3일 'SBS,UBC vs. JCN울산' 간의 손해배상 청구소송에 대한 울산지방법원의 판결이다. 이 판결에는 지상파방송의 저작권법상 권리 침해와 유료방송의 전송망이용료 같은 송출비용을 모두 인정하였다. 하지만 손해배상을 명하지 않고 두 건 모두 기각하였다. 그 이유로 ① CPS 280원 통상이용료라고 인정하기 어려움 ② 난시청해소 등 지상파방송의 공공성 달성에 도움 ③ 재송신대가의 상당액에 대해 부당이익 반환(전송망 이용료) 의무가 인정 ④ 원고가 피고의 방송 송출의 장기간 묵인 등을 제시하고 있다. 또한 JCN울산방송의 손해배상 청구에 대해서는 '피고(지상파방송)가 절감한 제반비용과 원고가 청구한 피고(지상파방송)의 광고수익 중 14%에 해당되는 반환금액 간에 인과관계가 인정되지 않는다'는 이유로 기각하였다. 이처럼 지금까지 법원의 판결이 지상파재송신과 관련된 명확한 기준을 제시해 주고 있다고 보기 어렵다. 그러면서 지상파재송신과 관련된 합리적인 대가 및 비용 산출은 정부에서 산출해 줄 것을 요구하고 있어 도리어 최종 판단을 정부에게 미루고 있다.

단하기도 하였다. 또한 2015년 6월에는 지상파방송사들의 이용대가 요구를 수용하지 못한 이동통신 3사의 지상파방송 'pooq' 및 VOD 서비스가 중단되어 현재까지 지속되고 있다. 이 같은 방송중단 사태로 시청자들의 피해가 지속적으로 발생하고 있음에도 중재와 같은 정부의 적극적인 조치들이 이루어지지 못하고 있다. 셋째, 지상파방송 재송신 대가 협상이 지상파방송사와 유료방송사간에 '연합에 의한 협상' 양상을 보이고 있다는 것이다. 원칙적으로 지상파방송 재송신 대가는 방송사업자 간 사적 계약이 원칙이다. 때문에 협상과정에서 사업자간 연대행위는 공정경쟁을 위반하는 불법행위다. 물론 형식적으로는 개별 지상파방송사들과 유료방송사들 간의 계약형식을 띠고 있다. 하지만 실제로는 지상파방송사 진영과 유료방송 진영 간의 단체협상 형태라 할 수 있다. 지상파방송사 측에서 요구하는 'CPS 대가'라는 것 자체가 연대 혹은 단체협상 성격을 단적으로 보여주는 것이라 할 수 있다. 실제 제시된 CPS 대가에 따라 모든 사업자들이 거의 동일한 가격으로 계약하고 있는 것이 사실이다.[6] 도리어 형식적으로 이루어지는 개별 협상을 지상파방송사들이 다른 유료방송사와의 협상에서 유리한 입지를 확보하기 위한 일종의 협상전략으로 이용하고 있는 측면도 있다. 실제 2011년에 지상파방송사들이 유료방송플랫폼 중에 가장 협상력이 취약한 위성방송 skylife을 가장 먼저 압박한 것도 그런 이유라 할 수 있다. 반면에 연대성이 강한 케이블

---

6) 지상파방송재송신 계약이 개별사업자간에 이루어지는 것 같이 보이지만 실제로 개별 계약이 아니라는 점은 각 개별협상 내용 중에 '(유료방송사업자가) 계약서에 명기된 재송신대가보다 높은 가격으로 다른 방송사업자와 계약을 체결할 경우에는 그 가격보다 높은 가격으로 다시 협상한다'는 이른바 최혜조항에서 극명하게 볼 수 있다. 이 때문에 모든 재송신계약은 지상파방송사측에서 공동으로 제시한 재송신대가에 맞추어 계약할 수밖에 없다는 것이다. 물론 이러한 이유로 모든 방송사업자들이 재송신 대가와 관련된 협약내용을 외부에 공개하지 않고 있다.

TV SO와의 협상은 잘 이루어지지 않고 있다. 이처럼 사실상 집단 혹은 연대 협상 형태로 이루어지고 있는 재송신 협상에 대해 정부는 어떤 개입이나 제재도 못하고 있는 것이 현실이다. 미국의 경우 재송신 협상은 원칙적으로 사업자간 자율적 콘텐츠 거래행위로 간주해 정부가 개입하지 않는 것을 원칙으로 한다. 하지만 협상과정에서 방송사간 '연합협상 및 사전 담합행위'에 대해서는 적극적으로 개입·제재하고 있다.[7] 그렇지만 우리나라에서는 방송시장에 대한 감시·정책 기능을 수행하고 있는 방송통신위원회가 개입할 수 있는 법적 근거가 미약한 상태에서 표면적으로는 개입하지 않는다는 원칙만 고수하고 있다. 앞에서도 설명한 바와 같이, 지상파재송신 분쟁을 조정·중재할 수 있는 법적 권한을 부여하는 법 개정을 추진했지만 실패한 상태다. 이런 상태에서 지상파방송 재송신을 둘러싼 사업자간 갈등으로 시청자들의 피해는 향후에도 더욱 자주 발생할 가능성이 높다.

2. 정부 대응과 한계

이처럼 지상파방송재송신은 기본적으로 '지상파방송 콘텐츠에 대한 합리적 대가 지불'과 '보편적 서비스 보장 및 난시청 지역 해소'라는 두 논리 간의 충돌처럼 보인다. 하지만 실제로는 사업자들이 자

---

7) 'Report and order and further notice of proposed rulemaking, § 76.65(b)(1)(viii) joint negotiation(FCC, 2014)'에서 연합협상 행위를 다음과 같이 규정하고 있다. 1. 동일 지정시장구역(DMA)에서 서비스하고 있는 4대 네트워크 지상파방송사 중 1곳(또는 그 대표)이 다른 네트워크 방송사업자 1곳(또는 그 대표)에 재송신 계약 동의에 대한 협상 또는 승인권한을 위임하는 행위 2. 동일 지정시장구역(DMA)에서 서비스하고 있는 상위 4대 네트워크 지상파방송사 중 둘 또는 그 이상 사업자들이 통상의 제3자에게 재승인 계약 동의에 대한 협상 또는 승인 권한의 위임 3. 동일 지정시장구역(DMA)의 상위 4대 네트워크 지상파방송사들 간 재송신 기간이나 합의와 관련된 어떠한 비공식, 공식, 암묵적 또는 다른 합의나 공모(담합)를 용이하게 하는 계획된 신호나 행위.

신의 이익을 공익이라는 이념으로 포장해 '공익성'과 '시장논리'가 얽혀 실마리를 찾기 어려운 정책적 난제가 되어 버렸다. 때문에 지상파방송재송신에 대한 해법은 '구조적 방법'과 '기능적 방법'으로 나누어 접근할 필요가 있다. 먼저 구조적 방법이란 법·제도적으로 지상파방송 재송신 제도를 개선해 본질적인 해결방안을 모색하는 것이다. 하지만 방송 관련법 개정이 매우 어렵고 특히 현재 상태를 유지하고자 하는 사업자들의 저항 때문에 쉽지 않은 일이다. 한편 기능적 방법은 당면하고 있는 갈등들을 개별적으로 해결하는 실용적 방법들을 말한다. 이는 현실적일 수 있다는 장점은 있지만 지상파방송 재송신이 가지고 있는 본질적 문제점을 그대로 둔 상태에서 임시미봉책이 될 가능성이 높아 언제든지 갈등이 재발될 수 있다는 한계를 지니고 있다.

이 중에 우리 정부가 선호하는 해결방안은 구조적 방법보다 기능적 방법에 더 무게를 두고 있는 것으로 보인다. 실제 정부는 재송신 갈등발생 시 정부의 중재권한을 강화하고 합리적인 '재송신대가 산정' 기준을 마련하는데 초점을 맞추었다. 물론 처음부터 이처럼 기능적 방법에 초점을 맞추었던 것은 아닌 것 같다. 2008년 10월부터 2011년 1월까지 방송통신위원회가 구성·운영했던 '지상파방송 재송신제도 개선전담반'은 '지상파방송 의무재송신 범위 확대', '재송신 대가 산정 기준 마련', '분쟁해결 절차 보완' 등 3개 개선방안을 추진하기로 하고 2011년 7월 방송통신위원회에 보고하였다. 그렇지만 '지상파방송 의무재송신 범위 확대'와 같은 구조적 방안들이 지상파방송사업자들의 거센 반발에 부딪치자 이후 정부는 '분쟁해결 절차 보완'에 초점을 맞춘 것으로 보인다. 실제 2012년 2월 방송통신위원회는 재송신 분쟁을 효율적으로 해결하기 위해 분쟁해결 절차보완을 의결하고, 2014년 6월에 '상대방의 불응 절차를 폐지'하는 방송통신위원회 시행규칙을 개정하였다. 이후 '국민적 관심행사 등에 관한 프로그램 공급·수급과 관련된 분쟁 발생 시 방송통신위원회가 직권조정, 재정, 유지·재개명령권을 도입'하는 방송법 개정안을 국회에 제출했지만 결국 입법에 실패하였다. 하지만 2018년 6월 새로 구성된 방송통신위원회는 '직권분쟁조정에 관한 개정안'을 의결하고 10월까지 국회에 제출하겠다는 의지를 밝힌 상태다. 하지만 지상파방송사들의 협의체인 한국방송협회는 '과거 유료방송의 불법적인 재송신으로 인해 분쟁이 있었던 것과 달리 현재는 자율적인 재송신료 협상이 이뤄지고 있고 분쟁 가능성 자체가 거의 없는 환경이므로 방송통신위원회가 사적 사업영역에 개입하려는 직권조정은 정책적으로 불필요하다'며 강력한 반대의지를 표방하고 있는 상태다.

이와 함께 방송통신위원회는 재송신 대가 산정 기준을 마련하기 위해 2011년 8월부터 11월까지 '재송신대가산정실무협의회'를 운영하였지만 별 성과를 거두지 못하였다. 또한 2012년에는 '지상파방송재송신제도개선특별위원회'를 구성하기로 결정했지만 새 정부의 정부조직개편에 따른 미래창조과학부(現 과학기술정보통신부) 업무 이관 등의 문제로 결국 실현되지 못했다. 이후 2015년 8월부터 2016년 9월까지 미래창조과학부(現 과학기술정보통신부)와 방송통신위원회가 공동으로 '지상파방송재송신협의체'를 운영해 '의무재송신 범위', '대가 산정 모델', '정부개입을 위한 제도' 등을 논의하였다. 하지만 이 협의체에서는 '지상파방송사와 유료방송사업자간에 계약 시 협의절차와 대가 산정 고려요소를 제시'하는 '지상파 재송신 계약 가이드라인'만 만들었을 뿐이다.

이처럼 지상파방송 재송신에 대한 우리 정부의 접근방법은 구조적 방법이 아니라 기능적 방법에 초점을 맞춘 것으로 평가된다. 지상파재송신의 범위를 재조정하고 '의무재송신'과 '재송신 동의' 같은 재송신제도를 개선하는 것보다 '재송신 대가 산정' 같은 기능적 방법에 전력한 것이다. 그렇지만 이 역시 모든 사업자들이 동의할 수 있는 산정기준을 만들어내기 힘들다는 현실적 문제에 부딪쳐 사실상 무산된 상태다. 이 때문에 재송신을 둘러싼 갈등을 조정할 수 있는 정부 권한을 강화하는 방안을 모색하는데 치중하고 있는 것이다. 하지만 그 마저 지상파방송사들의 반대로 법개정이 용이하지 않자 '지상파 재송신 협상 가이드라인'이라는 가장 소극적인 방안을 마련하게 된 것이다.

그렇지만 재정 권한이 없는 상태에서 재송신 대가 산정 기준이 제정된다고 해도 실효성을 가질 수 있을 지는 의문이다. 사업자에 대한 강제력이 없는 협상 가이드라인 정도로는 정부의 화해·조정 능력은 한계를 보일 수밖에 없기 때문이다. 물론 지상파방송 재송신 협상과정에서 사업자간 공정한 경쟁 환경 또는 시청자의 권익을 저해하거나 저해할 우려가 있는 경우에는 '방송법' 제85조의 2 제1항 및 '인터넷멀티미디어방송사업법' 제17조 제1항의 금지행위 판단 여부에 대한 법 해석 지침으로 활용하여 필요한 조치를 취할 수는 있다. 하지만 실제 이 같은 조치가 가능할지는 의문이다.[8] 이러한 상황에서 지상파방송 재송신을 둘러싼 사업자간 분쟁 해결이 점점 사법부 판단에 의존하는 경향이 커지고 있다. 하지만 사법부 판단에 따라 재송신 문제가 결정되게 되면 정부의 일관성 있는 정책 기조를 유지하기도 힘들고, 방송 블랙아웃 같은 시청자 권익을 침해하는 행

---

8) '지상파방송 재송신 협상 가이드라인'이 어느 정도 효력을 발휘할 수 있을 지는 이 가이드라인에 근거해 OBS가 방송통신위원회에 요구한 대가검증 처리 결과를 통해 엿볼 수 있을 것 같다. OBS는 IPTV 3사와 재송신료 협상을 벌여왔으나 의견차가 커 합의에 이르지 못했고, 2018년 8월에 kt와 kt sylife를 상대로 대가검증협의체 운영을 요청했으며 방송통신위원회와 과학기술정보통신부가 9월 중 협의체를 구성 운영할 계획이다. 역설적인 것은 가이드라인 제정에 가장 반대했던 지상파방송사가 이에 근거한 대가검증을 요청한 것이다. 이는 지상파방송사들 내에도 재송신제도와 관련해 전국 네트워크와 지역방송 간에 서로 다른 위상과 입장을 지니고 있음을 보여주는 것이라 할 수 있다.

위들에 대한 사전 예방 조치도 불가능하게 된다. 또한 재판이 이어지면서 지상파방송 재송신 행위 이후에 사후 협상이 진행되는 잘못된 협상 관행들이 더 고착될 가능성도 있다.

Ⅳ. 지상파방송 재송신과 공영 방송

지상파방송 재송신 관련 정책은 '보편적 서비스 구현'과 '방송시장 내 유효 경쟁'이라는 두 가지 정책 목표를 함께 추구해야 하는 정책이다. 때문에 재송신 문제를 접근하기 위해서는 분명한 정책목표 즉, 어떤 목표에 우선순위 혹은 더 큰 비중을 두어야 할 것인가를 확실하게 결정해야만 한다. 실제 각 나라마다 자신들이 가지고 있는 방송환경과 정책 목표에 따라 재송신 문제를 접근하고 있다. 우리나라의 경우에는 전통적으로 방송의 공익성과 공영성을 강조하는 정책기조를 오랫동안 유지해 왔고 방송제도나 사업자 구도 역시 방송의 공익성을 축으로 형성되어있다. 때문에 지상파재송신 정책 방향을 정하는 데 있어 공영방송을 축으로 하는 나라들의 사례를 벤치마킹하는 것이 조금 더 타당하고 현실성도 높다고 할 수 있다.

정인숙(2015)은 지상파방송 재송신 정책모델을 '미국식 모델'과 '영국식 모델'로 나누어 설명하고 있다. 이 중에 '미국식 모델'은 지상파방송 재송신을 사업자간 자유계약 행위를 전제로 하고 국가가 개입하지 않는 것을 원칙으로 하고 있다. 1960년대 중반 경쟁력이 취약한 지역 지상파방송을 보호하기 위해 의무재송신 제도를 도입하였고, 1992년에 '케이블TV법'에 '재송신 동의(retransmission consent)'를 규정하여 지상파방송사들이 '의무송신'과 '재송신동의' 중에 선택하도록 하였다. 이에 따라 저작권을 면제 받는 의무송신과 달리 재송신동의는 사업자간 계약에 의해 대가를 지불하도록 하였다. 이와 같은 미국의 재송신 제도는 상업방송을 축으로 하고 있는 방송정책이나 환경을 반영하고 있다. 그럼에도 불구하고 지상파방송에 의존하는 취약 시청자와 네트워크에 가입하지 않은 독립방송이나 교육방송들을 보호하고, 특정 사업자가 시장지배력을 이용해 방송시장에서 공정성을 침해하는 것을 막기 위해서 부분적인 정부 개입을 허용하고 있다. 전통적으로 미국 정부가 추구해온 방송·통신시장의 '경쟁보호주의 정책' 기조가 반영된 것으로 보인다(황근, 1997). 하지만 최근에 지상파방송 재송신 대가가 급상승하고 사업자간 갈등으로 시청자의 피해가 늘어나면서 국가의 적극적인 개입요구가 커지고 있고 이 때문에 미국 정부나 의회의 입법·중재 활동이 급증하고 있는 것은 사실이다(정인숙, 2015).

반면 영국은 유료방송 플랫폼들이 공적 서비스 방송[9]들을 의무송신하도록 법으로 정하고 있어, 재송신 제도를 지상파방송의 무료보편서비스 제공을 위한 보조수단으로 접근하고 있다. 때문에 공영방송을 축으로 하고 있는 영국은 공영적 채널들에 대한 재송신 대가라는 개념 자체를 인정하지 않고 있다. '의무송신(must carry)'은 규제기관인 Ofcom이 필요시 일정한 조건에 해당되는 플랫폼 사업자들에게 부여한 의무의 성격이지만 '의무 제공(must offer)'은 공영방송 혹은

---

9) 영국은 2003년 제정된 '커뮤니케이션법(Communication Act 2003)' § 264(4)에 문화적 정체성을 공유하고 정보전달, 시민교육 등 공공서비스 기능을 수행하는 공공방송서비스(PSB, Public Service Broadcasting)의 보편적 시청을 보장하기 위해 'Must-Carry(의무재송신)'과 'Must-Offer(의무제공)' 등의 의무를 부여하고 있다. 이러한 PSB에는 BBC의 9개 모든 채널과 Channel 4, Channel 5, 3개 지역채널(ITV, STV, UTV) 그리고 S4C가 포함된다. 이중에 BBC 1, BBC 2, 채널3(ITV, STV, UTV), Channel 4, Channel 5개 채널은 '메인 PSB'로 상당한 수준의 가입자를 보유하고 있는(significant number of end-users) 플랫폼사업자들은 반드시 의무송신(Must carry)해야 하고, 동시에 PSB방송사들은 이 채널들을 반드시 제공해야하는 의무제공(Must offer) 의무를 지고 있다.

공영적 성격의 채널(Public Broadcasting Broadcasting, 이하 PSB)널들은 모든 국민들에게 제공되어야 한다는 지상파방송사들의 보편적 시청 책무를 구현하기 위한 목적을 반영하고 있는 것이다(김호정, 2016). 흥미로운 것은 현재 Ofcom이 의무송신(must carry) 플랫폼으로 지정한 사업자는 케이블TV사업자인 Virgin Media 뿐이고, 영국 전체 유료방송 가입자의 2/3을 차지하고 있는 위성방송 BskyB와 가입자가 적은 IPTV 는 해당되지 않는다는 것이다. BskyB가 의무송신 대상 플랫폼에서 제외된 이유는 일반적인 위성방송가입자라면 공공서비스채널의 직접 수신이 가능하기 때문이라고 하지만 이 이유는 애매한 측면이 있다. 이로 인해 BskyB는 의무제공(must-offer) 의무를 지고 있는 PSB들과 이용계약 협상에서 우위에 서 있는 것이 사실이다. 물론 Ofcom은 의무송신(must carry) 대상이 되는 유료방송사업자의 플랫폼 규모 등을 수시로 조사해 확대·축소할 수 있다고 하지만 지금까지 변경된 사례는 전혀 없었다.

이 같은 영국의 재송신 제도가 논란이 되고 있는 이유는 '의무송신(must carry)'와 '의무제공(must offer)' 두 방식 중에 어디에 해당되는가에 따라 비용을 지불하는 주체가 완전히 달라지기 때문이다. 의무송신(must carry)에 해당되는 Virgin Media는 지상파방송 콘텐츠 저작권료를 면제받으면서 별도의 송출비용(cost of providing must carry service)도 요구할 수 없다. 하지만 의무송신(must carry)에서 제외된 유료방송플랫폼들은 의무송신 대상에 포함된 PSB들에게 '기술적 플랫폼 서비스(Technical Platform Services, TPS)'[10] 이용 대가료 PCC(Platform Contribution

---

10) TPS(technological platform service)란 유료방송사업자가 공공서비스를 송출하는데 필요한 CAS(conditional access system), geographic masking, EPG 서비스 등의 기술적 서비스들을 말한다. PSB들은 이러한 서비스들을 업그레이드 및 유지하는 비용을 PCC라는 명목으로 지불한다. 물론 비용은 Ofcom의 TPS가 이드라인에 의해 합리적으로 결정된다. 그렇지만 PCC비용은 기술적 비용의 특성상 최든 몇 년간 지속적으로 하락되어 왔다.

Charge)를 요구할 수 있다. 이 같은 영국의 지상파방송 재송신 제도
는 공영방송을 축으로 하는 방송제도와 철학을 반영하는 것으로, 공
적 서비스 방송에 대한 국민들의 보편적 접근성을 확보하는 것에 최
우선의 목표를 두고 있다는 것을 보여주는 것이다.

이와 같은 영국의 지상파방송 재송신 제도에 대해 문제제기가 없
는 것은 아니다. 2009년 '미디어엔터테인먼트산업노조'와 '전국기자
노조연맹'이 '디지털 전환 비용과 콘텐츠 투자 확대'를 이유로 미국
처럼 PSB들이 지상파방송 재송신 대가를 받아야한다는 요구를 제기
하게 된다(박정관, 2016). 이어 BBC를 비롯한 지상파방송사들이 여기
에 가세하면서 본격적인 재송신 제도 개선을 요구하게 된다. 2010년
에는 마크 톰슨 BBC 사장이 막대한 수익을 올리고 있는 BskyB가 재
송신료를 지급해야한다고 주장하게 된다. 비슷한 시기에 영국정부
역시 '디지털 영국(Digital British)'라는 보고서에서 '대가 없이 유료방
송 플랫폼이 지상파방송 콘텐츠를 사용하는 것은 문제가 있다'는 주
장을 내놓게 된다(정준희, 2010). 아예 일부에서는 지상파방송재송신
대가를 지불하는 미국식 모델을 도입해야 한다는 주장까지 제기되
었다. 그러면서 미국식 제도를 도입하게 되면 영국 공영방송사들이
연간 9,600만 파운드의 수익을 창출해 영국적인 콘텐츠를 안정적으
로 생산할 수 있을 것이라는 논리를 내세우고 있다.

지상파방송사들의 이 같은 요구를 받아 들여 Ofcom도 2014년 12월
15일 지상파방송사들이 유료방송사업자들에게 재송신대가를 청구할
수 있도록 하는 '연결사회에서의 공적 서비스(Public Service in Connected
Society)'라는 보고서를 발표하였다. 하지만 공적 방송서비스의 보편
적 접근에 중점을 두고 있는 영국의 방송정책 기조를 본질적으로 변
화시키는 이러한 주장들에 대한 우려와 반대도 만만치 않다. 특히
미국식 지상파방송재전송 제도로 전환하게 되면 사업자간 갈등으로
방송중단 사태가 발생할 가능성이 높다는 우려가 가장 컸다. 또한

지상파방송 재송신 대가 수익이 지상파방송사들이 표방하는 것처럼 공적 서비스 확대와 우수한 콘텐츠를 생산하는데 사용될 것인가에 대한 의문도 제기되었다. 이 같은 영국의 지상파방송 재송신을 둘러싼 논쟁은 우리에게도 시사하는 바가 많다. 우리나라에서도 지상파방송사들이 표방하고 있는 재송신 대가 인상분이 공영방송의 공적 서비스 확대나 공익적 콘텐츠 생산에 투입될 지에 대해 근본적인 의문이 제기되고 있기 때문이다.

결국 2015년에 영국 '문화미디어스포츠부(DCMS: Department of Culture, Media and Sports)'는 지상파방송 재송신 제도에 대한 본질적인 검토를 시작하였다. 이를 위해 DCMS는 ① PSB채널과 TV플랫폼 간에 자율적 재송신 협상을 촉진하기 위한 현행 의무송신(must carry)와 의무제공 (must-offer) 제도의 수정 혹은 삭제 필요성 및 Ofcom의 권한 범위 ② 저작권법상 PSB채널의 저작권 면제조항 폐지 여부 ③ 현행 TPS(기술 사용료) 제도 및 EPG 특혜[11]가 본래 목적을 달성하고 있는 지 여부 등을 조사하였다. 그 결과 2016년 영국정부는 기존의 유료방송플랫폼과 PSB채널 간 'Zero-net-free' 정책기조와 의무송신(must carry) 및 의무제공(must offer) 제도를 그대로 유지하되, 다만 저작권법 제73조에 규정된 PSB채널의 저작권 면제조항은 폐지하기로 하였다(김호정, 2016:1~13). 이처럼 영국 정부가 기존의 정책기조를 그대로 유지하기로 한 이유는 지상파방송사들에게 지불되는 재송신료가 영국의 오

---

11) 영국에서 모든 플랫폼사업자들은 Ofcom의 EPG 규칙에 의거하여 모든 지상파방송채널에게 낮은 채널번호를 배당하고, 5개 'main PSB채널'들은 EPG 채널 내에서 시청자들이 현저하게 잘 볼 수 있도록 조치해야 하는 의무를 가지고 있다. 이를 통칭 'EPG prominence'라고 한다. 이렇게 지상파방송사업자들에게 혜택을 주는 이유는 공영적 채널들의 시청률을 보장해 광고수입을 확대해주는 데 있다. 이는 영국의 공영방송 정책이 시청자들의 보편적 접근성 구현과 공영방송 지원이라는 이중적 잣대에 근거하고 있음을 보여주는 것이라 하겠다.

리지널 콘텐츠에 투입된다는 근거가 부족하고, 기존의 제도를 완화해 사업자간 협상대상으로 전환할 경우 송출중단 사태가 발생하여 소비자 후생이 약화될 수 있다는 이유였다. 또한 '커뮤니케이션법'에 규정된 소비자이익보호 조항들과 허가유지에 필요한 규제조항만으로도 사업자간에 충분히 원활한 협상이 가능하다는 판단도 작용하였다. 하지만 저작권 면제 조항을 폐기한 것은 유료방송플랫폼이 위성, 케이블 등 다원화되면서 PSB사업자들이 케이블TV사업자들에게 마음대로 재송신료를 요구할 수 없을 것이라는 판단에 근거한 것이다. 그럼에도 불구하고 저작권 면제조항 폐지로 다른 경쟁 플랫폼들에 비해 케이블TV사업자들의 경쟁력이 약화될 것이라는 우려가 있는 것도 사실이다(DCMS, 2016). 그렇지만 5개 주요 PSB사업자들이 의무송신(must carry) 규정을 적용받고 있어 케이블TV에 대한 일방적 대가 요구는 불가능할 것이라는 것이 영국정부의 입장이다.

이 같은 영국 정부의 지상파방송 재송신 정책에 대한 재검토는 크게 변화되지 않았음에도 불구하고 시장에서 효력을 발휘하고 있다. 지상파방송재송신 제도에 대한 DCMS 검토가 진행 중이던 2014년 2월 BskyB는 BBC, ITV의 PCC(Platform Contribution Charge)를 전액 면제한다는 합의를 발표하게 된다. 이는 만약 미국식 재송신제도가 도입될 경우 발생할 수도 있는 불이익을 사전에 예방하는 효과도 기대했을 것으로 보인다(박정관, 2016:107). 또한 PCC 비용이 지속적으로 낮아지고 있는 상태에서 이를 면제하더라도 VOD서비스에 대한 TPS(Technical Platform Services) 사용료를 통해서 충분히 보전가능하다는 BskyB 측의 판단이 반영된 것으로 보인다. 하지만 영국 역시 지상파방송사와 유료방송플랫폼간의 합리적 협상구조를 형성해야 한다는 압력이 커지고 있는 상황에서 지금의 재송신 제도를 언제까지 유지할 수 있을 것인지는 불투명한 것이 사실이다.

V. 지상파방송 재송신 갈등 해소방안

영국의 지상파방송 재송신 문제를 접근하는 방식을 보면, 최근 몇 년간 우리나라에서 지상파방송 재송신 제도를 둘러싼 논쟁이 심화되고 있는 원인을 간접적으로 엿볼 수 있다. 우리나라는 시청자 주권과 보편적 서비스를 목표로 하는 공영적 방송체제를 원칙으로 하고 있으면서도, 지상파방송 재송신과 관련해서는 미국식의 사업자 간 자율계약 형태를 유지하고 있다. 더구나 여러 차례 지적한 것처럼 지상파방송재송신 제도는 방송의 보편적 제공이라는 공익적 목표와 방송시장에서의 공정경쟁 보호라는 상충되는 두 목적을 동시에 가지고 있다. 결국 지상파방송 재송신 문제를 해결하는 단초는 이 두 가지 목표 중에 어디에 우선순위 혹은 무게를 둘 것인가를 먼저 결정하는 것이다. 영국이 방송의 공적 책무를 구현하는데 초점을 맞추고 있다면 미국의 재송신 제도는 기본적으로 방송시장에서의 경쟁을 촉진시키는데 목적으로 두고 있다. 이들 나라들이 두 목표 중에 하나를 선택하여 초점을 맞추고 있는 이유는 두 목표를 동시에 추구할 때 정책적 혼선과 사업자간 갈등이 증폭될 것이라는 것을 알고 있기 때문이다. 하지만 우리나라의 지상파방송 재송신 제도는 공익적 성격의 지상파방송 즉 공영방송을 모든 국민들에게 제공한다는 공적 책무에서 시작되었지만, 실제 시장에서는 지상파방송 콘텐츠를 둘러싼 사업자들 간 경쟁 양상으로 변질되어 있는 것이 사실이다. 때문에 모든 사업자들이 표면적으로는 자신들의 이익이 공익에 부합된다고 앞 다투어 주장하면서 정부가 어떤 정책방향도 정하지 못하는 현상이 벌어지고 있는 것이다.

이처럼 아무것도 할 수 없는 상황에서 정부는 사업자간 자율 계약이라는 불가피하게 미국식 방식을 고수할 수밖에 없는 상황이다.

정책목표에 따라 시장에 맡기는 것이 아니라 정책적으로 어떤 결정
도 내릴 수 없어 사실상 일종의 정책 방임 상태라 할 수 있다. 더욱
이 공영방송과 상업방송에 대한 분명한 구분조차 되어 있지 않은 상
태에서 공익성 구현과 공정경쟁 확보라는 두 목표는 더욱 혼란스러
울 수밖에 없다. 물론 앞에서 살펴본 바와 같이, 정부가 사업자간 갈
등을 해소하기 위한 노력을 전혀 하지 않은 것은 아니다. 그렇지만
재송신 문제를 본질적으로 해결하려고 하기 보다는 사안별로 문제
를 해결하는 기능적 접근에 그칠 수밖에 없는 상황이다.

실제로 많은 연구들이 우리나라 지상파방송 재송신 갈등의 원인
으로 두 목표의 혼재를 지적하고 있다. 조은기(2016)는 지상파방송
재전송 행위는 ① 합리적인 특허 실시료 산정 관점에서의 지상파방
송 재전송료 ② 필수설비로서의 지상파방송 재전송 ③ 보편적 서비
스로의 지상파방송, 지상파방송의 공익적 가치라는 세 측면에서 접
근할 수 있다고 보고 있다. 이 중에 ① ②는 재전송료를 산정하는 경
제적 접근인 반면 ③은 경제적으로 환산될 수 없는 사회·문화적 가
치로 접근해야하며 방송의 공익적 가치와 시청자들의 시청권을 보
호하는 정책적 문제라는 것이다. 미국식 모델과 영국식 모델을 비교
분석한 정인숙(2015) 역시 우리나라의 지상파재송신 정책이 혼선을
겪고 있는 이유는 공영방송을 근간으로 하고 있으면서도 너무 일찍
미국식 현금보상모델로 이행한 것에서 그 원인을 찾고 있다. 그러므
로 지금의 공영방송 체제를 유지하고자 한다면 원칙 없이 KBS 1채널
과 EBS 만을 의무재송신에 포함하고 있는 것부터 재검토해야 한다는
것이다. 결국 이 문제 역시 공영방송과 상업방송이 법적으로 분명히
분리되어 있지 않은 현행 우리 방송법 체계의 문제로 귀결되고 있다.

그런 맥락에서 2008년 10월부터 2011년 1월까지 방송통신위원회가
운영했던 '지상파방송 재송신제도 개선 전담반'에서 제시한 '지상파
방송의무재송신 범위 확대 방안'은 나름 의미가 있다 할 것이다. [표

6-5]에서 보는 것처럼, 이 방안은 공영방송을 상업방송과 구별하여 재송신 방법을 분리 적용하는 영국식 모델과 유사하다. KBS 1·2 채널과 EBS를 '무상의무재송신' 범주에 포함시키고, 법적·재원구조에서 공영방송 성격이 애매한 MBC는 향후 논의를 통해 결정한다는 것이다. 그리고 나머지 '무상의무재송신'에 포함되지 않은 지상파방송사들은 '유상의무재송신'과 '유상자율계약' 형태로 운영하자는 것이다.

[표 6-5] 지상파방송의무재송신 범위 확대 방안

		초안(2012.2)	개선안(2012.12)
무상의무 재송신	1안	KBS1, 2, EBS	KBS1, 2, EBS
	2안	KBS1, 2, EBS, MBC	KBS1, 2, EBS, MBC
	3안	KBS1, EBS	-
	4안	KBS1, EBS KBS2(수신료 인상후)	-
유상의무 재송신	1안	MBC	MBC
	2안	KBS2, MBC, SBS, 지역민방	SBS(유상자율계약)

특히 2012년 12월 수정 제안된 '1안'과 '2안' 모두 '무상의무재송신'에 KBS 1,2채널을 함께 포함시키고 있는 것은 주목할 필요가 있다. 거의 대다수 연구자 혹은 정책관련자들이 KBS 2채널이 빠진 현행 의무송신 제도는 문제가 있다고 인식하고 있다. 지상파방송 재송신과 관련해 최초의 법원 판결에서도 KBS 2채널을 의무재송신에서 제외한 것을 지적하고 있다. 1996년 3월 28일에 있었던 헌법재판소 선고[12]는 우리나라에서 공영적 성격의 지상파 방송(공영방송) 범주를 법적으로 확인해 준 최초의 결정이라고 할 수 있다. 판결문은 '종합유선방송법 제27조 제1항 동법 시행령 제1항은 종합유선방송국에게 공영방송인 한국방송공사(KBS)와 교육방송(EBS)의 동시재송신을 의무화

---

12) 헌재(1996.3.28). 92헌마200 결정

하였는바, 이는 종합유선방송법에 있어서의 공공채널의 유지와 같이 공익성의 확보와 동시에 난시청지역 시청자의 시청료 이중부담의 문제를 해결하기 위한 조치로서 종합유선방송을 도입하면서 기존의 중계유선방송과의 공존을 택한 입법자의 입법재량의 범위에 속하는 사항이라 할 수 있으며, 그 입법목적의 정당성이 인정되고, 더욱이 동시재송신이 의무화되는 공중파방송도 공영방송인 한국방송공사와 교육방송 2개로 한정하여 제한의 방법과 정도의 적정성도 인정되며, 이로 인하여 중계유선방송사업자의 중계권에 영향이 있다 하더라도 종합유선방송의 도입에 따른 사실상의 불이익에 불과할 뿐 이로써 위 청구인들의 재산권이나 직업선택의 자유 등이 침해되었다고 할 수 없다'라고 판결하고 있다. 그러므로 2001년 '방송법' 개정을 통해 제78조에 포함되어 있던 KBS 2채널을 의무재송신에서 배제한 것은 KBS의 공영방송 성격과 관련해 지속적으로 논란이 될 수밖에 없다.

결국 의무재송신 갈등을 해결하는 최선의 방안은 공영방송 범주를 재구조화하는 것이라 할 수 있다. 그럴 경우 무상의무재송신에 포함된 공영방송사들의 재원을 보전해야하는 문제에 봉착하게 된다. 재송신 대가를 대신할 수 있는 별도의 재원확보 방안이 요구될 수밖에 없다. 가장 바람직한 방법은 법적으로 공영방송 개념을 도입하고 범주를 분명히 하고 이에 부합하는 공적 책무와 공적 재원구조를 확립하는 것이다. 한마디로 공적 재원인 수신료를 주재원으로 하는 공영방송체계를 정립하는 것이다. 물론 이 경우에도 지원받은 공적 재원을 제대로 활용하고 있는가는 여전히 문제가 될 수 있다. KBS 수신료가 30년 넘게 인상되지 못하고 있는 것도 근본적으로 KBS의 불투명하고 방만한 조직 및 경영실태와 무관하다 볼 수 없다. 앞에서 설명했던 것처럼 영국의 Ofcom이 미국과 같은 시장형 지상파방송 재송신 제도 도입을 거부한 이유도 재전송료로 추가 확보된 재원이 공적 콘텐츠에 투입된다는 확실한 보장이 없다는 이유였다는 점을 타산지석으로 삼아야 할 것이다.

VI. 갈등의 본질과 해법

우리나라에서 지상파방송 재전송을 둘러싼 갈등은 본질적으로 방송시스템에 대한 철학과 방향성이 불분명한 상태에서는 정부가 사업자들 사이에서 발생하는 갈등을 방치할 수밖에 없다는 것을 잘 보여주고 있다. 이것은 결국 불투명한 공·민영 이원체제의 문제라 할 수 도 있다. 불투명한 공·민영 이원체제가 방송정책에 미치는 부정적인 영향은 윌슨(Wilson, 1970)의 변형모델을 통해 살펴볼 수 있다. 모든 방송 매체 혹은 정책들은 '비용을 전체 국민이 부담하는가 아니면 해당 혹은 일부 사업자가 부담하는가' 하는 변수와 '방송이나 정책으로 혜택을 누리는 수혜자가 전체 수용자인가 아니면 일부 제한된 사업자 혹은 수용자인가' 하는 변수를 가지고 [표 6-5]와 같이 구분할 수 있다(황근, 2000:18).

지상파 방송 특히 공영방송과 관련 정책들은 비용을 제공하고 혜택을 누리는 주체가 모두 전체 국민인 '대중정책'이라 할 수 있다. 이 정책들의 핵심 목표는 방송의 '공공성(publicness)'이다. 여기서 공공성은 방송사의 구조적 측면과 내용적 측면 모두를 포함하는 개념이다. 보편적 서비스와 방송의 다양성, 소수계층을 위한 서비스 제공 등은 '4유형'의 정책 혹은 방송들이 추구해야 할 목표들이라고 할 수 있다. 이처럼 지상파방송과 공영방송이 공익을 추구해야 하는 기본 이유는 모든 비용을 국가 예산이든 시청료든 모든 국민들에게 의무적으로 부과하고 있기 때문이다. 물론 광고를 주재원으로 하는 상업

방송이라 하더라도 지상파 방송은 공적 지원인 주파수를 사용한다
는 점에서 공익적 책무를 질 수 밖에 없고, 제공되는 서비스 역시 비
배제성을 지닌 공공재라는 점에서 기본적으로 이 영역에 포함된다.

[표 6-5] 방송정책 및 매체 유형

		예상되는 이익	
		특정 이해 집단	전체 수용자
예상되는 비용	방송 사업자	〈유형 1〉 ○ 케이블TV, 위성방송 ○ 공정경쟁 정책	〈유형 2〉 ○ 프로그램 심의규제 ○ 시청자 주권 실현 ○ 방송발전기금
	전체 수용자	〈유형 3〉 ○ 방송영상산업 지원 ○ 광고 정책	〈유형 4〉 ○ 지상파방송 ○ 공영방송 ○ 보편적 서비스 ○ 수신료 정책

그렇지만 방송환경에 변화되면서 '4유형' 안에 포함된 방송사 혹
은 정책들에 있어 괴리가 발생하고 있는 것이다. 기술진화로 주파수
희소성이 약화되고 있고, 이용자들이 지불하는 유료화 서비스가 늘
어나면서 성격이 변화되고 있다. '4유형'을 벗어나 '1유형'이나 '2유
형'을 지향하고 경우가 늘어나고 있다는 것이다. 지상파방송 재송신
과 관련된 갈등은 '4유형'에 존재하는 지상파 혹은 공영방송사들이 '1
유형'으로 상업적 이익을 확대하고자 하면서 발생하는 현상이라 할
수 있다. 본래 우리나라에서 지상파방송 재송신은 '4유형'에서 추구
하는 공익적 목표 즉, 공적 방송서비스의 보편적 접근을 보장하는
목적에서 구축된 제도라 할 수 있다. 하지만 실제 방송시장에 지상
파방송 재송신이 지상파방송과 유료방송 모두 상업적 이익을 위한
상업적 재화 성격으로 변질된 것이다.

이처럼 '지상파방송 재송신'의 성격변화는 결국 공영방송사들의 '상업화'로 이어지게 되고 '공영방송의 위기'를 가속화시키고 있다.[13] 물론 앞에서도 언급한 바와 같이 공영방송의 상업화 현상은 우리나라만의 문제는 아니다.[14] 그렇지만 우리나라의 경우 지상파방송의 신규미디어 진출 전략이 공익적 목표를 표방하고 있지만 실제로는 상업적 이익에 더 치중하고 있다는 점에서 차이가 크다. 때문에 우리나라 지상파방송사들의 '1유형' 사업진출로 인해 공영방송과 지상파 민영방송, 케이블TV, 위성방송 모두가 같은 영역에서 무한 경쟁하는 상태가 심화되고 있는 것이다. 2001년 '방송기획위원회' 보고서에

---

13) 영국은 이러한 공영방송의 딜레마를 일찍 경험한 대표적인 국가라고 할 수 있다. 특히 대처정부 이후 신보수주의가 정책기조를 주도하면서 방송 영역에서도 시장경쟁원칙이 도입되게 된다. 1986년 'Peacock Committee' 보고서에서 방송에 대한 규제완화, 경쟁원리 도입 등을 인정하면서 공영방송이 상업화에 의해 위협받게 되자 다시 공공성을 강화했던 것처럼 공익성과 상업성 사이에게 딜레마에 빠지게 된다. 즉, 영국의 공영방송 정책은 수용자에게 외면 받는 공공성 강화가 수신료 징수에 정당성을 위협받을 수 있고, 반대로 상업성을 강화해 시청률이 높아지면 공공성 책무를 제대로 이행하지 못했다는 이유로 비판을 받을 수 있다. 그러므로 영국의 80년대 후반 이후의 공영방송 정책변화는 그러한 딜레마로 인한 고민의 흔적을 잘 엿볼 수 있다.

14) 영국의 BBC역시 위성방송, 인터넷방송 등을 통해 적극적인 다플랫폼 정책을 추진하고 있다. 하지만 이는 우리 공영방송사들의 뉴미디어 신규 사업 진출 및 확장과는 그 성격이 크게 다르다. BBC는 상업적인 뉴미디어가 주도하는 환경 속에서 공영방송의 입지가 점점 줄어들자 공공서비스 확대라는 기본 원칙아래 사업영역을 확장하고 있는 것이다(정용준, 2001:2) 거버넌스 구조를 개편한 후 처음으로 발표한 2018/2019년 년간 계획보고서(2018/2019 BBC Annual Plan)에서 BBC는 온라인 서비스에서 넷플릭스, 아마존, 애플 같은 인터넷 사업자들에 크게 밀리는 것을 심각하게 인식하고, 온라인 서비스를 강화하는 계획을 발표하였다. 이 보고서에는 '지금 BBC를 포함한 영국방송의 주적은 이들 인터넷사업자들이며, BBC의 미래를 위해 전투를 벌이겠다'고 선언한 것이다. 그렇지만 그 내용은 상업적 내용이 아니라 공익적 콘텐츠가 될 것임을 분명히 밝히고 있다.

서 지상파 민영방송과 종합유선방송, 위성방송을 모두 '공익성과 상업성과의 조화를 정책기조'로 설정한 것은 이러한 우리 방송정책의 현실을 잘 보여준다 할 수 있다(방송기획위원회, 2001:19).

결국 지상파방송재전송 같은 정책적 난제들을 해결하기 위해서는 다양한 방송매체들을 차별화시킬 수 있는 개념화 작업이 절대 필요하다. 그래야만 한정된 방송시장을 놓고 공영방송, 지상파 상업방송, 케이블 TV, 위성방송 나아가 인터넷방송 모두가 무한 경쟁을 벌이는 것을 막을 수 있기 때문이다. 지금 같은 무차별 과당경쟁은 방송시장붕괴를 넘어 모든 방송사들에게 요구되는 최소한의 공공성마저 실종시킬 수 있기 때문이다.

결론적으로 '공영방송 = 의무재송신', '상업방송 = 자유계약'은 매우 도식적이기는 하지만 가장 설득력 있는 방안이라고 할 수 있다. 공영방송의 3대 요소라 할 수 있는 '공익적 내용', '보편적 제공', '공적 재원'을 종합적으로 고려한다면, 공영방송 서비스는 모든 국민들이 저가 혹은 무료로 접근할 수 있도록 보편적으로 제공되어야 하고, 그러기 위해서는 공영방송이 제공하는 공익적 방송내용물은 공적 재원에 기반을 두고 있어야만 한다. 그런 맥락에서 공영방송 콘텐츠는 공적 재원인 수신료로 제작되고 송출되는 것이 가장 이상적이다. 하지만 지상파방송 재송신 대가는 본질적으로 시장에 기반을 둔 상업적 재원이다. 다만 시청자들이 직접 지불하지는 않지만 이 역시 유료방송플랫폼 수신료 혹은 홈쇼핑 상품구매 등을 통해 간접적으로 지불되는 것이다.[15] 하지만 재송신 지불 주체가 유료방송사업로

---

15) 현재 우리 방송시장의 가장 큰 재원은 광고재원, KBS 수신료, 유료방송 가입수신료지만, 이 재원들은 모두 더 이상 성장을 기대하기 힘든 경직성이 강한 재원이다. 때문에 모든 방송사업자들이 시청자들이 직접 지불하지 않는 간접 재원에 대한 의존도가 점점 커지지고 있다. 지상파방송사들은 유료방송사업자들에게 받는 지상파방송재송신 대가가 점점 더 주요한 재원이 되고 있고, 유료방송사업자들은 저가결합상품 등으로 부족한 재원을

서 사업자간 거래 방식인 B2B형태로서 일반시청자들이 직접 지불부
담을 느끼지 않을 뿐이다. 그러므로 공영방송 콘텐츠 접근이나 채널
의 제공이 사업자간 협상의 대상이 된다는 것은 공영방송의 상업적
이익추구의 도구가 된다는 것이다.

홈쇼핑송출수수료를 통해 보전하고 있다. 실제 유료방송사업자들은 홈쇼
핑송출수수료가 아니라면 이미 오래전에 영업 적자 상태로 돌아섰을 것이
다. 하지만 홈쇼핑채널사업자들 역시 상품판매사업자들에게 받는 판매수
수료를 통해 재원을 충당하고 있다. 판매수수료는 유료방송시청자들이 홈
쇼핑채널을 보고 구매하는 상품가격에 포함된 것으로 결국 최종 부담자는
시청자들이 되는 것이다. 이처럼 지금 우리 방송시장은 시청자들에게 직
접 지불을 요구하는 방법이 아니라 사업자간 거래를 통해 지불하는 B2B
(Business tp Business) 방식이 지배하고 있다. 이는 방송사업이 지닌 양면시
장(two sides market)의 성격 때문에 나타나는 현상이다. 이러한 과정을 필자
는 '이중적 양면시장(double two sides market)이라고 규정한 바 있다(황근,
2013).

7장
지상파방송 광고규제 완화

Ⅰ. 공영방송과 광고

공영방송은 '제반 사회 집단의 영향력으로부터 독립되어 공정하고 질 좋은 프로그램을 모든 국민들에게 제공하는 방송'이라고 정의할 수 있다. 여기서 우리는 세 가지 공영방송의 기본 명제를 도출할 수 있다. 첫째, 공영방송의 독립성으로 이는 공영방송의 거버넌스와 재원구조를 통해 해결해야 할 문제이다. 둘째, 공영방송이 어떤 내용물을 시청자 혹은 국민들에게 제공해야 하는가 하는 역할 문제다. 공정보도나 질 높은 콘텐츠 제공 그리고 방송시장에서 소외될 수 있는 소수자 혹은 소수 문화를 배려하는 '다양성' 같은 책무들이 여기에 해당된다. 셋째, 모든 국민들에게 평등하게 방송 서비스를 제공하는 '보편적 서비스(universal service)'를 구현하는 것이라 하겠다. 이러한 목표들을 구현하기 위해 공영방송은 법·제도적으로 독립성을 보장해 주면서 동시에 공적 책무를 부여받는 조직형태가 바람직하다.

공영방송의 독립이란 공영방송이 어떤 외부 압력으로부터도 벗어나 공적 책무를 수행할 수 있도록 한다는 것이다. 여기서 '어떤 압력으로부터'라는 용어에 주목할 필요가 있다. 일반적으로 공영방송에 대한 외부압력을 주로 정부나 정치권력으로부터의 압력만 생각하는 경우가 많다. 그렇지만 외부압력에는 정치적 압력뿐 아니라 여러 이익집단과 사회단체 그리고 시청자들에 이르기까지 다양한 형태들이 존재한다. 또 외부압력들 중에는 정치적 통제나 경제적 압력처럼 부정적인 것이 있는가하면 시청자 압력 같은 긍정적인 것들도 있다. 때문에 공영방송의 독립성은 공적 책무에 부정적인 영향을 미치는 외부 압력들로부터 보호받는 의미도 있지만 다른 한편으로는 사회 구성원들의 다양한 의견을 수렴하고 균형을 유지한다는 의미도 지니고 있다. 여기에는 다양한 사회 영역이나 구성원들이 상호 견제와 균형 속에 공영방송의 공정성과 독립성을 확보한다는 '다원주의(pluralism)' 이념이 내포되어 있다. 이는 공영방송이 국민들이 필요한 내용물은 자율적으로 결정해서 제공한다는 '가부장주의(paternalism)' 혹은 '엘리트주의(eliticism)'에 바탕을 둔 계몽주의적 오류를 보완하는 방법이기도 하다. 특히 최근 들어 사회가 다양해지고 개인들의 참여와 소통이 중요해지면서 이같은 다원주의적 성향이 더욱 크게 요구되고 있다.

하지만 일반적으로 공영방송 독립성은 외부의 부정적 요인들로부터 독립되는 것으로 주로 인식되고 있다. 여기에는 크게 정치적 압력과 경제적 압력을 들 수 있다. 정치적 압력이란 정치권력에 의한 통제를 의미하고 경제적 압력이란 공영방송의 재원구조에 영향을 미쳐 공익성을 위축·약화시키는 것을 말한다. 공영방송을 '정치권력과 시장으로부터 독립된 방송'이라고 하는 이유도 바로 여기에 있다. 공영방송의 정치적 독립은 주로 법·제도 장치들을 통해 보호받고 있다. 2장에서 설명한 것처럼 국가권력으로부터 독립된 위상과 거버넌스를 구축하는 것이다. 물론 공적 자원인 주파수를 사용하기 때문에 법적으로 국가 소유형태의 틀을 완전히 벗어날 수는 없지만 공영적 거버넌스를 통해 정치적 독립성을 보호하고 있다. 하지만 KBS와 MBC에서 보듯이 공영방송 거버넌스가 집권 정파의 정치적 영향력에서 완전히 벗어나기란 말처럼 쉽지 않다. 그렇지만 비교적 합리적으로 공영방송이 운영되는 나라들의 경우에는 이러한 제도적 한계를 성숙된 정치문화와 사회적 관행이나 전통에 의해 보완되고 있는 것을 볼 수 있다.

이와 더불어 경제적 압력으로부터 완전히 독립되는 것 역시 쉬운 일이 아니다. 앞서 공영방송 위기와 관련해 설명한 것처럼, 다양한 매체들이 급속히 증가하고 경쟁이 심각해지면서 공영방송에 대한 재정적인 압박이 심해지고 있는 것이 사실이다. 때문에 지구상에 거의 모든 공영방송사들이 수신료만으로 공영방송을 운영하는데 어려움을 겪고 있다. 물론 예산을 통해 국가가 직접 지원(subsidy)하는 방법도 있지만 이 역시 국가권력에 의한 정치적 통제의 위험성이 있다는 점에서 결코 바람직하다고 할 수 없다. 이 때문에 많은 공영방송사들의 광고 같은 상업적 재원에 대한 유혹이 커지고 있다. 물론 상업적 재원에 대한 의존도가 커지고 있지만 다른 한편으로 주요 공영방송들의 경우 광고 같은 상업적 재원을 여전히 금지 혹은 제한하고 있는 것도 사실이다. 영국의 BBC와 일본의 NHK가 광고를 완전히 금지하고 있는 이유도 수신료를 기본으로 하는 공영방송이 가장 공익성 높은 프로그램을 생산·제공할 수 있는 것으로 평가되고 있기 때문이다. 정치적 의도 때문에 비판받기도 했지만 2008년 프랑스의 사르코지(Nicolas Sarkozy) 대통령이 추진했던 공영방송의 상업광고 금지 정책도 이념적으로는 상업적 압력으로부터 공영방송을 보호한다는 명분이었다.

그럼에도 불구하고 서두에서 제기한 두 번째와 세 번째 역할을 수행하기에 수신료 같은 공적 재원만으로는 충분치 않다는 것이다. 그나마 영국의 BBC나 독일의 공영방송처럼 수신료 액수가 높고 또 합리적 제도를 통해 적정 수신료를 책정하고 투명하게 관리하는 시스템이 정착되어 있다면[1] 덜 문제가 될 수도 있다. 하지만 우리나라

---

1) 3장에서 설명한 바와 같이, 독일의 수신료위원회(KEF)는 전문가들에 의해 공영방송의 필요 재원과 경제상황 등을 종합적으로 고려하여 합리적인 수신료를 산정하고 있고, 지금은 변화되었지만 영국 BBC의 감독·경영기구인 BBC트러스트는 BBC의 각 채널들의 편성계획에 따라 수신료를 배정하고 이를 감독하는 책무입증(accountability) 체제를 가지고 있다. 때문에 이들 공영방송들을 다양한 공적 책무와 질적으로 우수한 프로그램을 생산·공급하는 공적 책무를 수행할 수 있다. 그러므로 우리나라를 비롯한 많은 나라들

처럼 수신료 수준이 낮고 이를 인상할 수 있는 제도적 장치나 절차적 정당성도 부족한 상태에서 공영방송이 질 높은 콘텐츠나 보편적 서비스 같은 공적 책무를 수행하기에 재정적으로 어려움이 있는 것이 사실이다. 그렇다고 국가의 직접 지원은 바람직하지도 안정적이지도 않다. 때문에 공영방송사 입장에서는 이를 보전하기 위해 상업적 재원인 광고수익을 늘리고자 하는 욕망이 커질 수밖에 없다. 하지만 공영방송의 책무를 이행하기 위해 상업 광고를 늘린다는 것은 역설적으로 공영방송의 공익성을 위축시키는 결과를 초래할 가능성이 있다.

때문에 많은 나라에서 공영방송의 주된 재원을 수신료 같은 공적 재원으로 하도록 하고 있다. 우리 '방송법' 제56조에서도 '한국방송공사의 경비는 텔레비전방송수신료로 충당하고, 특별한 사정이 있는 경우 방송광고 수입 등으로 충당할 수 있다'라고 규정하고 있다. 이에 비추어 보면 광고수입이 전체 40%를 차지하고 있는 KBS의 재원구조는 기형적이면서 법 규정에도 부합되지 않는다고 할 수 있다(최종선, 2018). 물론 여러 이유로 수신료 인상이 용이하지 않다는 현실이 고려되어야 한다는 주장도 일리가 있다. 그렇지만 KBS를 비롯한 지상파방송사들이 오랜 기간 독과점 구조 아래 막대한 광고수익을 창출하면서 안정적 경영을 유지해왔다는 관성 때문일 수도 있다. 실제로 2000년대 들어 광고수입이 감소되기 전까지 KBS 구성원 누구도 수신료 인상 필요성을 느끼지도 않았고 요구하지도 않았다는 것이 이를 잘 보여주고 있다.

이 공영방송의 공적 책무 수행을 명분으로 광고와 프로그램 판매수익 같은 상업적 재원 확대를 추구하고 있는 것은 이러한 제도적 불완전성과 깊이 연관되어 있다고 할 수 있다. 실제로 공영방송의 공적 책무성을 강화하기 위해 중간광고 같은 지상파방송의 광고규제완화의 필요성을 주장하는 학자들 중에도 이처럼 상업적 재원의존도가 기형적으로 높은 우리나라 공영방송제도의 근본적 문제점을 도외시하는 경우가 많다(최종선, 2018).

하지만 2002년을 기점으로 광고수입이 하락하기 시작하면서 오랜 기간 안정적인 독점구조 아래 고착된 비효율적 공영방송 조직과 방만한 경영의 문제점이 노출되기 시작하였다. 이러한 문제를 공영방송사들은 조직개혁이나 경영합리화를 통해 해결하기보다 1970년대 유신정권 시절에 시작된 방송광고규제[2]를 완화해줄 것을 요구하기 시작한 것이다. 공교롭게도 KBS가 수신료인상을 추진하기 시작한 것과 같은 시기다. 여기에 수신료와 무관한 MBC와 SBS 그리고 교육방송인 EBS까지 함께 광고규제완화를 요구하게 된다. 이때 지상파방송사들이 내세운 논리는 '매체 간 균형발전' 정책목표에 근거한 '유료방송과 지상파방송 간 광고비대칭 규제 철폐'였다. 시장에서 열세한 뉴미디어들과 시장지배적 지상파방송사업자간에 공정 경쟁을 촉진하기 위해 유료방송에게만 허용되었던 광고총량제·중간광고를 지상파방송사들에게도 허용해야한다는 것이다. 더구나 유료방송의 시장점유율이나 광고매출이 지상파방송사와 거의 대등하거나 도리어 높은 상황에서 지상파방송 광고에만 강한 규제를 유지하는 것은 도리어 역차별이라는 주장이다. 여기에 규제를 거의 받지 않는 인터넷과 모바일 매체들의 광고매출이 급성장하면서 방송광고시장이 급속히 위축되자 이러한 명분이 더 커지고 있는 것이 사실이다.

물론 지상파방송사들의 광고 감소 현상이 새로운 경쟁매체 등장이라는 외적 요인들 때문인지 지상파방송의 경쟁력 약화 같은 내적 요인들 때문인지에 대한 논쟁도 벌어지고 있다. 외적 요인이 주된 원인이라면 지상파방송에 대한 광고규제완화가 어느 정도 효력을 발휘할 수 있겠지만, 내적 요인이 주된 원인이라면 광고규제완화는 기대만큼 효과적인 대안이 되지 못할 수도 있다. 또 내적 요인이 주

---

2) 1974년 석유파동 발생 이후 정부가 에너지절약과 과소비방지를 목적으로 낮방송과 중간광고를 금지하는 시행령을 개정하면서 시작되었다. 이후 몇 차례 중간광고 허용방안이 검토된 적은 있지만 허용되지 않았다.

된 요인이라면 지상파방송에 대한 광고규제완화는 방송 사업자간 '제로 합 경쟁(zero sum game)'만 심화시킬 뿐 전체 방송광고시장의 확대를 기대하기 어려울 것이다. 실제 양방향성을 지닌 인터넷·모바일의 급성장으로 방송광고 규모가 급격히 축소되고 있는 상태에서 지상파방송 광고규제완화는 방송시장에서 상업화 경쟁을 촉진시켜 방송의 공익성과 공정성만 더 훼손시킬 수 있다는 우려가 적지 않다.

이와 더불어 지상파방송사들이 광고규제완화의 이유로 들고 있는 재정압박과 경영악화에 대해서도 상반된 시각이 존재한다. 지상파방송사들은 광고규제완화 특히 광고효과가 큰 중간광고를 통해 재원이 늘어나게 되면 질 좋은 콘텐츠를 제작할 수 있는 기반이 조성되고 이를 통해 공익성 높은 프로그램을 제공하게 될 것[3]이라고 주장하고 있다. 하지만 반대 논리는 지상파방송사들의 경영압박은 광고수입 감소에 기인한 것이 아니라 오랜 독과점구조 아래 고착된 비대해진 조직과 방만한 경영이 더 큰 원인이라고 본다. 때문에 중

---

[3] 풍요한 재원을 통해 질 좋은 콘텐츠를 생산해 공익성과 공정성을 제고하겠다는 명분은 그 자체에 모순을 내재하고 있다. 풍요한 재원을 통해 질 좋은 콘텐츠를 생산할 수는 있을 것이다. 하지만 상업광고를 통해 만들어진 콘텐츠는 기본적으로 시청률이 높은 인기 있는 콘텐츠이어야 한다. 그래야만 광고주를 확보할 수 있기 때문이다. 또한 중간광고의 단가를 높이기 위해서는 보도나 교양 프로그램보다 드라마나 예능 같은 오락 프로그램들이 늘어날 가능성이 높다. 광고수익을 기대하고 만든 프로그램들은 일반적으로 공익성이나 공정성과는 거리가 멀다 할 것이다. 물론 오락프로그램으로 창출된 재원을 공익성 높은 프로그램 제작에 투입할 수도 있다. 하지만 상업방송은 몰라도 공영방송이 상업적 재원을 늘려 공익적 프로그램을 확대하겠다는 주장은 공영방송의 존립근거를 스스로 포기하는 일이 될 수 있다. 더구나 우리나라의 경우 공영방송의 재원을 투명하게 전문적으로 감시·통제할 수 있는 시스템도 미비하다. 그러므로 중간광고 등을 통해 확보된 상업적 재원을 가지고 공익성을 제고 한다는 것은 논리적으로도 실질적으로도 실현 불가능한 모순된 주장일 가능성이 매우 높다.

간광고 허용으로 늘어난 지상파방송의 광고수익은 질 좋은 콘텐츠
에 투자되기보다 조직 구성원들에게 돌아 갈 수 있다는 우려를 제기
하고 있다. 이 논쟁은 KBS수신료 인상과 지상파다채널방송, 지상파
방송 재송신 대가 등 모든 정책 갈등이 발생할 때마다 항상 재연되
었던 것이다. 이는 우리 사회가 가지고 있는 지상파방송사에 대한
근본적 불신을 보여주는 것이라 하겠다. 어쩌면 광고규제 완화 뿐
아니라 지상파방송사들이 추진하고 있는 여러 정책들을 둘러싼 갈
등들을 해소하는 가장 좋은 방법은 지상파방송사들의 신뢰를 회복
하는 것이라는 것을 암시하는 것이라 할 수 있다.

Ⅱ. 지상파방송 광고규제 완화 정책 추이

1. 규제완화 요구의 시작

지상파방송사들의 재원 확대를 위한 정책적 요구들을 제기하기
시작한 것은 2002년 광고수입이 축소되면서부터라 할 수 있다. 지상
파방송사들이 요구한 내용은 크게 ① 방송시간 확대 ② 유료방송 채
널 확대 ③ 광고규제완화 세 가지다. 이 중에 ① 방송시간 확대는
2005년 12월 1일 지상파방송 낮 시간 방송, 2012년 9월 심야방송을 포
함한 종일방송을 허용함으로써 완료되었다. 하지만 방송시간 확대는
지상파방송사들의 광고수익 확대에 크게 기여하지는 못한 것으로 나
타났다. 아직까지도 낮 시간 대 지상파방송 평균 시청률이 1~2% 대에
머물러 있고 광고 판매율 역시 매우 낮은 것이 현실이다. 특히 심야
시간대 시청률이나 광고 판매율은 더욱 낮아 대부분의 지상파방송
사들이 완전한 심야방송을 하고 있지 않은 상태다. 낮 시간대와 심

야 시간대 시청자 시청권 보장 같은 거창한 명분을 내걸고 추진했을
때와는 사뭇 다른 모습이다.

이렇게 방송시간 연장이 큰 효과를 거두지 못하자 지상파방송사
들은 자사 프로그램을 재활용하는 전략을 적극 추진하게 된다. 2000
년대 초반에 1개 지상파방송사당 4~5개 이하였던 계열 PP수가 2010년
방송통신위원회가 지상파PP 소유제한을 전체 PP의 3%이내로 완화해
주면서 급증하게 된다. 현재 지상파방송사들의 계열PP는 모두 24개
로서 유료방송시장에서 시청점유율은 70%~80% 수준을 차지하고 있
다. 이처럼 지상파방송 계열PP들이 유료방송시장을 주도하면서 지
상파방송의 시청점유율과 광고매출은 감소하고 있지만 전체 방송시
장에서 지상파방송사들이 차지하는 비중은 여전히 높은 수준을 유
지하고 있다. 최근 들어 비중이 점점 낮아지고 있는 추세를 보이고
있기는 하지만 지상파방송사들의 다채널화를 통한 프로그램 재활용
전략은 나름 성과를 거둔 것으로 평가할 수 있다. 어쩌면 다채널화
전략은 지상파방송 재송신대가 확대와 함께 가장 성공적인 시장 전
략이라고 할 수 있다. 최근에는 여기에 그치지 않고 지상파방송사들
은 인터넷에서 지상파방송 콘텐츠 수익을 극대화하기 위해 배타적
공급 전략을 취하고 있다.[4] 이는 다매체다채널 경쟁시대에 돌입하면
서 지상파방송사들이 상업방송과 차별화전략이 아니라 동질화전략

---

4) 대표적 사례가 2014년 11월부터 MBC·SBS를 비롯한 지상파방송사와 채널A·
   JTBC·MBN·TV조선·CJ E&M 등 주요 채널들이 구글과 광고수익 배분율 합의
   에 실패하면서 스마트미디어렙(SMR)을 통해 네이버TV캐스트와 다음카카오
   에게만 방송영상클립을 제공한 것이다. 2016년에는 모바일에 대한 지상파
   방송 콘텐츠 제공을 중단하였다. 그렇지만 구글은 유투브를 중심으로 인
   터넷 동영상시장을 주도하고 있고 광고매출 역시 급성장하고 있어, 지상파
   방송사들의 배타적 콘텐츠 공급전략이 인터넷 플랫폼에서도 성공할지는
   의문이다. 2018년 8월 지상파방송사들과 여당을 중심으로 인터넷 동영상
   서비스 즉, 1인미디어들을 방송법에 포함해 규제하겠다는 것 역시지상파
   방송사들의 생존전략과 무관하지 않은 것으로 보인다.

을 취하고 있다는 것을 여실히 보여주는 것이라 하겠다.

　이처럼 다채널화 전략이 효과가 없었던 것은 아니지만 지상파방송사들의 경영압박을 근본적으로 해결해 주지는 못했던 것 같다. 때문에 지상파방송사들은 더 적극적인 상업화전략을 모색하게 되었고 그것이 바로 광고규제 완화 요구라고 할 수 있다. 지상파방송 광고규제 완화는 2000년 당시 문화체육관광부가 지상파방송 중간광고를 허용한다는 방송법 시행령 개정안을 발표하면서 처음 시작되었다. 시민단체들의 강력한 반대로 무산되었지만, 2002년 4월 당시 방송규제기구인 방송위원회는 '방송법'에 '광고총량제'와 '중간광고' 용어를 추가하게 된다.[5] 물론 이를 두고서도 시민단체들의 반대가 매우 컸다. 경제정의실천시민연합(경실련)은 방송법 시행령 개정이 프로그램의 질적 저하를 초래하고 시청자 권리를 침해하게 될 것이라고 비판하고 중간광고와 광고총량제 도입 논의를 중단할 것을 촉구하였다. '이 제도가 도입되면 방송사들은 광고주의 입맛에 맞게 선정적이고 폭력적 프로그램을 방영하게 될 것이고 방송사들의 광고 의존성을 더욱 심화시켜 KBS와 MBC 등 공영방송사의 정체성 위기를 초래할 우려가 있다'는 이유였다. 이처럼 강한 반대에 부딪치자 방송위원회는 '방송법'에 방송광고 유형들을 명기한 것뿐이고 당장 시행하자는 것

---

5) '중간광고'와 '광고총량제' 같은 광고규제완화를 지상파방송사들이 본격적으로 요구하기 시작한 것이 2002년 4월이라는 시점이 중요하다. 지상파방송의 광고매출이 최고조로 달했을 시점이기 때문이다. 지상파방송 광고매출은 2002년에 2조4천억 원(라디오 포함) 수준으로 최고점을 찍은 후 서서히 감소되어 왔다. 그러므로 2002년 초에 경영압박 등을 이유로 광고규제완화를 요구했다면 그것은 지상파방송사들의 경영압박이 광고수입 축소 때문이 아니라 비대해진 조직과 방만한 경영 때문이라는 것을 보여주는 것이라 할 수 있다. 물론 2002년은 디지털 전환에 대한 구체적인 계획도 없었던 시절이라 여기에 필요한 재원확보가 문제되었던 시점도 아니다. 3장에서 살펴본 바와 같이, 2002년에 KBS는 1,173억 원의 영업이익을 기록했고 다른 지상파방송사들도 거의 비슷한 수준의 영업이익을 올린 것으로 나타났다.

이 아니라는 입장을 발표하였다. 하지만 이를 근거로 2005년과 2006년에 문화관광부가 중간광고 허용을 검토한 바 있다(김봉철 외, 2010).

이후 지상파방송 광고 규제 완화가 본격적으로 추진된 것은 이명박·박근혜 정부 들어서부터다. 2009년 출범한 방송통신위원회는 '광고매출 GDP 1%'라는 슬로건을 내걸고 방송광고 활성화 정책을 강력히 추진하였다. 그렇지만 2008년 11월 27일 헌법재판소가 한국방송광고공사의 지상파방송 광고 독점판매를 규정한 '방송법' 제73조 제5항 및 동법 시행령 제59조 제3항에 대해 헌법불합치 위헌 결정을 내리면서 시작된 '미디어렙 법' 제정 논의에 밀려 정책 우선순위에서 밀린 듯하다. '미디어렙' 입법과 관련해 복수 미디어렙 허용, 미디어 렙의 대행범위, 종합편성채널 포함 여부 등을 놓고 논란이 길어졌고, 결국 2012년 2월에야 '방송광고판매대행 등에 관한 법률(이하 미디어렙 법)'이 제정되게 된다(이승선, 2015). 그렇지만 미디어 렙 도입은 지상파방송 광고영업이 활성화될 수 있다는 기대와 경쟁체제 도입으로 지역방송처럼 취약한 방송사들이 타격을 입을 수 있다는 우려를 함께 낳았다.

하지만 지상파방송 광고규제 완화가 정책적으로 동력을 약화된 더 큰 이유는 이명박 정부가 종합편성채널과 IPTV 조기 정착에 더 집중하였기 때문이다. 특히 거의 모든 수익을 광고에 의존할 수밖에 없는 종합편성 채널의 조기 정착을 위해서 지상파방송 광고 확대를 사실상 강력하게 추진하지 못했다고 할 수 있다. 실제로 KBS수신료 인상을 추진하는 과정에서 KBS 2채널의 광고축소 문제가 야당과 시민단체들의 '종편 종자돈' 주장에 부딪혀 무산되었던 것과 같은 맥락이라고 할 수 있다. 이는 방송 광고규제 완화의 정치적 역학관계를 보여주는 것이라 할 수 있다.

315 지상파방송 광고규제 완화

2. 방송광고균형발전위원회

지상파방송 광고 규제 완화정책이 본격적으로 추진된 것은 새로 제정된 '미디어 렙 법'에 따라 2013년 6월 '방송광고균형발전위원회'가 출범하면서부터라고 할 수 있다. '미디어렙 법' 제23조에 ① 균형발전 기본계획 수립 ② 지역·중소방송 지원 실적 평가 ③ 방송광고 매출배분 분쟁조정 ④ 균형발전의 지원 사업 평가 ⑤ 기타 균형발전 필요사항 등의 직무를 수행하기 위해 '방송광고균형발전위원회'를 설치하도록 규정되어 있다. 이에 따라 구성된 1기 '방송광고균형발전위원회'가 발표한 '방송광고 균형발전 기본계획'에 지상파방송 중간광고 및 광고총량제 허용 계획이 포함된 것이다.[6] 이 기본계획 발표이후 지상파방송과 유료방송사간에 찬·반 논쟁이 본격화되게 된다.

우선 지상파방송 광고총량제와 중간광고 허용을 주장하는 명분은 지상파방송 재원 부족 현상을 해소해 주어야 한다는 것과 질 높은 콘텐츠 제작과 공익적 책무 수행에 필요하다는 것 두 가지다. 이외에도 방송시청 패턴의 변화에 따른 방송광고 편성방식의 변화, 광고의 글로벌 스탠다드 같은 여러 이유들도 제기되었지만 큰 의미를 갖고 있다고 보기 어렵다. 정윤재 등(2017)은 중간광고 허용의 당위

---

6) 이 보고서에서 방송광고제도개선 정책 목표를 ① 방송 전체시장의 규모 확장 및 방송사 재원 안정화 ② 한류 원동력인 고품질 방송콘텐츠 제작 활성화 ③ 지역·중소방송사 방송 판매 지원 및 진흥 기반 구축 ④ 방송광고시장의 균형발전 도모로 설정하고, 다음과 같은 광고제도 개선 방안들을 제시하고 있다. ① 지상파방송과 유료방송 간의 비대칭규제 개선 ② 방송광고 금지품목 규제 완화 ③ 지역·중소 방송광고 진흥기반 조성 ④ 광고 산업 기반구축 등이다. 그렇지만 핵심 내용은 ① 지상파방송과 유료방송 간의 비대칭 규제 개선 즉, 중간광고·광고총량제 등을 허용하겠다는 것에 있다 할 수 있다. 왜냐하면 ②는 방송통신위원회의 소관업무가 아니기 때문에 사실상 실현가능성이 높지 않고, 나머지 정책들은 진흥정책으로서 다분히 선언적 목표들이라고 할 수 있기 때문이다.

성으로 ① 매체정책의 형평성 ② 방송 산업의 재원조달 ③ 보편적 광고 유형 ④ 시청행태의 변화 ⑤ 광고 산업의 활성화 등을 들고 있다. 이 이유들이 전혀 근거 없다고 할 수는 없지만 내용적으로는 반박 여지가 많은 것도 사실이다. 한편 광고총량제와 중간광고 허용을 반대하는 이유들을 보면 ① 시청자의 시청권 훼손 ② 광고확보를 위한 시청률 경쟁으로 방송프로그램의 상업화로 인해 공익성 저하 ③ 지상파방송 광고쏠림으로 인한 독과점 심화 등이다. 반대 이유들 역시 나름 타당성이 없지는 않지만 이 역시 경쟁사업자들의 이해득실이 반영된 것들이 많은 것이 사실이다. 이는 지상파방송 광고규제 완화를 둘러싼 논쟁이 합리적이기보다는 이해 당사자 간 이해충돌 양상에서 벗어날 수 없음을 의미하는 것이라 할 수 있다.

이러한 논란에도 불구하고 2014년 출범한 제3기 방송통신위원회는 지상파방송 광고규제완화를 주요 정책목표 중에 하나로 설정하고 중간광고와 광고총량제 허용을 본격적으로 추진하게 된다. 이에 대한 유료방송사들의 반발이 커지고 갈등이 심화되자 방송통신위원회는 각 이해당사자들 대표로 구성된 '방송광고산업활성화전문위원회'를 구성해 합의점을 도출하고자 하였다. 하지만 이 기구는 사실상 정부의 광고규제완화 정책의 정당성을 담보하기 위한 목적에서 설립된 전형적인 '구성주의(constructivism) 정책'이라고 할 수 있다. 실제로 방송통신위원회는 '방송광고산업활성화위원회'에서의 논의와 무관하게 2015년 7월 중간광고를 뺀 지상파방송 광고총량제 허용을 의결하게 된다. 이 같은 규제완화에도 불구하고 지상파방송사들은 중간광고가 금지된 광고총량제의 효과가 거의 없고 도리어 광고시간을 늘려준 유료방송사들이 더 큰 이득을 보고 있다고 주장하면서 중간광고 허용을 더욱 강하게 요구하고 있는 상태다.

Ⅲ. 광고 규제완화 효과 논쟁

지상파방송 광고규제 완화 논쟁에서 반드시 짚고 넘어가야 할 부분이 과연 효과가 얼마나 있을까 하는 것이다. 어떤 정책이든 정책을 결정하고 추진하는데 있어 중요한 고려 요인 중에 하나가 '효과성(effectiveness)'이기 때문이다(최기봉, 2008:57~58). 중간광고나 광고총량제를 허용할 경우 지상파방송 광고수익이 과연 크게 늘어날 수 있을 것인가 하는 것은 정책을 판단하는데 가장 중요한 요소다. 기대한 만큼 효과가 있다면 정책적 정당성을 담보할 수 있지만 반대로 거의 효과가 없거나 미미하다면 이해당사자 간에 심각한 갈등을 유발하면서까지 정책을 추진할 정당성이 약해지기 때문이다.

1. 지상파방송 광고 감소 원인

지상파방송 중간광고나 광고총량제 효과는 지상파방송의 광고감소 원인이 외적 요인들 때문인지 아니면 내부적 원인에 의한 것인지에 따라 상반된 평가가 나올 수 있다. 외적 요인으로는 방송광고에 대한 강한 규제, 광고 판매경쟁 심화, 산업구조 독점화로 인한 광고비 축소, 글로벌화에 따른 해외광고 비중 증가 같은 것들이 있고, 내적 요인으로는 일방향 매체인 지상파방송의 기술적 한계, 시청자들의 미디어 이용행태 변화처럼 정책적으로 개선할 수 없는 구조적 요인들을 말한다.

최근 방송광고시장의 변화추이를 보면, 지상파방송의 광고위축현상은 외적 요인들보다는 내적 요인들이 크게 작용하고 있는 것으로 보인다. 가장 두드러진 특성은 방송을 포함한 기존 미디어들의 광고매출은 점점 감소되고 있는 반면 인터넷 특히 모바일 광고는 급성장하고 있다는 것이다. 물론 새로운 매체는 아니지만 종합편성채널과 CJ 계열 오락채널들의 프로그램 경쟁력이 강화되면서 광고매출이 늘어나고 있는 것도 사실이다. 여기서 주목해야 할 것은 지상파방송을 비롯한 전통 매체들의 광고가 감소하고 있다고 하지만 전체 광고시장 규모는 크지는 않아도 지속적으로 성장하고 있다는 것이다. 이는 외적 요인들이 악화되더라도 광고 효과가 큰 새로운 매체들이 등장하게 되면 광고재원은 여전히 확대될 수 있음을 보여주는 것이라 할 수 있다. 아래 [그림 7-1]의 광고매체별 매출규모와 성장률을 비교한 그래프는 이를 잘 보여주고 있다.

[그림 7-1] 매체별 광고규모와 성장률 비교

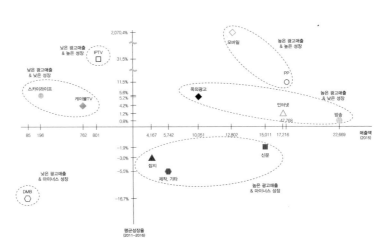

[그림 7-1]은 라디오를 포함한 지상파방송이 신규 매체들에 비해 성장률은 낮지만 그렇다고 급속히 하락하지도 않고 있음을 보여주고 있다. 흥미로운 것은 방송광고를 빼앗아간 것으로 지목되어 온 인터넷 포털 광고의 성장률이 최근 들어 크게 둔화되고 있다는 것이

다. 물론 가장 빠르게 감소하는 있는 매체는 신문·잡지 같은 인쇄매체들이다. 하지만 좌측 상단의 유료방송 플랫폼사업자들은 광고규모 자체가 크지 않다는 점에서 성장률이 높다 하더라도 시장에 미치는 영향이 그렇게 크다고 볼 수 없다. 한편 좌측 하단의 지상파DMB처럼 광고매체로서 생명력이 소멸되고 있는 매체들도 있다. 그러므로 최근 광고시장 구도를 획기적으로 변화시키고 있는 매체는 모바일과 종합편성채널 그리고 CJ 계열의 종합오락채널들이라고 할 수 있다. 특히 모바일의 성장은 매우 위협적이다.

그렇다면 지상파방송사들이 제기하고 있는 것처럼 모바일이나 종합·오락 채널들의 광고 매출 증가가 비대칭 규제 때문인가 살펴볼 필요가 있다. [그림 7-1]을 살펴보면, 지상파방송의 광고매출은 절대 규모가 줄어들고 있는 것이 아니라 성장 한계에 도달했다고 보는 것이 더 정확할 것이다. 마찬가지로 인터넷 포털 광고 성장이 주춤하고 있는 것도 이용자들의 미디어 접근 행태가 스마트 폰으로 이동하면서 성장이 둔화된 것으로 볼 수 있다. 이는 시청자들의 매체접근 행태에 더 부합하는 새로운 매체가 등장하게 되면 광고 이동 현상이 발생하고 있음을 보여주는 것이다. 그렇다면 지상파방송의 광고 정체 혹은 감소현상은 광고매체로서 지상파방송의 경쟁력이 약화되면서 자연스럽게 다른 매체로 이동해가는 현상을 보여 주는 것이라고 할 수 있다.

실제로 최근 광고시장은 비용대비 효과가 낮은 전통적인 일방향 노출 중심 시장에서 인터넷 기반의 검색 광고시장과 모바일 매체를 통한 스마트형 광고시장으로 급속히 변화하는 추세를 보이고 있다. 또한 지상파방송 광고는 다수 시청자에게 메시지를 노출시킬 수 있다는 장점이 있는 반면 상대적으로 높은 비용을 필요하기 때문에 대형 광고주 중심으로 한정될 수밖에 없다. 반면에 인터넷·모바일 광고는 저비용으로 스마트미디어 속성에 부합되는 세분화된 목표 수용자를 대상으로 새로운 틈새시장을 창출하고 있어 광고주의 폭이 넓다고 할 수 있다. 최근 들어 주춤하고 있기는 하지만 인터넷 포털 광고가 고속 성장할 수 있었던 배경에는 단기간 대량 소비가 아닌 'long-tail시장'을 겨냥하는 '맞춤형 광고(customized advertising)'같은 새로운 광고기법으로 저변을 확대하였기 때문이다. 더구나 4G, 5G 처럼 네트워크가 고도화되면서 인터넷·모바일 이용자층이 10~20대 계층에서 전 계층으로 급속히 확산되고 있어 인터넷 기반 광고들의 성장은 더욱 가속화될 가능성이 높다. 이외에도 저비용 광고로 중·소 광고주 접근이 용이하고, CPC(cost per click) 기반으로 효과·비용을 합리적으로 예측할 수 있고, 빅데이터를 통해 광고효율성을 제고시킬 수 있고, 사물인터넷(IOT)을 통해 광고와 마케팅을 유기적으로 결합시킬 수 있다는 점에서 모바일·인터넷 광고의 경쟁력은 앞으로도 더욱 높아질 것으로 전망된다. 기존 방송광고와 인터넷 광고의 기술·효용성에서의 차이는 [표 7-1]를 보면 잘 알 수 있다.

[표 7-1] 인터넷 광고와 방송광고

인터넷광고	비교항목	일반 매체광고
가상공간 확보, 24시간 무제한	광고단위	제한된 시간과 공간을 구매
영구적	메시지 수명	일회성
가능	광고 반복	불가능
시공간 무제한	정보 전달	시공간적 제한
통합적	매체 성격	독립적
쌍방향	커뮤니케이션	일방적
특정소수, 개인	광고 대상	불특정 다수, 대중
무제한	정보량	제한적
다양화	정보 소스	획일화
능동적, 참여적, 적극적	이용자 태도	수동적

실제로 시청률 1% 도달하는데 드는 비용을 기준으로 광고효율성을 평가하는 CPRP(Cost Per Rating Point)를 비교해보면, 지상파방송은 다른 매체들에 비해 상대적으로 낮은 수준인 것으로 평가되고 있다. 또한 [표 7-2]에서 보는 것처럼, 광고매체의 효율성을 평가하는 요소들 중에 지상파TV는 도달률을 제외한 선택성, 피드백, 정보용량 등 대부분 요소들에서 상대적으로 낮은 평가를 받고 있다. 반면에 인터넷 온라인 광고는 비용을 제외한 거의 대부분 요소에서 가장 높은 평가를 받고 있다.

[표 7-2] 매체별 광고 효율성 평가

구분	도달율	선택성	피드백	정보용량	비용
신문	높음	보통	낮음	보통	높음
TV	매우 높음	낮음	매우 낮음	매우 낮음	보통
라디오	높음	낮음	매우 낮음	매우 낮음	매우 낮음
잡지	보통	보통	낮음	보통	낮음
DM	매우 낮음	매우 높음	낮음	보통	낮음
온라인	매우 높음	높음	매우 높음	매우 높음	보통

그러므로 광고총량제 뿐 아니라 중간광고를 허용한다고 인터넷이나 모바일로 이전하고 있는 광고시장이 지상파방송으로 다시 이전해 올 가능성은 그렇게 높지 않을 것이라는 전망이 많다. 지상파방송이 가지고 있는 광고매체로서의 내재적 한계 때문에 규제완화 같은 외적 장애 요인들을 없앤다고 해도 크게 회복되지 않을 것이라는 평가가 우세하다. 때문에 중간광고·광고총량제 등을 통해 지상파방송 광고규제를 완화하게 되면 방송광고 시장을 확대하는 효과보다 방송시장 내에서의 경쟁만 심화시키게 될 가능성이 크다. 그렇게 되면 방송 전반에 걸친 상업화·오락화 경쟁이 가속화되어 방송의 공공성과 공익성이 더 위축될 수 있다. 지상파방송사들이 주장하는 것

처럼 중간광고 허용을 통해 방송콘텐츠의 질을 높이고 공익성을 강
화시키기 보다는 방송시장에서 '악화(惡貨)가 양화(良貨)를 구축'하
는 질적 하락 현상이 발생할 가능성이 더 높다는 우려가 제기되는
이유다.

2. 광고총량제 및 중간광고 효과에 대한 상반된 평가

앞서 설명한 것처럼 방송통신위원회는 2015년 7월 방송법 시행령
을 개정해 지상파방송에 대한 광고규제 완화조치를 취했다. 이 시행
령에 포함된 내용은 다음과 같다. ① 광고총량제 도입 및 방송프로그
램 편성시간 당 총량제 도입 ② 운동경기, 오락, 스포츠 보도 등에 가
상광고 허용 및 유료방송 허용시간 확대 ③ 간접광고 허용 시간 확
대 ④ 공공기관·공익법인의 공익행사와 공익성 캠페인 협찬고지 허
용 및 완화 등이다. 이 중에 가장 핵심적인 내용은 역시 광고총량제
라 할 수 있다. 개정 시행령에서는 광고총량제를 '방송프로그램 광
고, 자막광고, 토막광고 등 광고종류별로 세분화된 시간 및 횟수 등
을 방송프로그램 편성 시간 당 허용하는 총 방송광고시간을 설정하
는 것'이라고 규정하고 있다. 세부적인 광고총량제 내용은 다음과 같
다. 첫째, 토막광고·자막광고·시보광고 등의 광고시간 및 횟수 제한
등을 폐지하고 총 방송광고 시간을 기준으로 1일 광고 총량 제한 둘
째, 지상파방송사업자는 개별 방송프로그램 편성시간당 방송광고 시
간 비율이 평균 100분의 15 이하가 되도록 하되 최대 100분의 18을 초
과하지 못함 셋째, 유료방송은 채널별로 개별 방송프로그램의 편성
시간당 방송광고 시간 비율이 평균 100분의 17 이하가 되도록 하되
최대 100분의 20을 초과하지 않도록 하는 것 등이다.

비록 중간광고는 허용되지 않았지만 그동안 지상파방송사들이
요구해 온 광고종류를 구분하지 않고 총량만 규제하는 방식을 허용

했다는 점에서 의의가 있다. 이로써 제한적이지만 시청률이 높은 프라임타임 시간대 광고를 늘릴 수 있고, 상대적으로 광고단가가 높은 프로그램 광고를 늘려 편성할 수 있다는 점에서 광고 확대를 기대할 수 있는 것이 사실이다. 80분짜리 프로그램의 경우 종전에는 최대 15초 분량의 프로그램 광고가 24개까지 가능했지만 광고총량제 허용으로 산술적으로 56개까지 가능하게 되었다. 이 때문에 예측조사결과마다 차이는 있지만 광고총량제 허용으로 지상파방송 3사의 광고매출이 년 1,500억 원 정도 증가할 것으로 전망되기도 하였다. 실제로 일부 예능 프로그램들의 경우 광고시간·횟수와 수익 모두 크게 늘어난 것으로 나타난 경우도 있다.[7] 하지만 광고 총량제 효과는 그렇게 크지 않다는 것이 일반적인 평가다. 광고총량제 실시 이후에도 지상파방송의 전체 광고매출규모는 여전히 감소하고 있고 그 속도도 점점 빨라지고 있기 때문이다. 특히 전체 광고시장 규모가 늘어나고 있다는 것에 비추어볼 때 이는 지상파방송 광고의 한계를 노출한 것이 아닌가 하는 평가도 나오고 있다.

도리어 역설적으로 광고총량제 도입이후 유료방송 광고가 더 증가했다는 평가도 나온다. 광고총량제가 허용된 이후 지상파방송 광고편성시간은 17.3%로 크게 늘지 않은 반면 유료방송채널은 평균 18% 최대 20%까지 늘었다는 것이다(김고은, 2015). 한편 2016년 1월의 지상파방송 광고횟수가 총량제실시 이전인 2015년 1월보다 도리어

---

7) 케이블TV측의 주장이기는 하지만 광고총량제 이후, MBC '무한 도전'의 광고시간은 9분에서 13.5분으로, 광고횟수는 36개에서 54개로, 판매수익은 54억에서 81억(연계판매액 포함)으로 증가했다는 것이다. 하지만 '무한 도전'은 오랜 기간 MBC의 대표적인 인기 프로그램이라는 점에서 전체 지상파방송 프로그램에게 이러한 확대효과를 기대할 수는 없을 것이다. 기업들의 광고예산에 변화가 없다면 도리어 일부 인기프로그램의 광고매출이 늘은 만큼 다른 비인기 프로그램들의 광고는 도리어 축소되는 이른바 '카니발 효과(carnival effect)'가 발생했을 수도 있다.

줄었다는 조사 결과도 있다(문철수, 2016). 때문에 일부에서는 '광고 총량제가 지상파방송에 대한 배려가 아니라 비지상파방송 특혜'라고 비판하고 결과적으로 비대칭 규제가 도리어 심화되었다고 주장하고 있다. 또 중간광고 없는 광고총량제가 인기 프로그램 전후에 광고혼 잡도만 심화시켜 효과를 저해시키고 있다는 평가도 나오고 있다(정 윤재 외, 2017). 물론 지상파방송 광고 감소가 전적으로 중간광고 없 는 광고총량제 때문이라고는 할 수는 없지만 광고총량제 효과가 기 대만큼 크지 않은 것은 사실인 것 같다.

지상파방송 중간광고 허용에 따른 '시청자 후생효과'와 '시청자 불편감'이라는 두 요소를 경제학적으로 비교·분석한 최용제(2017)는 광고에 대한 규제가 적을수록 시청자 후생효과가 불편효과보다 커 진다고 주장한다. 도리어 제한적으로 광고총량제를 허용할 경우에 시청자들은 다른 채널로 대체하게 되어 추가 수익이 적어지고, 이는 결국 시청자후생이 낮아질 수밖에 없다고 결론 내리고 있다. 그러므 로 중간광과나 광고총량제가 허용되더라도 광고시간이나 방식 등을 한정하게 되면 그 효과는 별로 높지 않다는 것이다. 하지만 이 연구 는 '시청자 후생'이라는 변수의 조작적 정의에 결정적인 문제점을 가 지고 있다. 이 연구에서 시청자 후생은 '시청자들이 공익적이고 질 높은 프로그램을 제공받을 수 있는 것'으로 시청자 불편은 '방송광고 시청에 따른 불편감과 같은 유·무형적 지불 비용'으로 조작적 정의 (operational definition)를 내리고 있다. 시청자 후생이라는 변수를 중간 광고를 통해 지상파방송사들이 얻는 추가적인 이익으로 규정하고 있는 것이다. 이 같은 조작적 정의는 중간광고를 통해 획득한 추가 이익을 지상파방송사들이 모두 공익적 혹은 고품질 프로그램 제작 에 투자한다는 전제를 깔고 있다. 더 나아가 이러한 무비판적인 기 계적 인과론을 그대로 인정하더라도, 광고수입이 기본적으로 질 높 은 콘텐츠 혹은 공익적 프로그램 생산과 정비례적 관계에 있는지에 대한 판단도 유보하고 있다. 따라서 중간광고와 지상파방송사의 정치·경제학적 역학관계나 미디어 산업의 특수성을 고려하지 않은 채 보편적인 경제이론으로 접근하고 있다는 점에서 한계를 가지고 있다 할 것이다. 또한 중간광고를 통한 후생을 지상파방송사들의 경제적 추가이익이라는 계량적 변수와 시청자들의 시청불편감이라는 비계량적 변수간의 비교를 통한 분석이 유용한 것인가에 대해서도 의문을 제기하지 않을 수 없다.

한편 모바일과 인터넷 광고의 성장속도가 점점 더 빨라져 지상파방송에 대한 광고규제 완화가 큰 효과를 기대할 수 없다는 지적도 있다. 특히 그 원인을 광고규제의 수준의 차이라고 보는 시각도 있다. 광고내용이나 방법에 대한 규제가 강한 방송광고와 달리 인터넷과 모바일 광고는 사실상 규제가 거의 없다고 해도 지나치지 않다는 것이다. 실제로 인터넷 광고는 '정보통신망 이용촉진 및 정보보호 등에 관한 법률'에 의해 인터넷 광고 심의기준 및 내용심의에 대한 구체적 기준이 없고 미디어렙 같은 대행시스템을 거치지 않는다는 점 등에서 상대적으로 유리한 것이 사실이다(최종선, 2018). 이는 인터넷·모바일 광고가 양방향성이나 이용자들의 매체이용행태 변화 등에서 구조적인 장점을 가지고 있지만 제도적으로도 유리할 수 있다는 것을 의미한다. 이처럼 인터넷·모바일 매체의 기술적 장점과 제도적 유리함 때문에 지상파방송의 광고규제를 완화한다 하더라도 방송광고 특히 지상파방송의 광고가 늘어날 여지가 높지 않은 것이 사실이다.

때문에 광고총량제, 중간광고 등을 통한 지상파방송 광고규제 완화는 인터넷·모바일 광고가 아니라 신문·잡지·유료방송 같은 전통매체들의 광고시장을 잠식하게 될 가능성이 더 높다. 여기서 주목해야 할 것은 새로운 매체가 등장하거나 정책적으로 광고 확대를 추진하더라도 광고주들이 이에 비례해 광고예산을 늘린다는 보장이 없

다는 점이다. 실제 지상파방송 중간광고를 허용한다 해도 광고주들
이 광고비를 더 늘릴 가능성은 별로 높지 않다. 2009년 정부가 광고
매출을 GDP 1% 수준을 목표로 정해 적극적으로 기업들을 독려하면
서 처음 몇 년 동안은 이에 근접한 적도 있었다. 하지만 2014년에는
GDP의 0.65%이하로 떨어졌고 그 비율은 점점 하락하고 있다(최용제,
2017). 이는 광고 매체의 증가나 규제완화에도 불구하고 광고총량은
거기에 비례해서 늘지 않아 신규매체 광고와 기존매체 광고가 보완
재(Doyle, 2013) 관계를 유지할 것이라는 주장이 맞지 않음을 보여주
고 있다. 결국 지상파방송 광고규제완화는 방송시장에서의 경쟁만
심화시키게 될 것이라는 예상이 지배적이다.

　하지만 광고총량제와 달리 중간광고 효과는 다를 것이라는 전망
도 있다. 중간광고 도입을 주장하는 연구결과들은 대체로 6~7% 정도
광고수입이 늘어날 것으로 전망하고 있다([표 7-3]).

[표 7-3] 중간광고 도입에 따른 광고시청률 및 광고수입 추정값

연구	측정방법	광고시청률 추정값	광고수입 추정값
이규완·박원기(2004)	ADRATIO	10.7% 증가	7.21% 증가
한은경 외(2007)	ADRATIO	9.2% 증가	6.7% 증가
이종원 외(2009)	ADRATIO	9.57% 증가	6.3% 증가
	중간광고 단가		10.7% 증가
강준석·박희영(2014)	ADRATIO	7.21% 증가	6.95% 증가
이희복 외(2016)	ADRATIO	7.51% 증가	6.01% 증가

* 이희복 외(2016), 홍원식(2016), 최용제(2017)를 종합하여 재구성

　그러나 2009년 이전 연구결과들은 종합편성채널이 등장하기 이전
이고 CJ 계열 유료채널들이 본격적으로 경쟁체제에 돌입하기 전이라
는 점에서 중간광고 효과를 예측하는 기준으로 삼기는 어렵다 생각

된다. 때문에 중간광고로 인한 광고재원 증가 수준은 2014년 이후 연구들이 제시하고 있는 6% 내외라고 추정하는 것이 합리적일 것이다. 이를 기준으로 중간광고 허용으로 인한 광고수입 증가액을 추정하면, 2015년도 지상파방송 광고매출 1조 9,702억 원에서 6% 증가된 대략 1,310억 원 정도라고 할 수 있을 것이다(홍원식, 2016). 하지만 최근 모바일과 SNS 광고 성장속도와 지상파방송사의 시청점유율과 광고매출 감소 추세를 감안한다면 전망치는 이보다 더 낮아질 가능성이 있다.

여기서 놓치지 말아야 할 점이 있다. 그것은 우리나라의 방송 광고 특히 광고시장의 특수한 성격이다. 우선 주목해야 할 점은 1998년 IMF 경제위기 이후 우리나라의 경제구조가 산업별로 독과점화 되면서 기업들의 국내광고비 규모는 줄어들고 글로벌 광고를 늘리는 추세가 강화되고 있다는 것이다. 또 한국에서 매체광고는 광고효과도 중요하지만 기업 홍보차원에서 추진되는 '보험성 광고'의 의미가 적지 않은 비중을 차지하고 있다는 점이다. 더구나 앞에서 설명한 것처럼 중간광고를 허용한다고 해도 기업들의 광고비 총액은 크게 늘어나지 않을 가능성이 높다. 때문에 중간광고와 같은 지상파방송 광고규제완화 이후에 광고주들은 늘어난 광고매체나 시간에 맞추어 광고예산을 어떻게 분배할 것인가를 놓고 고민하게 될 것이다. 일반적으로 광고주들은 가용 매체에 비해 광고예산이 부족하게 되면 효과가 낮은 매체광고를 우선 줄여나가는 방식을 취할 가능성이 높다. 때문에 중간광고 허용으로 지상파방송 광고물량이 늘어나게 되면 기업들은 가장 경쟁력이 취약한 '신문'이나 유사 경쟁 매체인 '보도·종편채널'이나 '유료방송채널'의 광고예산을 축소하는 방법을 우선 고려하게 될 것이다. 광고는 '매체간 보완재'가 아니라 '대체재' 성격이 강하기 때문이다. 강준석·박희영(2014)은 200대 기업 중에 82개 사 광고책임자를 대상으로 설문조사한 결과, 지상파방송 중간광고 도입

시 지상파방송 광고비는 10.5% 증가시키는 반면 유료방송채널 6.3%, 인쇄매체 2.3% 광고비를 줄인다는 것을 나타났다. 이는 지상파방송 중간광고가 다른 경쟁 방송매체의 광고를 대체하게 될 것이라는 점을 보여주는 것이라 할 수 있다. 물론 반대로 지상파방송 중간광고가 경쟁매체 광고 대체효과가 제한적일 것이라는 주장들도 있다(홍원식, 2016).

이 같은 대체효과 때문에 지상파방송 중간광고 도입으로 가장 위협을 받게 될 매체가 보도·종편채널일 수 있다는 전망이 나올 수 있다. 그 이유는 앞서 언급한 이른바 '보험성 광고'라는 우리 광고의 독특한 성격 때문이다. 우리나라 기업들에게 광고는 상품판매나 기업이미지 제고라는 본연의 목표도 있지만 기업과 관련된 언론보도를 의식한 언론사와의 관계를 유지하는 목표도 가지고 있다.[8] 지상파방송 광고 경쟁력의 핵심요소 중에 하나는 '보도기능'을 통한 위광효과라 할 수 있다. 때문에 지상파방송 광고의 규제완화는 지상파방송과 가장 유사한 '신문', '종편·보도채널'의 광고와 대체효과를 유발할 가능성이 높다. 이러한 현상은 종합편성채널 등장 이후 광고물량 이동 추이를 보면 볼 수 있다. 2011년 종합편성채널 출범 이전까지 급성장

---

8) 이러한 경향을 잘 보여주는 것이 최근에 방송사들이 광고보다는 프로그램 협찬을 통한 수익이 급격히 증가하고 있다는 것이다. 이미 2010년 전후로 지상파방송사들이 교양이나 다큐멘터리 프로그램들에 대한 협찬지원을 통한 수익을 급증시켜왔고, 2011년 진입한 종합편성채널들은 토크쇼 프로그램 등의 제작비 협찬 수익이 매년 급증하고 있다. 때문에 최근에는 아예 광고대행사들이 '토털광고마케팅'이라는 이름으로 프로그램광고, 간접광고, 협찬고지, 공익광고 등을 패키지로 판매하는 방식이 일반화되어가고 있다. 그러다 보니 많은 기업들이 오랫동안 별개로 운영되어 오던 광고비와 협찬비를 사실상 통합 운영하는 경우도 늘어나고 있는 것으로 알려지고 있다. 이는 우리 기업들의 광고가 단순히 마케팅이나 기업이미지 제고 목적이 아닌 기업의 대외협력활동과 깊이 연관되어 있음을 보여주는 것이라 할 수 있다.

해오던 YTN 광고매출이 2012년에 200억 원이나 감소한 것이다. 한마디로 지상파방송 중간광고 허용으로 광고시장 전반에 대한 성장효과를 기대할 수 없는 것은 아니지만 그 보다는 방송시장 내에 있는 경쟁 매체들의 광고를 잠식할 수 있다는 우려가 더 큰 것이 사실이다.

Ⅳ. 지상파방송 중간광고 허용 관련 쟁점

다른 방송영역에서의 정책 갈등들과 유사하게 지상파방송 광고규제완화 역시 이해 당사자들 사이에 문제의 진단과 원인 그리고 해법에 이르기까지 어느 것 하나 합의를 도출하지 못하고 갈등이 지속되고 있다. 중간광고 허용을 둘러싼 갈등은 방송광고에 대한 기본적 인식과 정부의 규제원칙에 대한 시각, 기대 효과에 이르기까지 상반된 시각들이 정면으로 충돌하고 있다. 이러한 이해상충은 결국 지상파방송의 역할과 책무, 재원구조, 경영투명성 같은 오랫동안 쟁점이 되어왔던 문제들과 연관될 수밖에 없다. 그런 맥락에서 지상파방송 광고규제완화를 둘러싸고 제기되어왔던 쟁점들을 중심으로 문제의 본질을 살펴 볼 필요가 있다. 지상파방송 광고규제완화를 두고 논란이 되고 있는 핵심 쟁점은 크게 '매체균형발전론과 비대칭규제', '광고규제의 위헌성', '시청권 침해' 등이라 할 수 있다.

1. 매체균형발전론과 비대칭규제

지상파방송사들의 광고규제완화 요구의 핵심 논리는 1990년대 이후 우리 미디어 정책의 핵심이 되어 왔던 '매체균형발전론'에 대한 비판이다. 매체균형발전론을 지속적으로 연구해 온 최세경(2015)은 이 개념이 우리 미디어 정책의 기조로 사용되어 왔음에도 불구하고 학술적 논리나 법률적 개념은 아니라고 지적한다. 이 용어가 처음 등장한 것은 1994년 '2000년 방송정책위원회' 보고서에서 '지상파방송, 케이블TV, 위성방송 간의 역할분담'이라는 개념으로 제기되면서부터다. 또한 같은 해 '선진방송위원회' 보고서에서는 '방송매체 간 균형발전'을 구체적인 정책목표로 규정하게 된다. 이후 1999년 김대중 정부 초기에 있었던 '방송개혁위원회' 보고서에서 '방송매체별 특성을 살리고 상호 보완관계를 유지함으로써 전체 방송의 균형 있는 발전을 도모'한다고 표현하면서 다시 등장하게 된다. 이 보고서에 근거해 제정된 2000년 '통합방송법' 시행령에 '방송매체 간 균형있는 발전의 도모'라는 표현이 들어가게 된다. 여기서 '매체 간 균형발전'이란 '각각의 매체들이 사회적 역할에 따라 각각의 특성에 맞는 프로그램 형식과 내용의 개발'을 의미하는 것으로 '방송매체, 채널 간 다양성 확보를 지향한다'는 의미를 지니고 있다. 그리고 2001년 방송위원회 산하 '방송기획위원회'에서는 구체적인 균형발전 방안으로 '방송매체 간 위상정립' 및 '방송매체 간 공정경쟁'을 제시하고 있다(박규장·최세경, 2008:49~91).

개념적으로 균형 발전이란 '다양한 분야나 행위자들이 공존하면서 발전'하는 것으로 다른 말로 '경쟁력이 약한 행위자의 역할을 인정하고 공존하게 한다'는 의미를 지니고 있다. 그러므로 균형발전론은 '특정기업의 시장지배력을 억제하고 경쟁을 촉진하여 독점으로 인한 거래질서의 왜곡이나 부당 이득 수취 등의 부작용을 예방하여 궁극적으로 소비자 복지에 기여' 한다는 이른바 '비대칭규제'로 구체화되어 왔다. 그런 맥락에서 보면 매체균형발전론은 '여러 개의 매체와 채널이 공존하면서 수용자에게 저마다의 영향력을 갖는 상태(김재영·강한나, 2007:59~79)'로서 다매체 환경에서 모든 매체가 각각의 매체 특성에 맞는 역할을 수행하면서 공존하게 하는 논리라 할 수 있다.

정책적으로 매체균형발전은 크게 두 가지 의미를 지니고 있다. 하나는 기 진입한 사업자와 신규 사업자간의 균형발전 개념이고 다른 하나는 사업자간 공정경쟁 조성이라는 의미다.[9] 그렇지만 우리나라에서 매체간 균형발전 개념은 주로 전자에 초점이 맞추어졌다고 볼 수 있다. 모든 매체는 기술적·사회적 속성에 의해 서로 다른 역할이 주어져있는 상황에서, 동일 시장에서 경쟁하게 되면 각각의 매체들이 가진 고유한 역할을 유지·수행할 수 없다는 논리다. 때문에 매체균형발전 정책은 매체에 대한 진입·소유규제는 물론이고 정책목표와 수단에 차이를 둔다는 이른바 '비대칭규제'로 구체화되게 된다(황근, 2005). 이 때문에 우리나라에서 매체간 균형발전은 '현행 방송법에서 규정한 전통적 미디어 시대의 가치 목표와 규제 시스템을 유지한 상태로, 뉴미디어 개념을 도입'하기 위한 목적에서 설정된 것이라고 비판받기도 한다(김정태, 2005).

김재영·양선희(2006)는 매체 간 균형발전은 크게 세 가지 정책으로 구체화되었다고 보고 있다. 첫째, 지상파방송을 비롯한 케이블, 위성, DMB, IPTV 등 신규방송서비스 시장을 균형 있게 활성화하는 것 둘째, 직접 송출과정에 참여하지는 않으나 방송시장에서 다양한 매체에 프로그램을 공급하는 PP와 독립제작사들의 내실 있는 육성을 도모하는 것 셋째, 지역방송이 중앙의 방송사들과 대등한 지위를

9) 하지만 '공정경쟁(경쟁 촉진)'과 '미디어 다양성'이라는 두 목표는 상호 충돌하는 모순되어 정책목표로서 부적절하다는 지적도 있다(최세경, 2015; 박규장·최세경, 2008). 하지만 2000년 이후 뉴미디어 도입과 관련해서 매체균형발전 정책기조는 주로 '매체 특성론'에 바탕을 둔 '미디어 다양성' 목표에 중점을 두었다고 할 수 있다. 물론 2010년 이후(명확하게는 스마트 폰 보급 이후) 디지털 융합이 가속화되어 매체 간 특성이 차별화되기 어려워지고, 새로운 매체들의 급증으로 사업자간 갈등이 가속화되면서 정책 기조가 '공정경쟁'으로 이동하는 현상을 보이고 있다. 최근 지상파방송 재송신, 광고규제완화, 다채널 방송, 사업자간 인수합병 같은 주요 정책이슈들을 둘러싼 갈등은 주로 공정경쟁과 관련된 갈등들이라고 할 수 있다.

갖고 그 존립근거에 합당한 역할을 수행하도록 유도하는 것이다. 이 중에 매체균형발전 정책이 가장 초점을 맞춘 부분은 첫 번째라 할 수 있다. 그 이유는 오랜 기간 공공독점(public monopoly)아래 방송시장에서 독과점적 지위를 구축해 온 지상파방송사와 새로운 미디어들이 공정하게 경쟁하는 것이 사실상 불가능하고, 이는 결국 뉴미디어의 특성과 도입 목표를 성취할 수 없게 만든다는 논리다. 이 논리의 기저에는 각각의 미디어들이 기술적 속성이 따라 다양한 성격을 가지고 있다는 '매체특성론'이 작동했다고 볼 수 있다.

때문에 매체간 균형발전론은 자연스럽게 지상파방송과 새롭게 등장하는 뉴미디어들 간에 '비대칭규제'로 이어지게 된다. '비대칭규제'란 '시장 내에서 압도적 영향력을 행사하는 단일 혹은 일부 사업자가 그 힘을 이용하여 유효경쟁을 무력화시켜 후발사업자의 이익을 심각하게 침해하고 시장 내 거래를 위축시켜 소비자 선택권을 제한하고 있다고 판단될 경우에 이루어지는 차별적 규제'를 말한다. 즉, 규제되지 않는 독점은 성장과 혁신을 최대한 발휘할 수 있는 유효시장을 억압하기 때문에 독점사업자와 경쟁자를 차별하는 정책(Werbach, 2001)이 필요하다는 논리다. 이러한 차별정책에는 독점사업자의 특정 행위를 금지·억제하는 방법과 독점사업자에게 특정한 요건(requirement)를 부여하는 방법이 있을 수 있다. 지상파방송사에 대한 소유규제, 편성규제, 광고규제, 내용심의 등이 전자에 속한다면 지상파방송에게 별도의 공적 책무를 부여하는 것은 후자에 속한다고 할 수 있다. 실제로 우리 방송법 혹은 시행령에 근거해 이루어지는 지상파방송에 대한 규제들 상당수가 비대칭규제라고 할 수 있다. 그렇다고 비대칭규제가 반드시 시장효율성을 제고시키는 것은 아니고 인위적인 경쟁구도를 조성해 가격과 이윤을 하락시켜 시장을 경직시킨다는 비판이 없는 것은 아니다(Perruci & Cimatoribus,1997).

때문에 비대칭규제는 모든 지배적 사업자에게 항상 적용되지는 않는다. 우월적 지위를 남용하거나 정상적 거래활동이 불가능할 정도의 출혈경쟁이나 공정하지 않은 영업행위를 하는 경우에만 적용된다. 이 때문에 비대칭 규제 정책을 둘러싼 논란이 벌어지게 되는 것이다. 방송시장에서 지상파방송과 유료방송 간의 비대칭규제가 정당화되기 위해서는 ① 지상파방송이 여전히 시장지배적 사업자인가 ② 지상파방송의 우월적 지위가 방송시장에서 불공정성이 유발되고 있는가 ③ 비대칭규제가 경쟁사업자인 유료방송사업자를 보호하기 위한 것이 아니라 방송시장 내의 유효경쟁을 보호·촉진하기 위한 것인가 하는 점이 명확하게 입증되어야만 한다. 하지만 지금까지 우리 방송정책 결정과정에서 이 같은 비대칭규제 근거들이 명확하게 설정된 적이 거의 없다. 더구나 명확한 시장평가 조차 이루어지지 않고 있는 상태에서 이러한 논쟁은 향후에도 지속될 가능성이 높다.

　지상파방송사들은 지상파방송과 유료방송 간에 규제를 차별화하는 매체 간 균형발전에 근거한 비대칭규제는 지금의 방송 환경을 반영하지 못하는 낡은 정책 목표라고 강력하게 비판하고 있다. 특히 상대적으로 강한 규제를 받는 지상파방송사업자가 과연 시장 지배적 혹은 경쟁 우월적 사업자인가에 대해서도 강한 의문을 제기하고 있다. 2000년대 초반 '매체 간 균형발전'이 정책목표로 추진될 당시와 달리 현재 지상파방송은 시청점유율이나 시장점유율 등에서 큰 차이가 있다는 주장이다. 실제 지상파방송사들의 평균 시청점유율은 3% 대로 낮아져 일부 유료방송채널들과 격차가 급격히 줄어들었고 광고매출액 역시 급격히 감소하고 있다. 이처럼 지상파방송사들의 시장지배력이 급속히 약화되고 있는 상황에서 지상파방송만 강하게 규제하고 있는 매체 간 균형발전에 의한 비대칭 규제는 역차별이라는 주장이다. 2006년에 이미 김재영·양선희(2006)는 지상파방송 독과점적 구조는 과대평가된 표현으로 '시장 우월적 사업자'라는 표현이 적합하다고 주장하고, 그러한 시장우월적 지위가 비지상파방송 발전을 저해한다는 분명한 인과관계가 없다고 지적하고 있다. 그렇지만 지상파방송의 전반적인 지배력은 약화되고 있지만 지상파방송 재송신 갈등에서 보듯이 지상파방송 콘텐츠의 영향력은 우리 방송 전반에 걸쳐 여전히 위력적이고, 유료방송플랫폼에서 지상파방송 계열 채널들이 차지하고 있는 절대 우위나 VOD시장에서의 비중을 감안하면 여전히 시장 우월적 수준에 있다는 평가도 여전히 설득력이 있다. 이는 광고규제완화 뿐만 아니라 지상파방송재송신, 지상파 다채널 방송 등 지상파방송을 둘러싼 모든 정책갈등과정에서 항상 논란이 되고 있는 쟁점이다.

'지상파방송 역차별'이라는 용어는 2007년 '한국방송협회'가 발간한 '방송법 개정방향에 관한 연구'라는 보고서에서 처음 등장하였다. 이 보고서에서는 지상파방송사들이 유료방송들에 비해 상대적으로 강한 규제를 받고 있는 5개 법규[10]를 제시하고 개정을 요구하였다. 이후 지상파방송 규제완화를 요구하는 많은 논문이나 보고서들이 이를 근거로 '매체균형발전론'과 '비대칭규제' 그리고 '매체균형발전론'의 근거가 되었던 '매체특성론'을 비판하기 시작하였다. 특히 '매체간 균형발전' 이론은 한 주된 비판은 구체적인 개념이 명확치 않아 정책갈등이 야기될 때마다 이해당사자간 갈등과 혼선을 야기해 왔다는 것이다. '매체균형발전론'은 첫째, 판단의 기준의 부재하고 둘째, 특정 사업자의 진입 및 소유규제를 강화하여 하나의 매체가

10) 이 보고서 제시한 5개 법규는 ① 지상파PP 소유제한 및 송출제한 규제 ② 지상파방송 중간광고 금지 ③ 방송발전기금 제도 개선 ④ 국내 방송프로그램 의무편성 ⑤ 소유제한 규정이다. 김재영·강한나(2007)은 이 중에 ④ ⑤는 지상파방송의 공적 지위와 역할을 고려할 때 차별화된 기준이 있다는 점에서 역차별 규제에서 제외하고 있다. 하지만 이후 지상파 PP소유제한이나 방송발전기금 제도는 여러 차례 법개정 등을 통해 지속적으로 개선되어왔다는 점에서 2018년을 기준으로 한다면 사실상 역차별 규제는 중간광고 하나뿐이라 할 수 있다.

전체 방송시장에서 차지는 비중을 강력히 제한하는 정책적 개입은 융합 시대 공정경쟁에 방해가 될 수 있고 셋째, 매체간 균형발전이 방송정책의 일반적 목표로 설정될 수 있는가 하는 것 등에 문제가 있다는 것이다(이영주·송진·박정우, 2010).

그렇지만 시장을 중시하는 두 차례 보수정권을 거치면서 지상파방송에 대한 많은 규제들이 완화되었고 사실상 지금은 중간광고만 비대칭규제가 남아있는 상태다. 때문에 '비대칭규제' 즉 '지상파방송 역차별론'은 주로 지상파방송광고 규제완화 논리로 인용되고 있다(김재영·김한나, 2007; 문철수, 2015; 홍문기, 2015; 홍원식, 2016). 하지만 '매체 간 균형발전론'에 대한 긍정적 평가가 없는 것은 아니다. 절대적으로 협소한 시장에 다양한 매체들이 들어서면서 역할이나 내용에 있어 차별화되지 않고 모든 매체들이 사활을 건 경쟁을 벌이고 있기 때문이다. 이로 인해 전통적으로 공익성이 강조되어 온 지상파방송 혹은 공익적 매체들까지 상업 매체들과 거의 유사한 콘텐츠를 가지고 경쟁하는 '동질화 현상'이 심화되고 있다. 이러한 상황에서 정부는 공익성과 산업적 목표를 동시에 추구하는 이원 목표를 여전히 고수할 수밖에 없는 상황이다.[11] 때문에 여전히 '매체균형발전론'은 우리 방송정책의 한 축으로서 유효하다는 논리다. 결국 비대칭 규제로 인한 지상파방송 역차별이라는 주장은 결국 지상파방송과 상업적 유료방송들이 모두 동일시장에서 경쟁하는 동일한 성격의 방송매체라는 점을 인정하는 것이 된다고 지적한다. 그렇게 되면 오

---

11) 정치논리에 의해 이루어진 것이기는 하지만 박근혜 정부이후 미래창조과학부(現 과학기술정보통신부)와 방송통신위원회로 이원화한 것이 우리 방송정책이 공익성과 산업적 측면을 동시에 추진하고 있음을 보여주는 것이라 할 수 있다. 물론 유료방송과 방송산업 정책과 방송의 공익성 관련 정책을 두개의 별개 부처로 분리하는 것이 바람직하고 효율적인가에 대한 의문이 제기될 수 있지만, 두 개의 방송정책목표 중에 어느 하나를 포기할 수 없는 상태를 반영하고 있는 것만은 분명하다.

랫동안 우리 정부가 고수해왔던 지상파방송 특히 공영방송의 공적 책무나 목표를 포기하는 것이 될 수도 있다.

그런 맥락에서 '매체 간 균형발전론'은 각각의 매체들의 나름대로 의 특성과 역할을 지니고 있다는 '매체특성론'과 밀접히 연관되어 있 다 할 수 있다. 원래 '매체특성론'은 각각의 매체가 지니고 있는 특성 에 따라 차별적으로 규제가 이루어져야 한다는 '매체특성규제론 (media specific regulatory model)'에서 시작된 것이다. 매체의 공적 책임 역시 그 매체가 가진 기술적 특성에 바탕을 둔 사회적 영향력의 크 기와 제공되는 내용에 따라 차이가 있으므로 동일한 규제가 이루어 질 수 없으므로 '비대칭규제'가 필요하다는 논리다. 때문에 한국방송 정책에서 비대칭규제는 시장에서 열세한 후발 유료방송사업자들을 보호하기 위한 논리로 주로 적용되어 왔다(윤성옥, 2011; 조연하, 2007:23~48). 그렇지만 '매체특성론'은 역설적으로 공익성을 강조해 온 지상파방송사들의 존립근거와 제도적 보장을 뒷받침하는 이론적 토 대가 되어왔던 것도 사실이다. 그럼에도 불구하고 영향력이나 시장 지배력이 감소하고 경쟁력이 약화되면서 공영방송 혹은 공영적 지상 파방송사들이 이러한 차별적 역할을 부정하고 역으로 규제완화 혹은 동일 규제를 요구하고 있는 것이다(김재영·강한나, 2007:59~79; 박규장· 최세경, 2008: 49~91; 최세경, 2015: 53~91).

실제 법적으로 보면 지상파방송사들이 강력히 비판하고 있는 '매 체특성론'에 바탕을 둔 '비대칭규제론'은 지상파방송사들의 지위와 특권을 정당화하기 위한 논리인 것이다. '방송법'에 공영방송이라는 규정은 없지만 제8조(소유규제) 2항에서 ① 국가 또는 지방자치단체 ② '방송문화진흥회법'에 의하여 설립된 방송문화진흥회 ③ 종교의 선교를 목적으로 하는 방송사업자의 지분소유나 투자 제한 대상에 서 예외로 하고 있다.[12] 그러면서 제69조의 2에서는 이들 방송사들을 시청점유율 제한 규정에서 제외하고 하고 있다. 즉, 전체 방송시장

에서 시청점유율 30/100을 초과하는 사업자[13]에 대한 소유제한, 방송
광고시간 제한, 방송시간의 일부양도 등의 규제를 받지 않는다. 이
는 공적 소유구조를 통해 공익적 목표를 수행하는 방송사들에게 차
별화된 '매체특성'을 법적으로 인정하고 있는 것이라 할 수 있다. 이
같은 '방송법'의 예외규정들은 공익적 소유구조를 가진 - 일반적으
로 우리가 공영방송이라고 일컫는 - 방송사들의 매체적 특성을 전
제로 한 것이라 할 수 있다. KBS 수신료 역시 공영방송이라는 매체
특성을 전제로 한 것이다. 물론 '방송법'상 공적 소유구조를 가진 이
들 방송사들에게 매체특성에 맞는 별도의 책무나 역할이 부여되어
있지 못한 것은 한계[14]지만 실제로 이들 매체들이 다른 매체들과 차

12) 이 규정은 공영방송에 대한 별도 규정이 없는 상태에서 KBS와 MBC 그리고
   EBS를 공영방송이라고 지칭하는 근거로 사용되고 있다. 물론 '방송법'이
   아닌 '공직선출 및 선거부정방지법' 82조 2항에 선거 TV토론 주관방송사로
   서 KBS와 MBC를 공영방송으로 규정하고 있다. 그나마 KBS는 방송법상에
   '국가기간방송'이라는 명목상의 규정이라도 있지만 공영방송으로 인식되
   고 있는 MBC 경우에는 다른 민간 방송사들과 차별화된 공영방송으로서의
   책무나 독립된 규제시스템이 전혀 없다. 때문에 방송법 상 국가기관, 지방
   자치단체, 공익 법인이 소유한 방송사들에 대해서는 소유규제, 시장규제
   등의 규제를 받지 않아 사실상 특권만 있지 책무와 외부 감시 시스템도 없
   는 상태다.
13) 이는 2015년에 입법되어 3년간 적용된 유료방송 합산규제와 대비된다. 유료
   방송 합산규제는 한 유료방송사업자가 케이블TV, IPTV, 위성방송을 포함한
   전체 유료방송 가입자의 1/3을 넘지 못하도록 하는 규정이다. 이 규제는
   케이블TV 같은 경쟁사들이 이른바 '동일사업자 동일규제'를 요구하면서 적
   지 않은 위헌적 요소에도 불구하고 입법되었다. 특히 이 규정은 특수관계
   자까지 포함하는 소유 지분을 대상으로 한다는 점에서 kt만을 특정 사업자
   만을 대상으로 하는 '처분적 법률'이라는 비판을 받기도 하였다(황근·황창
   근, 2013).
14) 우리 방송법에 지상파방송 특히 공영방송의 차별화된 책무를 규정한 것은
   제44조 KBS의 공적 책무와 관련된 규정이다. 그 내용을 보면 ① 공사는 방
   송의 목적과 공적 책임, 방송의 공정성과 공익성을 실현하여야 한다. ② 공
   사는 국민이 지역과 주변 여건에 관계없이 양질의 방송서비스를 제공받을

별화된 특성을 지니고 있음을 전제로 하고 있는 것만은 분명하다.

앞에서도 언급한 것처럼 그 동안 학계나 업계에서 논의되어온 '매체특성론'은 '각 매체의 기술적 특성에 기반을 둔 매체특성론'이었다(황성기, 1998). 각각의 매체가 지니고 기술적 속성에 근거하여 매체들의 영향력에 차이가 있기 때문에 규제방식과 수준에서 차이를 두어야 한다는 논리다. 하지만 기술 특성에 기반 한 '매체특성론'은 이제 더 이상 유용하지 않은 것이 사실이다. 디지털 융합이 가속화되면서 모든 매체들이 인터넷으로 수렴되고 있고, 일방향·양방향 같은 기술적 차이를 가지고 매체를 구분하는 것이 무의미해졌기 때문이다. 하지만 특정 매체들이 가지고 있는 내용적 특성이나 위상 등은 여전히 유용할 수 있다. 수많은 인터넷 언론들이 등장하더라도 전통적인 신문이나 공영방송은 여전히 차별화된 내용적 특성을 지니고 있고 또 그래야 할 필요가 있는 것이다. '기술적 매체특성론'이 아닌 '내용적 매체특성론'으로의 전환이 필요한 것이다. 수많은 매체들이 난립하는 상황에서 정확하고 공정한 그리고 잘 재단된 정보를 제공하는 공영방송의 역할은 여전히 필요하고 이를 내용적으로 보장할 수 있는 매체 특성을 규정할 필요가 있다는 것이다.

지상파방송 특히 공영방송에 대해서는 다른 매체들과 차별화된 내용적 특성이 요구되고 있다. 이를 위해 구조적으로나 재정적으로 공영방송으로서의 책무를 제대로 수행하기 위한 법제도 장치가 정당화될 수 있는 것이다. 이러한 차별적 역할이 전제되지 않는 공영

수 있도록 노력하여야 한다. ③ 공사는 시청자의 공익에 기여할 수 있는 새로운 방송프로그램·방송서비스 및 방송기술을 연구하고 개발하여야 한다. ④ 공사는 국내외를 대상으로 민족문화를 창달하고, 민족의 동질성을 확보할 수 있는 방송프로그램을 개발하여 방송하여야 한다고 되어 있다. 이중에 공영방송의 차별화된 책무는 ②호 보편적 서비스 제공과 관련된 것뿐이고 나머지는 선언적 규정으로 다른 방송사들에게도 그대로 적용되는 규정들이다.

방송 제도나 재원구조는 무의미할 수밖에 없다. 따라서 공익적 특성을 추구하는 매체의 상업적 재원을 확대하기 위한 비대칭 규제 개선을 요구하는 것은 이율배반적이라 하지 않을 수 없다. 공적 성격의 매체들이 상업적 매체들과의 규제형평성을 요구하는 것은 차별화된 자신들의 매체특성을 포기하는 것이므로, 공익을 보호하기 위해 만들어진 제도적 보호 장치들도 포기하는 것이 이치에 맞다. 세계적인 공영방송들처럼 제도적으로 특수한 위상과 독립성을 보장받고 거기에 걸 맞는 재원형태와 책무를 수행할 수 있는 근본적인 개선이 필요할 것이다. 결론적으로 지상파방송사들의 지속적으로 요구하고 있는 광고규제완화 정책은 시장지배적 사업자인가의 문제와 별개로 공적 책무를 부여받은 공영적 지상파방송사 특히 공영방송의 상업적 재원을 강화하는 것으로 내용적 매체특성론에 근거한 '매체균형발전'[15]에 부합된다고 할 수 없다. 어쩌면 '매체 간 균형발전론'은 매체 간 차별화가 점점 더 어려워지고 상황에서 어쩌면 지상파방송사 특히 공영방송사들이 도리어 더 요구하고 또 추구해야할 정책이념인지도 모른다.

2. 광고규제의 위헌 논쟁

'매체 간 균형발전론'과 함께 지상파방송 광고규제 완화를 주장하는 논리 중에 하나가 방송광고규제 자체가 위헌적 요소가 많다는 주장이다. 이 주장들이 모두 지상파방송 중간광고 허용을 요구하는 것

---

15) 중간광고를 포함한 지상파방송 광고규제완화로 인해 가장 직접적으로 타격을 입는 매체는 신문 같은 문자매체들이라고 할 수 있다. 물론 문자매체인 신문의 영향력이나 매체특성을 고려하면, 광고매체로서의 경쟁력이 점점 약화되는 것은 불가피해보이지만 종이신문이 가진 전통적인 정보제공 역할이나 방송과 다른 다양한 의견 제공이라는 점에서 지상파방송 광고규제 완화는 여론 다양성이라는 측면에서 우려되는 부분이 없는 것은 아니다.

은 아니지만 거의 대부분 지상파방송 중간광고에 대한 정부 규제가 법률적 위헌이라는 논지를 담고 있는 것이 사실이다. 방송광고 규제에 대한 위헌 관련 주장은 크게 다음과 같은 네 가지 유형으로 요약될 수 있다. 첫째, 광고에 대한 규제 자체가 언론의 자유를 위협하는 위헌적 성격을 지니고 있다는 것이다. 광고는 프로그램의 한 부분으로 법으로 보장된 편성의 자유에 포함되므로 사업자들의 자율적 판단에 의해 맡기는 것이 옳다는 시각이다. 둘째, 광고에 대한 국가의 규제가 법률적 근거가 아니라 시행령 같은 규제자 의도에 의해 이루어져서는 안 된다는 주장이다. 광고가 방송 편성의 자유라는 기본권에 포함되는 내용이라면 지상파방송 중간광고에 대한 규제 역시 법률에 의거해 이루어져야하지 지금처럼 포괄적 위임 입법과 행정청의 자의적 결정에 의해 시행되는 것은 의회유보원칙을 위반하는 것으로 위헌적 요소가 있다는 것이다(최우정, 2016). 셋째, 유료방송사업자에게 허용되고 있는 중간광고를 지상파방송사에게 금지하는 것은 헌법에 명시된 평등원칙과 평등권을 위배하고 있다는 것이다. 특히 공영방송이 아닌 민영 지상파방송의 광고영업 제한은 헌법상 직업 행사의 자유를 침해하고 있다는 주장이다. 그러므로 중간광고를 제한하는 행위는 모든 사업자에게 공정하게 적용되어야 한다는 것이다. 넷째, 공영방송의 역할과 관련해 입법자는 공영방송의 발전과 존속에 필요한 재원을 확보해 줄 의무를 지고 있음에도 불구하고, 수신료 인상도 제대로 이루어지지 않고 이를 대체할 수 있는 광고영업을 제한하는 것은 공영방송 운영에 필요한 입법형성의무를 위반하는 것으로 위헌적 소지가 있다는 것이다(고민수, 2014; 최우정, 2016). 이 논리는 현행 방송법이 공영방송에 대한 별도 규정 없이 모든 공·민영 지상파방송에게 공적 책무를 부여하고 있으므로 지상파방송 전반에 걸친 중간광고 허용은 방송의 공익성을 담보하는 재정적 바탕이 된다는 주장으로까지 확대·해석되고 있다(정윤재 외, 2017). 그러

므로 유료방송사업자에게만 중간광고를 허용하는 것은 공영적 지상
파방송의 역할을 위축시켜 헌법에 주어진 역할을 제대로 수행하지
못하게 만들고 있다는 주장이다.

이러한 위헌 논리들에 대해 상반된 의견이 없는 것은 아니다. 우
선 중간광고와 같은 광고규제가 원천적으로 위헌이 아니라는 주장이
다. 일단 광고가 방송 편성 내용에 포함되는가에 대하여 상반된 주장
이 있을 수 있다. 먼저 광고가 방송편성 내용에 포함된다는 주장은
법원의 판결들이 모두 같지는 않지만 대체로 이에 대해 위헌성을 인
정하는 추세다. 즉, 방송 광고 역시 불특정 다수에게 전파되는 사상·
지식·정보 등의 하나로 언론·출판의 자유에 의한 보호를 받는 대상이
된다는 것이다(헌법재판소, 1998/2002/2005/2008). 실제로 많은 국가에
서 광고 역시 의사 및 정보 전달 수단으로 간주해 법적 보호 대상으
로 인정하고 있는 것이 사실이다(조소영, 2008). 우리 법원의 판결 내
용 중에도 유사한 내용을 찾아 볼 수 있다. 한정된 전파에 의존하는
방송 내용에는 공공성과 공익성이 요구되고 방송의 주요 재원 역할
을 하는 방송광고 역시 여기에 포함되며, 방송영상의 구성·기법·시
간배정 또는 배정내용에 따라 대중조작도 가능할 수 있어 다른 미디
어들보다 공공성·공익성이 더 강조되므로 규제의 대상이 될 수 있다
는 것이다(헌법재판소, 2008).

하지만 이 같은 위헌 주장에 대한 반론도 적지 않다. 권형둔(2015)
은 방송에 관한 형성법령의 위헌성 판단은 헌법 제37조 제2항에 따
른 과잉금지조치의 적용대상이 아니라 해당 형성법령이 그 재량의
한계인 자유민주주의 등 헌법상의 기본원리를 지키면서 방송 자유
의 실질적 보장에 기여하는지 여부에 의해 판단되는 것이므로, 중간
광고는 정책적 사안으로 입법자의 영역에 속하는 것이라고 주장하
고 있다. 일반적으로 규제입법은 첫째, 그 입법목적이 헌법 및 법률
의 체계상 그 정당성이 인정되어야 하며 둘째, 그 목적의 달성을 위

하여 그 방법이 효과적이고 적절하여야 하며 셋째, 완화된 형태나 방법을 모색함으로써 기본권의 제한이 최소한에 그치도록 하여야 하며 넷째, 그 입법에 의하여 보호되는 공익과 침해되는 사익을 비교 형량 시 보호되는 공익이 더 큰 경우에 한하여 합법적이라는 것이다. 그러므로 원칙적으로 상업 광고 역시 표현의 자유에 의하여 보호되는 것은 맞지만 의사표현의 내용과 동기·목적 등의 관점에서 보다 광범위하게 제한될 수 있다는 것이다. 즉, 방송광고의 표현내용에 대한 규제는 최소화되거나 사후심의 형태가 가장 바람직하지만, 표현방법에 대한 규제는 합리적인 공익적 이유로 폭넓은 제한이 가능하다는 주장이다.[16] 윤성옥(2016) 역시 상업광고도 표현의 자유 보호대상이라는 헌법재판소의 판결은 표현 내용에 대한 규제는 매우 제한적이지만 표현방법에 대한 규제는 합리적인 공익성을 이유로 폭넓은 제한이 가능하다는 의미로 해석하고 있다. 그러므로 중간광고 같은 광고 형태에 대한 규제는 입법자의 영역에 속한다고 볼 수 있다는 것이다. 같은 맥락에서 지상파방송과 유료방송과의 차별적 규제 역시 입법자의 합리적 판단에 의해 이루어진 것이라면 위헌으로 볼 수 없다는 주장이다.

한편 중간광고를 금지함으로써 공영방송의 재원 확보에 대한 국가 책무를 수행하지 않아 위헌이라는 주장에 대해서도 반론이 있다. 기본적으로 공영방송의 책무 수행에 필요한 재원을 보장해주는 것이 국가의 책무인 것은 맞지만 그 재원이 공적 책무 수행에 적합한 것이어야 한다는 것이다.[17] 그런 의미에서 광고재원은 공적 책무에

---

16) 권형둔(2015)은 이 같은 광고 표현방법에 대한 규제 정당성 근거를 헌법재판소 판결에서 찾고 있다. 헌법재판소(2002)는 '국가가 개인의 표현행위를 규제하는 경우, 표현내용에 대한 규제는 원칙적으로 중대한 공익의 실현을 위하여 불가피한 경우에 한하여 엄격한 요건 하에서 허용되는 반면, 표현내용과 무관하게 표현의 방법을 규제하는 것은 합리적인 공익상의 이유로 폭넓은 제한이 가능하다'고 판결한 바 있다.

걸 맞는 재원이라고 할 수 없다는 것이다. 그러므로 방송광고를 통해 방송 특히 공영방송의 재원을 충족할 수 있게 하는 것은 절대적인 헌법적 권리가 아니라 입법권자의 재량에 속하는 문제라 할 수 있다(최종선, 2018). 더구나 중간광고는 광고효과를 극대화하기 위해 프로그램 선정성과 오락성을 조장할 수 있어 공영방송의 공영성과 공익성을 도리어 위축시킬 위험성도 있다. 정책 수행에 있어 정책목표의 적합성도 중요하지만 정책목표를 달성하기 위한 수단의 적합성 역시 중요하다. 일반적으로 정책수단을 선정하는 기준으로는 능률성, 효과성, 형평성, 합법성, 동의성 등의 조건들이 요구된다(최기봉, 2008;57~58). 이런 조건들에 비추어 볼 때, 중간광고 허용이라는 정책수단은 공영방송의 공적 책무를 수행하는데 합법성이나 동의성을 담보하기 어렵다고 볼 수 있다. 또한 최근 방송시장의 변화추세를 감안할 때 능률성이나 효과성 역시 의문이 제기될 수 있다.

물론 5장에서 살펴본 것처럼 현행 수신료 제도의 구조적 한계 때문에 공적 재원의 확대가 쉽지 않다는 점은 인정된다. 그렇다고 공영방송의 공익성을 위협할 수 있는 상업적 재원을 국가가 보장·확대해주는 것은 도리어 위헌적일 수도 있다. 더구나 상업방송과 공영방송의 명확한 법적 근거나 기준도 없는 상태에서 광고규제를 완화하는 것은 공영방송의 존립 근거 자체를 부정하는 것이 될 수도 있기 때문이다. 더욱이 현행 방송법이 공영방송과 민영방송에 대해 거의 동일한 공적 책무를 부여하고 있다는 점을 고려하면 국가가 전체 지상파방송의 재원 확보 책무를 지고 있다는 주장은 과도한 해석이라고 할 수 있다. 그것은 도리어 불투명하고 불합리한 공·민영 이원체

---

17) 그렇다면 정부가 공영방송인 KBS의 주 재원인 수신료를 정상화하지 않고 상업광고에 대한 높은 의존도를 방관하고 있는 것 자체가 위헌적 행위일 수 있다. 이는 역으로 공영방송의 상업광고를 줄이는 것이 합헌적 행위라는 논리가 성립될 수도 있다.

제를 더욱 애매하게 만드는 결과를 초래할 수도 있다.[18]

3. 시청권 침해 논쟁

중간광고 허용 문제와 관련해 또 다른 논쟁은 시청권 침해와 관련된 것이다. 2000년 이후 중간광고 허용과 관련해 가장 강력한 걸림돌은 시청자단체들의 시청권 침해와 관련된 반대였다. 정윤재 등(2017)은 중간광고 반대론을 ① 시청자의 시청권 훼손 가능성 ② 시청률 경쟁으로 인한 방송프로그램의 상업화와 공공성 저하 ③ 광고 시청량 증가 ④ 지상파TV로의 광고쏠림 현상 등으로 정리하고 있다. 이 중에 유료방송사업자들이 제기하는 ④를 제외한 나머지 3개는 모두 시청자 권리와 관련된 것들이다. 때문에 시청권 침해 문제는 지상파방송 중간광고 허용과 관련해 사업자간 이해충돌 차원에서 제기된 문제가 아니라는 점에서 좀 더 면밀한 검토가 있어야 할 것이다. 특히 시청자권리 문제는 방송정책 논의과정에 항상 제기되고 있지만 실제로는 명분에 그치고 구체성을 담보하지 못하는 경우가 많다는 점에서 조금 더 유의할 필요가 있다.

우선 중간광고 허용을 찬성하는 입장에서는 시청권 침해가 법률적으로 보장해야 할 문제인가에 대해 의문을 제기하고 있다. 가장 많

---

18) 공적 책무를 부여받고 있으므로 국가가 모든 지상파방송사들의 재원 확보 책임을 지고 있다는 논리는 상업방송과 공영방송의 기본적 차이를 인식하지 못하는 것이다. 만약 그렇다면 우리 방송법에서는 모든 방송사업자에 대해 공익성 책무를 부여하고 있으므로, 민영 지상파방송 뿐만 아니라 모든 유료방송, 유료방송 채널사업자 재원을 도모해주어야 한다는 논리가 가능해진다. 더 나아가 공영방송의 주재원인 수신료 역시 모든 공익적 책무를 부여받은 사업자에게 분배해주어야 한다는 논리도 성립될 수 있다. 그러므로 공·민영 차별 없이 중간광고 허용을 통해 공익적 책무를 도모하게 한다는 논리는 기본적으로 방송제도나 정책에 대한 부족한 인식론을 보여주는 것이라고 할 수 있다.

은 주장이 '시청권'은 법에 규정된 권리가 아니고 결과적으로 시청자들에게 주어진 선택권이라는 시각이다. 때문에 시청권이라는 개념은 법률적으로 공권(公權)[19]이 성립될 수 없다는 것이다(고민수, 2014). 즉, 시청권은 권리로서의 개념이 아니라 지상파방송에 대해 시청자들이 접근할 수 있는 권익이라는 주장이다(최우정, 2016). 한마디로 시청권은 관념적 개념으로 방송사들이 추구해야 하는 지향점이지 법적 의무사항이 아니라는 논리다. 실제 방송법 제76조에 보편적 시청권에 대한 규정은 있지만 일반적인 시청권에 대한 법 규정은 없다. 헌법재판소에서도 '텔레비전 방송 프로그램을 시청하는 중에 광고를 보아야 하는 불편함은 반사적·사실적 불이익에 불과하다'고 판결한 바 있다(헌법재판소, 2017). 이러한 논리를 근거로 중간광고 허용을 찬성하는 측에서는 시청권 침해는 법적으로 아무 근거가 없는 궤변에 불과하다고 주장한다.[20]

물론 시청권 침해나 공익적 책무 불이행에 대해서는 방송법 제3조 규정에 의해 시청자들이 방송사업자를 상대로 방송프로그램의 기획·편성 또는 제작에 관한 의사결정에 참여하거나 시청자의 이익에 합치할 수 있도록 요구할 수 있도록 되어 있다. 하지만 이러한 시청자 권리와 관련된 법 규정은 다분히 선언적이고 구체성이 결여되어 있어 시청권에 대한 정의, 구체적 권리내용 등을 명문화할 필요가 있다(최종선, 2018). 예를 들면 시청자가 원하지 않는 방송광고를 시청하므로 인해 발생하는 불이익에 대해 방송사업자를 상대로 시정을 요구하고, 이를 이행하지 않을 경우에 제재할 수 있는 규정 같

---

19) 공권(公權)이란 공법상 인정되는 권리를 말한다. 즉, 공법관계에 있어서 권리주체가 직접 자기를 위하여 일정한 이익을 주장할 수 있는 법률상의 힘으로 법의 보호를 받는 이익을 말한다.

20) 한국방송협회 보도자료(2016.9.7./2016.9.22)에서는 유료방송에서 이미 사용되고 있는 중간광고가 지상파방송에서는 시청권을 침해할 것이라는 주장은 궤변이라고 비판하고 있다.

은 것이다. 물론 획일적 규제가 아니라 방송프로그램의 공공성, 시청자의 시청행태 등을 종합적으로 고려하여 방송광고에 대한 시청자 선택권을 선별적으로 부여할 수 있는 방안도 검토할 수 있을 것이다(최종선, 2017). 최우정(2016) 역시 방송광고에 의해 시청자의 프로그램 시청흐름이 원활하지 않거나 지나치게 상업적인 목적에 의해 제작자의 의도가 왜곡되는 것을 방지하는 규정을 입법화하여 시청자의 권익을 보호할 필요가 있다고 지적하고 있다.

그렇지만 이러한 시청권과 관련된 대안들 역시 다분히 형식적이고 구체성이 결여되어 있기는 마찬가지다. 특히 시청권 문제를 '보고 싶지 않은 광고를 시청하는 것'과 같은 네거티브 접근방법은 이 문제의 본질을 축소·왜곡시키고 있다고 생각된다. 궁극적으로 시청권이란 시청자의 '알 권리(right to know)'를 구현하는 것으로 시청자가 보고 싶은 혹은 보아야 할 것을 제공한다는 포지티브 형태의 개념으로 접근해야 한다. [표 7-4]는 방송 내용과 관련해 시청자의 권리와 방송사의 권리가 부합 혹은 상충되는 부분을 정리한 것이다.

[표 7-4] 시청권 개념[21]

방송사 \ 시청자	right to show	right not to show
right to view	(I) good	(II) tell me !
right not to view	(III) shut up !	(IV) none

---

21) 이 표는 Hidetishi Kato가 고안한 '커뮤니케이트 권(right to communicate)' 개념을 변용한 것이다(Hidetoshi, Kato,, 1977). '커뮤니케이트 권'은 '정보를 제공할 권리'와 '정보를 받을 권리'에만 초점을 맞춘 '접근권(right to access)' 개념을 확장해서, 단순히 매체에 접근하는 것을 넘어 매체를 사용하고 참여할 권리까지 포함한 일종의 '결사권' 개념으로 발전시킨 것이다. 그러므로 이 개념은 매체가 일방적으로 제공한다는 개념이 아니라 시청자와의 상호작용성을 강조하고 있다.

방송사 입장에서 편성권은 '보여 줄 권리'와 '보여주지 않을 권리'를 모두 포함하고 있다. 시청자 역시 '볼 권리'와 '보지 않을 권리'를 모두 가지고 있다. 이 중에 방송사들이 보여주는 내용과 시청자들이 보기 원하는 내용이 일치하는 (I) 영역의 프로그램들이 가장 바람직하다. 문제는 방송사의 편성권과 시청자의 시청권이 충돌하는 (II)와 (III) 영역이다. 방송사는 보여주려고 하지만 시청자들은 보지 않기를 원하는 내용과 방송사는 보여주고 싶지 않는데 시청자들의 보기를 원하는 내용이다.

지금까지 주로 논의되어 온 중간광고로 인한 시청권 침해와 관련된 문제는 주로 (III)의 영역에 대한 논쟁이었다. 중간 광고 때문에 시청자들의 프로그램 시청 방해만을 시청권 침해로 보았던 것이다. 즉, 중간광고로 인해 프로그램 시청이 중단되는 소극적 의미의 시청권 침해만을 고려하고 있는 것이다. 때문에 중간광고로 인해 시청권이 침해된다는 주장은 최근에 광고가 일종의 문화적 현상으로 인식되어 광고회피 현상이 크게 줄어들고 있는 추세[22]와 유료방송채널에서 중간광고를 오래 전부터 실시해 오고 있어 시청자들이 익숙해진 점을 감안하면 점점 더 문제되지 않을 수 있다. 하지만 적극적 의미의 시청권 침해는 중간광고로 인해 시청자들이 보아야 할 내용이 축소되거나 편성에서 배제되는 것을 문제시한다. 중간광고로 인해 시청자들이 보기를 원하지만 볼 수 없는 내용의 문제로 관점이 변화될

---

22) 이 같은 광고회피현상이 줄어드는 추세를 극명하게 보여주는 것은 인터넷 동영상 콘텐츠 수용행태에서 잘 엿볼 수 있다. 최근 들어 인터넷 동영상 광고를 스킵하지 않고 시청하는 이용자들이 점차 늘어나고 있고, 심지어 30초 이상 1분이 넘는 광고도 나가고 있다. 때문에 광고 중에는 동영상 콘텐츠보다 더 인기가 높은 경우도 자주 발생하고 있다. 이용자 광고 클릭 수 산출에서 매우 보수적인 입장을 보이고 있는 구글/유튜브 콘텐츠의 광고매출이 꾸준히 늘어나고 있는 것을 보아도 광고회피현상이 점점 줄어들고 있는 것은 분명하다.

필요가 있다. 중간광고 허용으로 방송사들이 더욱 치열하게 시청률 경쟁에 돌입하게 되면서 발생하는 문제점이다. 일반적으로 광고를 프로그램과 분리해 편성하게 하고, 중간광고를 허용하지 않고 있는 가장 큰 이유는 광고가 프로그램에 영향을 주는 것을 최소화하기 위해서이다. 또 간접광고나 프로그램 협찬을 가급적 금지하거나 제한하는 이유도 프로그램 내용이 광고 효과 때문에 왜곡되는 것에 대한 우려 때문이다. 그렇지만 중간광고를 허용한다는 것은 궁극적으로 시청자들의 광고회피(zapping) 현상을 최소화하겠다는 것이고, 이를 위해서 프로그램 내용은 점점 상업화되는 것이 불가피할 것이다. 또한 중간광고의 광고효과를 더욱 극대화하기 위해 선정적이나 폭력적 내용을 많이 포함한 오락물 비중이 늘어나게 될 가능성도 높다. 이것은 중간광고로 인해 시청자들이 보아야 하지만 방송사들이 제공하지 않는 (II)영역의 프로그램들이 늘어난다는 것을 의미한다.

이 같은 관점을 바탕으로 시청권 침해 문제를 공영방송과 연관지어 생각해 볼 필요가 있다. 공영방송은 시청자들이 '보고 싶어 하는 것' 뿐 아니라 '보아야 하는 혹은 볼 필요성이 있는' 프로그램을 제공할 의무를 상업 방송들보다 더 많이 부여받고 있다. 공영방송 개념은 아니지만 미국의 '방송수탁제(The Trusteeship of Broadcasting)' 개념에 포함된 시청자의 '이익(want)'와 '필요(need)' 중에 필요에 더욱 충실해야만 하는 것이다. 그런데 중간광고 같은 상업적 재원에 대한 의존도가 높아지게 되면 시청자 필요보다 이해에 초점을 더 맞추게 될 가능성이 높다. 때문에 중간광고로 인한 시청권 침해는 프로그램 시청중단 같은 물리적 문제가 아니라 시청자에게 필요한 내용의 축소 혹은 소멸이라는 적극적 의미에서 접근할 필요가 있다. 물론 이러한 비판을 의식해서인지 지상파방송 중간광고 허용을 주장하는 연구들은 공익적 프로그램을 더 많이 제작한다든지 광고시간을 축소하고 중간광고의 삽입시점을 적절히 제한하는 방안(최민음·홍원식, 2017), 허용시간대와 프로그램 장르 등을 선별하여 단계적으로 허용하는 방안(정윤재 외, 2017) 등을 제시하고 있다. 하지만 단계별 허용방안이라는 것이 현실적이라고 보기 어렵고, 이제까지 방송사들의 행태로 보아 다양한 보완 장치들만으로 적극적으로 시청권을 확보할 수 있을지도 의문이다. KBS 수신료 인상 시도에서 보여주었던 것처럼 수신료 인상과 광고비 축소가 연동되지 않는 상황에서 중간광고 허용에 대한 제한적·단계적 방안들이 제대로 실현될 수 있을지는 매우 회의적이다.

V. 공영방송과 광고규제완화

지상파방송 광고규제완화 논란이 커지게 되는 본질적인 원인은 다른 정책이슈들과 마찬가지로 공영방송과 민영방송에 대한 명확한 구분이 없다는 것이다. 1장과 2장에서도 설명한 바와 같이, 우리나라의 공영방송 제도는 법적 근거가 미약한 관념적 개념 수준에 머물러 있다. 이 때문에 우리 공영방송은 명확한 분류기준도 없고, 제도, 재원, 책무 등 모든 부분에서 불완전한 구조를 지니고 있다. 이러한 구조적 불완전성은 공·민영 이원구도를 기조로 하는 정부 정책을 유지하기도 힘들고, 쟁점이 발생할 때마다 공영·민영을 불문하고 모든 방송사업자들이 방송시장에서 첨예하게 대립하는 일이 반복되고 있다. 앞 장에서 살펴본 지상파방송 재송신에서와 마찬가지로 갈등이 지속되고 있는 근본 원인도 바로 여기에 있는 것이다.

1. 공영방송과 광고 규제

공영방송에 대한 법적 미흡함에도 불구하고 우리 법원이 공영방송의 존립을 인정해오고 있다는 것은 다소 이례적이다. 2010년 대법원은 '방송은 민주적 여론형성, 생활정보의 제공, 국민문화의 향상 등 공공적 역할을 수행하면서 국민의 생활에 직접적인 영향을 미치고 있고, 방송의 이러한 공공성을 고려하여 공익향상과 문화발전을 위해 공영방송 제도를 둔다'고 판결하고 있다(대법원, 2010). 방송법에 공영방송 개념도 없고 공영방송과 민영방송에 대한 구분 자체가 없는 상태에서 법원이 공영방송 제도를 언급한 것은 매우 독특한 일이다. 이는 우리나라의 공영방송이 법적 개념이 아니라 관념적이라는 것을 분명히 보여주는 것이다. 그렇지만 방송법상에 공영방송에 대한 차별화된 책무나 규제를 두고 있지 않고 모든 방송사업자들에게 거의 동일한 공적 책임과 공정성, 공익성 의무를 부여하고 있는 것은 항상 정책적으로 딜레마를 야기하고 있는 것이 사실이다.

방송광고 역시 공영방송·상업방송 구분해서 규제하지 않고, 오직 방송사업자 유형별로 광고 유형과 시간에 있어 차이를 두고 있을 뿐이다. 이처럼 규제가 차별화되지 않은 상태에서 지상파방송 광고규제 완화는 공영방송이라고 인식되고 있는 모든 지상파방송사들의 광고도 완화하는 것이 된다. 실제로 중간광고 허용 필요성을 주장하는 근거들을 보면 이 같은 혼재된 공·민영 방송구조를 문제의식 없이 받아들이고 있다. 중간광고를 허용해야 하는 이유로 가장 많이 거론되는 것은 '지상파방송의 공공서비스 책무'에 충실해야 한다는 논리다(윤성옥, 2016). 공영방송의 '민주주의적 기여'와 '양질의 콘텐츠 제공'이라는 두 가지 목표(윤석민·홍종윤·오형일, 2012)를 성취하기 위해 안정적인 재원확보가 필요하다는 주장이다. 이는 공영과 민영을 불문하고 지상파방송 모두에게 공적 책무[23]를 부여하고 있는 만큼 정책적 배려차원에서 모든 지상파방송사들에게 안정적 재원을 지원해야 한다는 논리로 확대되고 있다(정윤재 외, 2017). 공영방송의 공적 책무를 강화하기 위해 상업적 재원을 늘리다는 방안 자체도 모순적이지만, 더 큰 문제는 이 같은 공영방송 논리를 전체 지상파방송에 확대 적용하고 있는 것이다. 여기에 그치지 않고 심지어 사적 이익을 추구하는 유료방송과 대비해 국가의 사업, 공적 급부 혹은 공적 역무를 수행하는 모든 방송사업자들까지 공영방송 범주에 포함시키고 있다(고민수, 2014). 물론 공영방송과 민영방송을 분리해 접근하는 허용 논리가 없는 것은 아니다. 최우정(2016)은 중간광고 허용논리를 공영방송은 안정적 재원확보를 민영방송은 직업행사의 자유로 분리 제시하고 있다. 그렇지만 대다수 지상파방송 중간광고 허용을 주장하는 논리들은 지상파방송과 공영방송을 구분하지 않고 획일적인 공익 논리를 제기하고 있다.

공영방송과 상업방송을 구분하지 않고 중간광고 허용하여야 한다는 논리는 외국 사례를 인용하는데 있어서도 그대로 반영되고 있다. 대표적으로 중간광고는 세계적으로 보편적인 광고 유형으로 미국·유럽 등 해외 많은 나라에서 시행중인 제도로 오직 광고총량에 대한 제한만 적용하고 있다는 논리다(문철수, 2007; 박현수·이인성, 2016). 하지만 중간광고를 허용하더라도 공영방송 제도가 정착되어 있는 나라들의 경우에는 공영방송의 중간광고를 대부분 금지하거나 제한하고 있다. [표 7-5]를 보면, 모든 나라들이 중간광고를 무차별로 허용하고 있는 것이 아니라 공영방송에 대해서는 상대적으로 엄격한 규정을 적용하고 있음을 알 수 있다.

---

23) 우리 방송법 지상파방송 혹은 공영방송 만을 위한 공적 책무를 별도로 규정한 법조항은 전혀 없다. 만약 이 논리대로 하자면 방송법 제5조 방송의 공적 책임 제6조 방송의 공정성과 공익성에 의해 공적 책무를 부여받은 모든 방송사업자는 공영방송이라는 논리가 성립된다.

[표 7-5] 주요국의 중간광고 규제 현황

국가	공영	민영
영국	광고금지	·중간광고 허용 -프로그램 중간 휴식시간 -45분 이상의 영화 등 오락물 -종교·왕실행사·의회중계·교육 프로그램, -30분 미만 어린이·다큐·뉴스· 시사프로그램은 금지
일본	광고금지	중간광고 허용(자율규제)
미국	광고금지	중간광고 허용(방송사 자체 판단)
독일	·대부분의 공영방송은 광고금지 ·ARD, ZDF 만 평일 20분 광고 허용 (원칙적으로 프로그램과 프로그램 사이에만 허용) ·중간광고 : 중간휴식 등 프로그램 흐름을 손상하지 않는 범위에서 허용	·중간광고 허용 (광고가 허용된 채널) -프로그램중간 휴식시간 -일반프로그램은 20분 간격 -45분이상의 영화 -어린이·종교프로그램·30분미만 (뉴스·시사·다큐프로그램은 금지)
프랑스	·아르테는 광고 금지 ·France2, 3, 5는 광고 허용 (원칙적으로 프로그램과 프로그램 사이만 허용) ·중간광고: 스포츠·공연 등 중간 휴식시간에 허용(스포츠 이외 프로그램 20시 이후 중간광고 금지)	·중간광고 허용 -일반프로그램은 20분 간격 -30분미만 뉴스·시사·종교·어린이 프로그램 금지
이태리	·공·민영 모두 중간광고 허용 -일반 프로그램은 20분 간격(110분이하는 2회, 100분 이상은 3회) -30분미만의 만화영화·뉴스프로그램은 금지	

※ 영국, 일본, 미국의 경우 공영방송에 대한 광고 자체가 금지되어 있어 중간광
 고를 광고로 수정
※ 방송위원회, "지상파방송 중간광고 허용범위 확대방안 마련을 위한 공청회"자
 료(2007.11.14.) 이종원·초성운·김지영(2009)에서 재인용

제대로 된 공영방송을 가진 나라들이 공영방송의 광고를 허용하고 있지 않지만, 공영방송에도 일부 중간 광고를 허용하고 있는 독일과 프랑스의 경우에도 프로그램 중간이 아니라 프로그램 사이에만 허용하고 있어, 우리나라에서도 허용되고 있는 '토막광고'와 같은 것으로 중간광고와는 차이가 있다.

정준희(2016)는 주요 국가들의 광고규제 유형을 크게 세 가지로 나누어 설명하고 있다. 첫째, 무규제 혹은 자율규제 유형 둘째, 광고방법 별도로 규정하지 않고 광고총량만 규제하는 유형 셋째, 우리나라와 같이 중간광고 같은 광고유형을 구체적으로 명시하고 차별적으로 규제하는 형태다. 이처럼 규제형태가 다양한 것은 각 나라가 가지고 있는 정치·문화적 배경과 방송을 접근하는 시각의 차이에 기인하는 것이라 할 수 있다. 때문에 공영방송 재원을 모두 수신료에 의존하는 영국과 일본을 제외한 다른 나라들의 공영방송은 거의 대부분 중간광고를 부분적이고 제한적으로 허용하고 있다. 광고를 주재원으로 하는 민영방송에 비해 공영방송은 허용 범위나 시간을 상대적으로 강하게 제한하고 있는 것이다. 그렇지만 우리나라의 경우 현행 법제도 아래 중간광고를 허용한다면 공·민영 차이 없이 모든 지상파방송에게 동일한 수준의 중간광고를 허용할 수밖에 없다. 그럼에도 각국의 광고규제에 대해서도 상반된 평가와 시각이 나오고 있는 이유도 공·민영 방송에 엄격한 분류기준이 없는 우리나라의 법제도 때문이라 할 수 있다. 이른 다른 정책들과 마찬가지로 중간광고 허용을 둘러싸고 사업자간 갈등을 심화시키고 정부 정책 결정에도 어려움을 야기하는 원인이 되고 있다. 이는 이해당사자들의 이해득실에 따라 유리한 요인들만 취사선택하여 정책을 요구하고 정부는 중간에서 정책적 딜레마에 빠지는 전형적인 '쓰레기통 정책 모델'[24]

---

24) 쓰레기통 정책모델이란 코헨(Michael D. Cohen)에 의해 제시된 정책모델로서 정책결정을 위한 정보나 지식이 충분하지 못한 경우에 나타난다. 정책

현상이 지배하게 되는 주된 이유다.

결국 중간광고 문제를 해결할 수 있는 가장 바람직한 방법 역시 공영방송과 민영방송를 차별화할 수 있는 기준을 마련하는 것이다. 공적 재원인 수신료를 주재원으로 하는 것이 이상적이라는 공영방송의 속성을 감안한다면 상업방송에 비해 상대적으로 엄격한 광고규제가 이루어지는 것이 바람직하다.[25] 이처럼 공영방송과 상업방송의 광고규제에 차이를 두어야 하는 이유는 광고가 주된 재정수단인 상업방송과 달리 공영방송은 광고재원이 주재원이 되어서는 안 되기 때문이다. 이미 누차 지적한 것처럼 공영방송의 재정은 공적 재원인 수신료를 주로 하고, 필요한 경우에 광고와 같은 사적 재원을 사용하는 것이 가장 바람직하다. 실제 주요 공영방송사들의 경우 광고 같은 상업적 재원이 차지하는 비중은 대체로 25% 이하 수준을 유

을 추진하는 조직이 '조직적 무질서' 상태에서 선호하는 다수의 행동과 선택들이 동시에 발생하는 '문제성 선호(problematic preference)', 의사결정자들이 정책대상에 대해 충분한 정보가 부족하여 과거의 경험을 토대로 의사결정을 하는 '불투명한 기술(unclear technology)', 의사결정참여자가 일정하지 않은 '유동적 참여(fluid participation)'로 인해 발생하는 정책결정과정을 말한다(Cohen, M. D., March J. & Olsen, J,1972). 이로 인해 정책결정과정에서 이해당사자들은 외국 사례들 중에 자신들에게 유리한 부분만 발췌에서 자신들의 이익을 대변하는 현상이 발생하게 된다. 2000년 이후 우리나라의 방송정책은 이 같은 쓰레기통 정책결정 모델이 주도해왔다고 할 수 있다. 새로운 미디어 도입, 방송통신 규제기구 개편, 공영방송 제도 개편 등 거의 모든 정책추진과정에서 쓰레기통 정책 모델이 일상화되었다. 이로 인해 전문성과 체계성이 부족한 정책부서들은 정책적 딜레마에 빠져 상호 모순되는 정책을 동시에 추진하게 되고 이로 인해 정책혼선이 가중되는 일이 자주 발생하였다(황근·최영묵, 2000). 중간광고를 둘러싼 지상파방송 광고규제완화 정책 역시 전형적인 쓰레기통 정책모델 양상을 보이고 있다 할 수 있다.

25) 물론 이 같은 차별적인 광고규제가 이루어지기 위해서는 KBS수신료 인상, 정부지원, 저가 유료방송 이용료 같은 방송시장 전반에 대한 체계적인 재원확보정책이 마련되어야 할 것이다(황근, 2015).

지하고 있다. 우리 방송법에도 KBS는 시청료를 주재원으로 해야 하고 특수한 목적을 위해서 다른 재원을 사용할 수 있다고 규정하고 있다. 그러므로 공영방송의 광고는 단순히 방송사의 재정지원수단으로만 인식되어서는 안 된다. 광고가 가장 자본주의적이고 시장에 기반 한 제도라는 점에서 미디어의 공공성 및 공익성 확보와 연계하는 것은 매우 위험한 발상이다(권형둔, 2015).[26] 결론적으로 공영방송과 민영방송의 특성을 고려해 민영방송의 광고규제는 완화하더라도 공공성, 공익성이 강하게 요구되는 공영방송에게는 상대적으로 강한 광고규제가 필요할 것이다. 도리어 공영방송의 방송광고 매출 비중을 낮추기 위해 KBS수신료, 정부지원, 유료방송 요금 인상 등 종합적이고 체계적인 재정지원 정책이 마련되어야 할 것이다(최종선, 2018). 물론 공영방송의 공공성·공익성을 목적으로 중간광고를 규제하는 것이라면 영국의 '공공서비스 방송'처럼 법적 권리와 의무, 재정구조 등을 우선 정비해야할 필요성이 있다(정준희, 2016).

2. 공영방송 광고의 정치경제학

공영방송 KBS의 구조개혁과 관련해 가장 오랫동안 지적되어 온 문제는 상업적 재원인 광고수익 의존도가 지나치게 높다는 것이었

---

26) 이와 관련해서 공영방송의 광고가 정부의 재원을 통한 통제를 예방하는 효과가 있다는 주장도 있을 수 있다. 수신료가 그나마 가장 바람직한 공적 재원이라 하더라도 근본적으로 조세의 성격을 완전히 벗어날 수 없고, 우리나라처럼 공영방송 거버넌스와 수신료 제도가 정치적 역학관계와 밀접히 관련되어 있는 경우에는 정치적 영향력에서 독립적이지 못할 수도 있다. 그런 맥락에서 공영방송의 광고재원이 긍정적인 측면이 없는 것은 아니다. 하지만 광고재원 의존도가 정치적 독립을 일부 제고시킬지는 모르지만 반대로 상업적 영향력은 이보다 훨씬 더 커질 수 있다. 이는 방송의 공정성과 공익성을 위축시키는 어쩌면 더 큰 위협요인이 될 수도 있다.

다. 현재 KBS의 재원구조는 광고 40%, 수신료 40% 그리고 콘텐츠 판매 및 재송신 대가 같은 기타 수익이 20% 수준을 차지하고 있다. 이러한 재원구조 때문에 공영방송으로서 KBS가 제 역할을 할 수 있을까하는 의문이 제기되는 것은 너무나 당연한 일이다. 공영방송의 존립근거는 '정치와 시장으로부터 독립된 방송'에 있기 때문이다. 특히 시장으로부터 독립되기 위해서는 상업적 재원인 광고수익을 금지하거나 최소화하는 것이 너무나 당연하다. 그런 맥락에서 전체 재원의 40%를 상업광고에 의존하고 있다는 것은 큰 문제임에 틀림없다. 여기에다 점점 비중이 늘어나고 있는 기타수익 역시 지상파방송 재송신 대가와 유료방송시장에서 콘텐츠 재활용, 모바일·인터넷 플랫폼 VOD 등을 통해 벌어들이는 상업적 재원이라는 점에서 현재 KBS의 재원은 상업적 재원이 지배하고 있다고 해도 지나치지 않을 것이다. 이는 공영방송 프로그램들이 2차, 3차 창구에서의 이윤을 극대화하기 위해 상업화될 수 있다는 우려를 가능하게 한다. 광고든 기타수익이든 상업적 재원이 늘어난다는 것은 공영방송의 프로그램들의 공익성을 위축시킬 수밖에 없을 것이다.

그럼에도 불구하고 KBS가 2004년 이후 추진했던 네 차례 수신료 인상시도에서 상업광고를 완전히 포기하거나 공영방송 수준에 걸맞게 축소하겠다는 구체적이고 실천 가능한 계획을 발표한 적은 거의 없다. 도리어 2011년 수신료인상안에서는 광고수입을 그대로 두고 수신료만 인상하고자 하였다. 이에 대한 비판이 거세지자 2013년 인상시도 과정에서 KBS와 방송통신위원회가 단계별로 수신료를 전체 재원의 30% 이하로 낮추겠다[27]고 했지만, 이는 사실상 수신료 인상

---

27) 그런 의미에서 중간광고를 단계별로 확대허용하자는 방안(광고주협회, 2013; 정윤재 외, 2017)들은 KBS의 수신료 인상과 단계별 광고축소 안과 정면으로 배치된다. 광고규제 완화에 있어 공영방송과 민영방송을 구분해 접근해야 하는 이유가 여기에 있는 것이다. 그러므로 중간광고 허용 같은 광고규제

으로 전체 재원규모가 커지면 지금의 광고매출 규모를 그대로 유지
해도 자연스럽게 달성될 수 있는 목표라 할 수 있다. 이는 KBS의 수
신료인상이 공영방송으로서 공영성을 강화하겠다는 명분과 달리 종
사자들의 이익을 도모하기 위한 조직 이기주의라는 비판을 받는 이
유이기도 하다. 실제 여러 여론조사결과들은 KBS가 진정한 공영방송
으로 자리메김하기 위해 100% 수신료 운영되거나 광고 축소가 필요
하다는 것을 보여주고 있다.

　그럼에도 불구하고 KBS는 광고축소는 절대 불가하다는 입장을 고
수하고 있다. 물론 양질의 프로그램 제작, 국가로부터의 독립성, 대
외 경쟁력 유지 등 여러 이유들을 제시하고 있지만 가장 본질적인
이유는 광고수익이 KBS 구성원들의 후생과 직결된 '성과급'의 근거
가 되고 있기 때문이다. KBS가 100% 수신료로 운영되게 되면 광고매
출을 통한 추가 수익모델이 사라지게 되고 이는 경영 성과에 따라
지급되는 성과급이 존립할 수 없게 만든다. 사실상 법적으로는 공기
업 범주에 포함되어 있지 않지만 사실상 공기업 형태로 운영되고 있
는 KBS는 오랜 기간 경영진과 노사 협상을 통해 다양한 성과급 장치
들이 구조화되어 있다.[28] 3장에서 설명한 바와 같이, 많이 개선되었
다고 하지만 복지카드, 특별 상여처럼 편법을 통한 성과급 지급이
여전히 지속되고 있다는 것이 몇 차례 감사원 감사결과에서 밝혀진
바 있다. 한마디로 공영방송 KBS에는 많은 공기업에 만연되어 있는
종사자 이기주의가 남아 있고 그 기저에는 광고수익이 있다고 할 수
있다.

　완화는 KBS수신료를 포함한 전체 방송재원을 체계적으로 접근해야만 하
　는 것이다.
[28] 3장에서 설명한바와 같이, 2000년 이후 몇 차례의 KBS에 대한 감사원 감사
　결과가 이를 잘 보여주고 있다. 실제 왜곡된 사원후생복지 제도와 성과급
　제도 등에 대한 개선 요구에도 불구하고 매번 감사 때마다 다른 형태로 변
　형되어 지속되고 있는 것을 볼 수 있다.

이러한 상업광고 의존도는 공영방송 KBS 경영구조를 더욱 악화시키는 원인이 되고 있는 것이 사실이다. 경기호황으로 광고수입이 늘어나 흑자를 기록하면 구성원들의 성과급을 대폭 늘리거나 고가 장비구입과 같은 도덕적 해이현상이 발생한다. 하지만 경기가 나빠져 적자가 발생하면 흑자 년도에 합의한 임금인상률을 보전하기 위해 추가 자금을 차입해야하는 악순환이 반복되고 있는 것이다. 이 때문에 KBS 부채규모는 광고수익이 오르내리는 것과 무관하게 지속적으로 늘어난 것을 3장에서 살펴 본 바 있다. 실제 2010년도에 무려 434억 원의 흑자를 기록했음에도 불구하고, 2011년도 부채는 전년대비 2,000억 가까이 늘어난 6,300억 원에 이르렀던 것을 볼 수 있다. 그 이유는 2010년도 흑자분은 성과급으로 당해 연도에 지급하고 흑자규모에 근거해 노·사가 합의한 급여 인상 때문이다. 하지만 2011년도에 48억 원 흑자에 그치게 되자 급여인상분을 보전하기 위해 차입금이 늘어나는 전형적인 공기업형 도덕적 해이 현상을 보여주고 있다.

그러면 상대적으로 역대 모든 집권 여당은 왜 어김없이 지상파방송 광고규제 완화에 집착하는 것일까? 그 원인은 우리 공영방송 구조가 정치 통제형 미디어들이 가지고 있는 '정치병행성(political parallelism)'에 바탕을 둔 '후견인주의(clientalism)' 때문이다(Hallin & Mancini, 2004). '정치병행성'이란 미디어가 인·허가권자인 집권정당을 위해 정치적 편향성이나 동원 같은 정치적 행위자 역할을 수행하면서 집권 정치권력과 연대·존립하는 양식을 말한다. 정치 민주화이후 많이 개선되었다고 하지만 우리 방송사들은 여전히 정치권력 변동에 큰 영향을 받는 구조로 되어 있다. 집권 정부가 사실상 지배하도록 되어 있는 공영방송의 소유형태와 거버넌스 구조를 가지고 있기 때문이다. 때문에 정권교체와 함께 공영적 지상파방송사들은 정치병행성에 따라 거버넌스 구조가 아닌 거버넌스 내의 주도권을 바꾸는 갈등이 유발되고 있다. 이렇게 거버넌스 내의 주도권을 확보한 이후에 집권 정파는 '후견인주의(clientalism)' 지원정책을 추진하게 된다. 즉, 후견인 인 정치권력이 정치적 지지와 복지를 대가로 피후견인인 미디어에 게 물질적인 이익과 참여와 동원의 기회를 제공하는 것이다. 이 이 론을 주창한 핼린과 만치니(Hallin & Mancini, 2004)는 영미와 북유럽의 일부 국가를 제외한 대부분 나라들의 미디어 시스템이 이 형태에서 크게 벗어나지 않는다고 지적한다.

이러한 정치병행성에 근거한 후견인주의적 성향은 우리나라의 방송 특히 공영방송들의 존재양식을 잘 설명해주고 있다. 사실상 역 대 정권들은 방송을 자신의 정치적 기반을 구축하는 도구로 인식해 왔고 아직도 이 같은 인식에서 완전히 벗어나 있다고 보기 어렵다. 그 대신에 모든 정권은 이러한 미디어의 정치적 역할에 상응하는 재 정적 지원과 제도적 보호 정책을 추진할 수밖에 없다. 김대중·노무 현 정부 시절 강력하게 추진했던 언론개혁에서도 방송은 무풍지대 로 남아 있었고(황근, 1999), 제5공화국에서 구축한 독과점 구조를 더 욱 견고하게 유지해 올 수 있었던 이유도 여기에 있다 할 것이다. 이 러한 현상은 보수·진보 정부 모두 정권교체 이후 거버넌스 주도권 획득 이후에 어김없이 KBS 수신료 인상과 광고규제 완화 정책을 추 진해왔던 것에서 알 수 있다. 반대로 야당은 이를 강력히 반대하는 일이 반복해 왔다. 하지만 수신료 인상은 정파적으로 구성된 KBS이 사회-방송통신위원회-국회라는 다단계 정쟁을 거쳐야하기 때문에 실 현 가능성이 높지 않고 갈등만 유발할 가능성이 있다. 때문에 별도 의 법 개정 없이 방송통신위원회의 시행령 개정을 통해 실현가능한 광고규제완화가 훨씬 용이할 수 있다. 그런 맥락에서 박근혜 정부 이후 추진해온 지상파방송 광고규제 완화정책 즉 중간광고 허용이 현 정권에서도 공영방송 거버넌스 주도권을 구축한 후 재차 시도될 가능성이 매우 높다. 결국 우리나라의 지상파방송 광고규제 완화정 책은 논의 과정에서는 다양한 이유와 명분 그리고 논거들이 제기되

고 있지만, 본질적으로는 정치적 역학이 기저에서 작동하고 있는 것
이다[29]. 한마디로 지상파방송 중간광고 허용 문제 역시 공영방송의
정치적 독립문제와 무관하지 않다는 것이다. 결국 지상파방송 광고
규제완화는 돈과 관련된 문제 같지만 그 내면은 역시 정치의 문제라
할 수 있다.

VI. 지상파방송 광고규제 완화를 위한 조건들

지상파방송 광고규제완화를 둘러싼 갈등은 최근 방송시장에서
벌어지고 있는 사업자간 이익갈등의 한 단면이라고 할 수 있다. 앞
서 살펴보았던 지상파방송 재송신대가와 마찬가지로 방송시장의 파
이는 늘지 않고 있는 상태에서 새로운 매체들이 급증하면서 사업자

---

29) 2018년 9월 정부와 여당은 유튜브 같은 인터넷에서 활동하고 있는 1인 미
   디어들도 방송법 안에 포함시켜 규제하는 법 개정을 추진하고 있다. 그 이
   유는 인터넷 1인 미디어들이 퍼트리는 가짜뉴스(fake news)들이 사회적으
   로 많은 문제들을 야기하고 있다는 것이다. 그렇지만 실제로는 유튜브를
   중심으로 보수성향의 1인 매체들이 크게 활성화되는 것에 대한 정치적 이
   해득실을 반영하고 있다는 지적도 적지 않다. 그러자 지상파방송사들이
   뉴스와 시사 프로그램들을 통해 1인 미디어와 인터넷 언론들의 문제점을
   집중적으로 다루고 규제가 필요하다는 것을 강조하게 된다. 이렇게 지상
   파방송사들이 인터넷 1인 미디어들에 대한 규제를 옹호하는 더 큰 이유는
   지상파방송사들의 광고매출 감소가 최근 급성장하고 있는 인터넷·모바일
   매체들 때문이고 이를 주도하고 있는 것이 유튜브라는 점이 작용했을 것
   으로 보인다. 때문에 인터넷 1인 미디어 규제 시도는 외형적으로 정치·사
   회적 쟁점인 것처럼 보이지만, 내면적으로는 지상파방송사들의 경제적 이
   익 문제와 연관되어 있다고 할 수 있다. 이 역시 우리 공영방송이 정치권
   력과의 정치병행성에 바탕을 둔 상호 이해관계가 맞아 떨어지면서 나타난
   현상으로 볼 수도 있다.

간 이익이 충돌하고 있는 현상 중에 하나인 것이다. 실제로 독과점
구조아래 안정적인 풍요를 누려왔던 지상파방송사와 급성장하고 있
는 유료방송과의 갈등은 여러 곳에서 발생하고 있다. 물론 방송시장
에서의 사업자간 갈등은 우리나라만의 문제가 아니다. 하지만 우리
나라에서의 갈등양상이 더욱 복잡한 이유는 공익논리와 시장논리가
뒤얽혀있기 때문이다. '지상파방송 보편적 시청'과 '콘텐츠 대가'로
갈등하고 있는 지상파방송재송신, '지상파다채널 보편적 서비스'와
'지상파다채널 유료방송화' 문제로 갈등하고 있는 지상파다채널방송
모두 공익논리와 시장논리의 충돌이라고 할 수 있다. 하지만 본질을
살펴보면 각각의 사업자들이 내세우고 있는 공익논리는 자신들의
이익을 정당화하기 위해 포장된 것임을 알 수 있다. 한마디로 모든
산사업자들이 자신들의 이익을 공익논리로 포장해 유리한 정책이
결정·추진되기를 압박하고 있는 것이다.[30]

　중간광고를 비롯한 지상파방송 광고규제완화 역시 외형적으로는
이 같은 두 논리간의 충돌이라 할 수 있다. 지상파방송 중간광고 허
용이 필요하다는 주장들은 주로 지상파방송의 공익성 담보와 고품
질 콘텐츠 생산 같은 공익논리를 표방하고 있다. 여기에 한류 콘텐
츠 확산 같은 다분히 '억지 춘향 격' 목표들까지도 내세우고 있다. 물
론 이러한 논거들이 전혀 근거 없는 것은 아니지만 상업광고 확대를

---

30) 우리나라에서 모든 사업자들이 자신들에게 유리한 정책을 끌어내기 위해
　'공익(public interest)' 논리를 표방하는 것은 우리 방송정책이 지나치게 공익
　성에 집착하고 있기 때문이라 생각된다. 공익이라는 개념은 매우 추상적
　이어서 형식적으로는 모든 정책들의 정당성을 획득하는데 매우 유리한 것
　이 사실이다. 공익 개념은 매우 다의적이고 추상적이어서 모든 사업자들
　이 자신들의 이익을 공익으로 포장하는데 매우 용이하다. 이 때문에 주요
　방송정책을 결정·추진하는 데 있어 정부는 사업자들의 요구를 동시에 정책
　에 반영하다가 정책적 딜레마에 빠지고 도리어 사업자들 간의 갈등을 더욱
　증폭시키게 된다. 이는 우리 사회가 일종의 '공익 집착증(public paranoia)'에
　빠져 있다는 것을 보여 주는 것이라 할 수 있다.

통해 공익성을 제고한다는 논리 자체가 앞뒤가 맞지 않는 것은 사실이다. 또 고품질 콘텐츠 제작과 한류 콘텐츠 확산이 반드시 지상파방송사들이 주도해야하는 것인지 그리고 이 같은 일시적 목표들이 제도를 개선할 정도로 의미를 갖는 것인지도 의문이다. 그렇지만 지상파방송 중간광고 허용의 본질은 지상파방송사들의 매출감소로 인한 경영압박을 해소하겠다는 것이다. 하지만 이 역시 지상파방송 경영압박 문제를 정부가 나서서 해결해야 하는 것인지에 대해서도 의문이 없지 않지만, 방송시장 전체의 재원 확대라는 차원에서 중간광고를 확대하는 정책은 필요하다 생각된다. 그렇지만 규제완화 정책은 공영방송의 시장의존도를 증대시켜 많은 부작용을 야기할 가능성이 높다. 1980년대 이후 세계적 추세였던 규제완화(deregulation) 정책은 시장실패로 인한 부작용을 보완하기 위해 1990년대 들어 재규제(re-regulation) 정책으로 전환된 바 있다. 이 처럼 규제완화 정책은 반드시 이를 보완할 수 있는 안전판(safeguard)을 필요로 한다. 그러므로 중간광고 허용 문제를 논의함에 있어서도 이러한 부작용을 최소화할 수 있는 체계적인 보완책들이 검토되어야 할 것이다.

첫째, 광고규제체계의 전반적인 개선이 필요한 것은 분명하다. 지금처럼 매체별로 광고방식을 규제하는 방식이 전혀 무용한 것은 아니지만 장기적 관점에서 매체별 차이보다는 광고유형별 규제 방식으로 전환될 필요가 있다. 한 예로 방송프로그램 내용과 광고를 분리하는 현재의 규제방식은 새로운 디지털 기술에 걸맞지 않고, 사실상 방송사들의 편법 광고들을 규제할 수 없는 규제공백이 늘어나고 있는 것이 사실이다. 중간광고가 허용되지 않자 지상파방송사들이 방송프로그램을 1, 2부로 분리 편성하면서 그 사이에 사실상 중간광고를 끼워 넣는 편법[31]이나 인터넷에서 사용되는 맞춤형광고, 시청

31) SBS는 한 프로그램을 1, 2부로 분리해 만든 'K팝스타6' 프리미엄 CM을 15초 광고 1개당 3억 원 이상에 판매했다. 이를 회당 4~6개 씩 20주를 방송했다

자 의지와 무관하게 시청을 강요하는 유인광고(trigger광고)와 채널변경광고(zapping광고) 등은 현행 방송법에 규정된 광고유형 어디에도 해당되지 않지만 실제로는 규제가 불가능한 상태다. 그러므로 분리편성을 원칙으로 하는 광고규제원칙이나 방송광고를 유형별로 규제[32]하는 방식에서 근본적으로 벗어날 필요가 있다.

이러한 광고규제 패러다임을 변화시킨 후에 이미 허용된 광고총량제를 확대 개편하면서 단계별로 광고방식을 자율화하는 형태로 나가는 방법이 모색될 수 있을 것이다(최종선, 2018). 그런 의미에서 광고규제에 수평적 규제체계를 도입하자는 주장은 나름대로 일리가 있어 보인다. 하지만 1990년대부터 EU를 중심으로 제기되어온 수평적 규제체계가 아직도 제대로 정착된 나라가 거의 없고, 수평적 규제체계에서 예외적 매체들을 어디까지 할 것인가의 문제 때문에 실제 적용이 쉽지 않은 것이 사실이다. 전송수단과 무관하게 콘텐츠 제작, 플랫폼, 전송수단 별로 동일 규제를 적용해 경쟁을 촉진하겠다는 원칙에서 벗어난 예외적 매체를 어디까지 할 것인가의 문제가 여전히 쟁점이 되고 있다. 유럽에서는 플랫폼을 별도 층위(layer)로 인정하는 것이 쟁점이 되었고, 우리나라에서는 방송플랫폼 층위를 별도로 분류하더라도 어떤 사업자를 예외로 할 것인가의 문제가 논란이 되었다. 여기서 예외 사업자란 사회적 편익 즉, 공익성이나 공공성을 담보해야 하는 사업자들을 의미한다. 결국 방송플랫폼사업자 중에 공익성을 담보해야만 하는 공영방송의 범주를 어디까지 할 것

───────────

고 가정하면 매출은 360억 원 수준에 달할 것으로 추정되고 있다(중앙일보, 2017. 4. 13).

32) 이는 우리 방송법이 방송매체를 전송수단에 따라 법의 규정하고, 규정에 포함된 방송사업자만 인·허가를 통해 방송시장에 진입하게 하는 아날로그 형태의 방송규제와 매우 유사하다. 이 같은 아날로그 형식의 법규제는 정부가 해당 사업의 진입여부를 결정하고 규제를 용이하게 하겠다는 통제를 목적으로 하는 전근대적인 관료적 규제형태라 할 수 있다.

인가의 문제인 것이다.

우리나라에서 지상파방송은 모두 공익성에 대한 책무를 부여받고 있으므로 지상파방송 전체를 별도 층위로 구분해야한다는 주장이 가능하다. 하지만 지상파방송 전체를 별도 층위로 인정하게 되면 수평적 규제 자체가 의미를 없어지고, 방송시장에서 수직적 결합이 허용된 지상파방송사들의 지배력이 더욱 강화될 가능성이 있다. 결국 별도층위로 인정해야할 공영방송의 범주를 정하는 것이 쉽지 않다. 이러한 문제점은 광고규제에 수평적 규제체계를 도입하더라도 그대로 재연될 가능성이 높다. 모든 방송사업자들에게 동일한 광고규제를 적용하게 되면 현행 방송법 체계상 공영성을 담보해야 할 방송사들에 대한 규제도 완화될 수밖에 없기 때문이다.

둘째, 첫 번째 대안과 연관되어 공영방송의 범주를 명확히 하는 것은 중간광고 뿐 아니라 모든 방송사업자 간 갈등을 해소하는 가장 필요하고 또 효율적인 대안이라는 것이다. '지상파방송'이라는 용어는 전송수단에 근거한 아날로그 형태의 개념이다. 때문에 전송매체의 기술적 속성에 따른 '매체특성론'은 더 이상 유용할 수 없다. 실제로 하나의 전송수단을 통해 방송 사업을 영위하는 사업자는 이제 거의 없다고 해도 지나치지 않다. 또 모든 매체들이 전통적인 전송 네트워크를 벗어나 인터넷 네트워크로 급속히 이동해 가고 있다. 심지어 2016년에 청소년을 대상으로 하는 BBC 3채널이 지상파전송을 포기하고 온라인으로 전환한 바 있다.[33] 이는 지상파방송이 온라인 서비스로 전환한 최초의 사건이다. 그렇다면 전송수단에 따른 매체구분이나 규제방식의 차이는 더 이상 가능하지도 또 필요하지도 않다.

---

33) 2017년 4월 BBC 규제권한이 Ofcom으로 이전한 이후 처음 발표된 BBC의 '2018/2019 연간보고서(Annual Plan)'에서는 BBC의 주적은 아마존이나 넷플릭스, 애플 같은 인터넷 사업자라고 지적하고 향후 온라인서비스에 전력할 것임을 밝히고 있다(김지현, 2018).

그러한 법제도적 개선을 전제로 모든 매체들이 동일한 광고규제를 받는 것을 너무나 당연하다.

하지만 광고규제를 완화할 경우에 방송 시장 전체가 상업화되는 것은 불가피한 현상이다. 이는 질적으로 방송의 공익성과 품질을 보장하기 힘들다는 것을 의미한다. 따라서 시장경쟁에서 벗어나 방송의 공익성을 담보할 수 있는 안전판 즉, 공영방송 범주와 역할을 분명히 할 필요가 있다. 그렇지만 우리 방송법에는 별도의 공익성을 담보해야 하는 공영방송 규정이 미흡하기 때문에 규제완화에 어려움을 겪고 있는 것이 사실이다. 물론 정부가 법제도가 아닌 기능적으로 공익성을 담보하는 방안들을 추진할 수도 있다. 하지만 공영방송을 구분하는 법적 근거가 없는 상태에서 정책적으로 이를 해소하는 것은 한계가 있을 수밖에 없다.[34] 공영방송의 책무와 구조, 재원 등을 포괄적으로 규정할 수 있는 내용적인 측면에서의 '매체특성론'이 필요한 이유다. 그래야 상업적 재원을 통해 공익성을 구현한다는 이율배반적인 논리 때문에 정책이 혼선을 겪는 일이 줄어들 것이다.

셋째, 다른 정책 갈등들도 마찬가지지만 지상파방송 광고규제완화를 둘러싼 갈등은 정치적 이해득실과 매우 밀접히 관련되어 있다는 점이다. 앞서 지적한 것처럼 우리 공영방송의 현행 거버넌스는 집권 정파로부터 완전히 독립적일 수 없는 구조를 가지고 있다. 방송사와 집권정파에 우호적인 '정치병행성(political parallelism)'과 집권정파의 '후견인주의(clientalism)'가 작동하고 있는 것이다. 실제로 지난 20년간 정권이 교체될 때마다 KBS와 MBC 방송문화진흥회 이사와 사장 교체를 둘러싼 갈등이 항상 반복되었고, 그 다음에는 KBS 수신

---

34) 대표적인 사례가 지상파다채널방송(MMS)에서 광고를 금지하게 한 '방송통신위원회'의 결정이 대표적이다. 하지만 이로 인해 지상파다채널방송 추진이 지지부진한 상태이고 EBS를 제외한 지상파방송사들은 다채널방송에서도 여전히 광고허용을 요구하고 있다.

료 인상과 광고규제 완화 정책들이 추진되어 왔다. 그런 맥락에서 중간광고 허용 문제는 지상파방송 경영압박이나 공익성 강화, 프로그램 품질 제고 같은 이유도 있지만 우리 방송이 정치후견적 성격에서 완전히 벗어나 있지 못하다는 것이 더 본질적인 원인일 수 있다. 그러므로 KBS수신료나 지상파방송 중간광고를 둘러싼 갈등에 대해 합리적 해법이 모색 가능하기 위해서는 지상파방송 더 좁게는 공영방송의 탈정치화가 선제조건이라 할 수 있다.

마지막으로 방송광고를 위축시키고 있는 인터넷·모바일 광고에 대한 규제를 강화시킬 필요가 있다는 것이다. 앞서 언급한 바와 같이, 인터넷·모바일은 통신서비스라는 이유로 광고를 포함한 모든 내용물에 대한 규제를 거의 받지 않고 있다. 물론 기술적 장점이나 이용자들의 이용패턴 변화가 광고수입 급증의 주된 원인이기도 하지만 다른 한편으로 느슨한 광고규제도 원인이 될 수 있다. 한 예로 우리나라 포털들은 '검색광고'와 '자연검색' 결과를 명확하게 구분하지 않고 애매하게 제공하는 경우가 많다. 이용자들은 검색 결과를 '연관성(relevance)'순서로 나열된 것으로 생각하지 첫 화면에 보이는 (대부분의) 링크가 포털 사업자에게 지불한 금액을 기준으로 배열된 광고라는 사실을 거의 인식하지 못하고 있다.[35] 이러한 현상은 미국의 경우에도 큰 차이가 없는 것으로 나타났다. 때문에 미국의 FTC(Federal Trade Commission)는 2013년에 '광고와 자연검색결과를 명확하고 눈에 잘 띄도록 구별하지 않는 행위는 연방거래위원회 법 제5조에 위배되는 기만행위 (deceptive practice)'라고 규정하고(FCC, 2013), '배경색/음영 처리(background color/shading)를 달리 하고, 문자(text label)로도 명시적

---

35) 정보통신정책연구원(2012) 조사에 따르면, 전체 이용자의 약 54.3%가 지도 및 위치정보 검색서비스 대부분이 광고라는 사실 인지 못하고 하고 있고, 약 61%가 포털의 부동산 섹션의 매물검색 정보 등이 광고라는 사실을 인지 못하고 있는 것으로 나타났다.

이고 명료하게(explicitly and unambiguously) 명확히 광고라는 사실을 해당 광고에 근접한 위치에 충분히 크고 잘 보이게(large and visible enough) 밝힐 것'을 권고하였다.[36] 이러한 권고사항에 따라 구글은 검색초기 화면에 광고검색결과와 자연검색결과를 확실하게 구분하고 있다. 이는 '광고'와 '프로그램'을 명확히 구분하는 방송광고와 같은 맥락이라 할 수 있다. 이 뿐만 아니라 우리나라의 인터넷은 방송광고와 달리 유흥업소 같은 광고금지 대상도 거의 없어 사회적 부작용도 지적되고 있다. 물론 별도의 광고요금에 대한 기준이나 제도적 장치들도 없어 광고요금 설정에 있어 불공정행위 등도 문제되고 있다. 이 때문에 인터넷 포털이나 모바일광고에 대해서도 '광고 비율 및 위치규제'를 도입해야 한다는 주장도 제기되고 있다. 물론 현행법 틀 아래서 이러한 주장들은 위헌 논란 가능성이 있어 실현될 가능성이 높지 않지만 규제형평성과 사회적 영향력에 비추어 규제방안이 모색되어야 할 것으로 보인다. 이는 결국 지상파방송이라는 한정된 매체가 아닌 전체 방송광고시장을 보호·확대하는 정책이 될 수 있을 것이다.

---

36) 이는 2002년 미국 연방거래위원회(FTC)가 '검색엔진 사업자들에게 금전적 대가를 수령하는 광고 사이트들과 그렇지 않은 자연 검색 결과를 명확하고 눈에 잘 띄도록 구분하고 공지(any paid ranking search results are distinguished from non-paid results with clear and conspicuous disclosures)'하도록 더 강하게 재권고한 것이다.

8장
지상파 다채널방송*

* 8장은 '졸고(2016). 지상파다채널 방송 정책 평가 연구. 정보법학. 제20권 제
2호. 111~146'의 내용을 수정·보완해서 작성한 것임.

Ⅰ. 지상파방송 다채널방송 추진과 갈등

1990년대 초반 디지털 기술이 처음 등장했을 때, 많은 전문가들은 오랫동안 기득권을 유지해왔던 미디어와 이에 도전하는 새로운 미디어들 간에 치열한 열전이 벌어질 것으로 예측했었다. 그 이유는 새로운 커뮤니케이션 기술을 둘러싼 갈등은 기술 원리 때문이 아니라 기술을 둘러싼 사회 구성원간 이익갈등 때문에 발생하는 것이기 때문이다(Slack, 1984). 이러한 이유로 뉴미디어를 둘러싼 갈등을 '변화하고자 하는 세력(force of change)'과 '보존하려는 세력(force of preservation)' 간의 대립으로 표현되기도 한다(Dutton & Blumler, 1989:63~88). 그렇지만 2000년대 이전까지는 그렇게 심각한 갈등이 벌어지지 않았다. 이를 두고 슈인과 훌튼(Suine & Hulten, 1998)은 '태풍후의 고요'인지 '태풍전의 고요'인지 의문을 제기한바 있다. 하지만 2000년대 들어서 본격적으로 디지털 네트워크가 확산되고 다양한 디지털 매체들이 등장하면서 그것이 '태풍전의 고요'였음을 보여주었다. 우선 500년 역사를 지닌 신문은 인터넷 매체들에게 자리를 내주고 종말을 향해 밀려나고 있는 모습이다. Future Exploration Network(2013)는 2044년에 종이신문은 완전히 종말을 고할 것이고, 우리나라는 2027년에는 종이신문이 사라질 것으로 전망한 바 있다.

반면 모바일 폰을 기반으로 하는 OTT서비스들은 이제 미디어 시장의 주도권을 거의 쥔 것으로 보인다. 이미 전 세계에서 가장 많은 가입자를 확보하고 있는 미디어사업자는 넷플릭스(Netflix)로 2017년을 기준으로 1억2천만 명이 넘었다. '인터넷 망을 이용하는 온라인 비디오 대여업자'라는 혹평에도 불구하고 Netflix의 글로벌 확장은 무시할 수 있는 수준을 넘어섰다. 아직 SVOD(Subscription Video on Demand)

서비스가 활성화되지 않은 우리나라에서는 고전하고 있지만, TVOD (Trnaction Video on Demand)는 폭발적으로 성장하고 있다. 특히 유튜 브는 모바일 동영상의 85.6%를 점유하고 있고 광고매출의 40.7%를 차지해 2위인 네이버(8.7%)를 멀리 따돌리고 독주하고 있다. 특히 2005 년에 5억 원으로 시작한 모바일 광고는 2016년에 1조7,453억 원으로 PC광고 매출을 추월했고 조만간 방송광고를 추월할 것으로 전망된다. 모바일과 인터넷을 합한 온라인 광고 총액은 2016년에 3조원을 넘어 전체 광고시장의 32.4%로 지상TV광고 31.9%를 추월하였다(방송통신위원회, 2017). 한편 2009년 출범 이후 급성장해 온 IPTV는 2016년에 사상 처음으로 매출액에서 케이블TV를 추월하고 유료방송시장 주도권을 장악했다. 반면에 유료방송시장을 주도해왔던 지상파방송 계열 PP들의 시장지배력은 여전히 높지만 점점 약해지고 있는 반면 CJ 계열 PP와 종합편성 채널의 점유율은 상승하고 있는 추세다.

이처럼 디지털 융합기술을 기반으로 한 새로운 매체들이 등장하면서 오랜 기간 공공독점(public monopoly) 혹은 자연 독점(natural monopoly)구조 아래 기존 매체들이 누려왔던 '규모의 경제'라는 견고한 틀이 붕괴되고 있다. 특히 우리 미디어 시장은 모든 매체들이 재원을 광고에 의존하고 있어 매체간 경쟁이 더욱 치열해지는 양상이다. 실제 인터넷·모바일 성장으로 광고재원은 급속히 줄어들고 있음에도 불구하고 유료방송 수신료나 공적 재원인 KBS수신료는 좀처럼 늘어나기 힘든 구조를 가지고 있다(황근, 2015). 이 때문에 신규사업자 진입 때마다 광고시장을 둘러싼 '제로 합 경쟁(zero-sum game)'이 유발되면서 사업자간 심한 갈등이 반복되고 있다.

이러한 환경변화에 대처하기 위해 기존 사업자들은 다양한 전략을 추구하고 있다. 가장 용이한 전략은 가용한 자원을 최대한 활용해서 이윤을 극대화하는 전략이다. 첨예하게 대립하고 있는 지상파 재송신 대가나 광고 규제 완화, 홈쇼핑송출수수료 인상 시도 등이 대표적인 것들이다. 또 다른 전략은 경쟁 혹은 연관 사업자를 인수·합병해 규모를 늘리는 것이다. 수평적·수직적 결합으로 '규모의 경제효과'를 배가시키고 상·하류시장의 연관사업자에 대한 협상력을 높여 원가를 점감하는 전략이다. 최근 국·내외에서 빈번히 이루어지고 있는 플랫폼사업자간 인수·합병들은 콘텐츠사업자와의 대가협상에서의 우위를 확보하기 위한 목적에서 이루어지고 있다(조영신,최민재, 2014:9~50). 정부에서 승인을 거부해 무산되었지만 SKT의 CJ헬로비전 인수·합병 시도도 궁극적으로는 상·하류 사업자와의 협상력 강화에 주목적이 있었다고 볼 수 있다(황근, 2016:49~90).

이와 함께 방송사업자들이 추진하고 있는 전략은 플랫폼 창구를 확대하기 위해 새로운 전송기술이나 플랫폼을 개발·상용화하는 것이다. 지상파방송사들이 추진해 온 지상파다채널방송(MMS), 위성방송이 상용화하려고 시도했던 DCS(Digital Convergence Service), 케이블TV의 8VSB 등이 여기에 해당된다. 물론 기존 미디어들이 인터넷이나 모바일을 통해 콘텐츠를 제공하는 OTT 서비스들도 같은 맥락으로 이해할 수 있다.

하지만 플랫폼 확장전략은 경쟁사업자들의 이익과 충돌되는 경우가 많고 확실한 수익모델을 보장할 수 없다는 점에서 대안이 될 수 있을지는 여전히 미지수다. 특히 우리나라의 경우 신규 전송기술이나 플랫폼을 개발·확장하는 전략은 전송수단에 따라 방송매체와 사업자를 법으로 규정하고 있는 아날로그 형태의 법체계 때문에 더 심각한 갈등이 유발될 수밖에 없다. 2013년 12월 미래창조과학부(現 과학기술정보통신부), 방송통신위원회, 문화체육관광부가 공동으로 발표한 '창조경제시대의 방송산업발전 종합계획'은 그런 단면을 극명하게 보여주었다. 이 계획은 그동안 여러 사업자들이 요구해왔던 신규기술들을 거의 모두 정책적으로 수용하겠다는 내용을 담고 있다. 하지만 모든 사업자들이 자신들이 요구한 것을 수용한 것보다 경쟁사업자들이 추진하는 기술이나 요구들을 수용한 것을 더 크게 문제 삼으면서 갈등만 더 증폭시켰던 것이다.

이후에 많은 신규 기술들이 법 개정 혹은 정책적으로 승인되면서 방송시장에 진입하였다. 그렇지만 여전히 쟁점이 되고 있는 대표적인 기술이 '지상파 다채널 방송(Multi Mode Service)'이다. 2014년에 EBS가 시험방송을 시작하였고, 2015년 5월 방송통신위원회가 지상파다채널방송을 '지상파방송 부가채널'로 규정하는 법 개정을 추진하되 광고는 허용하지 않겠다고 결정하여 사실상 허용한 상태다. 하지만 이 같은 정부정책에도 불구하고 KBS와 MBC는 광고허용을 요구하면서 아직까지도 방송을 시작하지 않고 있다. 물론 언젠가는 정부가 지상파다채널방송에 광고를 허용할 것이라는 유료방송사업자들의 불신·반대도 만만치 않아 향후 갈등이 재발될 가능성도 높다. 더구나 지상파방송 이동수신을 명분으로 했던 지상파DMB의 HD송신 중단, UHD TV 내장안테나와 콘텐츠 암호화 추진 등에서 보듯이 그동안 지상파방송사들의 상업화 전략들을 보면 무료보편서비스로서 지상파다채널방송에 대해 의구심이 큰 것이 사실이다.

더구나 지상파방송 재송신 대가나 광고규제 완화 등을 놓고 지상파방송과 유료방송 간에 심각한 갈등이 벌어지고 있는 상황에서 지상파다채널방송은 이러한 갈등을 더욱 증폭시킬 가능성도 있다. 때문에 정부의 정책적 기조와 접근 방법이 너무나 중요한 상황이다. 윌슨(Wilson, 1980)의 정책모델이론[1]에 따르면, 공영방송이나 지상파

---

1) 윌슨(Wilson)의 정책 분류에 비추어보면, 방송정책들은 다수의 대중이 비용을 지불하고 혜택을 받는 KBS 수신료, 공영방송 정책 같은 대중정책(majortan policy)과 다수의 시청자들을 위해 방송사들이 비용을 지불하는 공익적 책무나 편성 정책 같은 기업가적 정책(entrepreneurial policy), 프로그램 사용대가, 홈쇼핑송출수수료, 광고규제 같은 이익집단정책(interest group policy)으로 분산되어 있다. 하지만 최근 들어 많은 정책들이 정부의 규제 혹은 정책결정에 의해 전체 수용자가 지불하는 비용을 방송사업자들이 혜택을 누

방송 정책은 공익성이나 보편적 서비스 같은 다수의 국민이 비용을 지불하고 또 수혜자가 되는 대중정책(majoritan policy)이 주를 이루어 왔다. 그렇지만 디지털 융합시대에 들어서면서 사업자간 이해갈등이 첨예하게 대립하면서 많은 정책들이 이익집단정책(interest group policy)으로 변화되고 있다. 이 과정에서 사업자간 이해갈등을 조정하는 정부의 역할은 점점 더 중요해질 수밖에 없다. 특히 '매체특성론'[2]에 바탕을 둔 '매체균형발전'[3]을 중시해온 우리나라의 경우 정부의

리는 고객정책(client policy)화되고 있다는 것이다. 즉, 정부정책에 의해 방송사업자들의 시장에서의 성패가 결정되는 양상을 보이고 있다. 때문에 현재 우리나라의 방송은 국가 규제가 중심에 위치하게 된 것이다. 이는 정책 유형에 따른 정부 대응방법의 차별화를 불가능하게 만들고 정책 우선순위 결정에 있어 합리성을 구축시켜버리게 된다. 이는 정부의 미디어정책 조감도가 결여된 것에 근본적 원인이 있다. 문제는 결과적으로 이러한 상황에서 방송의 공익적 역할과 산업 활성화 모두 왜곡되거나 실현 불가능해진다는 것이다(Wilson, J. Q., 1980).

2) '매체특성규제론(media specific regulatory model)'은 '매체규제는 각 매체가 가지고 있는 독특한 성격과 차이에 따라 차별적으로 이루어져야 한다'는 것이다. 특히 매체의 공적 책임은 그 매체가 가진 사회적 영향력의 크기와 제공되는 내용에 따라 차이가 있으므로 무조건적인 동일한 규제가 이루어져서는 안 된다는 비대칭 규제론으로 이어지게 된다. 특히 한국방송정책에서 비대칭규제는 후발사업자인 케이블TV와 같은 유료방송사업자들을 보호하기 위한 논리로 사용되어 왔다(윤성옥, 2011; 조연하, 2007). 하지만 최근 영향력이 급속히 감소하고 경쟁력이 약화되면서 도리어 지상파방송사들이 매체 간 균형발전이나 지상파방송 매체특성 등을 근거로 역으로 규제완화 혹은 보호정책을 요구하는 경향이 늘어나고 있다. 때문에 매체특성론에 바탕을 둔 비대칭규제론은 방송사업자들의 자기 이익을 정당화하기 위한 논리로 이용되고 있다는 비판을 받고 있다(김재영·강한나, 2007; 박규장·최세경, 2008; 최세경, 2015).

3) 매체균형발전론은 '여러 개의 매체와 채널이 공존하면서 수용자에게 저마다의 영향력을 갖는 상태로(김재영·강한나, 2007) 다매체 환경에서 모든 매체가 각각의 매체 특성에 맞는 역할을 수행하면서 미디어산업이 공존하게 하는 논리라고 할 수 있다. 매체균형론은 2000년대 이후 한국 방송정책의 기본 축으로 작동해왔다. 매체 간 균형발전 개념은 1994년 2000년위원회 보

정책적 개입이 방송시장에 미치는 영향이 매우 크다는 점에서 사업자간 갈등을 조정하는 정부 역할이 더 중요할 수밖에 없다.[4] 하지만 최근 정부 방송정책들을 보면 정부의 체계적인 정책 지도(mapping)가 없는 상태에서 정책들 간에 일관성이 결여되는 경우가 많고 이로 인해 사업자간 갈등이 증폭되는 경우도 적지 않다. 더 큰 문제는 모든 방송사업자들의 성패가 시장이 아니라 정부규제나 정책에 의해 결정되는 이른바 '고객정책(client policy)'이 만연되고 있다는 것이다. 더구나 모든 사업자들이 사적이익(private interest)을 공적이익(public interest)으로 포장하는 이른바 '윤리적 선호(ethnical preference)'를 표방하기 때문에 정부가 정책적 딜레마에 빠지는 경우도 많다(Brock, 1998). 딜레마를 해결하기 위해서는 무엇보다 정부나 규제기구의 '정책적 우선순위(policy priority)'를 결정하는 판단이 무엇보다 중요하다. 지상파방송 구조개혁, 공영방송 체계 확립, 지상파재송신 제도, 유료방송시장 정상화 같은 정책 쟁점들을 둘러싼 갈등이 더욱 혼란스러워지고 좀

고서에서 '지상파방송, 케이블TV, 위성방송간의 역할분담'이라는 개념으로 처음 제기되었고, 같은 해 선진방송위원회 보고서에서 '방송매체 간 균형발전'을 구체적인 정책목표로 규정하게 된다. 또한 1999년 방송개혁위원회 보고서에는 '방송매체별 특성을 살리고 상호보완관계를 유도함으로써 전체 방송의 균형 있는 발전을 도모'해야 한다고 서술하고 있다. 그리고 2001년 방송기획위원회에서는 균형발전의 구체적인 방안으로 '방송매체 간 위상정립' 및 '방송매체 간 공정경쟁'을 제시하고 있다(박규장·최세경, 2008: 49~91).

4) 영국·일본·프랑스 등 주요 국가들의 지상파다채널 방송 정책에서 '균형발전 모델'이 주를 차지하고 있는 이유에 대해 박진우·송영주(2014)는 공·민영방송 경쟁에서 민영방송이 우위에 서면서 방송 시장 전체를 유료방송시장이 압도적으로 지배하는 구도가 고착되고 있기 때문으로 보고 있다. 그런 의미에서 이제 우리나라도 후발 유료방송사업자들의 초기 시장진입을 위한 비대칭규제 논리가 아니라 점점 위축되고 있는 지상파방송을 비롯한 공영적 방송사의 위상을 정부가 보호해주는 공·민영 이원구조 정착이라는 논리로 매체균형발전론이 변화될 필요가 있다.

처럼 해결책을 찾지 못하는 이유도 정부의 결정능력 부족에 원인이 있다 할 수 있다. '지상파다채널방송' 역시 우리 방송 전반에 걸쳐있는 여러 문제들과 함께 얽히면서 갈등이 해소되기보다 도리어 더 증폭되는 양상을 보이고 있다. 특히 지상파다채널방송을 추진하는 주체가 공영방송을 표방하는 지상파방송사들이라는 점에서 그 갈등과 혼란이 더욱 심각하다. 이러한 배경에서 지상파다채널방송을 둘러싼 갈등현상과 쟁점을 분석해 원인을 진단하고, 바람직한 정책방향 특히 공영방송의 다채널방송 추진 방향을 모색할 필요가 있다.

Ⅱ. 지상파 다채널 방송을 둘러싼 갈등과 평가

2000년 이후 미디어 정책을 복잡하게 만드는 근본 원인은 디지털 기술에 있다. 지상파다채널방송 역시 지상파방송의 디지털 전환에서 비롯된 것이다. 디지털 압축 기술 발달로 지상파방송사들이 아날로그 방송시대에 부여받았던 채널당 6MHz 주파수를 가지고 다수의 채널 송출이 가능해지면서 시작된 것이다. 2006년 월드컵기간 중에 실시되었던 지상파다채널방송 실험방송에서 일부 기술적 문제들이 발생하기는 했지만 전반적으로 큰 문제가 없는 것으로 나타났다. 실제로 2015년에 시작된 EBS 다채널방송 시험방송에서도 기술적으로는 큰 문제가 없는 것으로 나타났다.[5]

그렇지만 방송기술은 기술 자체의 속성보다 기술의 사회적 활용에 따라 효과가 결정되는 사회적 기술이다. '사회구성주의(social

---

5) 구형 TV를 통한 수신에 부분적인 문제가 발생할 소지는 있지만 전반적으로 기술적인 문제를 제기할 수준은 아닌 것 같다. 더구나 디지털 기술발달 속도로 보아 이 정도의 문제는 충분히 해결 가능한 것으로 평가되고 있다.

constructivism)' 시각에서 볼 때, '기술은 특정 사회적 맥락에서 이루어진 사회적 구성체들 간 합의의 결과'라 할 수 있다. 때문에 기술이 활용되는 방식은 그 사회를 구성하고 있는 사람이나 집단들이 어떤 과제를 어떻게 해결해나갈 것인가에 의해 결정되고(Feenberg, 1991), 기술도입과정 역시 기술적 가능성이라는 하나의 변수에 의해서 결정되지 않고 여러 집단들의 이해가 충돌하면서 결정된다. 때문에 기술결정과정은 불확실성이 내재되는 경우가 많다(Pinch, 1987). 해빅(Havick, 1984)은 미디어정책 역시 커뮤니케이션 기술의 문제가 아니고 정치과정의 문제라고 규정하고 있다. 실제 지상파다채널방송 허용문제를 놓고 갈등이 지속되고 논의과정에서 그 동안 내재되어 있던 여러 요인들이 개입되면서 다중적 갈등 양상으로 확대되고 있는 것도 바로 그런 이유 때문이다. 여기에 디지털 전환과 지상파다채널방송에 대한 정부의 불확실한 정책 목표와 일관성 부족은 이러한 갈등을 더욱 심화시켰다고 할 수 있다. 그런 의미에서 지상파 다채널 방송 도입을 둘러싼 찬·반 갈등 양상을 검토함으로써 우리 방송시장에서 벌어지고 있는 여러 정책 갈등 원인과 문제점을 진단해 볼 수 있고, 이 과정에서 지상파방송 특히 공영방송의 역할과 위상 문제를 점검해 볼 수 있을 것이다.

1. 지상파 다채널 방송 도입 관련 찬·반 논쟁

지상파방송 다채널 방송 도입문제는 10년 이상 논란이 지속되어 온 오래된 쟁점으로 정인숙(2003:166~189)의 표현대로 하자면 '숙성형 방송정책'이라 할 수 있다. 문제가 제기된 시점만 생각하면 지상파다채널방송은 이미 이해집단들의 입장이 정리되고 합의점을 찾아가는 단계에 와 있어야 한다. 하지만 아직도 기본적인 찬·반 논쟁이 벌어지고 있는 '갈등진행형 정책'으로 남아있다. 여기에 구체적인 도입방안과 도입 자체에 대한 찬·반 논쟁이 뒤얽혀 있고, 다양한 요인들까지 결부되면서 갈등이 더욱 심화되고 있는 양상을 보이고 있다. 지금 진행되고 있는 지상파다채널방송 도입여부를 둘러싼 찬·반 입장을 정리해 보면 다음과 같다.

첫째, 도입목표를 둘러싸고 극명한 시각 차이를 보이고 있다는 점이다. 지상파방송사들은 시청자 권익 차원에서 모든 국민들이 공익적 지상파방송을 무료로 향유할 수 있도록 해야 한다는 목표를 표방하고 있다. 특히 저소득·소외계층 시청자들이 유료방송플랫폼을 통해 디지털 지상파방송을 시청함으로써 발생하는 디지털 격차를 직접 수신가능한 지상파 다채널 방송서비스 도입을 통해 해결할 필요가 있다는 주장이다. 반면 유료방송사업자들은 지상파방송이 유료방송과 상업적 경쟁을 벌이고 있는 상태에서 지상파 다채널 방송은 태생적으로 무료 보편적 서비스가 될 수 없다고 반박한다. 특히 광고수입과 콘텐츠 재판매 및 지상파방송재송신 같은 상업적 재원에 대한 의존도가 점점 커지고 있는 지상파방송의 현실을 감안하면 무료 보편적 서비스는 다채널 방송플랫폼 허가를 받기 위한 명분에 불과하다고 반박하고 있다.[6] 더구나 법적으로 공영방송 개념은 물론이고 지상파방송의 공적 책무와 재원구조에 대한 법 규정조차 미비한 상태에서 지상파다채널방송은 결국 유료방송과 경쟁하는 상업적

---

6) 방송통신위원회가 지상파다채널방송은 시험방송하고 있는 무료의 공익적 채널로 운영하겠다고 발표하였지만, 유료방송사업자들은 이를 믿지 못하겠다는 분위기다. 그 이유로 현재 지상파방송사들이 광고 같은 상업적 수익모델을 포기하지 못하고 있고, 수신료 같은 공적 재원이 확대되지 않고 있고 추가의 광고수입이 보장되지 않는 상태에서 굳이 별도의 다채널 방송을 할 의지도 능력도 없을 것이라는 판단이다. 여기에 지상파방송 다채널 방송 도입 필요성을 주장하는 정책보고서(한수용 외, 2013)나 연구결과들이 지상파다채널방송 주재원으로 현행 지상파방송과 거의 동일한 광고판매방식을 배제하고 있지 않는 것도 그러한 주장의 근거가 되고 있다.

플랫폼이 될 것이라는 것이다. 또한 지상파방송사들이 표방하고 있는 저소득·소외계층에 대한 무료 디지털 방송 제공은 지금까지 개발된 여러 수신 보조 장치들을 통해서도 충분히 해결가능하다는 입장이다. 이러한 갈등을 정인숙(2007:157~185)은 '공동체 지향적 관점 대 시장지향적 관점'간의 갈등으로 설명하고 있다.

둘째, 디지털 방송 패러다임에 대한 시각차이다. 지상파방송사들은 6MHz대역에서 한 채널만 송출하는 것은 디지털 방송의 특징을 제대로 활용하지 못하는 것이므로 압축 기술을 통해 다채널 서비스를 제공하는 것이 주파수 효율성을 극대화하는 것이라고 주장한다. 하지만 유료방송사들은 디지털 융합시대에 방송용 주파수를 고집하는 것은 시대착오적이며,[7] 이미 유료방송플랫폼을 통해서 다채널디지털 방송이 제공되고 있는 상태에서 여러 개 지상파방송채널 직접 수신을 위해 별도의 주파수를 할당하는 것은 도리어 낭비라는 입장이다. 더구나 일방향성의 지상파방송 다채널화가 양방향성이 강조되는 디지털 미디어시대에 걸 맞는 패러다임인가에 대한 비판도 제기되고 있다.

셋째, 다채널지상파방송이 방송시장에 미치는 효과에 관한 상반된 평가다. 찬성하는 입장은 점점 악화되고 있는 지상파방송사들의 경영구조 개선을 위해 재원확대 창구를 마련해주어야 한다는 입장

---

7) 이 논쟁은 처음 지상파다채널 방송(MMS)이 제기되었을 때, 지상파방송사들이 디지털 전환에 따른 아날로그 주파수를 반납하지 않고 그대로 활용하려고 한다는 의혹이 제기되면서부터 시작되었다. 물론 이 문제는 정부가 디지털 전환 이후 700Mhz 주파수를 회수·재분배하면서 해소되었다. 그렇지만 '세월호 사건'을 계기로 지상파방송사들이 재난방송 같은 공익적 방송을 이유로 일부 주파수를 분배받게 되면서 다시 또 제기되고 있다. 결과적으로 지상파방송이 재난방송, UHD 시험방송 등을 명분으로 일부 주파수를 분배받았지만 직접 수신율이 6.5% 수준에 머물러있는 상태에서 별도의 방송용 주파수를 분배하는 것이 도리어 주파수 낭비라는 비판도 제기되고 있다.

이다. 최근 급격히 하락하고 있는 광고매출에서 보듯이 지상파방송의 경영구조가 악화되고 있는 것이 사실이다. 특히 디지털 전환에 소요된 비용을 보전해 주기 위해서도 지상파다채널 방송이 허용되어야 한다는 것이다.[8] 하지만 유료방송사업자들은 지상파다채널 방송이 지상파방송의 시장지배력을 더 강화해 방송생태계를 파괴하게 될 것이라는 반론을 제기되고 있다. 더욱이 불분명한 공·민영 이원체제나 공영방송에 대한 법·제도적 장치도 없는 상태에서 지상파 다채널 방송을 허용하게 되면 KBS를 포함한 모든 지상파방송사들이 광고수입 확대나 재송신대가 인상 등의 상업화 전략에 치중하게 될 것이라는 주장이다. 특히 지금도 지상파방송 재송신 채널들과 지상파방송 계열 유료방송채널, 보도·종편채널 때문에 위축된 개별중소 PP들의 입지는 더 악화될 것이라는 것이다.[9]

---

8) 이 논리는 일정부분 타당성이 있다. 우리나라의 디지털 방송 전환이 늦어진 이유는 개별 사업자들이 자기 비용으로 추진하도록 함으로써 '투입 비용 대비 기대 효과'를 고려하지 않을 수 없었기 때문이다. 디지털 전환에 들어가는 투입 비용에 비해 디지털 전환이후 이를 보전할 수 있는 기대효과는 매우 낮아 모든 사업자들이 디지털 전환을 주저하게 된 것이라 할 수 있다. 실제 디지털 전환의 중심에 서있던 케이블TV사업자들이 아직까지도 700만 가구 이상의 아날로그 가입자들을 그대로 유지하고 있는 것도 이러한 이유 때문이라 할 수 있다. 도리어 저가 아날로그 가입자를 유지하는 것이 채널 병목(bottleneck)효과로 PP와의 협상에서 유리하고, 시청자들의 채널 노출빈도를 높여 홈쇼핑송출수수료도 높일 수 있기 때문이다. 이는 디지털 전환이후 새로운 수익모델을 제시하지 못한 정부의 정책 부재에 근본적인 원인이 있지만, HDTV 같은 고화질 TV 수신가구 확대를 통한 가전산업 육성이라는 잘못된 디지털 전환정책이 야기한 결과이기도 하다. 극단적으로 우리나라 방송 디지털 전환을 통해 이익을 본 사업자는 투입 비용은 거의 없으면서 수신기 판매 효과를 누린 가전사업자들 뿐이었다고 비판하는 이유도 여기에 있다.

9) 노기영(2010)은 지상파 다채널방송이 세분화된 전문채널 영역으로 진출하게 되면서 발생할 수 있는 낭비 및 전문채널 사업자 퇴출을 예방할 수 있는 이른바 'safeguards'가 필요하다는 주장을 제기하고 있다. 하지만 이런 장

[표 8-1] 지상파 다채널 방송 도입 찬·반 논리

	도입 찬성	도입 반대
시청자 권익	·방송의 무료 보편적 서비스 확대 ·저소득·소외계층에게 다채널 서비스 제공	·다채널방송의 상업적 활용으로 무료 보편적 서비스와는 거리가 멈 ·저소득·소외계층의 디지털방송 수신을 다양한 수신 보조정책으로 해소 가능 ·현재 지상파방송의 공익성이나 공영방송 체제 미흡
주파수 활용	·다채널방송으로 주파수 효율성 제고 ·UHD 등 디지털 기술개발 선도	·디지털 융합시대에 맞추어 여유 주파수의 탄력적 운영 필요 ·유료방송 네트워크와 직접 수신 네트워크를 병행하는 것은 주파수 낭비
지상파방송 경영 개선	·지상파방송 재원확보 및 경영 개선 ·디지털 전환 투자에 대한 지출 보존 및 신규 수익모델 창출	·지상파방송 시장 독점력 강화 ·유료방송 시장 생태계 파괴 ·지상파방송 광고수입 확대 및 지상파방송 재송신대가 증가 ·지상파방송 다채널화와 재송신 채널 확대로 중소PP 입지 축소
디지털 전환	·지상파다채널방송으로 디지털 전환 촉진(영국의 Freeview)	·90%이상의 가구가 유료방송 플랫폼을 통해 디지털 지상파 방송을 수신하고 있어 별도의 직접 수신 정책 필요 없음

넷째, 지상파다채널방송이 디지털 전환의 촉매제가 될 것인가에 대한 시각차이다. 지상파방송사들은 영국의 Freeview처럼 지상파 다채널 방송이 지지부진한 방송 디지털 전환의 촉매제가 될 것이라고 주장한다. 실제로 영국의 무료 지상파 다채널방송인 Freeview는 직접 수신 가구가 유료방송 플랫폼 BskyB 가입자를 추월할 정도로 방송디지털 전환의 대표적인 성공 사례로 평가받고 있다. 하지만 반대 입장에서는 이미 90% 이상의 가구들이 IPTV, 위성방송, 디지털 케이블 등으로 디지털 방송을 수신하고 있고, 정부가 2012년 말에 아날로그

치가 현실적으로 가능할지는 여전히 미지수다.

방송을 종료하고 본격적인 디지털방송시대 출범을 선언한 상태에서 직접 수신을 통해 디지털 전환을 촉진하겠다는 것은 자기 모순적일 뿐만 아니라 전파 낭비라고 비판하고 있다. 더구나 작년에 아날로그 케이블TV 가입자들의 HD화질 수신을 명분으로 8VSB 등을 허용한 상태에서 지상파다채널 방송을 통한 디지털 전환 촉진은 이를 허용하기 위한 명분에 불과하다는 주장이다.

2. 도입방안을 둘러싼 쟁점

지상파다채널방송 도입은 오래된 정책이슈임에도 불구하고 도입 여부에 대한 원천적 갈등이 지속되고 있다는 점에서 매우 이례적이다. 찬·반 논쟁이 지속되면서도 다른 한편으로는 지상파방송사들과 정부부처를 중심으로 꾸준히 구체적인 도입방안들이 제시되어왔고 이때마다 경쟁사업자들은 반박논리를 내놓는 일이 반복되고 있는 것이다. 그렇지만 정부는 확고한 지상파다채널방송 허용 여부와 구체적인 도입 방안을 결정하지 않고 애매모호한 원칙론만 제시하는 경우가 많았다. 그런 맥락에서 근본적인 찬·반 논쟁과 더불어 그 동안 제시되었거나 추진해 온 정부의 지상파다채널방송 도입방안들을 둘러싼 논쟁도 별도로 살펴볼 필요가 있다.

첫째, 지상파다채널방송에 대한 법적 근거를 둘러싼 시각차이다. 먼저 현행법만으로도 지상파다채널방송 허용이 가능하다는 입장은 '방송법' 제2조 2호 가목에 지상파방송사업자를 '지상의 무선국을 관리·운용하며 이를 이용하여 방송을 행하는 사업'으로 정의하고 있어 별도의 법 개정 없이도 지상파다채널방송서비스 제공이 가능하다는 것이다. 방송법 제15조(변경허가)에 근거해 과학기술정보통신부 장관이나 방송통신위원장의 허가를 받으면 되고, 동법 시행령 제15조 제2항의 2에 규정되어 있는 '운송채널의 변경'에 의해 승인할 수 있다는 것이다(한수용 외, 2013). 하지만 현행 방송법에 지상파다채널방송과 관련된 사업주체나 허가에 필요한 근거 규정이 없고, 채널 성격이나 수 같은 사업과 관련된 규정들이 없어 별도의 법 개정이 필요하다는 반대 주장도 있다. 특히 전송수단에 따라 방송매체와 사업자를 별도로 허가·규율하고 있는 아날로그 형태의 포지티브(positive)규제방식으로 되어 있는 우리 방송법 체계상 지상파DMB 처럼 별도의 지상파 다채널 방송 개념을 추가하는 법 개정이 필요하다는 것이다.

무엇보다 현행법에 근거해 지상파방송사들이 임의대로 지상파다채널방송을 할 수 없다는 주장은 전파법 상의 방송국 허가 관련 규정이다. 전파법 시행령 제30조(허가신청의 단위)를 보면, '방송국의 허가신청은 … 방송별로 하거나 주파수별로 하여야 한다. 다만, 하나의 주파수로 여러 방송을 할 수 있는 경우에는 방송별로 허가신청을 하여야 한다'라고 규정하고 있다. 이 규정대로 하면 지상파방송사가 기존에 부여받은 주파수를 압축해 다채널방송을 하더라도 채널별로 별도 허가를 받아야만 하는 것으로 해석될 수 있다. 이는 방송허가 시 주파수 분배방식을 택하고 있는 미국을 비롯한 다른 나라들과 달리 우리나라는 허가·승인받은 채널과 연동해 주파수를 배정하고 무선국 허가를 내주는 방송사업자 허가방식을 채택하고 있기 때문이다. 그러므로 지상파방송사들이 배정받은 채널을 나누어서 여러 채널로 제공하려면 별도의 허가 절차를 밟아야 한다는 것이다. 그러므로 지상파방송사들이 자율적으로 주파수를 나누어 채널을 제공하는 것은 법률에 위반될 수 있고, 지금까지 시장진입에 어려움을 겪었던 다른 신규 사업자들과의 형평성 문제도 제기될 수 있는 것이다.[10]

10) 2000년 출범한 위성방송은 '방송법'에 위성방송 개념을 도입하는데 7년이 소요되었고, 위성DMB는 2004년 의장 직권상정이라는 방법을 통해 천신만고 끝에 방송 사업을 추진할 수 있었다. 심지어 최근 '방송법'으로 통합하겠다고 하는 IPTV는 기존 방송사업자들의 진입 저항을 피해 '인터넷멀티미

물론 디지털 융합으로 방송·통신 간 구별이 애매해지고 다양한 융합형 서비스들이 등장하는 추세를 감안한다면 현행 사업자 허가 방식을 개선해야 할 필요성은 있다. 결국 지상파다채널방송을 허용하려면 별도의 허가 절차를 거쳐 주파수를 새롭게 분배받아야 하고, 그렇게 된다면 지상파다채널방송 허가대상이 지상파방송사 뿐 아니라 모든 방송사업자들까지 확대될 수도 있다는 것이다.

둘째, 재원 확보방안과 관련해서도 찬·반 입장 간에 현격한 차이가 있다. 그동안 지상파방송사들이 제시해온 도입방안들을 보면, 지상파방송과 동일하게 '방송광고판매대행 등에 관한 법률'에 근거해 광고를 판매하고 향후 추이를 보고 직접 판매방식을 도입한다는 것이다. 그러면서 지상파DMB처럼 지상파방송과 동일한 광고규제를 받아서 발생하는 불이익이 있어서는 안 된다고 요구하고 있다. 하지만 반대 논리는 지상파다채널방송에 광고를 허용하는 것은 정부나 지상파방송사들이 표방한 공익적 무료·보편적 서비스 원칙에 기본적으로 반하는 것으로 절대 허용해서는 안 된다는 입장이다. 일부에서는 지상파방송 광고매출이 급격히 감소하는 있는 추세를 볼 때 광고를 허용하더라도 지상파다채널방송으로 이동하는 광고는 그렇게 많지 않을 것이라는 지적도 있다. 그렇지만 지상파다채널방송에게 광고를 허용하게 되면 연쇄적인 광고 이전현상 때문에 결국 가장 경쟁력이 떨어지는 비인기 중소·개별 PP들의 수익구조를 악화시킬 것이라는 우려도 있다.

셋째, 지상파방송 재송신과 관련된 갈등이다. 지상파방송사들은 지상파다채널방송 채널 모두를 유료방송플랫폼이 의무적으로 재전

___

디어방송사업법'이라는 별도의 특별 입법을 통해 시장에 진입할 수 있었다. 이렇게 견고한 법적 진입장벽을 감안할 때, 방송규제기관이 전파법상의 위법소지에도 불구하고 자율재량으로 지상파다채널 방송을 허용한다면 그것은 강한 특혜 혹은 형평성 시비에 휘말릴 수 있다.

송해야 한다고 주장한다. 하지만 유료방송사들은 직접 수신을 통한 무료보편적 다채널서비스를 명분으로 하면서 유료방송플랫폼에서 재송신하는 것은 논리모순이라고 비판한다. 특히 지금도 지상파방송 재송신 채널들과 20여개에 이르는 지상파방송 계열PP들이 유료방송플랫폼을 주도하고 있는 상황에서 다채널방송채널들까지 의무재송신에 포함된다면 지상파방송 지배력이 더욱 심화될 수 있다고 주장하고 있다. 더구나 최근 들어 지상파방송사들의 재송신대가 인상 요구가 점점 강해지고 있는 것을 감안할 때 지상파다채널방송까지 재송신하게 된다면 유료방송사업자들의 경제적 압박은 더욱 커질 수 있다고 우려하고 있다.[11] 그렇게 되면 유료방송사업자들의 지상파방송 의존도는 더욱 커지게 되고 독자적인 콘텐츠 투자가 더 위축될 가능성도 있다. 때문에 초기에 방송사당 한 채널만 재송신하고 점진적으로 채널수를 늘려가는 방안이나 의무송신은 아니더라도 의무송신과 유사한 방식을 도입하는 절충방안들도 제기되고 있다.

문제는 의무재송신이 지상파방송사업자들의 수익에 유리한 것인가에 대한 판단이다. 본래 의무재송신(mustcarry)은 지상파방송사들의 시청권을 보호하기 위해 유료방송사업자들에게 무상으로 재송신해 주는 것으로 '의무재송신 = 저작권 면제'라는 원칙을 바탕에 깔고 있다. 따라서 지상파다채널방송이 법률적으로 의무재송신에 포함된다면 사실상 대가를 받을 수 없다. 때문에 의무재송신은 지상파방송사들에게 도리어 경제적 부담이 될 수도 있다. 아마 지상파방송사들은 지금처럼 의무재송신은 아니지만 사실상 의무재송신처럼 유료방송

---

11) 이 문제는 법적으로 '의무재송신'에 포함된 채널들은 재송신대가 즉, 저작권료가 면제된다는 논리와 별개로 현재 모든 지상파방송채널들이 사실상 의무재송신처럼 유료방송플랫폼에 편성·제공되고 있고, 또 이를 근거로 지상파방송사들이 높은 지상파재송신 대가를 요구하고 있다는 점에서 법적인 문제라기보다는 상호간에 불신이 더 큰 원인이라 할 수 있다.

을 통해 송출하고 재송신대가도 확보하는 방식을 요구할 가능성이
높다. 이는 결국 지상파다채널방송의 목표와 연관된 문제라 할 수 있
다. 공익적 목표를 우선한다면 의무재송신을 통해 무상으로 송출하
는 방식이 될 것이고, 상업적 목표에 초점을 맞춘다면 의무재송신보
다 재송신 대가를 기대할 수 있는 방식을 선택해야 할 것이다. 그렇
지만 지상파방송사들은 명분과 실익을 동시에 추구하고 있는 현행
지상파방송 재송신처럼 운영하는 방안을 요구할 것으로 보인다.

[표 8-2] 지상파 MMS 도입에 대한 주요 쟁점

	찬성	반대
법적 근거	·방송법(제2조 2호 가목)으로 허가 가능 ·'지상의 무선국을 관리·운용하며 이를 이용하여 방송을 행하는 사업'으로 방송법 제15조(변경허가 등)의 변경절차를 통해 승인 가능 ·전파법 제30조(허가단위의 신청) ·방송채널단위별 주파수 부여규정은 탄력적으로 운영	·사업주체, 사업범위에 대한 법적 근거는 취약(채널 성격, 채널 수 등에 대한 규정 미비) ·전파법 제30조에 방송사업자는 채널단위별 주파수 부여하므로, 별도 허가절차 필요 ·통합방송법 같은 전반적인 방송사업자 허가제도 개선 이후 도입 검토
재원 확보 방안	·방송광고를 통한 재원 확보 ·초기, 방송광고판매대행 등에 관한 법률에 근거해 지상파방송과 동일하게 미디어랩을통해 판매 ·향후 시청행태 변화를 고려해 직접 판매방식 고려	·지상파다채널 방송의 광고 허용은 유료방송의 광고시장 위축하므로 반대 ·향후 지상파 방송 상업적 재원확대 방안으로 변질될 수 있음
재송신	·모든 다채널 의무 재전송 ·재송신 대가는 별도 협상	·미래부장관 고시 준수(KBS, EBS 재송신채널 1개로 제한) ·의무재전송 채널 지정 불가
송신 기술	·실험방송을 통해 기술검증 완료 ·잔여 주파수 활용은 사업자 자율	·기술적 오류 발생 가능성 존재 ·구형 디지털TV에서 장애 가능성

이처럼 지상파다채널방송 도입방안과 관련된 찬·반 입장을 보면,
접근 방식에 있어 근본적인 차이가 있음을 알 수 있다. 찬성하는 주

장들은 매우 구체적인 도입방안들을 제시하고 있지만 반대하는 측은
새로운 법적 근거 마련과 같은 원칙적인 반대 논리만 제기하고 있는
것이다. 그동안 지상파방송사들이 제기한 도입방안들을 보면, 허가방
식·채널구성·재원확보는 물론이고 구체적인 광고 및 편성방안까지
매우 구체적이다(한수용, 2013; 윤성옥, 2015:51~81). 하지만 유료방송사
들은 구체적인 대안을 내놓지 않고 있다. 이는 이해 당사자들 간에
도입 여부에 대한 기본적인 합의도 도출되지 않은 상태에서 정부와
지상파방송사들에 의해 구체적인 도입정책들이 추진되고 있음을 보
여주는 것이다. 때문에 정부가 지상파다채널방송과 관련된 도입 방
안을 내놓을 때마다 허용자체를 둘러싼 갈등이 반복되는 현상이 재
연되고 있는 것이다. 이는 '전파법' 상의 '방송채널당 주파수를 배정
한다'는 규정을 유연하게 해석해 기존 주파수를 활용해 다채널방송
을 할 수 있다는 지상파방송사들의 주장을 묵인하는 정부의 소극적
태도가 원인이다. 지상파다채널방송 도입정책의 '내용적 정당성'은
별개로 하더라도 정부 스스로 '절차적 정당성'[12]을 담보해오지 못했

---

12) '절차적 합리성' 혹은 '절차적 정당성'이란 '사람들은 결과 뿐 아니라 그 절
   차가 공정하다고 여길 때 받아들이게 된다'라는 명제에서 출발한다. 즉, 절
   차에 참여한 당사자들이 그 절차가 공정하고 정당한 것으로 평가할수록,
   절차를 통해 파생된 결과를 정당한 것으로 받아들이게 한다는 것이다. 심
   지어 그 결과가 자신에게 불리하더라도 동의를 확보할 수 있다는 것이다.
   즉, '절차적 합리성'은 어떤 주체도 내용적으로 완벽한 결정을 할 수 없으
   므로 선택된 결과보다 선택과정의 합리성에 주목한다. 특히 내용적 합리
   성이 분명하지 않거나 사실상 불가능할 때 절차적 합리성은 더 중요해진
   다. 특히 최근 들어 모든 정책들이 다양한 불확실 요소들이 늘어나고 이익
   이 세분화되고 다원화되고 있어 다양한 이해들을 모두 만족시킬 수 있는
   '분배적 정의'가 사실상 불가능하다. 때문에 모든 영역에서 기회와 위험을
   공평하게 분배할 수 있는 객관적 기준을 찾는다는 것이 쉽지 않다. 그러므
   로 공정한 분배기준을 찾는 '내용적 정당성'보다 공정한 분배절차를 통해
   동의를 획득하는 '절차적 합리성'에 기댈 수밖에 없는 상황이다. 이는 특정
   한 공익적 내용이 존재하거나 선택될 수 있다는 전통적인 '내용 특정적

음을 보여주는 것이라 할 수 있다. 이해관계가 첨예하게 대립하고 있는 상태에서 사업자간에 합의를 도출할 수 있는 '내용적 정당성'을 확보하는 것이 결코 쉽지 않다. 그렇다면 절차상의 합리성 즉 '절차적 정당성'을 확보함으로써 문제를 해결하려는 정부의 노력이 부족했던 것으로 평가된다.

3. 도입논쟁에 대한 평가

지상파다채널방송 도입을 둘러싼 갈등은 전송기술 자체의 문제가 아니라 현재 우리 방송제도와 시장이 가지고 있는 다양한 문제점들이 얽혀있는 갈등이라고 할 수 있다. 디지털 방송시대에 걸맞지 않는 아날로그 형태의 법·제도와 인·허가 방식, 유료방송 플랫폼과 공생관계를 유지해 온 지상파방송, 지상파방송 콘텐츠에 절대 의존하고 있는 저가 유료방송시장, 불분명한 공영방송 제도, 정부의 정책 일관성 부족처럼 여러 문제들이 복합적으로 연관되면서 갈등이 지속·증폭되고 있는 것이다. 그런 맥락에서 지상파다채널방송을 둘러싼 찬·반 논쟁을 면밀히 평가해 볼 필요가 있다.

첫째, 무엇보다 지상파다채널방송 추진 목표들이 상호 이율배반적이라는 것이다. 정부와 지상파방송사들은 '공익적 무료 보편서비스 제공'과 '지상파방송 재원 강화'를 지상파다채널방송 도입목표로 제시하고 있다(임성원·성동규, 2008:222~260). 추가 재원를 확보하기 위한 목표와 추가 재원을 필요로 하는 정책 목표는 상호 모순될 수밖

(content specific) 공익론'이 아닌 나폴리(Napoli, P. M., 2001)가 '결정에 이르는 과정이나 과정을 통해 도달되는 민주적 이해상충(interest conflict)의 결과'라고 정의했던 '절차적(procedural) 공익' 개념과 유사한 개념이다. 즉, 사회적 동의를 확보할 수 있는 결정과정에서 '가시성'이나 '접근개방성' 같은 요인들이 중요한 것이다(박정택, 1990; 최송화, 2006; 김도균, 2009; 김유환, 2001; 김영평, 1991).

에 없다. 이 두 목표를 조합하면 '다채널방송을 통해 확보된 재원을
공익적 무료 보편 서비스를 제공'한다는 논리가 성립될 수 있다. 이
는 그동안 KBS를 비롯한 지상파방송사들이 주장해왔던 '상업적 재원
강화를 통해 경쟁력 있는 공익적 서비스 제공' 논리와 거의 동일한
내용이다. 때문에 지상파방송사들이 제기한 지상파다채널방송 도입
목표는 그동안 지상파방송사들이 요구해왔던 '광고 축소 없는 수신
료 인상', '광고규제 완화' 같은 정책쟁점들과 같은 맥락이라 할 수
있다. 이 때문에 지상파다채널방송 정책은 오래전부터 제기되어왔
던 지상파방송 구조개혁, 시장지배력 같은 쟁점들이 함께 제기되는
일이 반복될 수밖에 없었던 것이다. 이는 정부의 지상파다채널방송
정책에 대해 유료방송사업자들의 불신이 제기되고 쉽게 합의점을
도출할 수 없는 원인이라 할 수 있다.

물론 KBS 수신료 인상 같은 추가적인 공적 재원 방안이 마련된다
면 두 정책목표는 공존 가능할 수도 있다.[13] 하지만 현실적으로 KBS
수신료인상 가능성이 그렇게 높지 않고(황근 2014), 결국 광고와 같
은 상업적 재원에 의존할 수밖에 없는 상황에서 지상파다채널방송
이 '공익성'이나 '무료 보편적 서비스' 같은 목표를 구현한다는 것은
매우 비현실적이다. 이처럼 모순된 정책목표의 문제점을 해결하기
위해 이준웅·정준희(2011:38~76)는 지상파다채널 방송이 '무료 보편적
서비스' 목표를 포기해야 한다고 주장한다. 보편적 서비스(universal
service)는 미국의 AT&T가 통신시장 독점을 정당화하기 위해 내걸었
던 '적정 가격(affordable price)'을 근간으로 하는 상업적 논리로서 기

---

13) 2010년에 KBS가 추진했던 K-view는 영국의 Freeview를 벤치마킹한 것이지만
   실제 목표는 KBS 수신료 인상 명분을 만들기 위한 성격이 강했다. 그렇지
   만 IPTV 같은 디지털 다채널방송을 통해 디지털 전환을 촉진하려고 했던
   방송통신위원회가 이를 적극 허용해 줄 이유도 없었다. 여기에 여러 정치
   적 이유들 때문에 수신료 인상에 소극적이었던 방송통신위원회가 이러한
   목적의 K-view를 적극 지원해주지 않았던 것이다.

본적으로 공영방송 논리로서 부적절하다는 것이다. 또한 무료 보편
서비스가 구현되기 위해서는 무료 제공과 무료 시청이 모두 가능해
야 하는데 현재 우리 방송구조에서 이 두 조건을 동시에 모두 만족
시킬 수 없다는 것이다. 대신에 영국의 BBC처럼 '공공서비스 방송
(Public Service Broadcasting)' 목표를 지향해야 한다고 제안하고 있다.
그래야 영국처럼 지상파다채널방송을 위한 주파수의 배타적 권리를
확보할 수 있는 명분이 선다는 것이다. 이 논리는 다분히 이상적이
기는 하지만 나름 타당성이 있다고 생각된다. 하지만 영국의 경우
공공서비스 방송의 축이 수신료를 기반으로 하는 BBC이고 'BBC칙허
장(Royal Charter)'은 사실상 독점사용권 같은 것이어서 지금 우리의
공영방송 제도와는 큰 차이가 있다. 물론 별도의 공영방송 관련 법
제정을 통해 그러한 공익적 목표를 구현할 수도 있을 것이다(황근,
2010:224~247). 하지만 공영방송에 대한 개념조차 없는 현행 방송법
아래서 이 논리는 '상업방송과 별 차이 없는 애매한 공영(지상파)방
송'의 상업화 전략을 정당화해주는 논리로 이용될 가능성이 높다.

둘째, 지상파다채널방송이 방송시장에 미치는 영향은 광고매출
잠식 같은 단편적인 것이 아니라는 점이다. 현재 우리 유료방송은
초저가 시장으로 콘텐츠 산업이 성장하기 어려운 악순환 구조에 빠
져있다. 최근에는 IPTV사업자들의 결합판매가 극심해지면서 유료방
송서비스가 이동통신의 번들 상품화되고 ARPU는 더 낮아지고 있다.
때문에 유료방송시장에서의 경쟁은 콘텐츠/서비스 경쟁이 아니라
가격경쟁이 주도하고 있다. 이러한 상태에서 만일 지상파다채널방
송이 상업적 콘텐츠에 전력하게 되면 유료방송사들의 지상파방송
콘텐츠 제공 대가에 대한 부담이 늘어나면서 지상파방송 콘텐츠 의
존도는 더욱 커지게 되고 결국 유료방송시장을 더욱 황폐화시킬 가
능성이 있다. 우리나라의 다채널지상파방송은 영국의 Freeview 처럼
유료방송과 차별화된 콘텐츠 제공이 아니라 가격경쟁만 증폭시킬

수도 있다. 이렇게 부정적인 전망이 나올 수밖에 없는 배경에는 지상파방송사들이 표방하고 있는 공익적 콘텐츠의 무료 보편적 제공이라는 목표를 믿을 수 없다는 유료방송사업자들의 불신이 깔려 있다. 지상파다채널방송 허용에 앞서 공영방송의 범주와 책무, 재원구조 등에 대한 법적 장치들이 먼저 마련되어야 한다는 주장도 이런 이유에서 나오는 것이다(정인숙, 2007:131~159).

셋째, 지상파다채널방송 허용이 영국의 Freeview처럼 지상파방송 디지털 전환을 촉진하는 매개체가 될 수 있을 것인가에 대한 의문이다. 그 이유는 우리 방송구조가 영국과 큰 차이가 있기 때문이다. 영국의 최대 유료방송사업자 BskyB는 BBC와 함께 영국 방송시장을 양분하고 있는 사업자다. 때문에 영국의 방송정책은 BskyB의 시장지배력과 독점으로 인한 폐해를 방지하는데 초점이 맞추어져 있다. 상업방송사가 EPL중계권을 독점하지 못하도록 한 '보편적 접근권'이 대표적인 사례다. 이러한 BskyB의 견제 정책 바탕에는 '공익'이라는 정책목표가 작동하고 있고, 이를 구현하는 가장 중요한 수단이 공영방송 BBC라는 인식이 깔려있는 것이다. 때문에 BBC는 상업방송의 지배력이나 영향력을 견제하기 위해 차별화된 공익적 고품질 콘텐츠를 제공하는 공영방송이어야 한다는 것을 분명히 하고 있다.[14] Freeview의 도입 목표 역시 방송디지털 전환이라는 국가적인 공익적 책무를 상

---

14) 2017년 BBC트러스트를 해체하고 BBC에 대한 감독·규제권한을 부여받은 Ofcom은 '공영방송과 상업방송을 모두 규율하는 통합기구'의 위상을 확보했다. 그 목적은 국민의 수신료로 운영되는 공영방송이 상업방송과 차별화를 통해 건전한 효과적인 (건강한) 경쟁관계를 형성하겠다는 것이다. 실제 BBC 감독·규제 권한을 부여받은 Ofcom은 BBC 프로그램이 상업경쟁사들과 구별되는지를 감독하는데 초점을 맞출 것을 시사하고 있다. 이는 결국 시청자들의 선택권을 확장하는 다양성을 추구하는 것으로 이해된다. BBC의 온라인 확장이나 다채널방송 같은 뉴미디어 전략 역시 상업방송과의 시청경쟁이 아니라 시청자들이 접근할 수 있는 콘텐츠의 다양성에 초점을 맞추고 있음을 알 수 있다.

업적 유료방송에게 의존할 수 없다는 철학에서 나온 것이라고 할 수 있다(장병희, 2010:1~36). 영국의 Freeview가 상업방송인 BSkyB와 '경쟁적 협력전략(coopetition strategy)'을 추진할 수 있었던 것도 공영방송 BBC의 콘텐츠가 상업방송인 BskyB의 콘텐츠와 충돌하지 않았기 때문이다.

하지만 우리 방송시장은 지상파방송사와 유료방송사업자들이 사실상 거의 동일한 콘텐츠 혹은 유사한 콘텐츠를 가지고 경쟁하는 시장이라는 점에서 영국에서와 같은 경쟁적 협력전략이 쉽지 않은 것이 사실이다. 또한 경쟁이 시청자들의 선택권과 다양성을 확장해주는 것인가에 대해서도 의문이 제기될 수 있다. 더구나 영국에 비해 유료방송 수신료 수준이 매우 낮고 2015년에 정부가 저가 아날로그 유료방송 가입자들의 HD콘텐츠 수신을 위한 8VSB까지 허용해 줌으로써 지상파다채널방송이 영국처럼 강력한 디지털 방송 전환 효과를 유발할 수 있을지도 알 수 없다. 특히 모바일·초고속 인터넷과 방송서비스를 묶은 유료방송시장의 결합 판매로 인해 강력하게 'lock-in' 되어 있는 저가 유료방송가입자들이 지상파다채널방송이 아무리 무료라고 해도 쉽게 전환하기는 어려울 것이다. 때문에 지상파다채널방송이 영국의 Freeview처럼 지지부진한 디지털방송의 전환촉진이라는 획기적인 cord-cutting 효과를 낼 수 있을지는 의문일 수밖에 없다.

넷째, 정부의 정책방향과 대응방법의 문제점이다. 지상파다채널방송은 모든 국민들이 비용을 지불하고 디지털다채널방송 수신 혜택을 받는 전형적인 '대중정책(majoritan policy)'이라고 볼 수 있다. 하지만 지난 20년 동안 우리 정부의 디지털방송 전환정책은 디지털방송 서비스 환경 구축이 아닌 고품질 TV수신환경 개선에 중점을 두면서 지상파디지털방송 직접 수신보다 유료방송플랫폼을 통한 간접 수신가구 확대에 초점이 맞추어져왔다. 신규 디지털 유료방송플랫폼들을 도입·확산시켜 많은 시청자들이 디지털 방송을 용이하게 수

신할 수 있는 방향으로 정책이 추진되어온 것이다. 때문에 지상파다
채널방송은 다채널방송을 주도해 온 유료방송의 이익과 충돌하지
않을 수가 없다. 이로 인해 지상파다채널방송 정책은 방송의 공익성
이나 무료보편 서비스를 목적으로 한 '대중정책(majoritan policy)'이었
지만 정책추진과정에서 경쟁사업자들간에 이익이 충돌하는 '이익집
단정책(interest group policy)'으로 변화된 것이다. 그러나 정부가 확실
한 정책방향을 정하지 못하면서 관련사업자들이 제도적으로 유리한
입지를 확보하기 위해 정부 정책에 의존하는 '고객정책(client policy)'
으로 또다시 변질된 것이다([그림 8-1]).

[그림 8-1] 지상파방송다채널 정책의 성격 변화

		혜택	
		미디어 사업자	전체 수용자
비용	미디어 사업자	이익집단정책 (interest group policy)	기업가 정치 (entrepreneurial policy)
	전체 수용자	고객정치 (client policy)	대중 정치 (majoritan policy) 지상파다채널방송

이렇게 정책유형이 변화되면서 정부의 대응은 점점 더 중요해질
수밖에 없다(황근·최영묵, 2000:469~516). 가장 바람직한 것은 도입 논
의 초기에 지상파다채널방송이 디지털 전환에 따른 무료 보편적 성
격의 대중정책으로서 성격을 분명히 하고 일관성 있는 정책을 추진
하는 것이었다. 하지만 정부가 방송디지털 전환이라는 가시적 효과
에 집착해 유료방송플랫폼 확대·보급에 초점을 맞추면서 정책이 사

업자간 이해충돌 문제로 변질되어 버린 것이다. 이로 인해 지상파다
채널방송은 사업자들의 이해득실에 따라 정책 일관성도 잃고 분명
한 정책목표도 정하지 못하지 못한 상태에서 표류하게 된 것이다.

Ⅲ. 지상파다채널방송 도입정책의 갈등 원인 분석

지상파다채널방송 허용과 관련해 오랜 기간 갈등이 지속되고 있
는 근본 원인은 정부의 정책 추진과정에 있다. 본래 지상파다채널방
송은 디지털 압축 기술로 할당된 주파수로 여러 채널 전송이 가능해
진 디지털 전환과 연관된 기술이다. 때문에 정부의 방송디지털 정책
즉, 디지털 전환은 물론이고 전환이후 전체 방송구도를 어떻게 가져
갈 것이며 또 각각의 방송매체들의 역할은 어떻게 할 것인지에 대한
분명한 정책지도(policy mapping)가 절대 필요하다. 지상파다채널방송
을 두고 갈등이 지속되고 있는 것은 우리 정부가 디지털 전환이후
여러 방송매체들의 목표나 역할에 대한 명확한 방향 설정이 부족했
기 때문이라 할 수 있다. 그러므로 지상파다채널방송과 관련된 정책
갈등과 해결방안을 모색하기 위해서는 우리 정부의 방송디지털 전
환 정책에 대한 전반적인 평가가 우선 필요할 것이다.

1. 디지털 전환 정책 평가

최초로 우리나라에서 방송디지털 전환정책이 논의된 것은 1997년
이다. 당시 정부는 2005년까지 지상파방송 디지털 전환을 완료한다
는 '지상파 디지털방송 전환 계획'을 세우고, 1999년에는 정보통신부
가 '디지털 지상파TV 조기 방송 종합계획'을 수립·발표하였다. 이 계

획을 보면 디지털TV 도입 목적을 '산업측면에서 디지털 방송용 수상기 및 송신기의 대규모 신규 수요를 창출하고 프로그램 공급량 증가로 전자 산업 및 영상산업이 활성화하며 연관 산업에도 영향을 미치는 것'으로 밝히고 있다. 이러한 정책목표는 1999년 '방송개혁위원회' 보고서에서도 그대로 이어져 디지털 전환 이유를 'DTV 수상기, 셋톱박스 수출 주력산업 육성'으로 규정하고 있다.[15] 이처럼 우리나라의 디지털 방송 전환은 경제성장·수출 활성화 같은 산업적 목표의 도구적 목적을 가지고 추진되었던 것이다. 정보통신부와 가전제조사가 디지털 방송 전환 정책을 주도했던 것이다(정인숙, 2003,166~189). 때문에 방송의 공익성이나 무료 보편적 서비스 같은 정책목표들은 가전산업 활성화를 위한 디지털TV 소비 촉진을 촉구하기 위한 명분이었다고 할 수 있다. 실제 2000년 이후 우리 방송정책의 중심에는 HDTV, 3DTV 그리고 최근 UHD TV에 이르기까지 고품질 TV단말기 확산이 위치하고 있었다.[16] 지상파다채널방송 같은 디지털 전환 후속정책들을 놓

---

15) 당시 방송개혁위원회가 지상파 디지털 방송 전환 필요성을 제시한 이유는 ① DTV 수상기, 셋톱박스 수출 주력 산업 육성 ② 다양한 콘텐츠 산업 개발 ③ 고품질 방송 서비스와 다양한 정보 서비스 제공을 통한 수용자 복지 제공이다(방송개혁위원회, 1999). 이는 1998년 IMF 여파 속에 경제회복이라는 분위기에 디지털 방송전환 정책도 함께 함몰된 것으로 추측된다.
16) 사실 우리나라의 방송정책은 TV수상기 같은 가전 산업 육성과 밀접한 관련을 유지해왔다. 1981년 컬러TV 도입, 1987년 문자다중방송, 2000년 HDTV, 2008년 3DTV와 스마트TV, 2013년 UHD TV 그리고 최근 정부가 추진하고 있는 VR(실감 TV) 등은 방송정책이라기 보다는 가전3사의 수출활성화 같은 경제정책의 일원으로 추진되어왔다고 할 수 있다. 뿐만 아니라 위성DMB, 지상파DMB 그리고 스마트 폰에 이르기까지 신규 방송매체들의 도입 필요성에는 항상 단말기 산업 활성화를 통한 경제효과들이 가장 먼저 제기되었다. 때문에 우리나라의 신규방송 도입정책은 시청자의 선택권이나 양질의 방송서비스 향유보다는 새로운 단말기 구입을 촉진시키는 목적에 중점을 두어왔다. 지상파 디지털 전환 정책 역시 이러한 맥락에서 벗어나지 못했다고 할 수 있다.

고 방송사업자 간 갈등이 지속되고 있는 이유도 어쩌면 이러한 TV수
신기 산업 활성화에 목표를 둔 디지털 전환 정책의 후유증이라 할
수도 있다.

특히 2000년 최초의 방송독립규제기구로 설립된 방송위원회는 방
송 디지털 전환에 대한 확고한 의지도 부족했지만 이를 추진할 수
있는 실질적 역량도 갖추고 있지 못했다. 물론 '디지털방송추진위원
회'를 구성하고 방송 디지털 전환과 관련된 정책과제들을 논의했지
만 고화질·고음질·양방향 서비스 같은 다분히 추상적인 공익적 수사
들만 반복하는 수준에 머물렀다(정영주, 2014:41~74). 때문에 당시 방
송위원회는 지상파방송 직접 수신을 통한 디지털 전환보다 디지털
유료방송 플랫폼 확대라는 상대적으로 용이하고 가시적인 정책을
선호할 수밖에 없었다. 전 국민의 90% 이상이 지상파방송 시청을 케
이블TV 같은 유료방송플랫폼에 의존하고 있는 상황에서 굳이 지상
파방송 사업자들의 추가 비용부담이 요구되는 디지털 방송 직접수
신환경 개선보다 유료방송을 확대하는 것이 현실적이었기 때문이다.
이 같은 디지털 유료방송플랫폼 확대 정책은 디지털TV 확산을 통한
가전산업 활성화 목표를 선호했던 정부입장에서도 크게 나쁘지 않
은 정책이었다. 직접 수신이나 유료방송플랫폼 모두 디지털TV 수요
를 증대시키는 효과는 동일하지만 후자가 단기간에 수요를 창출하
는데 더 유리했기 때문이다.

여기에 방송위원회의 방송정책 기조가 '매체균형발전'에 맞추어
지면서 위성방송과 위성DMB, 지상파MDMB 같은 신규 디지털 매체들
의 도입 정책에 주력하게 된다. 2001년 위성방송을 시작으로 다양한
신규 유료방송플랫폼들이 연이어 도입되면서 지상파방송 직접 수신
을 통한 디지털 전환은 사실상 정책 우선순위에서 뒤로 밀려나 버렸
다. 2008년 방송통신위원회 설립 이후에도 신규 디지털 매체 도입 정
책은 지속되었다. 특히 이명박 정부 초기 정부의 전폭적 지원 아래

도입된 IPTV는 디지털방송이지만 양방향성이 결여된 위성방송, 아날로그 방송에 안주하고 있던 케이블TV, 시장진입에 어려움은 겪고 있던 위성DMB·지상파DMB와 달리 인터넷 기반의 양방향 디지털 다채널방송이라는 점에서 방송 디지털 전환의 좋은 대체재가 될 수 있었다. 때문에 2008년에 '2012년 말까지 지상파방송 아날로그 방송을 종료한다'[17]는 '지상파방송 디지털전환 특별법'이 제정되었음에도 불구하고 지지부진했던 지상파방송 디지털 전환은 여전히 디지털 유료방송플랫폼 확산을 통해 해결하는 정책이 지속되게 된다. 이 때문에 디지털 전환과 함께 지상파방송사들이 요구해왔던 지상파다채널방송(MMS)에 대해 방송통신위원회는 주파수 재분배정책과 연계한다는 유보적 입장만 견지했던 것이다(장병희, 2010:1~36).

이처럼 방송 디지털 전환이 유료방송플랫폼 확산에 의존하게 되면서 디지털 전환의 중점 목표는 'HDTV, 3DTV 같은 가전산업 국제경쟁력 강화를 위한 고품질TV 수신환경 조성'에 초점이 맞추어질 수밖에 없었다.[18] 이 때문에 우리나라의 디지털 전환 정책은 '디지털 방송 상용화가 아니라 지상파아날로그 방송 종료가 목표'였다고 비판받기도 한다. 방송디지털 전환이 단순히 아날로그 방송의 종료가 아니라 전체 방송체계가 바뀌는 복잡한 정책이라는 점(Starks, 2007)을

---

17) 특별법에 명시된 디지털 전환 정책목표는 우리나라 방송디지털 전환 정책의 특성을 상징적으로 보여주고 있다. '디지털 방송의 시작'이 아니라 '아날로그 방송의 종료'이기 때문이다. 즉, 지상파방송을 중심으로 한 모든 방송사들이 디지털방송으로 전환하더라도 아날로그 케이블가입자나 디지털 방송 직접 수신이 불가능한 시청자는 디지털 방송을 수신할 수 없기 때문이다. 따라서 아날로그 케이블TV 가입자가 1,000만 가구에 육박하고, 많은 가입자들의 디지털 수신 설비가 보급되지 않은 상태에서 방송사들의 제작·공급만 우선 디지털로 전환할 수밖에 없었고, 이를 아날로그 방송의 종료하고 명시했던 것이다.

18) 이 때문에 지상파 다채널 방송이 디지털 전환정책에 전면으로 위배되는 정책이라는 주장도 있다(임성원·성동규, 2008:226~260).

감안한다면 우리나라의 방송디지털 전환은 산업적 효과라는 매우 단순한 논리로 접근했다고 볼 수 있다. 아날로그 방송이 종료된 지 6년이 지난 지금까지도 디지털방송 전환 문제가 여전히 정책과제로 남아있다는 점이 이를 잘 보여주고 있다. 케이블TV사업자들의 디지털 전환의지 부족과 가입자들의 가격저항 등에 부딪쳐 700만 정도의 아날로그 케이블TV 가입자들이 여전히 남아있고, 정부는 이를 보완하기 위해 8VSB나 클리어쾀 같은 아날로그 네트워크를 통해서도 HD급 화질의 방송을 수신할 수 있는 기술들을 연이어 허용하는 정책들이 추진되고 있는 것이다.[19]

이처럼 고화질 TV수신에 목적을 맞추어진 디지털 전환 정책아래 지상파방송은 디지털전환 이후에도 고품질 콘텐츠만 제작·공급하는 역할만 할 뿐 다른 수익모델을 기대하기 어려울 수밖에 없다. 지상파방송사들이 다채널방송을 추진하는 명분으로 직접수신을 통한 무료 보편 서비스를 내세우고 있지만 결국 상업적 수익모델을 추진할 수밖에 없는 이유도 여기에 있다. 때문에 정부는 지상파다채널방송 추진과정에서 실제 추진목적과 표방하고 있는 목적 간에 지속적인 딜레마에 빠질 수밖에 없었고 상호 불신에 의한 사업자간 갈등이 지속되어 온 것이다. 이는 대부분의 나라들이 디지털 전환을 추진하면서 중요한 목표로 설정되었던 '지상파플랫폼의 미래보장(Digitag, 2008)'을 우리나라에서는 거의 고려조차 되지 못했다는 것을 보여주는 것이다. 이 같은 우리나라의 방송 디지털 전환 과정과 특징을 시기별로 구분하면 [표 8-3]과 같다.

---

19) 정부는 2018년 3월에 우리나라의 모든 가구가 디지털 수신이 가능하게 되어 방송디지털 전환이 완료되었다고 발표하였다. 아날로그 케이블가입자들이 8VSB 방식 등을 통해 HD급 방송수신이 가능하게 되었다는 것이다. 하지만 HD급 방송수신이 방송디지털 전환으로 볼 수 있는가 하는 문제가 제기될 수 있고, 일방적으로 수신만 가능한 상태가 진정한 디지털 전환이라고 할 수 있는가는 향후에도 항상 문제가 될 수 있을 것이다.

[표 8-3] 디지털 전환 시기별 지상파 다채널방송 추진

구분	정책도입 시기	정책 잠복 시기	정책 추진 시기	후속 정책 시기
시기	1997~1999	2000~2007	2008~2012	2013~
주무 기관	정보통신부	방송위원회	방송통신위원회	방송통신위원회 미래창조과학부
정책 목표	산업적·경제적 목표 (디지털TV시장 선점) (방송영상산업 발전)	공익성 제고 매체 간 균형발전 고품질 TV서비스 제공	지상파 디지털방송 전환 (디지털전환 특별법 제정) 수신환경 개선 아날로그 수신가구 지원 (컨버터, 공청안테나)	유료방송 디지털 전환 신규 디지털 방송 서비스 도입·허가
특징	가전 산업 육성 정책	공익적 수사	아날로그 방송 종료	미완의 디지털 전환 보완 정책
지상파 다채널 방송	사업자 자율적 부가서비스 추진	MMS 시험방송 HD 방송 중심	MMS 정책 외면 (K-view)	MMS 추진(허용) 8VSB, 클리어 캄 등 고화질 방송 수신대체 기술 도입
주요 정책 대상	일반 국민	지상파방송 포함 모든 방송매체	지상파방송 아날로그 수신가구	지상파방송 포함 모든 방송사업자

2. 디지털 전환 정책과 지상파다채널방송

이처럼 고화질 디지털 TV수신기 확산에 목표를 둔 디지털 전환 정책이 동력을 받을 수 있었던 이유는 이해당사자인 가전제조사, 지상파방송사업자, 유료방송플랫폼사업자 그리고 정부규제기구 모두가 싫지 않은 상태에서 동의할 수 있는 정책이었기 때문이다. 주요 이해당사자들이 디지털 전환과정에서 자신이 투입해야하는 비용과 노력을 최대한 줄이면서 완전히 만족할 만한 수준은 아니더라도 나

름 이익을 기대할 수 있었기 때문이다. [표 8-4]를 보면, 지상파방송
직접 수신이 아니라 유료방송플랫폼을 통한 디지털 전환정책이 각
이해 당사자들에게 어떤 영향을 미쳤는지 알 수 있다.

[표 8-4] 지상파방송 디지털 전환 정책에 대한 이해당사자들의 득실 비교

이해당사자	기대 이익	손실(부담)
정부 (정책기구)	아날로그 방송 조기 종료 디지털방송 직접 수신 확대정책 부담 경감	아날로그 케이블TV 디지털 전환 8VSB 등 아날로그 가입자 고품질 TV 시청 보완 정책으로 인한 갈등
유료방송 사업자	유료방송가입자 확대	아날로그 가입자 전환(케이블TV) 디지털 미전환으로 경쟁력 약화 (케이블TV)
지상파방송 사업자	디지털 네트워크 구축 비용 절약	독자적인 디지털 방송 수익모델 미비
가전 제조업자	고품질 TV수상기 수요 증가	-
시청자	-	유료디지털 방송 수신료 부담 증가 고가 디지털 TV 구입

우선 정부 입장에서는 유료방송플랫폼을 통해 짧은 기간에 손쉽
게 디지털 방송 수신환경을 조성할 수 있고, 유료방송사업자들은 지
상파방송 재송신 같은 정부 지원 아래 단기간에 가입자를 확보하면
서 시장에 안착할 수 있었다. 한편 지상파방송사업자들은 직접 수신
에 필요한 디지털 네트워크 구축비용에 대한 부담을 덜 수 있었다.
지상파방송사들은 98% 이상의 가구가 디지털방송 직접 수신이 가능
하다고 주장하지만 실제로 도심난청 같은 이유로 실제 직접 수신가
구가 5.3%에 불과한 상태에서 직접 수신을 위한 디지털 네트워크 구
축은 지상파방송사들에게 큰 부담이 될 수 있었다. 만약 직접 수신
위주의 디지털전환 정책이 추진되었다면 지금보다 훨씬 많은 시간
과 비용이 소요되었을 것이다. 그렇지만 고화질TV 수신에 목표를 둔

디지털전환 정책의 최고 수혜자는 추가 투자비용 없이 HDTV, UHD TV, 스마트TV 등 고가의 신규 TV단말기 판매 수익을 올린 가전제조사업자들이라 할 수 있다. 한마디로 유료방송 플랫폼 중심의 디지털 전환정책은 주요 이해당사자들 간에 이해관계가 맞아떨어진 결과라고 할 수 있다. 물론 디지털 전환에 따른 개별 이해당사자들의 편익을 정부가 구체적으로 고려하거나 공개적으로 발표한 적은 없다. 이처럼 정부가 개별 사업자들의 편익문제를 명확히 계산하지 않으므로 인해 디지털 전환에 가장 큰 비용을 지불해야 했던 것은 시청자였다는 평가도 있다(정인숙, 2008:287~322).

이처럼 고화질 TV수신에 초점을 맞춘 유료방송플랫폼 기반의 디지털 전환정책은 아날로그 방송이 종료된 지 6년이 지난 지금까지도 적지 않은 부담으로 작용하고 있다. 홈쇼핑송출수수료에 의존하는 있는 케이블TV의 아날로그 가입자의 완전한 디지털 전환은 사실상 요원한 상태이고, 아날로그 가입자들의 HDTV 수신을 위해 정부가 허용한 8VSB 같은 수신기술들 역시 사업자간에 또 다른 갈등을 야기하고 있다.[20] 지상파다채널방송을 둘러싼 갈등 역시 이러한 디지털 전환 정책의 후유증 중에 하나라고 할 수도 있다. 분명한 정책방향이 설정되지 않은 상태에서 다채널방송을 추진하게 되면 다른 경쟁사업자들과의 이익충돌 및 갈등이 불가피하기 때문이다. 그렇다고 공익적 목적만으로 지상파다채널방송을 추진하기에는 지상파방송

---

20) 8VSB는 아날로그 케이블TV 셋톱박스에서 HD급 지상파방송채널은 공청안테나에서 직접 수신된 신호를 우회하여 직접 제공하는 방식이다. 따라서 케이블TV 사업자들은 자신들이 수신해서 제공한 채널이 아니어서 재송신 행위라고 할 수 없으므로 대가지불의 의무가 없다는 입장이고 지상파방송사들은 직접 수신된 신호이기는 하지만 결국 케이블TV가입자들에게 제공되는 서비스이므로 재송신대가가 필요하다고 주장하고 있다. 아직까지는 직접적인 갈등은 벌어지지 않았지만 8VSB 가입자들이 늘어나고 지상파방송사들의 경영압박이 심화되면 표면화될 가능성이 높다.

사들의 경제적 부담이 너무 커 사실상 실현되기 힘들 것이다. 또한 상업적 목적으로 지상파다채널방송을 추진하게 되면 수신료 인상 같은 공적 재원 확대에 대한 명분을 잃을 수도 있다. 결국 가전산업 활성화를 목표로 한 우리나라의 방송디지털 전환 정책은 정부와 지상파방송사업자 모두를 '공익성과 상업성의 딜레마'에 빠뜨렸다고 할 수 있다.

결국 1990년대 후반부터 시작된 지상파방송 디지털 전환정책은 방송의 공익적 책무보다 산업적 효과에 초점을 맞추면서 많은 후유증을 유발하고 있고 지상파다채널방송은 그 후유증 중에 하나라 할 수 있다. 특히 유료방송 플랫폼에 의존해 온 디지털 전환정책은 저소득 하위계층 시청자들의 디지털 격차 현상을 초래하였다. 최근에 정부가 추진하거나 허용한 신규 전송기술들 대부분이 소외계층의 디지털 격차해소를 명분으로 하고 있는 것도 바로 이 때문이라 할 수 있다.[21] 그 이유는 유료방송 플랫폼 중심의 디지털 전환은 결국 '방송의 공익성'이나 '보편적 서비스' 같은 목표들을 근본적으로 담보할 수 없기 때문이다. 물론 방송 디지털 전환과 함께 공익성을 담보하기 위한 보완 정책들이 거의 추진되지 않았던 것도 또 다른 이유라 할 수 있다(정인숙, 2007:131~159). 이 때문에 다분히 선언적인 '무료 보편적 서비스'라는 목표보다 영국에서 채택하고 있는 '공공서비스 방송(Bublic Service broadcasting)' 개념이 도입되어야 한다는 지적이 나오기도 한다(이준웅·정준희, 2011:38~76).

이 같은 우리나라의 디지털전환 정책에 대해 정준희(2014:51~85)는 제도설계 측면에서 기본적으로 무료 보편적 공공서비스에 대한 정

---

21) 최근 허용된 케이블TV 8VSB나 클리어캄은 저소득층 아날로그 케이블TV 가입자의 고화질 TV 수신, 위성방송 DCS는 난시청 소외지역 계층의 디지털 방송 시청, 지상파다채널방송은 저소득 소외계층의 다채널방송 직접 수신 등을 명분으로 추진 혹은 허용되었다.

책의지가 약했다고 지적하고 있다. 고화질 수신이 마치 디지털 방송 시대의 공익 목표처럼 인식되어 디지털전환 정책을 주도하였고, 유료방송플랫폼을 통해 그 목표를 실현해 오면서 공영방송이나 지상파방송의 공익성은 다른 매체와 차별화될 수 있는 요소가 되지 못했다는 것이다. 도리어 단기간에 디지털 전환을 완료함으로써 케이블TV, 위성방송, IPTV 같은 유료방송 플랫폼을 통해서도 충분히 공익성을 구현할 수 있다는 인식만 보편화시켰다는 것이다. 이러한 정책은 최근 정부가 강력히 추진하고 있는 UHDTV에서도 그대로 재연되고 있다. UHDTV 도입을 지상파방송사들이 주도하고 있는 다른 나라들과 달리 케이블TV와 위성방송 그리고 IPTV 같은 유료방송플랫폼들이 선도하고 있는 것이다.[22] 이 때문에 지상파방송보다 더 좋은 품질의 방송을 빠른 시일 내에 수신가능하게 해줄 수 있다면 상업적 유료방송사들도 공익적 활용이 가용하다는 논리가 충분히 정당화될 수 있는 것이다. 공영방송으로 인식되고 있는 지상파방송사들의 공익논리가 정당성을 상실하게 된 것이다. 이러한 상황에서 지상파방송사들이 공익적 방송서비스나 무료 보편성 같은 추상적 명분을 내걸고 다채널방송을 요구하는 것은 설득력을 가지기 어려운 것이 사실이다. 한마디로 지상파 다채널방송 추진의 가장 큰 걸림돌은 경쟁사업자들의 방해가 아니라 지상파방송 스스로 무료 보편적 방송 서비스

---

22) 2013년 각 사업자들이 발표한 UHD TV 도입 일정을 보면 케이블TV와 위성방송은 2014년 2분기에 4K급 UHD 방송, 2016년 상반기에 8K UHD 방송을 실시한다고 되어 있다. 하지만 지상파방송사들은 2016년 하반기에 4K, 2018년 말에나 8K UHD방송을 실시한다는 계획이었다. 물론 아직까지 UHD 콘텐츠의 부족으로 UHD TV수상기 보급 수준에 걸맞는 UHD 방송이 활성화되고 있지는 않지만, 우리나라의 경우 UHD TV 같은 첨단 방송을 지상파방송이 선도하지 못하고 있는 것은 분명하다. 도리어 UHD 방송을 명분으로 별도의 주파수 분배, 아날로그 주파수 회수 거부처럼 다른 사업자들과 갈등만 유발하고 있다. 이는 UHD 방송을 지상파방송사들이 주도하고 있는 일본 같은 다른 나라들과 크게 차이나는 부분이라 하겠다.

제공이라는 가장 확실한 '공영방송의 이념적 토대'를 담보하고 있지 못한데 근본 원인이 있다 할 것이다.

Ⅳ. 공영방송의 다채널방송 : 경쟁적 협력전략

결국 지상파 다채널방송 도입을 둘러싼 갈등과 정책적 혼선은 이 해당사자들의 문제가 아니라 정부의 '잘 못 꿰어진 단추' 때문이라 할 수 있다. 이 문제를 근본적으로 해결할 수 있는 최선의 방법은 디지털 시대에 걸 맞는 법·제도를 개편하는 것이다. 그렇지만 방송 관련법을 개정하기 위해서는 나름대로 확실한 명분과 실효성이 담보되어야만 한다. 더구나 정부가 입법 추진해 온 통합방송법도 '방송법'과 '멀티미디어방송사업법'을 통합하는 수준[23]으로 수평적 규제체계나 공영방송 체제 구축같은 디지털 미디어 시대에 걸 맞는 방송시스템 개편과는 거리가 있다. 이 같은 법·제도적 미비와 함께 지상파 다채널 방송 추진을 더욱 어렵게 만드는 것은 사업자간의 심각한 불신이다. 2010년 KBS가 추진했던 K-view가 유료방송사업자들의 강한 반대에 부딪쳤던 이유도 초기 MMS 추진 때 표방했던 무료 보편적 목적이 아니라 지상파방송의 신규 사업으로서 새로운 수익모델을 창출하겠다는 의도로 인식되었기 때문이었다(노기영, 2010). 이 같은 불신은 지상파재송신대가, 광고규제완화, 지상파콘텐츠 배타적 공급 등 최근 갈등이 되고 있는 모든 방송정책현안마다 노정되고 있다. 그 불신의 중심에는 지상파방송사들이 공익을 위해 존재하는 진정

---

23) 더 정확하게 표현하면 케이블TV와 위성방송 그리고 IPTV의 시장점유율을 33%로 제한하는 이른바 '유료방송 합산규제' 규정을 도입하기 위한 법개정이라고 할 수 있다.

한 공익을 위한 방송인가에 대한 근본적인 의구심이 자리 잡고 있다. 공익을 명분으로 제도적 보호아래 특권을 누리면서, 이를 바탕으로 구성원들의 이익을 도모하는 이기적 조직이라는 불신이 오랜 기간 누적되어 온 것이다. 최근 지상파방송사들이 공영성 강화라는 '차별화 전략'보다 시장 경쟁력을 강화하는 '동질화 전략(McQuail & Suine, 1998)'에 치중하고 있는 것도 이러한 불신을 더욱 심화시키는 이유가 되고 있다.

그런 의미에서 디지털 미디어 시대에 지상파방송 생존전략으로 경쟁매체들과 공존을 모색하는 '경쟁적 협력전략(coopetition strategy)'을 모색할 필요가 있다. '경쟁적 협업전략'이란 '협력(cooperation)'과 '경쟁(competition)'의 합성어로서 '기업들이 각자 경영의 독립성을 유지하면서 자신이 보유한 핵심 역량을 바탕으로 경쟁관계에 있는 기업과 특정 사업 및 특정 업무분야에서 상호 보완적 역량을 결집함으로써 경쟁우위를 확보하는 제휴전략'을 말한다(오상봉, 2000). 경쟁사끼리 협력함으로써 다른 경쟁 사업자 혹은 사업자 군에 대한 경쟁우위를 확보하고 공동의 이익을 도모하는 것이다. 경쟁적 협업은 '현재 시장을 확대하기 위한 것', '새로운 시장을 개척하기 위한 것', '자원 활용의 효율성을 제고하는 것', '기업의 경쟁력을 향상시키기 위한 것' 등 다양한 목적에서 이루어지고 있다(Ritala P. et al., 2014:236~249).

특히 경쟁적 협업 전략은 통신·미디어 분야에서 많이 발생하고 있다. 그 이유는 시장이 포화상태에 도달해 있는 상태에서 경쟁사업자간에 상호 강점이 되는 자원을 공동으로 활용하여 새로운 시장을 창출할 필요성이 높아졌기 때문이다. 대표적으로 Amazon은 Market place와 오프라인 마켓 협력을 실현하였고, 자신의 Kindle 전자북 콘텐츠를 다른 경쟁 플랫폼에도 제공하고 있어 가장 효율적인 경쟁협력 전략을 구사하는 사업자로 평가되고 있다. 심지어 OTT 경쟁사업자인 Netflix와도 제휴하고 있다(Ritala P. et al., 2014:236~249). 또한 2013년에 New York Times를 인수한 후 자신의 온라인 포털에 Buzzfeed, Huffington Post 등 경쟁사들의 최신 기사들을 함께 개재하고 257개 지역신문들의 기사도 올려주는 전형적인 '경쟁적 협력전략'을 사용해 혁신적 변화에 성공한 것으로 평가받고 있다. 경쟁적 협력전략 추진 이후 2007년 100만부 수준이었던 주중신문 유료판매부수가 2015년에는 220만부로 늘어났고, 주말 판 역시 152만부에서 260만부로 증가하였다(O'Shea, 2015). 이 같은 Amazon의 경쟁적 협력전략은 제휴와 파트너십을 통해 실체(Reality)보다 잠재력(potential)을 강조해 미래의 고객을 확보하는데 목적을 두어 성공적인 것으로 평가되고 있다(지성욱, 2015:4~40).

하지만 경쟁적 협력전략에서 가장 중요한 것은 협력하는 기업들 간에 상호 보완적 관계를 가능하게 하는 차별화된 자원이 있어야 한다는 것이다. 영국 Freeview의 성공은 다채널지상파방송이 유료방송의 대체재가 아닌 공공적 추가적 보완재로서 가능했기 때문인 것으로 평가되고 있다(홍종윤, 2010). 즉, 다채널 상업방송인 BSkyB를 견제하면서 동시에 공익성도 구현할 수 있는 경쟁적 협력전략의 성공 사례라 할 수 있다. 이처럼 경쟁적 협력이 가능했던 이유는 상호 중복되지 않은 목표와 콘텐츠를 가지고 있었기 때문이었다. BBC가 상업방송과 경쟁하지 않는 공익적 고품질 콘텐츠와 BskyB를 비롯한 상업방송들이 가질 수 없는 '권위 있는 공영방송'이라는 브랜드를 확보하고 있었던 것이다. 그런 의미에서 우리나라 지상파 다채널방송 성공을 위한 전제조건은 지상파방송의 공영성을 제고하고 공익적 콘텐츠에 충실하는 것이고, 이를 제도적으로 보장하는 것이라 할 수 있다. 이준웅·정준희(2011:38~76)도 소외계층에 대한 사회적 배려수단을 확보하는 한편 정체상태에 빠져있는 방송시장의 전반적 산업적 가능성을 확대하기 위해 유료방송플랫폼과 무료방송플랫폼간의 일정한 경쟁과 상호보완에 기반을 둔 사회적으로 포용력 있는(socially inclusive) 디지털 전환이 필요하다고 지적하고 있다. 그런 맥락에서 영국의 Freeview는 공·민영 방송사간에 경쟁적 협력전략을 통한 디지털 전환의 대표적 성공사례로 평가할 수 있을 것이다(정영주, 2014: 41~74).

이와 더불어 지상파다채널방송을 추진하는데 있어 고려해야 할 또 다른 문제는 과연 양방향 디지털 환경에서 지상파다채널방송 같은 단방향 플랫폼을 확대해야만 하는가에 대한 심각한 고민이 필요하다는 것이다. 최근 글로벌 시장에서 무섭게 성장하고 있는 Netflix 조차도 'old media'라고 비판받고 있는 상황에서 양방향성이 없는 지상파다채널 플랫폼이 얼마나 위력적이고 효용성이 있을지는 지극히 의문이다. 그런 의미에서 최근 영국 BBC가 청소년채널의 지상파 송신을 포기하고 온라인 전송방식으로 전환한 것은 시사하는 바가 크다. 더구나 TV수상기를 보유하지 않은 zero TV 가구가 세계적으로 급속히 늘어나고 있고 우리 역시 예외가 아니다. 특히 우리나라는 모바일 이용자나 이용 빈도가 세계적으로 높은 나라다. 때문에 지상파 포트폴리오 채널을 활용하는 무료 지상파다채널 플랫폼 역시 양방향 디지털 환경에 맞는 '연착륙 전략'이 필요하다는 지적도 나오고 있다(정준희, 2014:53~54). BBC가 통신사업자와 협력해 추진했던 온라인 플랫폼 Youview가 여러 환경적 요인들 때문에 성공하지는 못했지만 향후 모색할 수 있는 하나의 대안인 것만은 분명하다.[24) 그 이유는 다중에게 일방적으로 제공되는 무선송신방식의 방송서비스가 아

---

24) 같은 맥락에서 프랑스의 지상파방송사들의 생존전략은 의미가 있다. 박진우·송영주(2014:87~125)는 통신사업자들의 IPTV가 초강세를 보이고 있는 프랑스에서 지상파방송사업자들은 '지상파 신규채널 확장으로 시장지배력 유지', '광고관련 규제완화 추진' 그리고 'digital first 전략'으로 IPTV와 적극 협력하여 비선형 온라인 플랫폼을 구축해나가는 전략을 추진하고 있다는 것이다. 그런 의미에서 지상파를 통한 다채널보다 상업적인 다채널/온라인 플랫폼들과 적극적인 경쟁적 협력관계를 구축하는 전략도 필요할 것으로 보인다.

무리 고품질 콘텐츠라 하더라도 시청자들의 능동적인 시청수요를
실시간으로 만족시킬 수 있는 양방향 매체들을 기술적으로 압도할
수는 없기 때문이다.

V. 맺음말

2008년 처음 제기되어 아직까지도 갈등이 지속되고 있는 지상파
다채널방송(MMS)허용을 둘러싼 사업자간 갈등양상과 원인을 평가하
고 대안을 모색해 보았다. 지상파다채널방송은 지상파방송 디지털
전환과 함께 제기된 매우 오래된 쟁점임에도 불구하고 아직까지도
도입여부를 놓고 사업자간 갈등이 지속되고 있고, 정부의 정책방향
역시 불확실한 상태에 있다. 때문에 찬·반 갈등이 지속되면서도 다
른 한편으로 정부와 지상파방송사들이 도입방안을 제시하고 부분적
으로 허용해가는 이율배반적 상황이 벌어지고 있다. 이러한 현상이
발생하는 원인은 첫째, 가전산업활성화에 중점을 둔 지상파방송디지
털 전환 정책 둘째, 공익적 목표와 경제적 목표가 혼재된 지상파다
채널방송 도입 목적의 불투명성 셋째, 지상파디지털방송에 대한 정
부의 잘못된 정책방향 넷째, 아날로그 방송개념에 머물러 있는 낙후
된 방송관련 법규제 등을 들 수 있다.
이러한 문제를 해결하는 시발점은 지상파다채널방송 도입이 무
료 보편 서비스 같은 공익적 목표를 추구하는 정책인지 아니면 수익
모델 개발이나 경영 개선 같은 산업적 목표인지를 분명히 정하는 것
이다. 실제 지상파다채널방송 허용 문제를 놓고 사업자간 갈등이 이
어지고 있는 이유는 상호 모순된 도입목표의 불확실성에 대한 사업
자간 불신에 있다고 할 수 있다. 그렇지만 우리 방송시장의 경직된

재원구조와 과당경쟁 환경에 비추어 상업적 성격의 지상파다채널방송 허용은 방송시장에서의 불공정경쟁만 심화시키고 방송시장을 더욱 황폐화시킬 가능성이 높다. 때문에 지상파다채널방송 특히 공영방송은 상업적 요소가 배제된 공익적 목표에 충실할 필요가 있다. 그래야 영국의 Freeview처럼 공익적 지상파방송과 상업적 유료방송이 공생하는 '경쟁적 협력전략(coopetition strategy)'가 가능할 수 있을 것이다. 이 같은 경쟁적 협력전략에 의한 공·민영 공생시스템은 시장왜곡을 피하면서 현재 지지부진한 디지털방송 전환을 촉진하고 궁극적으로 소외계층의 '디지털 격차(digital divide)'도 해소해 나갈 수 있을 것이다. 물론 이 같은 공익적 지상파다채널방송이 가능하기 위해서는 오랫동안 해결되지 않고 있는 공영방송의 확고한 개념정립과 범주 설정, 공영방송 거버넌스 개혁과 경영합리화 그리고 수신료 인상 같은 개혁이 먼저 선행될 필요성이 있다.

에필로그

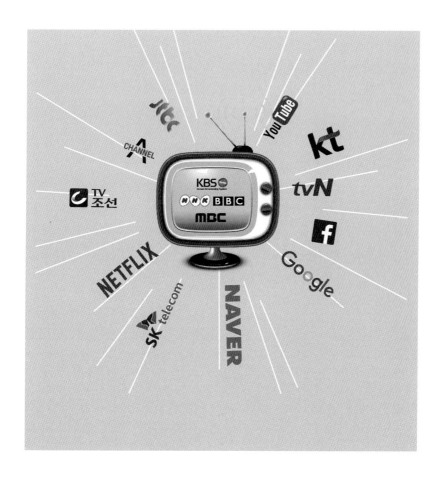

사회적 동의와 합의

용어 자체로만 본다면 '미디어'는 메시지를 전달하는 물리적 수단에 불과하다. 때문에 미디어의 기술적 특성들은 그것을 이용하는 인간과 사회 구성원들의 의식에 의해 활용방법이 결정되었다. 그렇지만 역설적으로 미디어의 기술적 속성들은 한 사회를 형성하고 변화시키고 때로는 붕괴하는 역할을 하기도 하였다. 해롤드 이니스(Harold Innis)처럼 커뮤니케이션 기술을 가지고 모든 문명들의 흥망성쇠를 설명하는 것은 조금 무모해 보이기도 하지만 큰 그림에서 보면 미디어 기술이 인간의 삶에 막대한 영향을 준 것만은 분명하다. 그렇지만 본질적으로 미디어 기술이 어떻게 활용되는가의 문제는 기술적이라기보다 사회적이다. 1377년에 금속활자로 만든 고려의 '직지심체요절(直指心體要節)'이 구텐베르크(Gutenberg)의 '42행 성서'보다 89년이나 앞섰지만 역사적 의미는 그렇게 높게 평가받고 있지 못하고 있다. 중세 권력구조를 통째로 바꾸어 놓은 구텐베르크의 성서와 달리 고려의 금속활자는 기존 권력구조에 아무런 변화도 주지 못한 그저 일회성 사건으로 기록될 뿐이다. 또한 유럽인들의 세계관을 크게 변화시키는데 기여했던 지도와 달리 고산자(古山子) 김정호의 '대동여지도'는 외적들에게 이용당할 수 있다는 이유로 국가에 의해 폐기처분되었던 것도 같은 맥락이다.

이처럼 모든 기술들은 기술 그 자체가 아니라 사회적 필요와 이데올로기를 반영하고 구성원들의 동의에 의해 활용방향이 결정된다. 미디어 역시 사회적 기술이라는 점을 새삼 강조할 필요가 없다. 19세기 후반에 만들어진 여러 전기·전파·통신·사진 관련 기술들은 제1차 세계대전 직후 라디오와 텔레비전·영화라는 20세기를 지배했던 매스미디어들을 등장시켰다. 하지만 자본주의국가와 전체주의 혹은 공산주의국가에서 이들 매체들은 활용방법은 시작부터 큰 차이를 보였다. 자본주의국가에서는 경제적 잉여를 창출하는 상업적 활용이 주를 이루었던 반면 나치 독일이나 소비에트 러시아는 선전수단으로 국가통제를 강하게 받는 정치적으로 활용되면서 발전했다. 이른바 '사회 결정론'이다. 이는 매체의 활용방향이 결정되는 과정에서 구성원 혹은 구성 집단 간의 권력관계를 반영한다는 것이다. 이 과정에서 특정 구성원이나 집단이 결정과정에서 주도권을 행사하게 되는데 그것은 곧 한 사회내의 힘의 분포와 관련되어 있다. 자본주의 국가에서는 자본의 힘이 더 우세했다면 사회주의 혹은 전체주의 국가에서는 정치적 힘이 주도했다고 할 수 있다. 물론 모든 구성원들이 평등하게 합의를 도출한다는 '다원주의(pluralism)'와 특정 계급이나 계층이 주도한다는 '지배론(domination theory)' 간에 커다란 시각 차이가 있다. 그럼에도 두 시각은 미디어 기술은 사회적으로 결정되는 것이지 기술 자체에 의해 결정되는 것이 아니라는 점을 공통적으로 전제하고 있다.

공영방송 역시 사회구성원들이 합의한 사회적 기술이다. 아니 공영방송은 어떤 미디어보다 사회적으로 합의된 매체라 할 수 있다. 강형철(2004)은 '공영방송은 경제적·기술적·역사적 조건 아래 여러 사회 세력들이 자신의 이익을 최대화하기 위한 목적으로 논전(論戰)을 통해 사회기구로 제도화된 것'이라고 규정하고 있다. '공익적 목표에 충실한' 또는 '공중에게 봉사'한다는 공익이라는 용어가 매우 관념적이고 추상적이기 때문이다. 이처럼 관념적이고 추상적이라고 하는 것은 용어에 대한 개념정의에서부터 사회적 합의가 쉽지 않다는 것을 의미한다. 1장에서 살펴본 공영방송의 이념적 위기는 어쩌면 공영방송의 영원한 숙제일 수도 있다. 공영방송에 대한 정의도 각 나라가 처한 역사나 환경에 따라 혹은 어떤 부분을 강조하느냐에 따라 큰 차이가 나는 이유도 여기에 있다 할 수 있다.

영국의 BBC는 제1차 세계대전 직후 통신기기회사들의 무선기 판매 목적에서 설립되었던 것과 달리 상업적 이해로부터 독립된 공정하고 품질 높은 방송서비스를 제공하는 공영 형태로 발전해 현재 지구상에 가장 모범적인 공영방송으로 인정받고 있다. 한편 독일의 공영방송은 제2차 세계대전 이후 나치의 방송 통제에 대한 반작용으로 국가권력에 의한 독점을 예방하는데 초점이 맞추어져 있다. 그렇지만 상업방송이 주도하고 있는 미국의 공영방송은 비상업적 방송서비스를 제공하기 위한 교육방송 같은 건강한 방송에 대한 필요성에서 등장하였다. 반면에 우리나라의 공영방송은 일제강점기·미군정·권위적 군사독재 시대를 겪으면서 국가권력의 통치도구로서 이용되어온 방송을 정치적으로 독립시키자는 인식을 반영하고 있다. 때문에 공영방송 제도를 구축하는데 방송의 정치적 독립성 확보가 항상 최우선 목표가 되어 왔다 그럼에도 불구하고 이를 제도적으로 뒷받침할 수 있는 제도화된 시스템이 정착되었다고 보기는 어렵다. 아마 그 이유는 정치적 독립이라는 목표에도 불구하고 이를 제도화하는 과정에서 정치권과 정치인들은 여전히 방송이 자신들에게 유리한 도구가 되었으면 하는 욕망을 버리지 않았기 때문이라 생각된다.

정치적으로 독립된 공영방송 제도를 마련하자고 하면서도 정치권 혹은 정치인들은 내심 자신들에게 유리한 구조를 만들고 싶어 한다. 누차 지적한 바와 같이, 여·야가 뒤바뀌면 공영방송 거버넌스와 수신료 인상과 관련해서 완전히 상반된 태도로 돌변하는 우리 정치권의 태도가 이를 극단적으로 잘 보여주고 있다. 때문에 정치적으로 개선되었다고 하지만 집권 정파가 주도권을 쥐도록 되어 있는 공영방송의 이사회나 경영진 구성은 변화될 가능성이 별로 크지 않다. 야당시절 공영방송 정치적 독립 등을 명분으로 공영방송 이사추천, 사장 선출 특별다수제 같은 개정 법안을 발의했던 현 정부조차 집권 이후에는 그렇게 할 생각이 전혀 없어 보이는 것이 이를 잘 입증해

주고 있다. 때문에 정권교체 때마다 KBS와 MBC, EBS 이사 교체를 둘러싸고 갈등이 재발되고 있고, 전 정권에서 임명되었던 공영방송 사장을 교체하는 일이 반복되고 있다. 1988년 이후 점진적인 정치적 민주화가 이루어져왔지만 공영방송의 정치적 독립을 둘러싼 갈등과 제도개선을 둘러싼 논쟁이 끊이지 않고 있는 것이 현실이다.

여기서 우리가 주목해야 할 것은 공영방송의 역할이나 목표 또는 운영방식에 대한 사회적 합의는 제도적 차원의 문제를 넘어서는 것이라는 점이다. 공영방송에 대한 사회적 합의는 일차적으로 제도화를 통해 나타난다. 그렇지만 공영방송 제도의 성공은 이를 둘러싼 사회 구성체들의 문화적 성숙도에 의해 결정된다. 이상적인 공영방송 거버넌스를 가지고 있다고 평가받고 있는 영국의 BBC나 독일의 공영방송 거버넌스가 제도적으로 우리나라보다 절대 우월하다고 보기 어렵다. 그렇지만 정치영역과 공영방송을 분리하려는 사회적 동의와 압력 그리고 상업적 영향력으로부터 공적 책무가 위협받지 않아야 한다는 사회적 합의에 기반을 두고 있기 때문에 모두가 인정할 수 있는 공영방송 제도가 합리적 수준에서 운영되고 있는 것이다.

탈정치화(de-politicalization)

우리 공영방송 제도의 근본 문제는 공영방송 존립근거와 목표에 대한 사회적 합의나 동의를 획득하지 못한 상태에서 정치적 이해득실에 따라 만들어진 형식화된 제도에 기인한다고 할 수 있다. 한마디로 우리 공영방송제도는 법적 근거도 부족하지만 집권 정파가 지배는 하되 완전히 독식하지 못하게 하는 정도의 정치적 안배구조로 되어 있다. 그동안 공영방송 거버넌스 개혁 혹은 개선 논의가 KBS와 MBC의 이사구성에 있어 여·야 추천 수를 조정하는 수준에 머물렀던 것도 바로 여기에 근본 원인이 있다. 그런 맥락에서 2017년 당시 야당이었던 현재 집권여당이 발의한 방송법 개정(안)은 공영방송의 정치 예속화될 가능성을 강하게 내포하고 있다. 아예 여·야 정당이 직접 공영방송 이사를 추천하고 사장 선출 등에 있어 특별다수제를 도입하자는 내용이다. 공영방송 이사를 정당이 직접 추천하자는 발상도 문제지만, 사실상 특정 정파의 공영방송 이사 숫자가 전체의 2/3을 넘을 수 없는 상태에서 사장 추천에 전체 이사의 2/3의 동의를 얻도록 하는 것은 결과적으로 공영방송 사장을 여·야 합의에 의해 결정하자는 것이 되기 때문이다. 여·야가 모두 동의할 수 없는 사장후보자 나오지 않게 되면 여·야 영수회담을 해서 합의해야 할지도 모른다.

결국 우리 공영방송은 한국 사회가 가진 가장 고질적인 병폐인 정치예속화에 있다고 할 수 있다. 한국 사회는 오랫동안 권위주의 정치체제를 유지되어 왔고, 다른 한편으로 민주화를 표방하는 정치세력들에 의해 견제되어 왔다. 한국사회는 거의 모든 영역이 정치적으로 큰 영향을 받고 있다. 이 때문에 모든 언론매체들이 특히 방송은 정치로부터 더욱 자유롭지 못한 것이 사실이다. 한마디로 우리 방송을 정치권력 변화에 따라 크게 영향을 받는 '정치병행성(political parallelism)'이 강하게 고착되어 있다. 이러한 정치예속성은 공영방송의 거버넌스 뿐 아니라 재원 구조, 편성, 공정성 등 여러 측면에서 문제점을 노정하고 있다. 물론 공영방송의 왜곡된 구조가 모두 이같은 정치 요인들 때문이라 할 수는 없다. 더 큰 문제는 정치병행성 때문에 공영방송 구성원들 스스로도 자신들의 문제를 정치적으로 해결하려는 성향을 보인다고 하는 점이다. 물론 방송시장에서의 문제를 정책적으로 해결하려고 하는 것이 공영방송 만의 독특한 현상은 아니다. 하지만 수신료 인상, 지상파방송 재송신, 광고규제완화 등의 정책갈등 과정에서 나타난 것처럼 공영방송사들은 정치적 역학관계 속에서 정책적 지원 즉, '후견인주의(clientalism)'를 통해 문제를 해결하려는 성향이 강하게 지배하고 있는 것이다.

어떤 이유에서든지 정치예속성은 정치적 독립을 목적으로 하는 공영방송의 이념에 걸맞지 않는다. 물론 지구상에 정치권력으로부터 완벽하게 자유로운 공영방송은 거의 없다고 해도 지나치지 않다. 영국의 BBC나 일본의 NHK도 종종 보도공정성이나 상업성 때문에 비판받고 또 논란이 되기도 한다. 그것은 방송 매체가 가진 속성들 – 다수 대중의 수용자와 시청각적 효과 – 때문에 태생적으로 훌륭한 정치적 수단이 될 수 있기 때문이다. 흔히 공영방송의 정치적 독립을 정치적 균형이라는 방법을 통해 해결하려고 한다. 하지만 정치적 균형 또는 안배는 역설적으로 공영방송을 더욱 정치화시키는 결과를 초래하기도 한다. 물론 다양한 이익이나 의견을 대표할 수 있는 공인된 조직이나 단체를 명확히 규정할 수 없는 상태에서 정당은 그나마 대표성을 담보할 수 있는 유일한 대안이 될 수밖에 없다. 또한 '승자 독식 구조'의 제왕적 대통령제를 가진 우리 정치체제의 한계를 감안하면 나름 설득력이 없는 것도 아니다. 하지만 이는 결국 형식적 균형성일 뿐 실질적으로는 다수당 혹은 집권 정당의 방송 지배라는 본질적 문제를 해결할 수 있는 방안은 아닌 것이다.

실제 방송의 정치예속화는 공영방송이라는 영역에만 한정되지 않고 우리 방송 전체 영역에 해당된다. 물론 정치(politics)와 정책(policy)은 동전의 양면처럼 어떻게 보면 정치고 어떻게 보면 정책이 될 수 있다. 이러한 정치와 정책의 혼선 현상을 미국의 언론학자 샤론 스트로버(Sharon Strover) 교수는 미디어 정책을 '정신분열적(schizophrenic)'으로 만들고 있다고 비판한 바 있다. 미디어 정책이 정치논리에 의해 방향을 잃고 오락가락하는 경우가 많다는 것이다. 그렇게 보면 역설적으로 우리나라의 미디어 정책은 도리어 일관성이 매우 높다고 할 수 있다. 정치논리가 다른 모든 요인들을 완벽하게 지배하고 있기 때문이다. '대한민국의 미디어 정책은 곧 미디어 정치'인 것이다. 하지만 정치적 접근과 정책적으로 접근의 결과는 확연히 다르다. 정책이 공익적 목표들을 성취하기 위해 국가가 수행하는 행위라면 정치는 권력을 획득·분배하는 것을 목적으로 하는 합의과정이기 때문이다. 정치과정에서도 자신들의 행위를 합리화하게 공익을 표방하기는 한다. 하지만 정치적으로 접근하게 되면 방송은 권력을 획득·유지하는 도구이자 권력을 소유한 집단이 전유하는 전리품이 될 수밖에 없다. 정권 교체 직후 새 정부의 정책들은 대부분 전리품을 자기 것으로 만들기 위한 일종의 재분배 행위를 하게 된다. 정권교체 이후 추진되는 공영방송 또는 공영방송과 관련된 정책들도 이 틀에서 본질적으로 벗어나지 않는다. 그 과정에서 여·야 간 혹은 집권 정파 내에서도 파열음이 나는 경우가 비일비재하다. 이처럼 정치논리가 지배하게 되면 모든 정책은 정쟁의 대상이 될 수밖에 없는 것이다. 본문에서 살펴본 바와 같이, 우리 방송정책의 특징은 모든 사업자들이 정치와 거리가 멀어 보이는 문제들도 정치적으로 해결하려고 한다는 것이다. 이런 상황에서 합리적 공영방송 개혁이 나올 수 없음은 너무나 자명하다.

한마디로 공영방송을 정상화하는 최선의 방법은 정치적 이해나 정치논리로부터 벗어나는 탈정치화라 할 수 있다. 물론 현재의 정치구조와 우리 정치문화를 감안하면 방송을 정치로부터 분리하는 것이 말처럼 쉽지 않다. 그런 맥락에서 방송영역에서도 2차 민주화가 필요해 보인다. 독재정권으로부터 정치적 민주화를 획득하는 과정이 1차 민주화였다면 2차 민주화는 국가권력이 전유하고 있던 정치·경제·사회·문화 권력을 국민들에게 이양하는 과정이라 할 수 있다. 물론 지난 30년간 2차 민주화가 이루어지지 않은 것은 아니지만 여전히 국가가 직·간접적으로 통제하는 다양한 권력들이 여전히 적지 않게 남아있다. 어쩌면 방송 특히 공영방송 역시 여기에 해당된다 할 것이다. 그런데 정치권력에 예속되어 있던 영역들이 국가로부터 독립되어 자율성을 회복하는 것은 권력을 가진 정파가 그것을 과감히 내 놓을 때 가능하다. 공영방송의 정치적 독립과 자율성을 보장하고 진정한 공적 책무를 수행하게 하기 위해서도 마찬가지다. 많은 사람들이 정치적 패권주의를 비판하지만 정치는 태생적으로 그런 속성에서 완전히 벗어날 수 없다. 그러므로 방송의 탈정치화가 이루어지기 위해서는 오랜 정치적 풍랑 속에 자기도 모르게 정치화되어 버린 공영방송 종사자들의 탈정치화가 우선되어야 할 것이다. 책 서두에서 언급했던 '공영방송의 종사자들은 문화를 선도하는 프론티어 정신 '특이체질(idiosyncrasies)'로 무장해야 한다'는 레드베터(Redbetter)의 주장이 필요한 시점이 아닌가 싶다.

리모델링과 재건축

흔히 낡은 집을 보수하거나 새 집을 다시 짓는 방법에는 세 가지 방법이 있다. 하나는 있던 집들을 모두 다 부셔버리고 새롭게 도시를 건설하는 재개발이고, 두 번째는 기존의 낡은 집들을 부수고 새 집을 다시 짓는 재건축이 있다. 마지막으로 집의 낡은 내·외장을 새롭게 포장하고 새 집처럼 단장하는 리모델링이 있다. 각각의 방법은 나름대로 장·단점이 있다. 재개발은 기존에 있던 집을 부수고 완전히 새로운 거주지를 만들 수 있지만 많은 비용과 시간이 들고 그 과정에서 적지 않은 갈등이 유발될 수 있다. 반면에 리모델링은 기존에 있던 집을 그대로 둔다는 점에서 가장 용이한 방법이지만 집에 구조적인 문제가 있다면 향후 다시 또 문제가 될 소지가 있다는 단점을 가지고 있다. 재건축은 기존의 집을 새롭게 짓는다는 점에서 용이할 수 있지만 각각의 소유자가 개별적으로 추진해야 한다는 점에서 비용 대비 향후 기대효과가 불투명하다는 것이 약점이다.

현재 우리나라의 공영방송 제도 개선 방안들도 이러한 세 가지

방법으로 나누어 생각할 수 있다. 우선 가장 급진적인 방법으로 현재의 제도적으로나 이념적으로 불분명한 공영방송 제도를 아예 허물고 디지털 융합시대에 걸맞게 재편하는 것이다. 이른바 '공영방송 무용론'이나 '민영화론'이 여기에 해당된다고 할 수 있을 것이다. 얼핏 다매체 다채널 시대에 들어서면서 시장지배력도 약화되고 시청자들로부터도 소외된 명목상의 공영방송을 굳이 제도적으로 보장해줄 필요가 없다는 주장들이 나름 설득력이 있어 보인다. 하지만 시장경쟁이 치열해지고 모든 방송이 점점 상업화되고 오락화되는 상황에서 공적 영역을 담보할 수 있는 공영방송을 없애자는 주장은 현실적으로 받아들이기 힘들다.

그것보다는 제도적으로나 재정적으로 문제가 없는 것은 아니지만 오랫동안 사실상 공영방송으로서 자리매김해왔다는 점에서 약간의 개선작업을 통해 공영성을 높이기 위해 리모델링을 하자는 주장도 있을 수 있다. 이는 현재 KBS를 비롯한 공영방송이라고 인식되고 있는 지상파방송사들의 구성원들이 가장 선호하는 방안일 것이다. 하지만 리모델링이 가능하기 위해서는 현재 공영방송사들이 구조적으로 큰 문제가 없고, 제도적·재정적 지원만 추가된다면 충분히 역할을 할 수 있다는 전제가 충족되어야 한다. 수신료 인상이나 중간광고 허용 등에서 살펴본 것처럼 가장 크게 압박 받고 있는 재원구조만 개선해주면 공적 책무 등을 강화해서 공영방송으로서 역할을 잘 수행할 수 있다는 논리다. 하지만 많은 국민들은 공영방송으로서 제대로 역할을 수행해야지 수신료 인상 등이 가능하다고 생각하고 있어 '닭과 달걀' 논쟁이 벌어지고 있는 상황이다. 때문에 법제도나 재원구조에 대한 근본적 개선 없는 리모델링 방법은 국민들의 전폭적인 동의를 받기 힘들어 보이고, 정치적 독립이라는 이유로 어떤 외부 견제도 받지 않으려고 하는 공영방송 구성원들의 자사 이기주의만 심화시킬 수 있다는 비판에 시달릴 수 있다.

그렇다면 공영방송 개선방안은 지금의 기본 구조는 유지하되 새롭게 재건축하는 방법을 생각해 볼 수 있다. 공영방송은 모든 나라가 똑같은 형태로 존재하는 것이 아니라 각각의 나라의 역사와 전통 그리고 구성원들이 합의된 존립형태와 목표, 운영 방식이 반영되어 있다. 그러므로 비록 법·제도적 근거는 약하지만 관념적으로 많은 국민들이 동의하고 있는 KBS와 EBS를 중심으로 한 공영방송 체제의 근거는 인정되어야 할 것으로 보인다. 다만 법적 관점이나 재원 구조면에서 공영방송 형태와는 다소 거리가 있는 MBC 위상에 대해서는 새롭게 사회적 동의와 합의를 도출하는 과정이 필요할 것으로 생각된다. 물론 100% 상업 재원으로 운영되는 공영방송이 불가능한 것은 아니지만 재정적으로 공영성을 지속할 수 있을지는 솔직히 의문을 제기하지 않을 수 없다. 물론 광고와 콘텐츠 재활용 같은 상업적 수입이 주재원이 되고 있는 KBS의 재원구조를 정상화하는 것도 중요한 재건축 요소 중에 하나라 할 수 있다. 공영방송의 책무를 강화하고 이에 필요한 공적 재원을 제도적으로 보장하되, 책무 수행 결과에 대한 투명한 감시와 평가가 이루어지는 환류체계가 필요해 보인다. 그렇지만 무엇보다 공영방송 재건축 과정에서 제일 중요한 것은 공영방송 종사자들의 의식 변화라 생각된다. 공영방송을 이끄는 핵심 동력은 외적 감시나 통제가 아니라 내적으로 형성된 공영방송 구성원들의 의지이기 때문이다.

아무 일도 없었던 해

'아무 일도 없었던 해.' 미국의 역사학자 레이 황(Ray Hawng)이 쓴 '1587년 아무 일도 없었던 해'라는 책의 제목이다. 1587년은 '아르마다 (Armada)해전'에서 영국해군이 스페인 무적함대를 격침했던 해로서, 이를 기점으로 유럽에는 구교와 신교 간에 본격적인 갈등이 시작되었고, 많은 봉건국가들이 민족국가로 전환되기 시작한다. 이후 유럽은 신대륙으로의 적극적 진출과 과학혁명과 산업혁명 그리고 자유주의로의 여정을 시작하게 된다. 하지만 이 시기에 중국의 명나라 만력제(萬曆帝)는 정치개혁을 주장했던 장거정(張居正)이나 군사개혁을 추진했던 척계광(戚繼光) 등이 있었음에도 불구하고, 세계질서 변화에 무감했던 환관 세력들에 포위되어 아무 일도 없이 몰락의 길을 겪게 되었다는 것이다. 때문에 세계의 패권이 중국에서 서양으로 이전하는 계기가 1587년이라는 것이 저자의 주장이다.

지금 우리 공영방송들을 보면 어쩌면 '아무 일도 없었던 해'를 보내고 있는 것은 아닌지 하는 생각이 들기도 한다. 2000년 이후 방송통신 융합은 이제 기술적 단계를 넘어 사람들의 미디어 패러다임을 본질적으로 변화시키고 있다. 그럼에도 공영방송 종사자들은 이를 애써 외면하고 있는 듯한 느낌이다. 기술적으로는 양방향성이 결여된 무선 주파수를 통해 전송하는 그래서 집단 시청 패턴에 의존할 수밖에 없는 지상파방송이 양방향·개인화된 새로운 매체들과 경쟁한다는 것이 현실적으로 쉬워 보이지 않는다. 급격히 감소하고 있는 시청점유율과 광고매출이 이를 극명하게 보여주고 있다. 특히 공영방송은 오랜 기간 보호막이 되어 왔던 공공독점구조가 와해되면서 지지기반이 흔들리고 있다. 어쩌면 기술적으로 우월한 새로운 매체들과 동일한 콘텐츠를 가지고 경쟁한다는 것은 생각보다 그리 오래가지 못할 수도 있다. 아직까지는 지상파방송의 고품질 콘텐츠 경쟁력이 유지되고 있지만, 분산된 소규모 시청자를 놓고 경쟁하는 다매체다채널 시대의 특성 상 고비용·고효율의 콘텐츠를 지속적으로 생산할 수 있을지는 의문이다.

결국 지금 같은 환경변화가 지속된다면 공영방송은 다른 매체들과는 차별화된 콘텐츠를 제공할 수 있어야만 생존 가능할 것이다. 공익적 책무에 충실한 차별화된 콘텐츠를 제공하는 것만이 공영방송이 존립할 수 있는 근거가 될 수 있다는 것이다. 차별화된 공익적 콘텐츠를 바탕으로 다양한 전송 수단 인터넷, 지상파다채널, 계열 채널 등으로의 확대전략은 기존 사업자들과의 갈등도 적고, 공적인 재원이나 제도적인 보호 장치들이 정당화될 수 있을 것이다. 그럼에도 지금 공영방송 방송사들은 여전히 자신들이 방송시장을 선도하고 있고 막강한 영향력을 지니고 있으며 제도적으로 보호받을 수 있을 것이라는 '아무 일도 없는 것'처럼 생각하는 것인지도 모른다. 원래 아무 일도 없었던 때에 가장 큰 일이 벌어지는 법이다.

참고문헌

강준석·박희영(2014). 「지상파TV의 중간광고 도입 시 매체 간 광고비 변동에 관한 연구」. 방송통신위원회.

강태영(2005). "방송사간 보도성향 및 공정성 비교연구". 강태영·권영설, 「방송의 공정성에 관한연구」. 방송위원회

강형철(2008). "방송통신융합 시대의 공영방송규제 : '공공방송위원회' 모델". 「방송문화연구」, 제20권 제1호.

강형철·양승찬(2003). "공영방송의 위기 – 한국의 대응". 「한국언론정보학보」, 통권 제8호.

고민수(2014). "지상파방송에서의 중간광고 금지는 과연 정당한가?". 「언론과 법」, 제13권 제2호.

_____(2010). "방송조직과 방송편성규약의 법적 성질에 관한 헌법학적 고찰". 「언론과 법」, 제9권 2호.

권영성(1990). 「헌법학 개론」. 법문사.

권혁남(2002). 「선거환경변화에 따른 효과적 선거방송 운영방안 연구」. 방송위원회.

권형둔(2015). "방송광고규제의 헌법적 원리와 정당성". 「언론과 법」, 제14권 제3호.

김고은(2015). "광고총량제. 이해관계에 따라 동상이몽". 「기자협회보」, 2015. 2.13.

김대식(2010). "텔레비전 방송 수신료 인상안의 주요 내용과 쟁점". 「여의도저널」, 2010년 여름 호 통권 제20호.

김대호(2002). "정보시대에서 공영방송이 갖는 기회와 위험, 과제". 한국방송학회 주최 「다채널시대의 공영방송 정착방안' 세미나 발제문」.

김도균(2009). "공동 의사결정으로서의 거버넌스와 절차적 정의 : 세 가지 모델". 「국정관리연구」, 제4권 제2호.

_____(2006). "법원리로서의 공익". 「법학」.

김동규(2010). "미디어 빅뱅 시대의 공영방송 책무 강화". 「2010 미디어 3대 학회 – KBS 공동 세미나' 발표집」.

김봉철·김주영·최명일(2010). "한국과 미국 대학생들의 TV중간광고에 한 인식
　　비교: 광고에 대 한 일반적인 인식과의 관계를 중심으로". 「방송통신
　　연구」, 통권 제70호.

김성환·이상우(2014). "증분가치 비교에 따른 지상파채널 재송신 대가의 합리
　　적 산정방안". 「산업조직연구」, 제22권 제4호.

김승수(2013). "방송수신료 제도의 개혁에 관한 연구". 「방송문화연구」, 제25권
　　제1호.

_____(2002). "공영방송의 재정에 관한 연구". 한국방송학회 주최 「디지털시
　　대의 공영방송 정착방안' 세미나 발제문」.

_____(2001). "민주적 편성규약의 제정을 위한 이론적 탐색". 「방송통신연구」,
　　통권 제52호.

김승수·심영섭·엄주웅(2007). 「언론운동과 매체정책의 관계에 대한 연구」. 열
　　린미디어연구소.

김연식(2014). "방송저널리스트의 방송 통제요인 인식 변화 연구 : 2008년과
　　2013년 비교를 중심으로". 「한국언론학보, 제58권 제1호.

김영평(1991). 「불확실성과 정책의 정당성」, 고려대학교 출판부.

김유환(2006). "영미 자유주의 사상에서의 공익개념과 한국에서의 함의". 「철
　　학과 현실」, 통권 제50호.

김재영(2018). "문재인 정부 방송통신 정책 1년의 성과와 과제". 한국언론학회,
　　한국방송학회, 한국언론정보학회 주최 「문재인 정부 방송통신 정부
　　조직의 진단과 개선방안' 공동 세미나 발표문」.

김재영·강한나(2007). "매체균형발전과 지상파 역차별의 실체". 「방송과 커뮤
　　니케이션」, 제8권 제 2호.

김재영·양선희(2006). "다매체·다채널시대, 지상파방송 규제의 재점검". 「방송
　　과 커뮤니케이션」, 제7권 제1호.

김정태(2005). 「디지털 시대 방송법 해설」. 커뮤니케이션북스.

김지현(2017). "오프콤, BBC 규제원칙 공개 … '시장질서 강조". 「신문과방송」,
　　2017년 4월호 통권 556권.

김진영(2008). "지상파방송의 민영화 : 쟁점, 방법 및 한계". 한국언론법학회
　　「2008년 정기학술세미나' 발표논문」.

_____(2008). 「지상파방송 민영화 과제」. 서울: 자유기업원.

김치선(2009). 「노동법강의」. 박영사.

김형배(1990). 「노동법」. 박영사.

김호석(2000). "공영방송이념과 정체성에 관한 연구". 「방송문화연구」, 통권 제12집.

김호정(2016). "영국 PSB채널 재송신 제도의 최근 현황". 「정보통신방송정책」, 제28권 제16호 통권630호.

노기영(2010). "지상파 다채널 플랫폼과 디지털 전환의 공익성". 「한국언론학회 심포지엄 발표문」.

_____(2008). 「합리적 수신료산정방안 연구」. 방송통신위원회.

노창희 외(2017). 「미디어환경 변화에 따른 공영방송 재원 구조 변화 방안 마련을 위한 연구」. 방송통신위원회.

류한호(1996). "편집권 개념의 정립과 발전방안". 「사회과학연구」, 통권 제6권.

문재완(2010). "방송의 공적 책임과 방송편성권의 주체". 「공법연구」, 제39권 제1호.

문철수(2016). "방송광고산업 선진화 실현방안 : 지상파방송 중간광고도입과 방송광고 품목 규 제완화 정책을 중심으로". 「방송문화」, 2016년 봄호.

_____(2007). "지상파방송의 재원구조 개선 방안 연구 : 광고총량제와 중간광고 도입 논의를 중심으로". 「언론과학연구」, 제7권 제4호.

박경신(2012). "방송 공정성 심의의 헌법적 한계 : '견해차에 따른 차별' 금지의 원리". 「민주법학」, 통권 제48호.

박규장·최세경(2008). "한국 방송정책으로서 매체균형발전론에 대한 평가". 「한국방송학보」, 제22권 제4호.

박상필(1989). 「한국노동법」. 대왕사.

박영선(2001). "공영방송 KBS의 공정성을 위한 제도적 장치에 관한 연구 : 노동조합의 공정보도 활동사례를 중심으로". 성균관대학교 언론정보대학원 언론매체학과, 석사학위논문.

박용상(2010). "방송의 자유와 방송편성에 관한 법적 규율". 「언론과법」, 제9권 제2호.

_____(2002). 「표현의 자유」. 현암사.

박은희(2002). "다채널시대 공영방송의 편성 : 목표와 지향". 한국방송학회 주최 「다채널시대 의 공영방송 정착방안' 세미나 발제문」.

박정관(2016). 「지상파방송 재송신분쟁」. 커뮤니케이션북스.

박정택(1990). 「공익의 정치행정론」. 대영문화사.

박진우·김설아(2014). "언론인의 양심보호조항을 통한 편집권 독립 및 내적 언론자유의 재검토 :프랑스의 법제와 판례 연구". 「커뮤니케이션이론」, 제10권 제4호.

박진우·송영주(2014). "프랑스 지상파방송의 다채널화 및 디지털 컨버전스 전략(1996~2014) :정책과 시장의 길항 관계와 그 결과". 「방송과커뮤니케이션」, 제15권 제4호.

박현수·이인성(2016). "지상파TV 중간광고의 단계적 도입방안에 대한 연구 : 일반 시청자와 전문가들의 인식조사를 바탕으로". 「광고학연구」, 제27권 제5호.

방정배(2012). "방송수신료 산정기구의 법제적위상과 과제: 독일의 KEF 3단계 모델을 중심으로". 한국방송학회 주체 「수신료 산정기구의 필요성과 바람직한 방향」 세미나 발제집.

변상규(2009). "유료방송 매체를 통한 지상파재전송의 후생효과연구". 「한국언론정보학보」, 통권 48권.

신광영(2012). "한국의 민주화, 시장화와 언론노조운동". 「한국언론정보학보」, 통권 제57호.

신수정(2014). "방송의 공공성 보장을 목적으로 한 파업의 정당성 :서울남부지방법원 2014.5.27. 선고 2014고합9 판결". 「노동법학」, 통권 제51호.

신인수(2015). "공정방송과 노동3권". 국회의원 배재정, 한국언론정보학회, 민주사회를 위한 변 호사모임, 전국언론노동조합 공동 주최 「공정방송 파업은 정당, 공정방송은 기본 적인 근로조건 토론회 발제문」.

심영섭(2010). "방송법 제4조 제4항의 편성규약 제정의무의 실효성 연구 : 독일과 오스트리아, 한국의 편성규약 비교". 「미디어 경제와 문화」, 제8권 제3호.

_____(2009). "방송 편성규약과 경향성 보호: 독일의 방송편성규약을 중심으로". 「언론과법」, 제 8권 제1호.

안종철·이기태·최성진(2011). "지상파 방송 재송신을 감안한 지상파방송사와 케이블방송사의 수 익전망 예측". 「방송통신연구」, 통권 제75호

오상봉 외(2000). 「세계인류기업과의 전략적 제휴」, 을유문화사.

유승훈(2008). "공영방송 재원구조와 경영투명서 제고 방안". 「공영방송 재원구조와 경영투명성 제고 방안 워크숍 발표자료」.

윤석민(2011). "디지털 다채널 시대 새로운 방송 공공성 이념의 모색". 한국방

송학회 주최 「공영방송과 공공성 이념의 과거, 현재 그리고 미래' 세미나 발제문」.

_____(1999). "다채널 상황하의 수용자복지와 보편적 방송영상서비스". 「한국언론학보」, 제44-1호.

윤석민·이현우(2008). "21세기 한국사회의 공영방송 : KBS2와 MBC의 민영화론의 중심으로". 「정보법학」, 제12권 제1호.

윤석민·홍종윤·오형일(2012). "멀티플랫폼시대, 방송의 공익성과 공영방송의 역할". 「방송문화연구」, 제24권 제2호.

윤성옥(2016). "방송광고 표현의 보호와 규제의 법리". 「미디어 경제와 문화」, 제14권 제2호.

_____(2015). "지상파 MMS의 공공서비스 제고 방안 : EBS 콘텐츠 전략을 중심으로". 「미디어와 교육」, 제5권 제1호.

_____(2011). "지상파방송 규제에 관한 비판적 고찰". 「언론과 법」, 제10권 제1호.

윤영철(2001). "공영방송과 공론권 : 이론적 쟁점과 정책방향". 「방송문화연구」, 제13권.

이규완·박원기(2004). "지상파TV 중간광고 재도입시 광고시청량 변화에 관한 예측". 「광고학연구」, 제10권 제4호.

이경원·김정화(2011). "공공갈등과 공익의 재검토 : 제주해군기지 건설 사례". 「경제와 사회」, 통권 제89호.

이민웅·이창근·김광수(1993). "보도공정성의 한국적 기준에 관한 연구 : 방송 언론인과 시청자의 인식을 중심으로". 「방송연구」, 1993년 여름호.

이상규(2008). "지상파채널 재전송의 적정 가격 산정 방안". 「사이버커뮤니케이션학보」, 제25권 제4호.

이상규·송원호(2017). "지상파 재송신료의 합리적 산정방안 및 결과". 「정보통신정책연구」, 제24권 제1호.

이상우 외(2000). "다채널 방송시장에서의 프로그램 접근에 관한 연구: 미국과 한국사례의 비교분석". 「한국방송학보」, 통권 제20-1호.

이수연(2014). "정리해고와 방송의 공정성 확보를 목적으로 한 파업의 정당성 : 대상판결 [1] 부산지방법원 2014.1.17. 선고 2011가합1647 판결/대상판결 [2] 서울남부지방법 원 2014.1.23. 선고 2012가합3891 판결". 「노동법학」, 통권 제51호.

이수영·박은희(2002). "양방향시대 '수용자복지'의 개념화와 새로운 구현장치". 「방송연구」, 2002년 여름호.

이승선(2015). "방송광고균형발전위원회의 위상과 운영에 대한 평가". 「광고연구」, 통권 제106호.

이영주·송진·박정우(2010). "지상파방송사업자 채널사용사업에 대한 비대칭적 규제의 타당성 검토 : 방송법 시행령 제4조 3항을 중심으로". 「언론과학연구」, 제10권 제4호.

이종관(2013). "방송부문 10대 과제". 미래미디연구소 주최 「2020 미래방송포럼 발제문」.

_____(2013). "공영방송 재정안정화와 사회경제적 의미". 「한국언론학회 세미나」 발제문」.

이종원·초성운·김지영(2009). 「방송통신광고 편성운용제도의 중장기개선방안 연구」. 정보통신정책연구원.

이준웅(2012). "공영방송 거버넌스 개선 방향 : 공공서비스 의무와 설명책임을 중심으로". 한국 언론학회 봄철정기학술대회 KBS한국방송 특별섹션 「합리적 공영방송 거버넌스 구축방안 발표문」.

이준웅·정준희(2012). "디지털 전환과 디지털 지상파 플랫폼 서비스 제공 : 해외사례와 국내도입에 대한 함의". 「방송통신연구」, 통권 77호.

이춘구(2014). "방송편성의 자유와 규제논쟁 고찰 : 종합편성채널의 편성위원회 구성을 중심으로". 「법학연구」, 통권 제41호.

_____(2014). "공영방송의 정치적 독립성에 관한 법적 연구 : 공영방송 지배체제 입법을 중심으로". 「언론과 법」, 제13권 제2호.

이창근(2008). "공영방송에 대한 국민의 주권을 회복하기 위한 제언". 「공영방송발전을 위한 시민연대 세미나」 발제문」.

이헌환(1992). "절차적 정의론 서설 연구". 「사회과학연구」, 통권 제12집.

이희복(2016). 「규제개선을 통한 광고시장 활성화방안 연구」. 한국방송광고공사.

이희복·정윤재·최지윤(2016). "지상파TV 중간광고 도입의 효과 : 광고시청률, 광고재원, 국민경 제 파급효과를 중심으로". 「방송과 커뮤니케이션」, 제17권 제4호.

임성원·성동규(2008). "MMS 채널정책에 관한 연구 : 공영방송의 사회적 역할을 중심으로". 「언론과학연구」, 제8권 제1호.

장병희(2010). "해외 지상파 다채널 플랫폼 정책 사례 연구 : 영국 프리뷰 (Freeview)를 중심으로". 「사회과학연구」, 제49권 제1호.

정수영(2009). "매스미디어의 사회적 책임과 어카운터빌리티 : 허친스 보고서 (1947)의 재고찰 및 규범이론으로의 변천과정을 통해 본 현재적 의의 와 과제". 「한국언론정보학보」, 통권 제47호.

정연우(2010). "공영방송의 정체성과 수신료 인상의 정당성에 관한 논의". 「방 송통신연구」, 통권 제70호.

정영주(2014). "지상파방송 디지털 전환 정책 과정 평가 연구". 「방송통신연구」, 통권 제87호.

정용준(2016). "우파 정부의 공영방송 통제 비교 분석 : 대처와 이명박·박근혜 정부를 중심으로". 「사회과학논집」, 제41집 제1호.

_____(2011). "한국 방송 공공성 이념의 역사적 변화과정". 한국방송학회 주 최 「공영방송과 공공성 이념의 과거, 현재 그리고 미래' 세미나 발제 문」.

_____(2002). "우리나라 공공서비스 방송의 구도 재편 방향". 한국방송학회 주최 「공공서비스 방송의 역할과 구도' 세미나 발제문」.

_____(2001). "지상파방송사의 사업다각화 방안 : 유럽사례를 중심으로". 한 국언론학회 주최 「'무한경쟁시대 국내 방송사업의 진로' 학술세미나 발제문」.

정윤식(2006). "디지털 컨버전스 시대의 빙송의 공익". 「한국뉴미디어방송협 회 세미나' 발제문」.

정윤재·최지윤·이희복(2017). "지상파TV 중간광고 규제완화의 근거와 허용방 안 연구". 「한국광고홍보학보」, 제19권 제2호.

정인숙 (2015). "지상파 재송신 거래 시장에서 나타난 전략적 행위와 정책 대 응 : 〈미국식 모델〉과 〈영국식 모델〉의 함의". 「한국방송학보」, 제29 권 제6호.

_____(2008). "디지털 전환정책에 대한 형성평가 분석". 「한국방송학보」, 제22 권 제5호.

_____(2007). "공영방송의 디지털전환 이슈와 정책적 대응". 「방송통신연구」, 통권 제64호.

_____(2007). "MMS와 디지털 공익성 : 공동체 지향과 시장지향적 관점의 대 립". 「미디어, 젠더, 문화」, 통권 제8호.

_____(2003). "방송기술정책의 결정요인 연구". 「한국언론학보」, 제47권 제2호.

_____(2002). 「방송산업과 정책의 이해」. 커뮤니케이션북스.

정재민(2010). "KBS 수신료 현실화의 필요성과 확대 방안". 「여의도저널」, 통권 제20호.

정준희(2016). "해외 주요국의 방송중간광고 규제 방향과 시사점". 「방송문화」, 통권 제405호.

_____(2015). "공영방송과 수신료, 그리고 그 사이의 공백: 공공 미디어 서비스의 미래 관점에서". 「미디어와 교육」, 제5권 제1호.

_____(2014). "영국 지상파방송사의 디지털 진화 전략 분석 : 유부 연합 플랫폼과 프리뷰 업그레이드 사이에서". 「방송과 커뮤니케이션」, 제15권 제4호.

_____(2012). "공영방송 저널리즘의 적극적 자기성찰과 진화를 위하여 : BBC 불편부당성 검토 보고서 시리즈의 사용자지침(User's Guideline)". KBS 방송문화연구소, 「공정성 이란 무엇인가? : 불편부당성(impartiality)을 향한 BBC 저널리즘의 성찰과 도전」.

_____(2010). "영국: 유료플랫폼과 공공서비스방송 사이의 균형잡기". 「KBS해외방송정보」, 10월호.

조소영(2003). "상업적 언론(Commercial Speech)을 진정한 표현의 자유권화하기 위한 헌법적 논의". 「법조」, 제52권 제9호.

조연하(2007). "지상파방송에 대한 방송 법제와 정책의 허실 : 매체특성론적 관점에서의 방송심의의 합리적 차별성". 「언론정보학회 주최 학술대회 발표문」.

조영신·최민재(2014). "미디어환경변화에 따른 미국 방송사업자들의 미래 전략". 「방송과 커뮤니케이션」, 제15권 제4호.

조은기(2016). "지상파방송 재송신 대가 산정: 쟁점과 대안적 접근 방향". 「경쟁저널」, 통권 제184호.

조재현(2007). "언론의 내적 자유". 「공법학연구」, 제8권 제3호.

조항제(2017). "언론통제와 자기 검열 : 개념적 성찰". 「한국언론정보학보」, 제54권 제3호.

_____(2014). 「한국 공영방송의 정체성」. 컬쳐룩.

_____(2012). "한국 공영방송의 수신료 문제에 대한 역사적 고찰". 「방송문화

연구」, 제24권 제2호.

주정민(2012). "공영방송의 독립성과 지배구조". 최영묵 외(편), 「공영방송의 이해」. 한울.

＿＿＿(2012). "지상파 콘텐츠 재송신의 딜레마와 정책 대응". 「문화산업연구」, 제12권 제1호.

지성욱(2015). "워싱턴포스트, 뉴욕타임즈 혁신 그 이후". 한국언론진흥재단.

최기봉(2008). 「정책학개론」. 박영사.

최민음·홍원식(2017). "지상파방송의 중간광고 재도입에 대한 시청자 인식 연구". 「사이버커뮤니케이션학보」, 제34권 제3호.

최병선(2000). 「정부규제론」. 법문사.

최세경(2015). "누구를 위한 매체균형발전인가? : 정책목표와 정책도구 간 정합성 분석을 중심으로". 「방송과 커뮤니케이션」, 제16권 제3호.

＿＿＿(2014). "국내 공영방송 수신료 인상의 타당성에 관한 연구 : 재정건정성과 시청자 복지를 중심으로". 「방송문화연구」, 제27권 제2호.

＿＿＿(2005). "공영방송의 책무성과 성과평가제도 : 독일, 영국, 프랑스의 방송법제에 대한 비교를 중심으로". 성균관대학교 박사학위 논문.

최송화(2006). "공익의 법문제화". 「법학」, 제47권 제3호.

최용제(2017). "지상파방송 중간광고 도입의 효과에 대한 비교정태분석". 「정보사회와 미디어」, 제18권 제3호.

최우정(2016). "헌법상 방송광고 형식규제의 문제점 : 중간광고의 비대칭규제의 문제점을 중심으로". 「법학논고」, 통권 제55집.

＿＿＿(2012). "방송사의 지배구조와 프로그램 편성권의 문제". 「언론과법」, 제11권 제1호.

최은희(2015). "KBS보도 및 편성책임 주체에 관한 연구". 「한국콘텐츠학회 논문지」, 제15권 2호.

최종선(2018). "방송광고 환경변화에 따른 법제도 정비방안". 「법학연구」, 제21권 제1호.

＿＿＿(2017). "공영지배구조의 법률적 문제점 및 개선방안에 관한 연구". 「안암법학」, 통권 제53호.

하경호(2002). 「노동법사례연습」. 박영사.

한병영(2010). "시장진입장벽의 발생 원인에 관한 고찰". 「경영법률」, 제21권 제1호.

한상일(2014). "KBS 경영 및 지배구조 관점에서 본 수신료 인상의 전제조건". 바른사회시민회의 주최 「KBS 현주소를 묻는다: 공영방송 정상화를 위한 길 발제집」.

한수용 외(2013). 「지상파 채널다변화 및 차세대방송 정책방안연구」. 정보통신정책연구원.

한은경 외(2007). 「방송광고제도 개선방안 연구 : 시장효과분석을 중심으로」. 방송통신위원회.

한지혜(2014). "언론사 내부에 있어서의 언론의 자유 침해와 정치파업의 문제 : MBC 파업사태와 징계 무효판결과 관련하여". 「서강법률논총」, 제3권 제1호.

한진만·최현철·홍성구(2012). "언론자유와 공정성 심의체계 : 시청자 배심원제의 적용가능성을 중심으로". 「방송통신연구」, 통권 제7호.

한진만·홍성구(2012). "'시청자 배심원제'를 중심으로 한 공정성 심의 모델 구축 : KBS의 사례를 중심으로". 「방송문화연구」, 제24권 제2호.

홍문기(2015). "방송광고 총량제 도입과 중간·가상광고의 의미, 가치변화". 「한국광고학회 스페셜 세미나' 발표 논문집」.

홍원식(2016). "지상파방송 중간광고 도입의 타당성에 대한 검토". 「방송문화」, 통권 제403호.

홍종윤(2010). "디지털방송 시대 지상파다채널 플랫폼의 역할 및 가능성". 미디어 3대 학회-KBS 공동세미나 「미디어 빅뱅시대 : 한국방송을 말한다' 자료집」.

홍종윤·정영주(2012). "지상파방송재송신 대가 산정을 위한 손익요인 도출 및 이익형량에 관한 연구". 「언론정보연구」, 제49권 제1호.

황 근(2018). "현 정부의 언론통제 구조변화와 민주주의 위기 그리고 대안". 한반도선진화재단 주최 「언론의 올바른 방향과 과제' 세미나 발표문」.

_____(2017). "노·사협상 의제로서 '공영방송 공정성 확보방안'에 관한 연구". 「정보법학」, 제21권 제3호.

_____(2016). "지상파다채널 방송 정책 평가 연구". 「정보법학」, 제20권 제2호.

_____(2016). "매체융합과 방송시장 진입장벽 : 기술적 장벽을 중심으로". 강원언론학회 주최 「2016 춘계 학술세미나' 발표문」.

_____(2016). "미디어 융합시대 방송사업 인수·합병 심사제도 개선 방안 연구 : '공익성 심사' 제도를 중심으로". 「방송과 커뮤니케이션」, 제17권 제3

호.

_____(2015). 「방송재원」. 커뮤니케이션북스.

_____(2015). "유료방송 합산규제 입법평가와 과제". 한국언론학회 2015 봄철 정기학술대회 특별섹션 「유료방송 시장점유율 규제의 대체수단 연구」 세미나 발표문」.

_____(2014). "공영방송 수신료제도 개선방안 : '절차적 정당성' 보방안을 중심으로". 경제규제와 법」, 제7권 제2호.

_____(2014). "KBS 구조개혁 무엇을 어떻게 해야 하나?". 자유경제원 주최 「공영방송해부 연속토론회 제4차」 발표문」.

_____(2012). "공영방송 수신료산정위원회 설립 필요성과 요건". 한국방송학회 주최 「수신료산정기구의 필요성과 바람직한 방향」 세미나 발제집」.

_____(2012). 「공영방송 공적 재원 확보를 위한 제도 개선 방안」. 전파진흥원

_____(2010). "미디어컨버전스 시대 공영방송의 역할과 규제체계". 「경제규제와 법」, 제3권 제2호.

_____(2008). "방송콘텐츠시장의 진입규제와 쟁점". 한국방송학회-KISDI 주최 「IPTV콘텐츠사업규제제도 : 현실과 대안」 세미나 발표문」.

_____(2005). "매체간 균형발전을 위한 위성방송 소유규제제도 개선". 한국방송학회 주최 「디지털 컨버전스 시대의 위성방송 : 대응전략과 정책과제」 학술세미나 발제문」.

_____(2003). "디지털시대에 대 비한 방송법 개정논의의 방향과 한계 : 방송위원회 방송법 개정안 분석을 중심으로". 「방송문화연구」, 제15권 제2호.

_____(2002). "디지털 다채널 시대 공영방송의 지향점과 정책과제". 「서강커뮤니케이션즈」, 제3호.

_____(2000). 「방송위원회의 정책과제와 전망」. 커뮤니케이션북스.

_____(1999). "방송개혁 : 언론개혁의 무풍지대". 「프로그램/텍스트」, 통권 제5호.

_____(1997). "방송통신융합에 대한 법제적 대응". 「사이버커뮤니케이션학보」, 통권 제1호.

황근·최영묵(2000). "사회조합주의 방송정책모델에 관한 연구". 「한국방송학보」, 제14권 제1호.

황근·황창근(2013). "미디어 규제 법제와 입법적 쟁점 : 방송법상 시장점유율 규제를 중심으로", 한국언론학회 주최 「디지털환경에서 유료방송 생

태계의 주요 쟁점' 특별세미나 발표문」.

황성기(1998). "인터넷에서의 표현의 자유 : 내용적 규제의 정당성 문제를 중
심으로". 「사이버커뮤니케이션학보」, 통권 제3권.

〈국외 문헌〉

Bardoel, J., & d'Haenens, L. (2004). "Media Meet the Citizen: Beyond Market
  Mechanisms and Government Regulations". *European Journal of Communication*,
  19(2).

Barendt, E. M. (1992). *Broadcasting Law : A Comparative Study*. N.Y : Oxford Univ.
  Press.

Benz., A. (2004). "Einleitung: Governance-Modebegriff Order Nutzliches
  Sozialwissenschaftliches Konzept?". In A. Benz(Ed.), *Governance-Regieren in
  Komplexen Regelsystemen. Eine Einfuhrung*. Wiesbaden, Germany: VS Verlag.

Bevir, M. (2009). *Key Concepts in Governance*. Los Angeles : SAGE.

Black, J. (2009). "Decentring Regulation: Understanding the Role of Regulation and
  lf-regulation in a 'Post-regulatory' World". In M. Freeman (Ed.), *Current Legal
  Problems*.

Born, C. (2003). "From Reithian Ethic to Managerial Discourse: Accountability and Audit
  at the BBC". *Janvost-the Public*, 10(2).

Brock, G. W. (1998). *Telecommunication Policy for the Information Age*. M.A.: Harvard
  Univ. Press.

Cohen, M. D., March, J. & Olsen, J. (1972). "A Garbage Can Model of Organizational
  Choice". *Administrative Science Quarterly*, 17(1).

Curran, J. (2002). *Media and Power*. 김예란·정준희 (역)(2005). 「미디어 파워」. 커
  뮤니케이션북스.

DCMS (2016). *The Balance of Payments between Television Platforms and Public
  Broadcasters Consultation Report*.

Digitag (2008). "Analog Switch-off : Learning from Experience in Europe".

Dawes, S. (2014). "Broadcasting and the Public Sphere: Problematising Citizens,
  Consumers and Neoliberalism". *Media, Culture & Society*, 36(5).

Doyle, G. (2013). *Understanding Media Economics*. SAGE Publication Limited.

Dutton, W. H. and Blumler, J. G. (1989). "A Comparative on Information Society" in J. L. Salvagio (ed.). *The Information Society : Economic, Social and Structural Issues.* N.J.:Lawrence Earlbaum Associates.

Eberle, C. E. (2002). "The Regulation of public Service Broadcasting: The German Example-ZDF". Paper presented during the 16th meeting of the European Platform of Regulatory Authorities. Ljubljana. slovenia.

Feenberg, A. (1991). "Critical Theory of Technology". *Unpublished Manuscript.* presented at Simon Fraser University, Vancouver, Canada.

Freedman, D. (2008). *The Politics of Media Policy.* Cambridge: Polity Press.

Future Exploration Network (2013). "Newspaper Extinction Timeline".

Garnham, N. (1992). "The Media and the Public Sphere". In C. Calhoun(Ed.). *Habermas and the Public Sphere.* Cambridge : MIT Press.

Guttmann, A. & Thompson D. (1996). *Democracy of Disagreement.* Massachusetts: MIT Press.

Habermas, J. (1989). *The Structural Transformation of the Public Sphere : an inquiry nto a category of bourgeois society.* Cambridge: MIT Press.

Hallin, D. & Mancini, P. (2004). *Comparing Media Systems, Cambridge.* Cambridge Univ. Press.

Hamelink, C. J., & Nordenstreng, K. (2007). "Towards Democratic Media Governance". In E. De Bens (Ed.), *Media Between Culture and Commerce.*

Havick, J. C. (1984). *Communication Policy and the Political Press.* Westport, Connecticut: Greenwood Press.

Hoffman-Riem (1994). "Kommunikations - und Medienfreiheit". in: Benda/Meihofer/ Vogel (Hrsg.). *Handbuch des Verfassungsrechts der Bindesrepublik Deutchland.* Brelin/NewYork.

Jakubowics, K. (2003). "Bringing Public Service Broadcasting to Account". In G. Lowe & Hujanen(Eds.), *Broadcasting and Convergence: New Articulations of the Public Service Remit.* Goteborg. Sweden: Nordicom.

Jarvik, L. (1997). *PBS : Behind the Screen.* Rocklin. C.A.: Westview Press.

Kato, H. (1971). "Four Rights of Communication : A Personal Memorandom". Harm, L.S. & Richatad, J.(Eds.). *Instant World : A Report on Telecommunications in Canada.* Otawa.

Keane, L. (1995). "A Reply to Nicholas Garnham". *The Communication Review.* Vol. 1. No.1.

Kooiman, J. (2003). *Governing as Governance.* London: Sage.

Ledbetter, J. (1997). "Funding of Economics of American Public Television". In. E. M. Noam & J. Watermann (Eds.,). *Public Television in America.* Guertsloh, Germany : Bettelsmann Foundation Publishers.

Loomis, K. D. (2001). "American Public Broadcasting : Will It Survive Adolescence?". *Journal of Broadcasting & Electronic Media,* Summer.

Lowe, G. F. & Berg, C. E. (2013). "The Funding of Public Service Media: a Matter of Value and Values". *The International Journal on Media Management.* Vo. 15.

McKinsey & Company (1999). *Public Service Broadcasting Around the World.* London.

McQuail, D. (2007). "Introduction: The Current State of Media Governance in Europe". In G. Terzis(Ed.). *European Media Governance: National and Regional Dimensions.*

McQuail, D. and K. Suine(Eds.) (1984). *Media Policy : Convergence, Concentration and Commerce.* SAGE Publications.

Nissen, C. S. (2006). *Public Service Media in the Information Society.* Report prepared for the Council of Europe's Group of Specialists on Public Service Boradcasting in the Information Society(MC-S-PSB). H/Inf(2006) 3. Strasbourg: Council of europe.

Napoli, P. M. (2001). *Foundations of Communications Policy: Principles and Process in the Regulation of Electronic Media.* N.J.:Hampton Press Inc. ; 배현석(역) (2001/2012). 「커뮤니케이션 정책의 기초: 전자 미디어 규제의 원칙과 과정」. 한국문화사.

Nord. (2009). "What is Public Service on the Internet? : Digital Challenges for Media Policy in Europe". *Observatorio Journal,* Vol.9.

Ofcom (2009), *Ofcom's Second Public Service Broadcasting Review : Putting Viewers First.* London: Ofcom.

O' Shea, C. (2015) "N.Y.Times Circulation Increases". *Adweek, May.*

Perruci, A. & Cimatoribus, M. (1997). "Competition, Convergence and Asymmetry in Telecommunication Regulation". *Telecommunication Policy.* Vol.21. No.16.

Peters. B. (1991). *Rationalitat.* Recht und Gesellschaft, Fankfurt-M.

Peters, B. G., & Pierre, J. (1998). "Governance without Government? Rethinking Public Administration". *Journal of Public Administration Research and Theory,* Vol.8 No.2.

Picard, R. G. (2006). "Financing Public Media : The Future of Collective Funding" in C. S. Nissen(Eds.). *Making a Difference Public Service Broadcasting in the European Media Landscape.* New Barnet, Herts: John Liberty Publication.

Pinch, T. F. and W. E. Bijker. (1987). "The Social Construction of Facts and Artifacts : Or How the Sociology of Science and the Sociology of Technology Might Benefit Each Other" in W. E. Bijker et. al.(Eds). *The Social Construction of Technology Systems : New Directions in the Sociology and History of Technology.* N.A: The NIT Press.

Ritala, P. et al. (2014). "Coopetition-based Business Model : The Case of Amazon.com". *Industrial Marketing Management,* Vol.43.

Schudson, M. (1995). *Power of News.* Harvard Univ. Press.

Scott, W. R. (2001). *Institutions and organizations* (2nd ed.). Thousand Oaks, CA: Sage.

Seiler, W. (1999). "Verfassungsrechtliche Grenzen der Nrmierung innerer Pressefreiheit". *Archiv fuer Presserecht.* Vol.30 No.1.

Slack, J. D. (1984). *Communication Technologies : Conceptions of Causality and the Politics of Technological Intervention.* N.J.: Ablex Publishing.

Starks, M. (2007). *Switching to Digital Television : UK Public Policy and the Market. Bristol,* UK: Itellect.

Stock, M. (2001). *Innere Medienfreiheit : Ein moderne Konzept der Qualitaetssicherung.* Baden-Baden:Nomos.

Streitfield, D. and Haughney, C. (2013). "Expecting the Unexpected form Bezos". *NewYork Times.*

Suine, K. & O. Hulten. (1998). "Does Public Broadcasting Have a Future?" in McQuail, D. & Suine, K.(eds.). *Media Policy : Convergence, Concentration and Commerce.* London: SAGE Publications.

Syversten, T. (2003). "Challenge to Public Television in the Era of Convergence and Commercialization". *Television & New Media,* Vol.4. No.2.

_____(1992). *Public Television in Transition : A Comparative and Historical Analysis of the BBC and NRK.* Doctorial Dissertatio. University of Leicester.

Tambini, D. (2004). "The Passing of Paternalism: Public Service Television and increasing Channel Choice". In D. Tambini & J. Cowling(Eds.). *From Public Service Broadcasting to Public Service Communications*. Institute for Public Policy Research.

Tracey, M. (1998). *The Decline and Fall of Public Service Broacasting*. N.Y.: Oxford Univ. Press.

van der Wurff, R & van Cuillenberg, J. (2001). "Impact of Moderate and Ruinous Competition on Diversity: The Dutch Television, Market". *Journal of Media Economics*. Vol.14. No.4.

Webster, F.(1995). *Theories of the Information Society*. 조동기 (역) (1997). 「정보사회이론」. 나남출판.

Werbach, K. (2001). "Third-Generation Communication Regulation : A New Approach to Communication Regulation(GLOCOM Colloquim Series #3)". Japan: Global Communication Platform.

Westerstahl, J. (1983). "Objective News Reporting". *Communication Research*. Vol.10.

Wilson, J. Q. (1980). *The Politics of Regulations*. N.Y.:Basic Books.

Witherspoon, J., Kovitz, R., Avdery, R. K. and Stavitsky, A. G. (2000). *A History of Public Broadcasting*. Washington. D.C.: Current Publishing Committee.

Young, I. M. (2002). *Inclusion and Democracy*. N.Y.:Oxford Univ. Press.

Rawls, J. (1997). *A Theory of Justice*. Cabridge, Massachusettes: Belknap Press of Harvard. University Press.

자료

감사원(2004, 2013, 2017). 한국방송공사(KBS) 운영실태 감사결과

공공미디어연구소(2010. 6). 'KBS 수신료 인상 추진 관련 국민·전문가 여론조사 결과' 언론 보도 자료

공영방송발전연구위원회(1994). 공영방송발전방향 연구보고서

국회(2011). 국회 전문위원 텔레비전방송수신료 방송수신료 인상 승인 안 검토보고서.

미디어미래연구소(2007~2017). Media Award 전문가 조사 결과보고서
미래창조과학부·방송통신위원회·문화체육관광부(2013). 창조경제시대의 방
　　　송산업발전 종합계획
방송개혁위원회(1999). 방송개혁의 방향과 과제
방송정책기획위원회(2001), 방송정책기획위원회 종합보고서.
방송제도연구위원회(1990). 2000년대를 향한 한국방송의 좌표
방송통신위원회(2008). 합리적 수신료 산정방안 연구
방송통신위원회(2011). 텔레비전방송수신료 인상 승인 안
방송통신위원회(2012). KBS 수신료 인상안에 대한 방송통신위원회 의견서
조선일보(2011년 4월 22일). 사설.
중앙일보(2011년 11월 22일). 사설.
KBS(2010). 2010년 방송수신료 인상안
KBS(2011). 방통위 의견서에 대한 KBS의 입장
KBS(2011). 국회전문위원 검토보고서에 대한 KBS의 입장
KBS(2007). 수신료의 가치를 생각합니다.
KBS(2012). 수신료인상안에 대한 방송통신위원회의견서
KBS(2013). 2013년 방송수신료 인상안

찾아보기